KB253084

형법각론
쟁점연구 Ⅰ

형법각론 쟁점연구 Ⅰ

박찬걸 저

KSi 한국학술정보㈜

머리말

  본서는 필자가 2010년 3월부터 2011년 12월까지 국내 학술지에 발표한 논문 총 26편 가운데 형법각론과 관련된 11편의 논문을 수정·보완하여 엮은 연구서의 형식을 취하고 있다. 필자가 박사학위논문을 2010년 2월에 취득하였으니, 형사법학계에서는 아직 걸음도 제대로 걷지 못하는 신생아와 같은 단계에 있음에도 불구하고 책을 출판하게 된 계기는 다음과 같은 이유에서이다.

  무엇보다도 가장 큰 이유는 나 자신이 가지고 있는 무지함과 게으름이라는 한계에 대해서 계속적인 주의를 가지기 위함이다. 누군가 나에게 형사법에 대하여 과연 얼마나 알고 있느냐고 물어 본다면, 단연코 아무것도 없다고 할 것이다. 형사법이라는 방대한 학문의 세계에서 필자의 지식은 거대한 사막에 존재하는 모래알 하나라고 생각하기 때문이다. 그렇기 때문에 하루도 빠짐없이 연구를 게을리하지 않아야 할 필요성이 생긴다. 본서의 제목을 '형법각론 쟁점연구 Ⅰ'이라고 명명한 이유는 여기에서 찾을 수 있다. 본서는 '형법각론 쟁점연구 Ⅱ'라는 후속작의 예고편이라고 할 수 있는데, 앞으로 일정한 주기를 가지고서 '형법각론 쟁점연구'라는 시리즈의 형식으로 연구서가 계속 나올 것이다. 이와 같이 필자의 연구계획을 공식적으로 밝힘으로써 무지함과 게으름을 조금이나마 극복하고자 하려는 데 출판의 가장 큰 이유가 있는 것이다.

  한편 최근의 형사입법은 자고 일어나면 변화하는 예측불가능의 경향을 띠고 있다. 예를 들면 「성폭력범죄의 처벌 등에 관한 특례법」은 제18대 국회에서 총 58건의 개정법률안이 접수되는 진기록을 낳기도 하였다. 필자는 되도록 최근의 입법 내지 경향에 대하여 연구를 하려고 노력하고 있으나, 본서에 수록된 각종 법률들의 내용도 아마 빠른 시일 내에 구법이 될 것이다. 연구서의 출판시일을 먼 훗날로 생각하였던 적도 있었으나 그 시점에서는 이 책의 상당수의 내용은 법제사의 성격을 취할 것이 분명할 것이라는 회의적인 생각이 출판기일을 앞당긴 큰 요인으로 작용하였다. 최근의 입법이나 경향을 되도록 가장 빨리 독자들에게 전달하고자 하는 욕심이 생긴 것이다.

이 자리를 통하여 감사의 말씀을 전할 분이 많이 계신다. 먼저 형사법에 대하여 아무것도 모르는 부족한 필자에게 학자의 길을 선택할 수 있도록 물심양면으로 이끌어주신 한양대학교 오영근 지도교수님께 감사드린다. 나의 정신세계에 있어서 학문적 아버지라고 할 수도 있다. 또한 형사법의 주요 쟁점들에 대하여 깊이 있는 이야기와 더불어 인생을 사는 데 있어서 올바른 방향을 제시해 주신 한양대학교 이은모 교수님과 김재봉 교수님께도 감사드린다. 그리고 대구가톨릭대학교 정희철 교수님과 강경래 교수님이 베풀어 주신 은혜에도 감사의 말씀을 꼭 전해 드리고 싶다. 교수생활을 이제 막 시작하는 단계에 있는 나에게 여러 가지 조언과 동시에 학계의 동향 등에 대하여 허심탄회하게 이야기할 수 있도록 도와주시는 고마우신 분들이다.

좀 더 심도 있고 발전된 모습을 담을 것을 간절히 소망함과 동시에 '형법각론 쟁점연구 Ⅱ'의 출간을 기약하며 머리말에 갈음하고자 한다.

2012. 4.

대구가톨릭대학교 법정대학 연구실에서

박찬걸

CONTENTS

CONTENTS

CONTENTS

제1장 존속대상범죄의 가중처벌규정 폐지에 관한 연구

– 존속살해죄를 중심으로 –

Ⅰ. 문제의 제기

2007년도부터 본격적으로 진행되어 온 「형법」 개정과 관련하여 최근에 연구성과물이 나와 향후 귀추가 주목되고 있다. 한국형사법학회와 한국형사정책학회가 구성한 형법개정연구회는 2009년 9월 11일 '형법 개정의 쟁점과 검토' 학술회의를 열어 형법개정시안을 발표하였다. 법무부는 이를 참고하여 최종 개정안을 마련하게 되는데, 형법학계의 대표 격인 형법개정연구회의 의견이 평소 형사법 관련 법률의 개정 과정에서 상당 부분 반영되어 온 점을 감안하면 이번 형법개정시안도 법무부의 최종안에 상당한 영향을 줄 것으로 보인다.

형법개정연구회에서 제시된 여러 개정안 가운데, 존속살해죄를 비롯한 존속대상범죄의 가중처벌규정을 삭제하는 안이 눈에 띈다. 이는 2009년 12월 형사정책연구원에서 발간된 연구보고서에도 그대로 반영되어 있는데, 존속대상범죄에 대한 가중처벌규정은 이를 삭제하는 것이 바람직하다는 의견을 제시하였다.[1] 존속대상범죄 가운데 가장 논란이 되는 범죄가 존속살해죄인데, 존속살해죄는 1995년 「형법」 개정을 통하여 기존에 사형과 무기징역을 규정하였던 법정형에 7년 이상의 징역을 추가하여 형벌을 다소 완화하였다.[2] 이러한 존속살해죄의 법정형만을 기준으로 본다면 그 자체가 위헌이라고 하기에는 다소 무리가 있다.[3] 하지만 가중처벌규정을 둘 필요성이 있느냐에 대한 접근이 이루어지면 존속대상범죄 가중처벌을 폐지하자는 견해[4]와 존치하자는 견

---

* 「형사정책연구」 제21권 제2호, 한국형사정책연구원, 2010. 6. 175면 이하.

1) 형법개정연구회, 「형사법개정연구(Ⅳ): 형법각칙 개정안」, 한국형사정책연구원, 2009. 12, 32면.

2) 이는 개정 이전의 법정형이 보통살인죄의 형벌에 비해 현저히 무거웠기 때문에 평등의 원칙과 비례의 원칙에 반한다는 위헌의 문제를 입법적으로 보완한 것이다.

3) 이와는 달리 존속살해죄 자체가 위헌이라고 보는 견해(이정원, 「형법각론(공개 제1판)」, 인터넷 공개판, 2008, 49-50면; 임웅, 「형법각론(개정판)」, 법문사, 2003, 31면)도 있다.

4) 김성돈, 「형법각론(제2판)」, 성균관대학교 출판부, 2009, 42면; 김성천, 「형법」, 도서출판 소진, 2009, 535면; 배종대, 「형법각론(제7전정판)」, 홍문사, 2010, §14/16; 백승민·정웅석, 「형법강의(전정제1판)」, 대명출판사, 2008, 767면; 오영근, 「형법각론(제2판)」, 박영사, 2010, §2/56; 이천현, "친족관계에 따른 형법상의 효과-문제점과 개선방안을 중심으로-", 「형

해[5])로 나눌 수 있다. 즉, 존속살해죄의 합헌성을 인정하는 것이 곧바로 존속
살해죄의 존치가 필요하다는 입장으로 연결되는 것은 아니다. 위헌성을 인정
하는 입장에서는 곧바로 존속살해죄의 폐지와 연결되는 것이 논리적이라고
할 수 있지만, 합헌성을 인정하는 입장에서는 존속살해죄의 존폐문제 단계로
넘어오게 되면 존치의 입장과 폐지의 입장으로 견해가 갈리게 된다. 즉, 법정
형의 완화와는 별개로 그 정당성의 문제는 여전히 현재진행형인 것이다. 현재
두 입장 중에서는 폐지의 입장이 다수의 위치를 점하고 있는 것으로 보인다.
하지만 존속대상범죄에 대하여 유일하게 헌법재판소가 2002. 3. 28. 선고한
2000헌바53 결정(「형법」 제259조 제2항 위헌소원)[6])에서는 재판관 전원의 일
치된 의견으로 합헌결정을 내린 바 있다.

이러한 기존의 논의와 현재 진행되고 있는 활발한 형법개정작업의 중심에
서 본 논문은 존속대상범죄에 대한 입법론을 제시하고자 한다. 이를 위해서

사정책연구』 제12권 제2호(통권 제46호), 한국형사정책연구원, 2001. 여름, 154면; 이천현·
도중진·권수진·오영근·김현우, 『형법각칙 개정연구[1]-형법각칙의 개정방향과 기본문
제』, 한국형사정책연구원(연구총서 07-12-01), 2007, 105면; 이형국, 『형법각칙 개정연구
[3]-개인적 법익에 관한 죄(2): 생명·신체침해범죄』, 한국형사정책연구원(연구총서
07-12-03), 2007, 28-29면.

5) 김일수·서보학, 『형법각론(제7판)』, 박영사, 2007, 32면; 정영일, 『형법각론(개정판)』, 박
영사, 2008, 17면; 박상기, 『형법각론(제7판)』, 박영사, 2008, 27면; 백형구, "존속살해죄의
제 문제", 『사법행정』 제31권 제1호, 한국사법행정학회, 1990. 1, 92면; 백원기, "한국형법
상 생명보호에 관한 죄에 대한 회고적 성찰과 새로운 입법방향", 『형사법연구』 제19권 제3
호(통권 제32호)(상), 한국형사법학회, 2007. 가을, 391면. 백원기 교수는 존속을 살해의 대
상으로 한 살해행위의 무거운 책임성과 범죄학적 고려를 가중처벌의 근거로 삼고 있는 프
랑스 형법의 정신에 입각해서 존속살해죄의 규정을 개정할 필요가 없다고 하면서 다만 비
속살해죄를 가중처벌하는 규정을 두는 것이 합리적이라고 한다. 하지만 프랑스 형법전의
정신이 우리나라 「형법」 제250조 제2항의 가중처벌의 합헌성 논쟁에서 어떠한 실질적 의
미가 있는 것인지는 의문이다(하태영, "인간의 존엄과 생명보호-형법학의 과거·현재·미
래-", 『형사법연구』 제19권 제3호(통권 제32호)(상), 한국형사법학회, 2007. 가을, 411면.

6) 동 사건의 청구인은 2000. 3. 23. 부(父) 정○문에게 두부출혈상을 가하여 사망에 이르게
하였다는 내용의 존속상해치사죄로, 같은 해 4. 29. 서울지방법원 동부지원 2000고합119
호로써 기소되었는데, 위 사건이 계속 중이던 2000. 5. 17. 존속상해치사죄에 관한 「형법」
제259조 제2항이 헌법 제10조의 인간으로서의 존엄과 가치 및 행복추구권을 침해하고, 헌
법 제11조의 평등의 원칙에 위배되며, 헌법 제17조의 사생활의 자유를 침해할 뿐 아니라
헌법 제36조의 혼인·가족제도 보장의 원칙에 위배된다는 등의 이유로 같은 지원 2000초
471호 위헌법률심판제청신청을 하였으나 2000. 6. 19. 기각되었고, 이에 같은 해 7. 11. 이
사건 헌법소원심판청구를 하였다.

먼저 존속대상범죄의 의의와 우리나라와 외국의 변천과정을 살펴본 다음(Ⅱ), 존속대상범죄 가중처벌의 근거로 제시되고 있는 책임가중설과 불법가중설의 모순점을 각각 지적하고, 평등의 원칙 관점에서 몇 가지의 경우를 나누어 살펴본다(Ⅲ). 이러한 논의를 바탕으로 최종적으로는 현행법상의 존속대상범죄 가중처벌규정의 폐지를 제안하고자 한다(Ⅳ).

Ⅱ. 존속대상범죄의 의의와 변천과정

1. 존속대상범죄의 의의

1) 존속의 개념

우리 형법은 존속대상범죄에서 말하는 존속의 범위에 관하여 '자기 또는 배우자의 직계존속'이라고 명시적으로 밝히고 있다. 물론 존속살해죄의 객체를 '직계'존속에 한정하는 것이 입법론적으로 타당한가에 대한 의문이 제기될 수 있겠지만 적어도 해석론적으로는 이를 바탕으로 이론을 전개해 나가야 하기 때문에 동 규정을 전제로 존속에 대한 분설을 하면 다음과 같다.

(1) 자기의 직계존속

자기의 직계존속이란 자기의 부모, 조부모, 증조부모 등을 말한다. 직계존속의 개념은 민법에 의하여 정해지는데, 법률상의 직계존속에 국한되고 사실상의 직계존속은 제외된다. 친자관계라는 사실은 호적(현 가족관계등록부)상의 기재여하에 의하여 좌우되는 것은 아니며 호적(현 가족관계등록부)상 친권자라고 등재되어 있다고 하더라도 사실에 있어서 그렇지 않은 경우에는 법률상 친자관계가 생길 수 없다.7) 따라서 반드시 가족관계등록부의 기재가 절대적인 기준이 되는 것은 아니다. 또한 직계존속이란 법률상의 개념8)으로서 사실상 혈족관계가 있는 부모관계일지라도 법적으로 인지절차를 완료하지 아니한 한 직계존속이라 볼 수 없고9), 아무런 특별한 관계가 없는 타인 사이라도 일단 합법한 절차에 의하여 입양관계가 성립한 뒤에는 직계존속이라 할 것이다.10)

종래에는 입양의 경우 양부모뿐만 아니라 친생부모도 직계존속에 포함되었

---

7) 대법원 1983. 6. 28. 선고 83도996 판결: 피고인은 호적부상 아버지 공소외 1, 어머니 공소외 2 사이에 태어난 친생자로 등재되어 있으나 이건 피해자인 공소외 1과 공소외 2는 1943년경 결혼하여 황해도 옹진군에서 동거하다가 6.25사변 당시 월남한 후 공소외 1이 집을 떠나 객지로 다니면서 행상을 하는 사이에 공소외 2가 식모살이를 하면서 공소외 성명불상인과 정교관계를 맺어 피고인을 출산한 사실을 인정하고 피고인과 공소외 1과는 친자관계가 없으므로 피고인이 공소외 1의 친자임을 전제로 한 존속상해죄는 성립될 수 없다.

8) 대법원 1980. 9. 9. 선고 80도1731 판결: 혼인 외의 출생자와 생모 간에는 생모의 인지나 출생신고를 기다리지 않고 자의 출생으로 당연히 법률상의 친족관계가 생기는 것이다.

9) 대법원 1970. 3. 10. 선고 69도2285 판결: 혼인 외의 출생자와 부 사이에는 인지절차를 거치지 않는 한 직계존비속관계가 없다.

10) 대법원 1981. 10. 13. 선고 81도2466 판결: 공소외 1의 남편인 공소외 2는 경찰과 검찰에서 피고인은 자기들 부부 사이에 출생한 자식이 아니고 자기의 문전에 버려진 생후 몇 시간밖에 되지 아니한 영아를 주어다 길러 호적에는 친자식으로 입적하였다고 진술하고 있으니 피고인이 위 공소외 1의 친생자가 아님이 분명하다. 그리고 당사자 간에 양친자관계를 창설하려는 명백한 의사가 있고 나아가 기타 입양의 성립요건이 모두 구비된 경우에 입양신고 대신 친생자 출생신고가 있다면 형식에 다소 잘못이 있더라도 입양의 효력이 있다고 해석함이 가할 것이나, 이 사건에 있어서는 이 점에 관하여는 아무런 심리와 판단이 없다. 피살자(여, 55세)가 그의 문전에 버려진 영아인 피고인을 주어다 기르고 그 부와의 친생자인 것처럼 출생신고를 하였으나 입양요건을 갖추지 아니하였다면 피고인과의 사이에 모자관계가 성립될 리 없으므로, 피고인이 동녀를 살해하였다고 하여도 존속살인죄로 처벌할 수 없다.
대법원 2007. 11. 29. 선고 2007도8333, 2007감도22 판결: 「민법」(1977. 12. 31. 법률 제3051호로 개정되기 전의 것) 제874조 제1항에 의하면 처가 있는 자는 공동으로 함이 아니면 양자를 할 수 없다. 그리고 당사자가 입양의 의사로 친생자 출생신고를 하고 거기에 입양의 실질적 요건이 구비되어 있다면 그 형식에 다소 잘못이 있더라도 입양의 효력이 발생하고, 이 경우의 허위의 친생자 출생신고는 법률상의 친자관계인 양친자관계를 공시하는 입양신고의 기능을 하게 되는 것이다. 기록에 의하면, 피해자는 그의 남편인 공소외인과 공동으로 피고인 겸 피치료감호청구인(이하 '피고인'이라 한다)을 입양할 의사로 1978. 3. 16. 피고인을 친생자로 출생신고를 하고 피고인을 양육하여 오다가 위 공소외인이 1984년경 사망한 후에도 계속하여 피고인을 양육하여 온 사실을 알 수 있는바, 그렇다면 위 법률규정과 법리에 비추어 피고인을 친생자로 한 출생신고는 피해자와 피고인 사이에서도 입양신고로서 효력이 있으므로 피고인은 피해자의 양자라고 할 것이고, 피고인이 피해자를 살해한 경우 존속살해죄가 성립한다.

다.11) 하지만 2008. 1. 1. 시행된 민법에서 신설된 친양자제도(민법 제908조의 3)에 의하면 입양한 양자는 원칙적으로 양친과의 친족관계만 인정하고 종전의 친족관계를 종료시키고 있다. 따라서 친양자가 친생부모를 살해한 경우에는 보통살인죄가 성립한다고 보아야 한다.

(2) 배우자의 직계존속

배우자의 직계존속이란 배우자의 부모, 배우자의 조부모, 배우자의 증조부모 등을 말한다. 배우자의 직계존속도 법률상의 직계존속에 국한되고 사실상의 직계존속은 제외됨은 물론이다.

다수설12)과 판례에 의하면 법률상의 혼인관계는 사망으로 인하여 소멸하기 때문에 배우자는 생존 중의 배우자를 말하기 때문에 배우자가 사망한 후에 그 직계존속을 살해한 경우에는 보통살인죄가 성립한다고 한다. 그러나 부부 일방이 사망한 경우에는 생존 배우자가 재혼한 경우에 한하여 인척관계가 소멸되기 때문에 재혼하기 이전에는 장인, 장모, 시아버지, 시어머니 등의 관계는 소멸되지 아니한다. 따라서 재혼 이전에 배우자였던 자의 직계존속을 살해한 경우에는 존속살해죄가 성립한다고 보아야 한다.

2) 존속대상범죄의 개념

일반적으로 존속살해죄, 존속상해죄, 존속폭행죄 등을 통칭하는 용어로 존속범죄라는 개념이 사용되고 있다. 즉, 행위의 객체가 '자기 또는 배우자의 직계존속'에 한정되어 형이 보통의 경우보다 가중되는 특수한 경우를 말한다. 여타의 범죄에 있어서는 행위의 주체를 중심으로 개념정의가 되는 반면에, 존속범죄는 예외적으로 행위의 객체를 중심으로 개념정의가 된다는 점에 특징

---

11) 대법원 1967. 1. 31. 선고 66도1483 판결: 타가에 입양된 자라 하여도 친생부모와는 자연혈족관계가 소멸되지 않으므로 직계존속관계는 그대로 유지된다.
12) 오영근, 앞의 책, §2/46.

이 있다. 이러한 점에서 존속범죄라는 개념이 당해 범죄의 유형들을 통칭할 수 있는 가장 정확한 용어인지가 문제될 수 있다. 대표적으로 영아살해죄의 경우를 존속범죄라고 할 수 있는가의 문제가 있을 수 있다. 영아살해죄를 행위주체의 측면에서 바라보면 직계존속만이 행할 수 있으므로 존속범죄라고 볼 여지도 있기 때문이다. 하지만 영아살해죄를 존속범죄의 한 유형으로 분류하는 견해는 찾아볼 수 없다. 이는 크게 두 가지의 이유에 인한 것으로 보이는데, 첫째, 영아살해죄는 보통의 범죄(「형법」 제250조 제1항의 단순살인죄)와 비교하여 형이 가중되는 것이 아니라 형이 감경되는 경우라는 점, 둘째, 영아살해죄의 객체는 직계존속이 아니라 직계비속이라는 점 등이 그것이다. 이러한 점을 고려할 때 존속범죄라는 개념보다는 존속대상범죄라는 개념이 보다 더 정확한 용어의 사용이라고 판단된다. 또한 존속대상범죄는 첫째, 일반범죄에 비하여 형이 가중되어 있을 것,13) 둘째, 행위의 주체가 아닌 행위의 객체가 존속에 한정되어 있을 것이라는 요소가 필수적으로 요구된다고 하겠다. 보다 정확하게 표현하자면 '직계비속이 직계존속에 대하여 일정한 범죄(살해, 상해 등)를 행함으로써 형벌이 가중되는 범죄의 총체'라고 하는 것이 정확하겠지만, 존속대상범죄라고 불러도 무방하리라고 본다. 이하에서는 존속범죄 대신에 존속대상범죄를 사용하기로 한다.

2. 존속대상범죄의 변천과정

1) 우리나라의 경우

우리나라에서의 존속대상범죄는 효도를 강조하는 유교적 전통사상과 밀접

---

13) 「형법」상 특수폭행죄(제261조), 특수체포감금죄(제271조), 특수협박죄(제284조)의 경우는 행위의 객체가 존속인 경우에도 일반범죄와 비교할 때 형벌에 있어서 아무런 차이가 없다. 그렇다고 하여 동 유형의 범죄들을 존속대상범죄에서 제외하는 견해는 없다. 위의 3가지 유형은 입법상의 불비로 보인다.

한 관련을 맺고 있다.14) 일찍이 경국대전에서는 존속에 대한 범죄를 열 가지의 가장 큰 죄악(소위 '十惡') 중의 하나로 규정하여 처벌한 바 있다. 이후 형법대전(1905. 4.) 제473조 이하에서 범행수단이나 동기에 따라 살인행위 유형을 상당히 세분하여 규정하고 있었는데, 제498조 이하에서 존속살인과 비속살인에 대한 처벌규정을 두고 있었다. 이후 조선형사령(1912. 3.)에 의하여 일본형법이 의용되었는데, 일본 「형법」 제200조15)에 의하면 '자기 또는 배우자의 직계존속을 살해한 자는 사형 또는 무기징역에 처한다'고 규정되어 있었다.

1953. 9. 「형법」이 제정되면서 제250조 제2항에 일본 「형법」 제200조와 동일한 내용이 계수되었다. 형법 제정 당시 정부초안['자기 또는 배우자의 직계존속을 살해한 자는 사형 또는 무기징역에 처한다(제267조 제2항)']에 대한 국회심의과정에서는 존속살해죄에 대한 별다른 이견이 없이 그대로 국회를 통과하였다.16) 이 당시 입법자의 의도는 효도를 형법이 보호해야 할 하나의 법익으로 파악한 것이라고 평가할 수 있다.17) 하지만 형법 제정 당시의 사회와 60여 년이 흐른 지금의 사회 사이에는 급격한 변화를 겪게 되어 많은 관념들의 변화도 이루어 졌다. 전통적 가치로서의 효는 이제 우리 사회에서도 더 이상 법률에 의하여 강제될 수 있는 법적 속성을 지닌 것으로 평가하기보다는 오히려 자발적으로 권장할 도덕규범의 영역으로 점차 편입되어 가고 있는 것이다.18)

1992년 형법개정작업과정에서는 존속살해죄를 삭제하자는 주장이 있었으나 존속에 대한 패륜적 범죄를 무겁게 비난하는 것은 우리의 전통적 법률문화이고 다른 범죄의 존속에 대한 가중규정을 존치하면서 존속살해죄만 법정형

---

14) 하지만 유교적 전통을 보유하고 있는 아시아의 다른 국가, 즉 중국, 일본, 북한의 형법전에는 현재 존속살해죄를 가중처벌하는 규정이 없다.
15) 동 조항의 제정 배경에는 중국고법제에 근원한 율령제도와 도쿠가와(德川) 막부의 법제에서도 보이는 존속살해 중벌사상이 있다.
16) 신동운 편, 『형사법령제정자료집(1)』, 한국형사정책연구원, 1990, 444-445면 참조
17) 이는 불평등한 가족관계를 전제하는 가부장주의적 입법이다(조국, "존속살해죄는 패륜아들의 범죄인가?", 『당대비평』 통권 제23호, 생각의나무, 2003. 9, 136면).
18) 조상제, "현행 존속살해 가중의 문제점", 『형사법연구』 제16호(특집호), 한국형사법학회, 2001. 겨울, 181면.

이 무겁다는 이유로 삭제하는 것은 체계상 모순된다[19]는 이유로 존속살해죄를 존치시키되 사형 또는 무기징역으로 되어 있던 법정형에 7년 이상의 징역을 추가하여,[20] 법정형을 다소 완화하는 개정안을 제시하였고, 이것이 1995. 12. 제3차 형법개정을 통해 반영되었다.[21] 현재 형법개정작업이 한창 진행 중에 있는데, 2009년 9월 형법개정연구회는 존속살해죄를 비롯한 존속대상범죄의 가중처벌규정을 삭제하는 안을 제시하고 있다.

2) 외국의 경우

외국의 경우 존속살해죄 등 존속대상범죄에 대하여 규정하고 있는 국가로는 프랑스, 대만, 이탈리아, 아르헨티나 등으로서 극소수에 불과하다. 이들 국가들은 대체로 존속뿐만 아니라 비속(또는 미성년자)이나 배우자를 살해한 경우에도 이를 가중처벌하는 규정을 두고 있다.

(1) 프랑스

존속살해죄의 규정은 역사적으로 1810년 프랑스 舊 형법전에서 유래하고 있다. 프랑스는 현재에도 존속살해에 대한 규정(제221-4조 제1항 제2호)을 두고 있는데, 이와 함께 미성년자살해에 대한 규정(제221-4조 제1항 제1호)[22]도 동시에 두고 있는 것이 특징이다. 프랑스 형법 제221-4조 제1항에 의하면 '고

---

19) 존속살해죄뿐만 아니라 「형법」상의 모든 존속대상범죄 가중처벌조항을 삭제한다면 이러한 체계상의 모순은 극복될 것이고 오히려 「형법」의 전반적인 체계에 부합하게 될 것이다.

20) 법무부, 『형법개정법률안 제안이유서』, 1992, 120면.

21) 1995년 개정을 통해 존속상해죄, 존속폭행죄, 존속학대죄, 존속유기죄, 존속협박죄 등의 경우 지나치게 형을 가중하는 것은 타당하지 않을 뿐만 아니라 존속에 대한 범죄라고 할지라도 그 침해행위가 경미하거나 또는 존속에게 비난가능성이 많을 때 등을 고려하여 법정형에 벌금형이 선택형으로 추가되었다.

22) 프랑스 형법은 피해자가 15세 미만의 미성년자인 경우(Sur un mineur de quinze ans)에 무기징역형에 처하고 있다. 동 조항을 근거로 프랑스가 비속살해죄를 인정하고 있다고 보는 견해도 있으나, 엄격히 말하자면 비속살해죄가 아니라 미성년자살해죄를 가중처벌하는 것으로 보아야 한다.

의로 사람을 살해한 경우 다음 각 호에 해당하는 때에는 무기징역에 처한다 (Le meurtte est puni de la réclusion criminelle à perpétuité lorsqúil est commis)'고 하면서 동조 동항 제2호에서 '피해자가 법률상 또는 사실상의 직계존속이거 나 양부 또는 양모의 경우(Sur un ascendant légitime ou naturel ou sur les pére ou mére adoptifs)'를 규정하고 있다.23) 우리나라와 다른 점은 법률상의 직계존 속뿐만 아니라 사실상의 직계존속도 이에 포함하고 있다는 점이다. 또한 동조 동항 제9호에서 '피해자의 배우자 또는 동거인 또는 피해자와 결합된 동반자 에 의한 경우(Par le conjoint ou le concubin de la victime ou le partenaire lié à la victime par un pacte civil de solidarité)'에도 가중처벌하고 있는데, 이는 배우 자살인죄를 보통살인죄보다 더 중하게 보고 있는 것이다.

(2) 대만

대만의 경우 1935년 형법 제정 당시부터 존속살해에 대한 가중처벌 규정(제 272조)을 두고 있으면서, 보통살인죄의 형벌('사형, 무기 또는 10년 이상의 징 역')보다 가중처벌('사형 또는 무기징역')하고 있다.

(3) 일본

일본에서는 형법상 존속대상범죄로서 존속살해,24) 존속상해치사, 존속유기, 존속체포감금, 존속체포감금치사상 등의 죄가 과거에 규정되어 있었다. 일본 이 존속대상범죄를 규정한 결정적인 이유는 형법 제정 당시에 프랑스 형법을

---

23) 그 밖에도 프랑스 「형법」 제222-3조 제3호(존속가중고문, 가혹행위), 제222-8조 제1항 제 3호(존속가중폭행치사), 제222-12조 제1항 제3호, 제222-13조 제1항 제3호 등에서도 존 속범죄를 가중처벌하고 있다.
24) 구 일본 「형법」 제200조에서는 '자기 또는 배우자의 직계존속을 살해한 자는 사형 또는 무기징역에 처한다'고 규정한 반면에 구 일본 「형법」 제199조에서는 '사람을 살해한 자 는 사형, 무기 또는 3년 이상의 징역에 처한다'고 규정하여 보통살인과 존속살인의 형벌 차이가 컸었다.

상당부분 참조한 것에서 비롯된다고 보인다. 이에 대하여 일본 최고재판소[25]는 존속살해죄의 형 가중에 대하여 일본 헌법 제14조 제1항의 평등원칙에 위반되지 않는 합헌의 규정이라고 판단하여 왔다.

그러나 1973. 4. 4. 일본 최고재판소는 존속살해죄의 가중처벌을 위헌이라고 판시하였다.[26] 총 15인의 재판관 중 14인이 위헌이라고 판단하였는데, 이 중 8인(다수의견)은 가중처벌 때문이 아니라 중벌로 인해 위헌이라고 한 반면에, 6인(보충의견)은 가중처벌규정 자체가 위헌이라고 하였다. 다수의견은 두 단계의 관점에서 존속살해죄를 판단하는데, 먼저 입법목적의 합리성을 인정한 다음, 비례성을 살피는데, 존속살해죄의 형벌이 사형 또는 무기징역으로서 두 번의 감경을 하더라도 3년 6개월 이상의 유기징역이 되어 존속살해죄에 대해서는 언제나 집행유예를 선고할 수 없게 되고 이러한 차별은 합리적 차별이라고 할 수 없다는 것이었다. 즉, 피해자가 존속이라는 이유로 형을 가중하는 규정을 두었다고 하여 이러한 차별취급을 합리적인 근거가 없는 것이라고 단정할 수는 없지만, 가중의 정도가 극단적이어서 심히 균형을 잃어 이를 정당화할 수 있는 근거를 찾을 수 없는 때에는 그 차별은 현저히 불합리하다는 것이다. 이에 비해 보충의견에 의하면 존속살해죄는 도덕의 견지에 서 있는 것으로 애정과 효의 발로에 맡기는 것이 상당하므로 규정 자체가 위헌이라고 판단하였다.[27]

이후 1995. 5. 12. 존속살해죄를 포함한 모든 존속대상범죄에 관한 규정을 폐지하였다.[28] 왜냐하면 존속살해죄에 대한 위헌판결 이후 나머지 존속대상

---

25) 日最判 1950. 10. 25, 刑集 4-2126; 日最判 1950. 10. 11, 刑集 10-2037.

26) 日最判 1973. 4. 4, 刑集 27券 3號 265面. 昭和 48年 4月 4日 大法廷判決 昭和 45年 (あ) 第1310號 尊屬殺人被告事件. 동 사건은 아버지로부터 14세 때부터 약 15년 동안 강간당하면서 5명의 아이까지 출산한 피고인(딸)이 그 점을 모르는 청년으로부터 구혼을 받고 그때까지의 생활을 청산하고 인간다운 생활을 시작하려는 피고인과 이를 거부하면서 종래의 관계를 유지하려는 아버지와의 사이에서 갈등이 계속되던 중 그 아버지를 살해한 것이다.

27) 특이한 점은 동 판결 후 일본 최고재판소는 존속살해죄 이외의 다른 모든 존속대상범죄에 대해서는 합헌판결을 내렸다는 것이다. 예를 들면 존속상해치사죄에 대한 日最判 1977. 9. 26, 刑集 28券 6號 329面; 日最判 1979. 2. 6, 刑集 30券 1號 1面 등이 그것이다.

28) 당시 존속살해죄의 폐지 대신 법정형의 하한을 5년 내지 7년으로 하는 대안도 제시되었

범죄를 존치시키는 것은 균형을 상실하는 것이었기 때문이다. 현재 일본에서는 입법론적으로 존속살인뿐만 아니라 그 이외의 범죄에 있어서도 「형법」상에 존속대상범죄에 대한 가중처벌규정을 두자는 견해는 더 이상 존재하지 않는다고 말할 수 있다.[29]

(4) 독일

독일의 경우 1941년에 존속살해죄(제217조)를 삭제하여, 현재는 존속에 대한 특별한 가중처벌규정을 두고 있지 않다. 다만 모살과 고살을 구분하여 처벌하고 있을 뿐이다(제211조-제213조).

또한 독일 舊 「형법」은 제223조 제2항에 존속상해죄를 두었으나 제6차 형법 개정(1998. 1. 26.)을 통하여 존속상해규정을 삭제하고, 대신 보통상해죄의 법정형을 기존 3년 이하의 징역 또는 벌금형에서 5년 이하의 징역 또는 벌금형으로 변경하였다.

Ⅲ. 존속대상범죄 가중처벌의 근거에 대한 비판적 검토

1. 존속대상범죄 가중처벌에 관한 기존의 논거

형법상 존속에 대한 범죄를 가중처벌하는 근거에 대하여 자기 또는 배우자의 직계존속을 살해한 직계비속의 패륜성[30]으로 인해 그에 대한 비난가능성,

---

으나, 실무에서는 이미 최고재판소의 위헌판결 이후 22년 동안 보통살인죄의 규정을 적용하여 왔던 관계로 오히려 대안은 법정형의 상향을 의미하는 결과를 초래하였기 때문에 단순 폐지로 의견이 모아졌다(Aso/Inoue/Miura/Sonobe, Zum Gesetz zur Teilreform des Strafrechts, in: Koya Matsuo(hrsg.), 刑法의 平易化, 1995, 58면 이하 참조.

29) Keiichi Yamanaka, 서보학 역, "일본에서의 존속살해에 관하여", 『형사법연구』 제16호 (특집호), 한국형사법학회, 2001. 겨울, 177면.

30) 상대적으로 보면 존속살해보다는 존속상해나 존속폭행이 더 패륜적 행위라고 할 수 있다.

즉 일반범죄와 비교하여 책임[31]이 커진다고 하는 책임가중설(다수설)[32]과 존속살해죄의 주된 보호법익은 생명이지만 효를 중심으로 한 인륜관계를 부차적 보호법익으로 파악하여 존속에 대한 존중을 사회의 기본질서로 인정해야 하기 때문에 불법이 가중된다고 하는 불법가중설(소수설)[33]이 대립하고 있다.

책임가중설은 비속의 패륜성이라고 하는 정상을 '존속'이라는 구성요건요소로 객관화하여 도덕적 윤리를 보호한다는 합리적 근거에 기한 것이라는 점을 논거로 들고 있고, 불법가중설은 첫째, 직계존속을 살해하면 비난가능성(책임)이 더 크다는 것도 결국은 효를 인륜의 근본으로 한 가족주의적 윤리관을 가지고 있는 동양사회의 가치체계에서 비롯된 사회적 평가의 문제이므로 불법가중설이 타당하다는 점,[34] 둘째, 책임가중설에 따르면 신분관계가 책임을 가중한다고 하면서도 다시 이 신분관계가 행위자의 고의의 인식대상이 된다고 하는 것은 모순이라는 점, 셋째, 존속대상범죄를 일률적으로 책임가중 구성요건으로 보는 것은 사실에 부합하지 않는다는 점[35] 등을 논거로 들고 있다.

2. 가중처벌근거에 대한 비판적 검토

전자의 경우는 정신이상이나 피해자의 학대 등이 주요한 동기인 반면에, 후자의 경우는 이욕의 목적이나 욕구불만 등이 주요한 동기로 작용하기 때문이다(김지선, "존속범죄에 대한 소고", 『형사정책연구소식』 통권 제35호, 한국형사정책연구원, 1996. 6, 56면 참조).

31) 행위자의 패륜성으로부터 심정반가치를 추론하고 이것이 책임을 가중시켜 형량이 증가한다면 형벌근거책임과 양형책임을 구분하는 지배적인 견해에 따르자면 여기서의 책임은 양형책임이 된다는 견해(정철호, "존속살해가중에 대한 비판적 검토", 한·독『사회과학논총』 제17권 제2호, 한독사회과학회, 2007. 가을, 314면)가 있는 반면에, 패륜성을 우선 가중된 심정반가치, 즉 우리사회 공동체 구성원들 간에 무시할 수 없을 정도의 규범의식으로 자리 잡은 내면적 비난동기로 한 후, 이러한 가중된 심정반가치를 기술되지 아니한 책임요소로 해석해야 한다는 견해가 있다(조상제, 앞의 논문, 184면).

32) 백원기, 앞의 논문, 391면; 이형국, "존속살해죄의 제문제", 고시연구, 1994. 7, 152면; 임웅, 앞의 책, 29면; 조상제, 앞의 논문, 183면.

33) 김성돈, 앞의 책, 41면; 김일수·서보학, 앞의 책, 28면; 이정원, 앞의 책, 48면(법률적으로 인지절차가 완료되기 이전에 父를 살해하거나 또는 어려서부터 친부모와 같이 돌봐준 사람을 살해한 경우에는 행위자의 중한 심정반가치를 인정할 수 있음에도 불구하고 존속살해죄가 아니라 보통살인죄가 성립한다).

34) 김성돈, 앞의 책, 41면.

35) 김일수·서보학, 앞의 책, 28면.

1) 책임가중설에 대한 검토

(1) 존속대상범죄의 발생원인

우리나라 존속살해죄에 대한 현황과 특징을 통계적으로 연구한 문헌은 그리 많지 않다. 최인섭 박사와 김지선 박사가 공동연구 한 1996년 보고서가 현재까지 최초이자 마지막으로 시도된 연구로 보인다.[36] 하지만 동 보고서가 발간된 지 약 15년이 지났고, 또한 보고서의 기초가 된 통계수치가 1986년부터 1994년까지의 자료이기 때문에 2010년 현재의 존속대상범죄 평가를 위한 기준으로 삼기에는 다소 무리가 있다. 존속대상범죄와 관련된 통계자료 산출이 어려운 이유는 존속대상범죄를 별도로 정리한 국가기관의 자료가 전무하기 때문에 일일이 해당 검찰청 내지 법원의 자료를 수집하여 비교·분석해야 하는 번거로움과 접근의 어려움 때문인 것으로 보인다. 존속대상범죄를 체계적으로 분석하고 정리하는 국가차원의 작업이 절실히 요구된다. 하지만 현재 보고되어 있는 자료가 한정되어 있는 관계로 위의 보고서를 기준으로 존속대상범죄의 발생원인을 간략히 살펴보면 다음과 같다.

일반적으로 직계존속을 살해한 경우에 직계비속의 패륜성이 추정된다고 할 수 있으나 이는 어디까지나 번복이 가능한 추정에 불과할 뿐 예외사례는 얼마든지 등장할 수 있고, 오히려 이러한 예외사례가 다수를 차지하고 있다. 위 연구보고서의 수치는 이를 방증하고 있다.[37] 존속살해죄에 있어서 패륜에 해당하는 이욕(利慾)을 범행원인으로 하는 경우는 7.1%에 불과하고 오히려 피해자의 학대를 원인으로 하는 경우가 26.2%에 이르는 사정에 비추어 보면 국가가 존속에 의한 가정폭력에 대한 보호책을 마련하지 못하고 있다 할 것임에도 이

---

36) 당시 대검찰청의 자료전산과의 도움을 얻어 1986년부터 1994년까지의 자료를 수집하였는데, 전국 11개 지방검찰청에 있는 기록 중 총 428건의 존속대상범죄[존속살해(84건), 존속상해(242건), 존속폭행(102건)]를 활용하여 보고서가 작성되었다.
37) 이에 대한 자세한 내용은 최인섭·김지선, 앞의 논문, 37-145면 참조.

러한 상태에서 존속에 대한 범죄를 가중 처벌하는 것은 존속에 의한 폭력을 감수할 것을 강요하는 것이다. 그 밖에도 존속살해죄의 범행이유 중 가해자의 정신이상이 36.9%, 가정불화가 10.9% 등으로 집계되고 있다.[38]

이와 같이 범죄사회학적으로 보면 현실적으로 직계존속의 패륜적 행위가 범죄를 유발하는 경우가 적지 않다. 존속살해사건의 실제 사례를 보면 범죄인의 인륜을 저버리는 극악무도한 사건이 있는가 하면 직계비속의 패륜성보다는 오히려 직계존속의 패륜성이 원인이 된 사건도 적지 않다. 이는 존속살해죄의 원인과 배경이 직계비속에의 문제로만 환원될 수 없다는 사실을 보여 준다.

(2) 직계비속의 패륜성 문제

책임은 행위자가 행한 불법에 대한 비난을 그 내용으로 한다. 그러므로 비난의 내용과 정도는 행위 자체가 가지는 불법에 상응해야 한다. 행위자의 패륜적 심정반가치에 근거한 책임가중설에 의하면 개별 존속살해 사례에서 직계비속의 패륜성을 반드시 검토하고 난 후 이것이 인정되는 경우에 한해서 존속살해죄를 인정해야만 한다. 만약 패륜성이 부정된다면 존속살해죄가 아닌 보통살인죄로 의율해야 하는 것이 논리적으로 타당하다.

---

38) 최인섭·김지선, "존속범죄의 실태에 관한 연구", 한국형사정책연구원, 1996, 78-80면. 동 논문에 의하면 1986년부터 1994년까지 살인 중 존속살해가 차지하는 비율은 평균 약 6% 정도이고, 그 형량도 사형이나 무기징역형은 단 한 건도 없었다(최인섭·김지선, 앞의 논문, 39면, 56면). 또 다른 보고서에 의하면 전체 살인 사건 중 존속살해죄에 해당하는 비율이 약 4%에 불과하다는 통계자료도 있다(박형민, "살인범죄의 실태에 관한 연구(Ⅱ)", 한국형사정책연구원(2003-21), 2003. 12, 292면).

2) 불법가중설에 대한 검토

(1) 형법적 법익의 포섭범위

일각에서는 직계존속이 아닌 통상인에 대한 살인죄, 상해죄, 폭행죄 등도 형사상 처벌되고 있는 이상, 직계존속에 대한 범죄를 가중처벌한다 하여 가족 관계상 비속의 사생활이 왜곡된다거나 존속에 대한 태도 및 행동 등에 있어서 효의 강요나 개인 윤리문제에의 개입 등 외부로부터 부당한 간섭이 있는 것이라고 말할 수는 없다고 한다. 또한 패륜적·반도덕적 행위의 가중처벌을 통하여 친족 내지 가족에 있어서의 자연적·보편적 윤리를 형법상 보호함으로써 개인의 존엄과 가치를 더욱 보장하고 이를 통하여 올바른 사회질서가 형성될 수 있다고 보아야 할 것이라고 한다.

하지만 인격적 법익론에 의하면 개인적 법익이 우선하며, 보편적 법익은 개인의 매개된 이익에서 보호될 수 있고, 그 결과 개인의 보호에 의해 기능화되고 제한되어질 수 있다.[39] 이에 의하면 보편적 법익을 인격적 법익의 기능에서 이해하고 국가형벌권의 정당성을 인간에 의해 인정하기 때문에 사회적 또는 국가적 법익의 보호는 인간으로서의 개인의 이익 안에서만 이루어져야 한다.

불법가중설은 효도를 사회질서의 일부로 파악하여 이를 형법상 보호해야 할 법익으로 취급한다. 따라서 존속살해죄의 성립에서 행위자의 패륜성은 검토할 필요가 없고, 직계존속을 살해하였다는 사실관계만이 문제될 뿐이라고 한다.[40] 하지만 효도를 형법상의 법익으로 파악하는 것은 법과 도덕의 한계를 구별하지 않는 것과 대등하다고 할 수 있다.

---

39) W. Hassemer, "Grundlinien einer personalen Rechtsgutslehre", in: FS für Arthur Kaufmann, Heidelberg, 1989, S. 90 ff.
40) 김일수·서보학, 앞의 책, 28면.

(2) 법과 도덕의 구별

불법가중설에 의하면 존속대상범죄 가중처벌규정이 도덕원리를 법에 반영시켜 이를 강제한다는 비판이 있으나, 비록 법과 도덕이 준별된다 하더라도 책임판단에 있어서 윤리적 요소를 완전히 제거할 수는 없는 것이고, 법에 의한 도덕의 강제가 아니라 패륜으로 인한 책임의 가중을 근거로 형을 가중하는 데 지나지 않는 것이며, 법에 의하여 도덕이 강제될 수 없다 하더라도 사회도덕의 유지를 위한 형법의 역할을 전적으로 부정할 수는 없을 뿐만 아니라, 구체적 사건의 양형에 있어서 직계존속이 피해자라는 점이 범정(犯情)의 하나로 중시되는 것이 허용되는 이상 이를 법규의 형식으로 유형화하여 형의 가중요건으로 삼는다 하더라도 그러한 차별적 취급이 곧 합리적 근거를 결하는 것이라고 말할 수도 없다고 한다.

또한 혼인과 혈연에 의하여 형성되는 친족에 있어서는 존경과 사랑이 그 존재의 기반이라고 말할 수 있고, 이를 바탕으로 직계존속은 비속에 대하여 경제적 측면에서는 물론 정신적·육체적 측면에서 올바른 사회구성원으로 성장할 수 있도록 양육하며 보호하고 그 비속의 행위에 대하여 법률상·도의상 책임까지 부담하는 한편, 비속은 직계존속에 대하여 가족으로서의 책임 분담과 존경과 보은(報恩)의 기본적 의무를 부담하게 되는데, 이는 인류가 가족을 구성하고 사회를 형성하기 시작한 이래 확립되어진 친족 내지 가족에 있어서의 자연적·보편적 윤리로서, 이러한 윤리는 가정은 물론 사회를 유지·발전시키는 기본질서를 형성하게 된다는 점에서 형법상 보호되어야 할 가치이며, 이는 배우자의 직계존속에 대하여도 마찬가지라고 한다.[41]

생각건대 효는 원칙적으로 도덕의 영역에 속한다. 존속대상범죄를 가중처

---

41) 한편 친자관계를 지배하는 도덕적 가치가 반드시 봉건적 사상이라고는 할 수 없으므로 존속살해죄의 규정은 효를 중심으로 한 우리 고유의 전통적 법사상이 계승되어 있는 것이라고 볼 수도 있다는 견해(김성돈, 앞의 책, 42면)가 있다. 하지만 존속살해죄의 규정을 효를 중심으로 한 우리 고유의 전통적 법사상이라고 할지라도 이러한 전통적 법사상이 현재 및 미래에까지 '계승'되어야 하는 사상인가에 대해서는 다시 한번 생각해 보아야 할 문제이다.

벌하는 것은 존속에 대한 비속의 도덕적 의무, 즉 효를 강요하는 것으로서 개인의 윤리문제에 직접 개입하는 결과가 된다. 친자(親子) 간의 효(孝)라는 도덕을 관철하기 위한 것으로서 입법목적이 정당하다고 할 수 없고 윤리의 문제를 형벌로 강요한다는 점에서 수단의 적정성도 인정할 수 없다. 불효라는 것은 도덕적 비난의 대상이 되는 것이지 형사제재의 대상이 결코 될 수 없다.[42] 도덕을 근거로 형벌을 가중하는 것은 법감정상 일응 설득력이 있어 보이지만 적어도 법적인 관점에서 허용될 수는 없다.[43] 직계비속이라는 신분에 의한 차별은 헌법이 금지하는 '사회적 신분'에 의한 차별이기 때문이다.

효라는 도덕적 가치는 가중처벌로써 지켜질 수 있는 성질의 것이 아니다. 존속대상범죄 가중처벌규정의 존재는 효의 고양과는 전혀 무관한 것이다. 직계존속에게 범죄를 저지르지 않는 '효도'를 하는 것은 형법규정이 강제하고 있는 것이 아니라 도덕규범이 강제하고 있는 것이다. 효도라는 도덕적 가치는 형벌의 가중에 의해 강제될 수 없기 때문에 효도는 법 앞에 불평등을 근거 지을 수 있는 합리적인 근거가 될 수 없다. 결론적으로 효라는 도덕적 가치는 형법이 보호해야 할 법익이 아니다. 도덕적 가치는 법규범에 앞서 있는 도덕규범에 의하여 보호되어야 하고, 그렇지 않으면 사회통제체계를 파괴하는 영역 침범이 발생하여 무절제한 형벌 투입의 결과를 초래하여 형법의 법치국가성이 상실된다.[44]

---

42) 처벌에 대한 두려움이 윤리 도덕을 지키는 주요 동기가 된다면 그것은 오히려 윤리의식의 퇴보를 의미하는 것이며 그것은 예컨대 불효를 형벌로서 다스려 효도를 강요할 때 그 효도는 이미 참 의미의 효도가 아닌 것이다(헌법재판소 1990. 9. 10. 89헌마82 결정 중 김양균 재판관의 반대의견에서 발췌). 효도와 같은 도덕적 가치는 형벌의 가중으로 보호되거나 증대될 수 있는 것이 아니며 국가가 이를 강제적으로 요구해서도 안 되는 성질을 지니고 있기 때문이다.

43) 김영환, "법과 도덕의 관계-특히 한국형법을 중심으로", 『법학논총』 제25집 제4호, 한양대학교 법학연구소, 2008. 12, 13면.

44) 배종대, 앞의 책, §14/14.

3. 평등의 원칙 위배 검토

평등의 원칙은 일체의 차별적 대우를 부정하는 절대적 평등을 의미하는 것이 아니라 입법과 법의 적용에 있어서 합리적 근거 없는 차별을 하여서는 아니 된다는 상대적 평등을 뜻한다. 따라서 합리적 근거가 있는 차별 내지 불평등은 평등의 원칙에 반하는 것이 아니므로, 비속을 차별 취급하더라도 거기에 합리적 근거가 있으면 헌법상의 평등의 원칙에 위배된다고 할 수 없다. 결국 차별취급의 합리적 근거 유무에 의해 존속대상범죄의 정당성이 판단된다. 이에 대하여 합헌설에 의하면 합리적인 근거가 있다고 보는 반면에, 위헌설에 의하면 합리적인 근거가 없다고 한다. 아래에서는 평등의 대상을 중심으로 합리적 이유의 유무에 대하여 구체적으로 검토하기로 한다.

1) 일반인 對 직계존속

합헌설에 의하면 존속대상범죄는 법률로써 비속의 직계존속에 대한 도덕적 의무를 특히 중요시한 것으로, 그 입법목적은 가해자인 비속의 패륜성 내지 반윤리성을 엄벌하여 그와 같은 죄의 발생을 특히 억제하고자 함에 있는 것이지 피해자인 존속을 더 보호하고자 함에 있는 것은 아닐 뿐만 아니라, 결과적으로 존속이 강한 보호를 받게 된다고 하더라도 이는 반사적 이익에 불과하고 개개인의 일생을 통하여 보면 결국에는 각자 동등한 보호를 받게 된다는 점에서 처벌의 정도를 달리함에 대하여 그 합리적 근거를 부인할 수는 없다고 한다.

하지만 직계존속의 생명을 일반인의 생명보다 중하게 보호하는 것은 평등의 원칙을 위배하게 된다고 보아야 한다. 패륜성으로 인하여 가중처벌이 타당하다는 판례와 다수설의 취지대로라면 사실상의 직계존속도 직계존속의 범위에 포함하는 것이 논리일관적이나 이러한 주장은 찾아 볼 수 없다. 또한 혼인 외의 출생자가 그 생부에 의해 인지되기 이전에 그의 생부를 살해한 경우에도 존속살해죄로 의율하는 것이 논리일관적이지만 이를 부정하는 입장을 비판하는 견해도 극히 드물다.

또한 생명의 가치는 유무의 문제이지 정도의 문제가 결코 되어서는 아니 된다. 즉, 생명의 가치를 논함에 있어서 경중을 평가해서는 안 된다. 존속살해죄의 보호법익도 인간의 생명인 한도 내에서 보통살인죄의 보호법익과 동일하다고 볼 수 있다. 하지만 형벌에 차등을 두는 것은 근본적으로 동일한 생명의 가치를 다르게 평가한 것으로서 헌법상의 정신에도 위배된다.

2) 직계존속 對 직계비속

(1) 신분관계 발생의 문제

먼저 헌법 제11조 제1항의 차별금지조항을 열거규정이 아니라 예시규정으로 보는 헌법재판소의 입장[45]에 따르면, 직계존비속의 관계는 당연히 헌법상 평등권의 적용범위에 포섭된다. 이러한 전제에서 자신의 의사와는 상관없이 출생된 직계비속이라는 신분[46] 때문에 형벌을 가중하는 것은 사회적 신분으로 인한 차별이다. 이는 행위의 속성이 아닌 행위자의 속성으로 형벌을 가중하는 것이므로 책임주의에 반한다. 또한 존속은 출생시킬 자유를 가지기 때문에 이를 근거로 형벌을 가중할 수 있지만, 비속은 출생하는 자유를 가지지 못하기 때문에 이를 기초로 형법상의 책임을 무겁게 하는 것은 사회적 신분에 의한 차별에 해당한다.[47]

---

45) 헌법재판소 1992. 4. 28. 선고 90헌바24 결정.

46) 직계비속을 신분으로 보지 않은 전제에서, 존속살해죄는 신분으로 인한 차별취급이 아니라는 견해도 있으나 이는 부당하다고 본다. 직계비속은 엄연히 신분에 해당하기 때문이다. 존속살해죄를 행위자의 신분관계로 인하여 형이 가중되는 경우인 부진정신분범으로 보는 것이 통설적인 견해이다.

47) 이러한 주장은 '내가 나오고 싶어 나왔소'라는 수준 이하의 있는 자식의 항변으로서 자연법칙을 거역한다는 식의 일상이론은 될 수 있을지 몰라도 법학의 논거가 되기는 어렵다는 견해(배종대, 앞의 책, §14/6)가 있다.

(2) 범죄의 방향의 문제

현재 우리나라에서는 존속의 비속에 대한 범죄는 가중처벌하지 아니하면서도 "자기 또는 배우자의 직계존속"에 대한 범죄를 가중처벌하도록 함으로써 비속을 차별하고 있다.48) 하지만 반인륜성 내지 패륜성이라는 점에서 보면 존속살해와 비속살해는 차이가 없음에도 불구하고 존속살해만 가중처벌하는 것은 평등의 원칙 위배이다. 자기 부모를 살해한 자는 존속살해죄로 처벌되는 반면에, 자기 자식을 살해한 자는 보통살인죄로 처벌하는 것은 신분적 도덕에 의해 형벌을 달리하는 것이기 때문에 명백히 평등의 원칙에 반한다.

만약 존속살해죄를 존치하려면 비속살해죄를 신설49)하여 도덕의 불평등을 해소하는 것이 합당하지만 이러한 태도는 현대의 작은 형벌지향목표에 반한다. 모든 인격적 가치에 대해 평등관계를 요구하고 있는 현대의 법사상에 비추어 보면 비속살해죄의 가중처벌을 별도로 두는 것까지 요구해야 도덕적 불평등 문제까지 해소할 수 있을 것인데, 이러한 입법방식을 취하는 국가는 프랑스가 유일하다.

3) 직계존속 對 방계존속

다수설이 주장하는 패륜성이 형의 가중요인이라면 반드시 직계존속만을 그 대상으로 할 당위성이 부족하다. 왜냐하면 사실상의 직계존속을 살해한 경우, 혼인 외의 출생자가 부의 인지 전에 부를 살해한 경우, 법률상의 직계존속이 어렸을 때 사망하여 친부모와 동일하게 돌보아 준 사람(예를 들면 삼촌·고모·이모 등의 방계존속)을 살해한 경우 등의 경우에도 존속살해죄를 인정해야 논리적으로 모순이 없기 때문이다. 하지만 이러한 경우 다수설과 판례는

---

48) 이러한 의미에서 조국 교수는 「형법」 제250조 제2항은 비속의 행위반가치만을 상정하고 있기에 일면적인 입법이라고 한다(조국, "존속살해죄의 전제와 근거에 대한 재검토", 『형사법연구』 제16호(특집호), 한국형사법학회, 2001. 겨울, 193면).

49) 이미 영아살해죄와 미성년자살해죄를 처벌하는 규정을 두고 있으므로 비속이 성년인 경우 일정한 요건하에 처벌하는 입법을 생각해 볼 수 있다.

보통살인죄를 인정하고 있다. 왜냐하면 아무리 패륜성이 강하다고 하더라도 존속살해죄가 아닌 보통살인죄로도 충분히 그 패륜성을 양형상 참작하여 형을 선고할 수 있기 때문에 이러한 해석이나 판례의 태도에 대하여 비판하는 주장은 거의 찾아보기 힘들다.

직계존속과 방계존속의 차별취급은 현행법의 규정상 불가피한 것이지만 해석론적으로 불가피한 일일지라도 입법론적으로 타당한가 여부의 심사는 재고를 요하는 부분이다. 이러한 문제에 대한 해결방안으로는, 첫째, 직계존속과 방계존속을 구별하지 않고 존속이기만 하면 가중처벌하는 방법, 둘째, 직계존속과 방계존속을 구별하지 않고 일반인과 동일하게 보통살인죄로 처벌하는 방법 등을 상정해 볼 수 있는데, 전자의 경우보다 후자가 보다 타당한 것으로 보인다.

4) 존속대상범죄 상호 간의 형벌비교

현행 「형법」상 존속대상범죄와 일반범죄 사이의 법정형을 비교해 보면 다음과 같다.

<표 1-1> 일반범죄와 존속대상범죄의 법정형 비교

죄명	일반범죄	존속대상범죄
살인죄	사형, 무기 또는 5년 이상의 징역(제250조 제1항) * 제256조에 의하여 10년 이하의 자격정지 병과 가능	사형, 무기 또는 7년 이상의 징역(제250조 제2항) * 제256조에 의하여 10년 이하의 자격정지 병과 가능
상해죄	7년 이하의 징역, 10년 이하의 자격정지 또는 1천만 원 이하의 벌금(제257조 제1항)	10년 이하의 징역 또는 1천500만 원 이하의 벌금(제257조 제2항) * 제265조에 의하여 10년 이하의 자격정지 병과 가능
중상해죄	1년 이상 10년 이하의 징역(제258조 제1항) * 제265조에 의하여 10년 이하의 자격정지 병과 가능	2년 이상의 유기징역(제258조 제3항) * 제265조에 의하여 10년 이하의 자격정지 병과 가능

상해치사죄	3년 이상의 유기징역(제259조 제1항) * 제265조에 의하여 10년 이하의 자격정지 병과 가능	무기 또는 5년 이상의 징역(제259조 제2항) * 제265조에 의하여 10년 이하의 자격정지 병과 가능
폭행죄	2년 이하의 징역, 500만 원 이하의 벌금, 구류 또는 과료(제260조 제1항) * 제265조에 의하여 10년 이하의 자격정지 병과 가능	5년 이하의 징역 또는 700만 원 이하의 벌금(제260조 제2항) * 제265조에 의하여 10년 이하의 자격정지 병과 가능
특수폭행죄	5년 이하의 징역 또는 1천만 원 이하의 벌금(제261조) * 제265조에 의하여 10년 이하의 자격정지 병과 가능	
유기죄	3년 이하의 징역 또는 500만 원 이하의 벌금(제271조 제1항)	10년 이하의 징역 또는 1천500만 원 이하의 벌금(제271조 제2항)
중유기죄	7년 이하의 징역(제271조 제3항)	2년 이상의 유기징역(제271조 제4항)
학대죄	2년 이하의 징역 또는 500만 원 이하의 벌금(제273조 제1항)	5년 이하의 징역 또는 700만 원 이하의 벌금(제273조 제2항)
유기등치상죄	7년 이하의 징역(제275조 제1항)	3년 이상의 유기징역(제275조 제2항)
유기등치사죄	3년 이상의 유기징역(제275조 제1항)	무기 또는 5년 이상의 징역(제275조 제2항)
체포감금죄	5년 이하의 징역 또는 700만 원 이하의 벌금(제276조 제1항) * 제282조에 의하여 10년 이하의 자격정지 병과 가능	10년 이하의 징역 또는 1천500만 원 이하의 벌금(제276조 제2항) * 제282조에 의하여 10년 이하의 자격정지 병과 가능
중체포감금죄	7년 이하의 징역(제277조 제1항) * 제282조에 의하여 10년 이하의 자격정지 병과 가능	2년 이상의 유기징역(제277조 제2항) * 제282조에 의하여 10년 이하의 자격정지 병과 가능
특수체포감금죄	그 죄에 정한 형의 2분의 1까지 가중(제278조) * 제282조에 의하여 10년 이하의 자격정지 병과 가능	
(중)체포감금치상죄	1년 이상의 유기징역(제281조 제1항) * 제282조에 의하여 10년 이하의 자격정지 병과 가능	2년 이상의 유기징역(제281조 제2항) * 제282조에 의하여 10년 이하의 자격정지 병과 가능
(중)체포감금치사죄	3년 이상의 유기징역(제281조 제1항) * 제282조에 의하여 10년 이하의	무기 또는 5년 이상의 징역(제281조 제2항) * 제282조에 의하여 10년 이하의 자

	자격정지 병과 가능	격정지 병과 가능
협박죄	3년 이하의 징역, 500만 원 이하의 벌금, 구류 또는 과료(제283조 제1항)	5년 이하의 징역 또는 700만 원 이하의 벌금(제283조 제2항)
특수협박죄	7년 이하의 징역 또는 1천만 원 이하의 벌금(제284조)	

<표 1-1>에서 보는 바와 같이 「형법」상 존속대상범죄의 가중처벌규정은 모두 개인적 법익에 관한 죄에 규정되어 있는 것이 특징이다. 효라는 보호법익을 위한다는 것은 일종의 공동체 질서의 하나에 속하는 것으로 존속대상범죄는 사회적 법익을 침해하는 범죄로 이해할 수도 있지만 존속대상범죄를 사회적 법익에 대한 침해범죄로 파악하는 견해는 우리나라에서는 없는 것 같다.

<표 1-1>을 면밀히 검토해 보면 다음과 같은 불합리한 점이 있음을 발견할 수 있다. 첫째, 일반범죄와 비교할 때 존속대상범죄의 가중정도가 일정한 비율에 따르지 않고 개별 범죄마다 각각 다르다. 적게는 1.4배(존속살해죄의 경우)에서 많게는 약 4배[50](존속중체포감금죄, 존속유기등치상죄의 경우)까지 다양하다. 이는 일반범죄의 동일한 불법과 책임에 단지 존속이라는 신분의 요소가 가미된 범죄 사이에서도 합리적인 근거가 없이 차별취급하는 심각한 문제를 발생시키고 있다.

둘째, 자격정지의 부과를 살펴보면, 살인의 죄, 상해와 폭행의 죄, 체포와 감금의 죄 등에서는 이를 인정하고 있는 반면에, 유기와 학대의 죄, 협박의 죄 등에서는 인정하지 않고 있는데, 이러한 차별취급에도 합리적인 이유를 발견하기가 어렵다.

셋째, 특수폭행죄, 특수체포감금죄, 특수협박죄의 경우에는 일반범죄와 존속대상범죄 사이에 형벌의 차이가 존재하지 아니한다. 다른 존속대상범죄와 달리 동 죄들에 대한 형벌의 차이가 부정되는 이유도 찾아볼 수 없다.

넷째, 다른 개인적 범죄와의 형평성 문제도 야기되는바, 존속강간죄, 존속명예훼손죄, 존속강도죄 등에 대한 가중처벌조항이 없는 것이 그것이다.

---

50) 2010. 4. 15. 「형법」의 개정으로 유기징역의 상한이 최고 30년으로 상향조정되었다.

Ⅳ. 글을 마치며

존속대상범죄는 존속에 대한 범죄를 개별적으로 평가하지 않고 일률적으로 파악하는 점에서 문제가 있다. 존속에 대하여 일정한 범죄를 저지르기만 하면 그 동기를 묻지 않고 일반범죄보다 불법 또는 책임이 높다고 하는 전제를 하고 있는 것이다. 또한 형의 가중논거는 그 내용이 '사회관념', '인륜의 근본', '인류보편의 원리', '비속의 패륜성' 등과 같이 추상적인 것이 특징이다. 또한 법정형이 예외 없이 상향되어 있는 문제점도 지적된다.

생각건대 존속대상범죄의 논의에서 위헌의 문제와 가중처벌의 필요성은 별개의 문제라고 판단된다. 현행「형법」이 과거와 달리 존속살해죄에 대하여 7년 이상의 유기징역형을 추가하여 과도하게 불합리한 형벌을 상정한 것이라고 볼 수 없어 위헌의 소지를 다소 완화한 것은 사실이다. 하지만 존속살해죄의 규정을 두지 않고 보통살인죄로 처벌한다고 하여도 처벌의 불균형은 생기지 아니한다. 존속살해죄의 법정형의 최하한은 7년 이상의 징역이고, 보통살인죄의 법정형의 최하한은 5년 이상의 징역인데, 이러한 존속살해죄의 법정형은 보통살인죄에서 보호하는 생명이라는 법익에 더하여「형법」이 고유한 법익으로 인정한 '효'라는 법익을 동시에 침해하는 범죄를 저지른 자에게 가중처벌을 하고 있다. 즉, 보호법익이 '생명'과 '효', 2가지인 범죄에 해당한다.

존속살해죄가 폐지된다면 존속을 살해한 비속은 보통살인죄로 처벌된다. 이 경우 법관은 양형사유를 참작하여 폐지된 존속살해죄의 법정형에 해당하는 7년 이상의 징역을 선고할 수 있다. 보통살인죄의 5년 이상의 징역은 존속살해죄의 7년 이상의 징역이라는 범위를 포함하고 있기 때문이다. 따라서 패륜적인 존속살해의 경우에는 보통살인죄의 법정형으로도 얼마든지 가중처벌할 수 있다.

또한「형법」제51조[51])는 총 9가지의 양형사유를 규정하고 있는데, 그중 하

---

51) 제51조 (양형의 조건) 형을 정함에 있어서는 다음 사항을 참작하여야 한다.
  1. 범인의 연령, 성행, 지능과 환경
  2. 피해자에 대한 관계

나가 '피해자에 대한 관계'이다. 존속대상범죄에서 주체인 직계비속과 객체인 직계존속의 관계가 바로 이에 해당한다. 우리 「형법」은 이미 총칙부분에서 존속대상범죄에 해당하는 경우의 처벌에 대비하여 형을 정함에 있어 '직계존속(피해자)과 직계비속(가해자)과의 관계'를 참작해야만 하도록 강제하는 규정을 명문화하고 있는 것이다.

이와 같이 존속에 대한 범죄는 양형참작사유로서 고려하는 것으로 족하다. 이 경우 실제에 있어서는 아이러니컬하게도 형벌가중사유가 아닌 형벌감경사유로서 그 기능을 하는 경우가 더 많이 존재할 것이다. 이른바 '묻지마 살인'과 같은 자신의 직계존속을 아무 이유 없이 살해하는 경우는 현실세계에서 드물기 때문이다. 만약 이러한 사건이 발생하였다고 하더라도 동 가해자는 반드시 정신감정의 대상이 되어야 한다고 본다. 일반적인 경우에 아무런 이유 없이 자신의 직계존속을 살해하는 경우를 상정해 볼 때 당해 행위의 가해자는 정신적으로 상당한 문제가 있을 것이라는 것이 쉽게 예상되기 때문이다.

3. 범행의 동기, 수단과 결과
4. 범행 후의 정황

제2장 낙태죄의 합리화 정책에 관한 연구

Ⅰ. 문제의 제기

우리나라에서는 그동안 낙태가 광범위하게 행해져 왔는데, 그 이유로는 국가의 인구증가억제정책,1) 남아선호사상, 여성의 프라이버시권 보장, 낙태의 자유화 추세, 낙태에 대한 죄의식의 희박 및 암수화 경향, 여성들의 사회적 진출의 증가, 기혼여성의 출산자녀 수 조절(가족계획), 태아의 장애, 피임에 대한 인식의 부족, 아이 기르기 힘든 환경, 불법낙태에 대한 정부의 방조, 낙태시술을 해야 병원 경영이 유지되는 산부인과의 열악한 환경 등을 들 수 있다. 최근 이러한 낙태현실의 문제점에 대한 회의적인 시각에서 '프로라이프(pro-life)' 의사회2)는 2010. 2. 3. 상습적으로 불법 낙태시술을 계속해온 의혹이 있는 산부인과 3곳의 의사 8명을 서울중앙지방검찰청에 고발하였다.3) 이에 대하여 한국여성단체연합 등 11개 여성단체는 즉각 반대성명서를 발표4)하는 등 우리 사회에서 처음으로 본격적인 낙태논쟁이 촉발되었다.

이러한 낙태에 대한 찬반의 논쟁은 현행법과 현실 사이의 괴리에서 비롯된다. 즉, 현행법은 낙태행위를 엄격히 금지하고 있지만, 실제로 낙태행위가 적발되어 범죄로 처벌되는 경우는 극히 드물다. 연간 행해지는 낙태의 건수는 최소 34만 6,000건5)에서 최대 200만 건6)까지 추정되고 있다.7) 각 기관마다 발

---

* 『법학논총』 제27집 제1호, 한양대학교 법학연구소, 2010. 3. 199면 이하.

1) 이는 우리 정부가 1970년대에 표방한 정책이었지만, 2010년 현재는 저출산이 국가적인 문제로 등장하면서 저출산의 해법으로 과도한 낙태금지의 입장으로 방향이 선회된 것으로 보인다. 1970년대에는 인구조절정책의 일환으로 낙태를 조장했던 정부가 저출산이 문제되자 낙태마저 출산율 제고의 수단으로 이용하고 있는 것이다.

2) 진오비(진정으로 산부인과를 걱정하는 의사들의 모임)의 산하에 있는 단체로서, 전체 산부인과 개업의(3,000여 명)의 20%에 해당하는 600여 명으로 구성되어 있는데, 대부분 30대와 40대의 젊은 연령층으로 구성되어 있다.

3) 조선일보, 2010. 2. 4.자 A5면.

4) 2010. 2. 3. 다함께 여성위원회, 민주노동당 여성위원회, 반성매매인권행동이룸, 언니네트워크, 전국여성연대, 진보신당 성정치위원회/여성위원회, 한국성폭력상담소, 한국여성단체연합, 한국여성민우회, 한국여성의전화, NGA/SF GP 네트워크팀 등 11개 단체는 여성의 낙태선택권 보장을 촉구하는 즉각적인 반대성명을 발표하였다.

5) 2005. 9. 당시 보건복지부가 발표한 『전국 인공임신중절 실태조사』에 의하면 한 해 낙태시술 추정 건수 약 34만 6,000건(이 중 95.6%가 불법) 중 42% 정도에 해당하는 14만 3,000여 건이 미혼여성의 낙태로 나타났고, 기혼여성의 낙태도 76% 정도는 자녀를 원하지 않거

표하는 낙태의 추정치가 최대 5배 정도의 차이가 난다는 사실은 그만큼 암수의 비율이 높아 실태 파악이 제대로 이루어지지 않고 있음을 반증하는 것이다. 이와 같이 병원에서는 공공연히 낙태수술이 행해지고 있지만 실제로 낙태죄로 처벌되는 경우는 거의 없다. 법원행정처가 발간하는『사법연감』에 따르면 낙태죄로 공판이 이루어진 경우가 2007년도 7건(집행유예 4명, 선고유예[8] 3명), 2008년도 3건(집행유예 2건, 선고유예 1건)뿐이었다.[9] 즉, 실형에 처하는 경우는 전무하고, 자기낙태죄와 동의낙태죄로 처벌되는 경우도 전무하다.[10] 낙태죄의 유죄판결수가 적다는 것은 결국 낙태죄에 관한 형벌규정이 국민들의 사회윤리적인 판단을 위한 규범형성력에 거의 영향을 미치지 못한다는 것으로 보아야 한다. 따라서 형법전의 낙태죄 규정은 사문화되었다고 볼 수 있으며, 낙태죄는 운에 의해 좌우되는 범죄라는 오명을 씻을 수 없게 되었다.

이러한 현시점에서 우리는 국가의 형벌권이 과연 낙태행위에 개입해야 하는가라는 근본적인 질문에 봉착하게 된다. 이는 「형법」상 낙태죄의 목적 및 보호법익에 대한 물음으로서 태아의 생명권과 임부의 자기결정권 사이의 균형을 어느 정도 조화시켜야 하는가에 대한 물음이기도 하다. 낙태를 범죄로 하여 엄격히 제한하게 되면 낙태를 원하는 임부는 비밀리에 이를 행하거나

나 터울 조절 때문에 이루어지는 것으로 나타났다. 우리나라 15~44세 여성의 연간 낙태율은 1,000명당 평균 29.8명으로 법적으로는 우리나라보다 낙태를 포괄적으로 허용하는 미국(21.1명)이나 영국(17.8명)보다 높다.

6) 배종대, 『형법각론(제6전정판)』, 홍문사, 2006, §25/5 참조.

7) 통계청이 발표한 우리나라의 신생아 수는 2006년 기준 45만 2,000명임에 비해, 연간 낙태의 건수가 최대 200만 명이니, 신생아의 약 4배수가 낙태로 죽어가고 있는 것이다.

8) 선고유예를 선고하면서 판결이유에, '…현재 우리 사회에서 현실적으로 낙태를 처벌하지 않는 관행을 참작해 선고를 유예한다'라는 표현도 있다.

9) http://www.scourt.go.kr/justicesta/JusticestaListAction.work?gubun=10, 2010. 2. 9. 검색. 한편 1964년부터 2007년까지 낙태의 죄로 처벌된 건수는 57건뿐이다.

10) 1990. 2. 26세의 임부가 임신 8주째에 산부인과 전문의에게 낙태수술을 받았는데, 그 후 남편이 부인과 의사를 낙태혐의로 고소한 일이 있었다. 이에 대해 서울지검은 1990. 12. 13. "「형법」상 낙태죄에 해당하지만, 우리 사회의 현실여건을 고려할 때 형사처벌은 받을 필요가 없다고 판단된다. 지금까지 낙태가 공공연히 이루어져 왔고 국민들도 이에 대한 죄의식이나 낙태에 대한 윤리적·도덕적 비난가능성이 거의 없는 현실을 고려해야 한다"는 이유로 기소유예 결정을 내리기도 하였다.

무면허의사 또는 낙태선박[11])을 찾아 불법시술을 받게 되어 오히려 임부의 건강과 생명에 위험을 초래할 수 있을 것이다. 그렇다고 하여 낙태를 자유화하게 되면 태아의 생명권 보호라는 헌법상의 기본권을 현저하게 침해하게 될 것이다.

본 논문은 이러한 낙태에 대한 당벌성의 근본적인 접근을 시도하여 일정한 범위 내에서 낙태죄의 합리적인 비범죄화 방안을 모색해 보고자 한다. 이를 위해 먼저 낙태죄의 보호법익을 살펴서 낙태의 개념을 좁히고, 보호의 정도가 침해범이라는 결론을 이끌어 낸다. 이후 낙태행위에 관한 현행법의 규정을 외국의 입법례와 비교하여 평가하고, 마지막으로 태아의 생명권과 임부의 자기결정권 사이의 법익형량을 통해 낙태죄의 합리적인 정책방안을 도출하고자 한다.

Ⅱ. 낙태죄의 보호법익

1. 낙태의 개념

1) 기존의 논의

낙태죄의 보호법익을 밝히는 작업은 낙태의 개념설정작업으로부터 시작된다. 현행법상 낙태(落胎)의 구체적인 의미를 나타내는 규정은 찾아볼 수 없기 때문에 이는 전적으로 해석에 맡겨져 있다. 이에 대한 해석으로 먼저 '태아의 사망을 필수적 개념요소로 보지 않는 견해'(다수설)가 있다. 동 견해[12])에 의하

---

11) 네덜란드의 의사 레베카 곰퍼르츠가 일명 '낙태선박'으로 전 세계 낙태가 금지된 나라를 직접 찾아다니며 낙태수술을 원하는 여성을 배에 태우고 公海로 나간 뒤 약물을 이용한 낙태시술을 한 것에서 유래한다.

12) 권오걸, 『형법각론』, 형설출판사, 2009, 82면; 김성돈, 『형법각론(제2판)』, 성균관대학교 출판부, 2009, 92면; 김일수·서보학, 『형법각론(제7판)』, 박영사, 2007, 50-51면; 박상기, 『형법각론(제7판)』, 박영사, 2008, 81면(박상기 교수는 이러한 정의가 구체적 위험범설

면 낙태란 '태아를 자연분만기에 앞서서 인위적으로 모체 밖으로 배출하거나 태아를 모체 안에서 살해하는 것'이라고 한다. 판례의 견해도 이와 같다.[13] 다음으로 '태아의 사망을 필수적 개념요소로 보는 견해(소수설)'가 있다. 동 견해[14]에 의하면 낙태란 '태아를 살해하는 것을 내용으로 하는 것'이라고 한다. 이에 의하면 태아를 자연분만기에 앞서서 인위적으로 모체 밖으로 배출하는 행위 자체만으로는 낙태가 되지 않는다고 한다.

한편 낙태의 개념에 대한 위와 같은 견해의 대립은 낙태죄의 보호정도에 관한 학설의 대립과 일맥상통하는 면이 있다. 즉, 낙태의 개념에 관하여 '태아의 사망을 필수적 개념요소로 보지 않는 견해'는 태아의 생명이라는 법익을 보다 중시하여 자연적 분만기 이전에 태아를 모체 밖으로 배출하는 행위만으로도 태아의 생명은 위태롭게 되는 것이며, 따라서 낙태죄가 성립하기 위해서는 태아의 생명에 대한 위태화로 족하다는 위험범설[15]을 취한다. 이에 반하여 낙태의 개념에 관하여 '태아의 사망을 필수적 개념요소로 보는 견해'는 태아의 생명에 대한 현실적인 침해를 요구하는 침해범설[16]을 취한다. 이와 같은 학설의 대립은 태아의 생명이라는 법익을 어느 정도 보호할 것인가 하는 견해의 차이에서 비롯되는 것이다.

에 입각한 것이라고 하면서도 추상적 위험범설을 취하고 있다); 배종대, 앞의 책, §25/1; 손동권, 『형법각론(제2개정판)』, 율곡출판사, 2006, 89면; 오영근, 『형법각론(제2판)』, 박영사, 2009, §5/1; 이영란, 『형법학(각론강의)』, 형설출판사, 2008, 93면; 임웅, 『형법각론(개정판)』, 법문사, 2003, 98면; 정성근·박광민, 『형법각론(제3판)』, 삼지원, 2008, 87면; 진계호·이존걸, 『형법각론(제6판)』, 대왕사, 2008, 108면.

13) 대법원 2005. 4. 15. 선고 2003도2789 판결: "낙태죄는 태아를 자연분만기에 앞서서 인위적으로 모체 밖으로 배출하거나 태아를 모체 안에서 살해함으로써 성립하고, 그 결과 태아가 사망하였는지 여부는 낙태죄의 성립에 영향이 없다."

14) 김성천·김형준, 『형법각론(제2판)』, 동현출판사, 2006, 68면; 이재상, 『형법각론(제5판(보정판))』, 박영사, 2006, §5/1.

15) 위험범설은 다시 구체적 위험범설(배종대, 앞의 책, §25/1; 이영란, 앞의 책, 95면)과 추상적 위험범설(권오걸, 앞의 책, 83면; 김성돈, 앞의 책, 93면, 김일수·서보학, 앞의 책, 47면, 박상기, 앞의 책, 84면; 임웅, 앞의 책, 100면; 정성근·박광민, 앞의 책, 89면)로 나누어진다. 한편 태아의 생명·신체의 안전에 대하여는 추상적 위험범, 임부의 생명·신체의 안전에 대하여는 침해범으로 보는 이원설(오영근, 앞의 책, §5/2)도 주장되고 있다.

16) 김성천·김형준, 앞의 책, 64면; 손동권, 앞의 책, 93면(손동권 교수는 자기낙태죄의 경우에는 침해범으로 보고 있지만, 그 이외의 경우에는 개별적으로 나누어 판단하고 있다); 이재상, 앞의 책, §5/3.

2) 검토

생각건대 자연적 분만기 이전에 생존능력이 있는 태아를 모체 밖으로 배출하는 것만으로는 낙태죄를 구성하지 않게 되고, 태아를 모체 밖으로 배출하고 이로 인하여 태아가 사망하거나 모체 내에서 태아를 고의로 살해한 후 배출한 경우에만 낙태죄의 성립을 긍정해야 한다고 본다. 사람의 생명을 보호하는 살인죄를 침해범으로 규정하고 있으면서 태아의 생명에 대하여는 위험범으로 보호의 범위를 확대해야 할 이유는 없기 때문이다.[17] 또한 의료기술이 발전한 오늘날에는 출산시기를 앞당겨서 태아를 나오게 하는 것이 위험하지 않을 수도 있다. 이미 출생한 사람을 살해하는 행위가 '살인'이듯이 아직 태어나기 이전 상태의 태아를 살해하는 행위를 '낙태'로 이해하는 것이 더 합리적이기도 하다.[18] 따라서 낙태죄는 침해범으로 보는 것이 타당하다. 침해범의 입장에서 다음의 경우를 살펴보기로 한다.

첫째, 언어의 용법상 낙태라는 개념은 반드시 태아의 사망을 포함하는 것은 아니라는 반론이 있다.[19] 하지만 언어의 용법상 낙태란 개념에 반드시 태아의 생명에 대한 위태화를 초래하는 경우가 포함된다고도 볼 수는 없다. 태아의 생명에 대한 위태화의 경우와 침해의 경우를 피고인의 입장에서 비교해 보면 태아의 생명에 대한 침해가 있어야만 범죄로 인정하는 것이 훨씬 유리함을 알 수 있다. 범죄의 구성요건은 문언의 가능한 범위 내에서 해석해야 함이 원칙임을 감안했을 때 피고인에게 불리하게 확대해석하는 경우보다는 유리하게 축소해석하는 것이 보다 더 타당하므로 두 가지의 경우로 모두 해석이 가능할 경우 후자로 해석하는 것이 바람직하다.

둘째, 현행 「형법」이 낙태미수를 처벌하지 않는다는 반론이 있다.[20] 하지만 미수범을 처벌하지 않는 것은 입법자의 결단으로서 미수범에 대한 가벌성의

---

17) 이재상, 앞의 책, §5/3.
18) 김성천 · 김형준, 앞의 책, 64면.
19) 김성돈, 앞의 책, 92면; 임웅, 앞의 책, 99면; 정성근 · 박광민, 앞의 책, 88면.
20) 권오걸, 앞의 책, 82-83면; 김성돈, 앞의 책, 92면; 임웅, 앞의 책, 99면; 정성근 · 박광민, 앞의 책, 88면; 진계호 · 이존걸, 앞의 책, 108면.

정도를 인정하지 않는다고 볼 수 있다. 이는 태아의 생명을 더 두텁게 보호하기 위하여 태아의 생명을 침해하는 행위 이전에 위태화를 초래하는 행위만으로도 낙태죄를 구성한다고 하는 목적론적 해석으로 볼 것이 아니라 역으로 태아의 생명에 대한 위태화를 가벌성의 영역에서 배제하고자 하는 시도라고도 볼 수 있다. 즉, 미수범을 처벌하지 않는다는 이유로 위험범이라고 해석하는 것은 타당하지 않다.[21]

셋째, 태아를 분만기 이전에 모체 밖으로 배출하는 행위는 일반적으로 태아의 생명이나 신체에 위험을 초래하고 제왕절개수술이야말로 낙태죄의 구성요건에 해당하지만 위법성조각 여부가 문제되는 전형적인 행위라는 반론이 있다.[22] 하지만 제왕절개수술을 처음부터 구성요건해당성조차 없는 것으로 해석할 수도 있다. 어떠한 행위에 대한 형법적 평가를 할 때 일반적으로 발생하는 대부분의 경우를 구성요건해당성 심사를 한 이후 위법성조각사유로「형법」의 관점에서 배제시키는 방법보다는 법문의 의미를 실질적으로 해석하여 구성요건심사단계에서 배제하는 방법이 더 타당하다.

넷째, 판례와 같이 추상적 위험범설을 취할 경우에는 다음과 같은 모순이 발생할 수 있다. 산부인과 의사가 약물에 의한 유도분만의 방법으로 낙태시술을 하였으나 태아가 살아서 미숙아 상태로 출생하자 그 미숙아에게 염화칼륨을 주입하여 사망하게 할 경우의 죄책이 문제될 수 있는데, 판례[23]는 염화칼륨 주입행위를 낙태를 완성하기 위한 행위에 불과한 것으로 볼 수 없고, 살아서 출생한 미숙아가 정상적으로 생존할 확률이 적다고 하더라도 그 상태에 대한 확인이나 최소한의 의료행위도 없이 적극적으로 염화칼륨을 주입하여 미숙아를 사망에 이르게 하였다면 미숙아를 살해하려는 범의가 인정된다고 하여 살인죄를 인정하고 있다. 즉, 추상적 위험범설을 취하게 되면 낙태죄와 살인죄 모두를 인정하게 되는 논리적인 모순이 발생하게 된다. 이 경우는 낙태행위가 미수이기 때문에 불가벌이 되고, 살인죄의 단순일죄로 처리해야 할 것

---

21) 이재상, 앞의 책, §5/3.
22) 오영근, 앞의 책, §5/1.
23) 대법원 2005. 4. 15. 선고 2003도2789 판결.

이다.24)

다섯째, '태아의 사망을 필수적 개념요소로 보지 않는 견해'에 의하면 모체 외에서 생명을 유지할 수 있는 시기라도 자연분만기에 앞서서 인위적으로 배출하였다면 낙태죄에 해당한다고 보게 된다. 이는 早期출산의 경우에도 낙태죄의 구성요건에 해당한다는 부당한 결과가 초래된다.25) 물론 '태아의 사망을 필수적 개념요소로 보지 않는 견해'에 의하면 早期출산의 경우는 낙태의 의사로 행한 것이 아니므로 낙태가 아니라고 하지만 낙태죄를 태아살해의 목적범으로 이해하지 않는 한 태아를 인위적으로 모체 외에 배출하여 위험하게 한다는 인식과 의사가 있으면 낙태죄의 구성요건에 해당하기 때문이다.

여섯째, '태아의 사망을 필수적 개념요소로 보지 않는 견해'에서 말하는 '자연분만기'의 개념이 불명확하다는 점이다. 일반적인 임신의 기간이 40주라고 하지만 모든 임부들이 임신 40주 후의 정확한 시기에 출산을 하는 것은 아니다. 早期출산은 물론 정상적인 임신기간 이후의 출산도 얼마든지 가능하다. 자연분만 개시의 시점은 판단하는 사람 및 상황에 따라 다를 수가 있어,26) 이러한 불명확한 개념을 가지고 형벌을 부과한다는 것은 죄형법정주의에도 어긋난다고 볼 수 있다.

일곱째, 무분별한 낙태행위의 예방을 위한 형사정책적 측면을 고려하여 추상적 위험범설을 주장하는 반론이 있다.27) 하지만 이러한 태도는 전형적인 위

---

24) 같은 견해로는, 김성천·김형준, 앞의 책, 68면.

25) 정현미, "낙태죄와 관련한 입법론", 『형사법연구』, 22호 특집호, 한국형사법학회, 2004, 겨울, 692-693면.

26) 대법원 2007. 6. 29. 선고 2005도3832 판결: "제왕절개 수술의 경우 '의학적으로 제왕절개 수술이 가능하였고 규범적으로 수술이 필요하였던 시기'는 판단하는 사람 및 상황에 따라 다를 수 있어, 분만개시 시점, 즉, 사람의 시기도 불명확하게 되므로 이 시점을 분만의 시기로 볼 수는 없다." 동 판결에 대한 보다 자세한 평석으로는 권창국, "태아에의 가해행위에 관한 형사법적 고찰", 『형사재판의 제 문제(제6권)』, 형사실무연구회, 2009; 김종덕, "태아상해와 상해죄의 성부에 대한 해석론적 고찰", 『법학연구』 제30집, 한국법학회, 2008. 5; 박경춘, "분만 전 태아에 대한 낙태죄 이외의 「형법」상 보호가능성: 대법원 2007. 6. 29. 2005도3832에 대한 평석", 『의료법학』 제9권 제1호, 대한의료법학회, 2008. 6; 박혜진, "'분만 전 태아'의 법적 지위와 형법적 보호가능성: 대법원 2007. 6. 29. 선고 2005도3832 판례 평석", 『비교형사법연구』 제10권 제1호(통권 제18호), 한국비교형사법학회, 2008. 7. 등 참조.

27) 권오걸, 앞의 책, 83면.

험형법의 입장으로서 받아들이기가 곤란하다. 낙태행위가 법적으로 명백하게 금지되어 있음에도 불구하고 폭넓게 이루어진다는 것은 현행법이 현실을 제대로 반영하지 못하고 있다거나 법이 일반국민의 입장에서 규범으로서의 가치를 가지지 못하고 있다는 측면에서 재검토를 해야 하는 문제이지, 형벌이 구성요건의 前 단계까지 나와서 굳이 위하를 가할 필요는 없다.

이상의 논의를 종합해 볼 때, 결론적으로 낙태죄는 침해범으로 보는 것이 타당하다.

2. 낙태죄의 보호법익

1) 기존의 논의

낙태죄의 보호법익에 대한 학설의 입장은 일치되어 있지 않은데, 주된(일차적) 보호법익은 태아의 생명이며, 부차적(이차적) 보호법익은 임부의 생명과 신체의 안전이라고 보는 입장,[28] 주된 보호법익은 태아의 생명이며, 부차적 보호법익은 임부의 신체라고 보는 입장,[29] 주된 보호법익은 태아의 생명과 신체이며, 부차적 보호법익은 임부의 생명과 신체라고 보는 입장,[30] 태아의 생명만이 유일한 보호법익이라고 보는 입장[31] 등[32]이 그것이다.

---

28) 권오걸, 앞의 책, 82면; 배종대, 앞의 책, §25/2; 임웅, 앞의 책, 99면; 진계호·이존걸, 앞의 책, 109면.

29) 이재상, 앞의 책, §5/3.

30) 오영근, 앞의 책, §5/2; 정성근·박광민, 앞의 책, 88-89면.

31) 김성천·김형준, 앞의 책, 63면; 박상기, 앞의 책, 83면; 정현미, 앞의 논문, 697면.

32) 자기낙태죄와 동의낙태죄는 부녀 자신의 자상행위가 되므로 태아의 생명만이 보호법익이지만 그 이외의 다른 낙태의 죄는 부차적으로 부녀의 생명·신체도 보호법익이라고 보는 입장(김성돈, 앞의 책, 92면)과 자기낙태죄와 단순동의낙태죄 및 업무상 동의낙태죄에서는 태아의 생명만이 보호법익이고, 부동의낙태죄에서는 태아의 생명이 주된 보호법익이지만 임부의 의사결정의 자유도 부차적인 보호법익이 되며, 낙태치사상죄는 태아의 생명을 주된 보호법익으로 하지만 임부의 생명·신체의 완전성도 부차적인 보호법익이라고 보는 입장(김일수·서보학, 앞의 책, 47면) 등이 있다.

2) 검토

낙태죄의 보호법익을 결정함에 있어서 선행되어야 할 문제는 낙태의 개념과 그 보호의 정도이다. 즉, 낙태의 개념, 낙태죄의 보호의 정도, 낙태죄의 보호법익은 서로 불가분의 관계로 연결되어 있는 것이다. 앞에서 결론 내린 낙태의 개념과 보호의 정도를 고려할 때 낙태죄의 보호법익은 태아의 생명 그 자체이며, 이외에 거론되는 법익들은 그 대상이 아니라고 판단된다. 그 이유는 다음과 같다.

첫째, 임부의 생명과 신체는 낙태죄의 보호법익이 될 수 없다. 「형법」 제269조 제3항은 낙태치사상죄를 규정하고 있으나, 이는 낙태를 시킴으로 인하여 임부의 생명과 신체까지 침해한 경우에 결과적 가중범으로서 처벌하는 것이기 때문에, 임부의 생명과 신체가 낙태죄의 보호법익이라고 하는 것은 무리가 있다. 임부의 생명과 신체는 결과적 가중범의 결과행위에서 도출되는 보호법익이므로 '과실치사상죄'라는 독립된 범죄의 보호법익이 낙태와 관련하여 침해될 뿐 낙태죄 그 자체의 보호법익으로 보기에는 논리적인 비약이 크기 때문이다.[33]

둘째, 현실에서 발생하는 거의 대부분의 낙태행위는 자기낙태죄와 동의낙태죄의 형태로 이루어지기 때문에 낙태죄의 보호법익을 침해범이라고 보아도 무방하다고 본다.[34] 낙태행위를 비범죄화하려는 대상은 임부가 동의하는 낙태행위에 국한되는 것이지 동의가 없는 낙태에 대한 것은 아니다.

셋째, 태아의 신체는 낙태죄의 보호법익이 될 수 없다. 낙태죄의 보호의 정도에 대하여 침해범설을 취한다면 태아의 사망이라는 결과가 발생해야만 범죄가 성립하게 된다. 즉, 사망의 결과 발생 이전에 태아의 신체가 침해되는 수준에 이른 경우에는 불가벌인 것이다. 이러한 경우는 미수 정도의 범죄 발현

---

33) 이는 강간치상·치사죄 규정이 있다고 해도 강간 자체는 성적 자기결정권을 보호법익이라고 하는 범죄로 보아야 하는 것과 마찬가지이다(김성천·김형준, 앞의 책, 63면).

34) 다만 낙태의 경우에 임부의 '부동의'가 있는 경우(제270조 제2항, 제270조 제3항)에는 예외적으로 임부의 의사결정의 자유도 그 보호법익이며, 제269조 제3항의 경우에는 임부의 생명·신체도 그 보호법익이다. 이러한 점에서 보호법익을 낙태죄의 종류에 따라 구분하는 것이 보다 타당하다.

형태인데, 「형법」은 낙태죄의 미수범을 처벌하지 않고 있으므로 태아의 신체
침해단계는 「형법」의 영역 밖의 문제인 셈이다.35) 이는 민사상 손해배상의 문
제로 해결될 수밖에 없다.

Ⅲ. 낙태죄에 관한 외국의 동향

1. 미국

1973. 1. 22. 미국 연방대법원은 임신 후 3개월 이내의 낙태를 임부의 절대적
낙태권으로서 인정(기한방식)하면서,36) 모체의 생명에 대한 위험발생만을 낙
태의 허용사유로 하고 있는 Texas州법을 위헌(7:2)으로 판결37)하였다. 이 판결
은 원칙적으로 낙태의 자유가 사생활권에 포함되어 보호되어야 하는 것이 사
실이나, 그렇다고 해서 태아의 생명이 무시되어도 좋은 것은 아니라고 한다. 그
리하여 임신기간에 따라 초기 3개월간은 임부가 원하면 의사의 판단에 따라 낙
태를 하게 할 수 있게 하고, 다음 3개월간은 합리적인 이유가 있는 경우에 한하

---

35) 또한 태아의 신체를 낙태죄의 보호법익으로 본다면 태아의 건강침해가 있었으나 치유되어
　　정상적으로 출산된 경우도 낙태로 보아야 하는 문제점이 있다(김성돈, 앞의 책, 176면).
36) 프랑스 「형법」 제223-11조 제1항 제1호도 이러한 기한방식을 취하고 있다.
37) Roe et al., v. N. Wade, District Attorney of Dallas County, 410 U.S. 113, 93 S,Ct.
　　705, 35 L.Ed.2d 147(1973). 이 당시 낙태와 관련된 州법은 천차만별이었다. 그리하여
　　낙태를 원하는 임부는 임신 24주까지 아무런 제한 없이 낙태를 허용해 주는 New York
　　州, California州 등으로 가서 낙태를 하고 오는 일이 벌어졌다. 그러던 중 Texas州(낙태
　　를 허용하고 있지 않던 州)에 살고 있던 임부 Roe가 1969년 강간으로 임신을 하게 되어
　　낙태를 원하였으나 돈이 없어서 낙태를 할 수 있는 곳(California州)까지 갈 수가 없었는
　　데, 낙태를 금지하는 것은 Privacy 침해라는 이유로 州정부를 상대로 소송을 제기하였다
　　(3년 이상 걸린 재판에서 낙태를 하면 사건이 종결되어 버리므로 Roe는 출산을 하였으나,
　　이후 1987년에 Roe는 강간당해서 임신하였다는 주장은 낙태를 위한 거짓말이었다고 실
　　토하였다). 이에 Blackmann 판사는 "여자의 privacy에 대한 권리는 낙태의 가부를 결정
　　할 정도로 광범위하다. 임신초기 3개월까지의 낙태는 비교적 안전하다. 따라서 임신 3개
　　월까지의 낙태는 위험한 낙태수술로부터 임부를 보호한다는 이유로 州법이 개입할 여지
　　가 없다. 인간으로서의 태아란 출산이 약속되어 있는 경우뿐이다"라고 판시하였다.

여 낙태를 허용하며, 마지막 3개월간은 가능한 한 낙태를 제한하되 州정부의
판단에 따라 낙태를 아예 전면적으로 금지하는 것도 가능하다는 것이다.[38]

이후 1976. 7. 1. Planned Parenthood of Gen. Mo. v. Danforth 사건에서 임신
12주 이내의 낙태에 배우자의 동의를 요구하는 것은 위헌이라고 판시하였고,
1979. 9. 2. Bellotti v. Baird 사건에서는 미성년자도 단독으로 낙태를 결정할
수 있는 헌법상의 권리를 가진다고 하여 임부의 낙태에 대한 privacy권을 강력
하게 인정하였다.

그러나 낙태권을 둘러싼 논쟁은 연방대법원이 보수적인 판사들로 바뀌면서
변화를 가져왔다.[39] 1989년 Webster v. Reproductive Health Services 판결[40]은
Roe판결을 직접적으로 파기하지는 않았지만, 3개월 기간구분법을 비판하였고,
낙태를 규제하는 절차를 승인하였다. 그 후 1992년 Planned Parenthood v.
Crasey 판결[41]에서는 Roe판결의 3개월 기간구분법을 거부하였다. 즉, 기간구
분법은 여성의 권리와 태아의 잠재적 생명 사이에서 균형을 잡기 위한 수단이
라는 州법 본래의 목적을 넘어서고 있다고 보았다.

2. 독일

독일은 1974년 제5차 「형법」 개정으로 수태 후 일정기간까지 무조건 낙태
를 허용하는 규정이 제정되었으나, 1975. 2. 25. 연방헌법재판소가 이 규정에
대하여 위헌판결을 내렸다.[42] 동 판결에서 헌법상 보호되는 생명권은 태아에

---

38) 이 판결에서 여성의 낙태권을 헌법상의 권리로 인정하였다기보다는 임신 6개월부터는 태
    아의 생존능력을 인정하여 낙태를 금지한 데에 의미가 있다는 견해(박상기, 『형법각론(제
    7판)』, 박영사, 2008, 83면)가 있다. 즉, 추상적인 태아의 생명권이 아니라 구체적인 생존
    능력을 기준으로 한 점이 특징인데, 이는 낙태문제에 대해서 태아보다는 여성의 선택권을
    우선시한 당시의 입장이 반영된 것이라고 볼 수 있다.
39) 최희경, "낙태절차규제의 위헌성여부에 관한 연구: 미 연방대법원 판례를 중심으로", 『헌
    법학연구』 제13권 제3호 제2책, 한국헌법학회, 2007. 9; 나달숙, "미국에서의 낙태에 관
    한 법적 논쟁", 『법학논집』 제32권 제2호, 단국대학교 법학연구소, 2008. 12. 참조.
40) 492 U.S. 490(1989).
41) 505 U.S. 833(1992).
42) BVerfGE 39, 1.

게도 인정되며 국가는 그것을 보호할 의무가 있다고 하여 자기결정권보다 태아의 생명에 우선권을 인정하였다. 그러므로 임신 3개월 내의 낙태자유는 위헌이라고 판단하며, 일정한 사유가 있는 경우에만 예외적으로 낙태를 허용하였다[소위 정당화사유방식(Indikationslösung)의 채택]. 이에 따라 1976년에 특별한 근거가 있는 경우에만 낙태를 허용하는 입법방식으로 개정하여 통일 시까지 유지되었다. 반대로 동독은 일정기간(임신 3개월 이내)까지 무조건 낙태를 허용하는 입법방식이 고수되었다[소위 기간방식(Fristenlösung)의 채택].

통일 후인 1992. 8. 4. 임부가 사전에 상담을 하였다면 임신초기 3개월 이내의 낙태는 위법하지 않다고 하는 임산부 및 가족보조법(Schwangeren-und Familienhilfegesetz, SFHG)43)에 대하여 효력정지가처분 결정을 하여 서독지역과 동독지역에 상이한 낙태규정이 적용되었다. 그러나 동법에 대하여 Bayern 州정부와 국회의원들이 위헌제청을 하였고, 1993. 5. 28. 독일연방헌법재판소는 태아의 생명권에 대한 헌법적 보호를 재확인하였다.44) 즉, 동법은 임부에 의해서도 훼손될 수 없는 인간의 존엄성에 대한 침해이며, 임신의 全 기간에 걸쳐 낙태행위는 불법으로 간주된다는 이유로 위헌판결을 한 것이다. 하지만 일정한 경우에 상담을 통해 낙태를 허용하는 입법도 가능하다는 점을 시사하기도 하였다. 이후 독일연방의회는 1995년 새로운 낙태법안(§218 StGB)을 제정하였다.45)

현재 독일 「형법」 제218조a 제1항46)은 임신 후 12주 이내의 낙태는 의사와의 상담을 거칠 것과 의사가 행할 것47) 등의 요건을 갖춘 경우에 낙태죄의 구성요건을 부정하고, 제2항은 임신 12주 이후라도 의학적 정당화사유48)가 있

---

43) 27. 7. 1992, BGBl. Ⅰ 1398.
44) BVerfGE 88, 21, Entscheidungen des Bundesverfassungsrerichts, in: Mitglieden von den Bundesverfassungsrerichts, 1993, S. 203. 204.
45) Schwangeren-und Familienhilfeänderungsgesetz(SFHÄndG) vom 21. August 1995, Artikel 8(Änderung des Strafgesetzbuches). 또한 임부에게 낙태를 강요하는 자는 중강요죄(Nötigung, §240 Ⅳ, Nr. 2)에 해당한다는 규정을 신설하였다(Artikel 8, Nr. 7 SFHÄndG).
46) 오스트리아 「형법」 제97조도 임신 3개월까지의 낙태는 의사와의 상담을 거친 후에 허용하고, 3개월 이후에는 의학적·우생학적 정당화사유를 허용사유로 하고 있다.
47) 상담한 의사는 시술을 하지 못한다.
48) 낙태를 하지 않을 경우 임부의 생명이나 신체적·정신적 건강에 대한 위험을 방지할 방

으면 위법하지 않다고 하며, 제4항은 22주 이내에 임부의 동의와 상담을 거친 의사의 낙태를 형의 면제사유로 규정(결합방식)하고 있다.[49]

3. 일본

일본은 1880년 (구) 「형법」 이래 「형법」상에 낙태죄를 규정하고 있었지만, 모체보호법 제14조, 우생보호법 제14조 등을 통하여 일정한 정당화사유가 있을 경우에는 낙태를 허용하고 있다(정당화사유방식).[50] 특히 모체보호법은 우리나라의 「모자보건법」이 허용하지 않는 '사회적·경제적 정당화사유'를 낙태의 사유로 규정하고 있는 것이 특징이다. 즉, 임신의 계속 또는 분만이 신체적 또는 '경제적 이유'로 모체의 건강을 현저히 해할 우려가 있는 경우에 낙태를 허용하고 있다. 여기서의 경제적 이유란 단순히 경제적 빈곤만으로는 부족하고 그 이유가 모체의 건강을 해할 가능성이 있어야 하지만, 그 조사와 확인은 실제로 본인의 신고만으로 행해진다고 한다.[51]

4. 중국

현재 중국은 인구정책적인 목적에 따라 낙태를 비범죄화하여 낙태처벌규정을 두고 있지 않다. 1935년 중국 「형법」에 낙태금지조항이 있었던 것을 1980. 1. 1. 시행된 「형법」이 전면 삭제하였으며, 낙태를 금지하는 특별법도 존재하지 않는다. 임신상태의 시간적 단계를 고려함이 없이 전면적으로 낙태를 허용하는 중국의 낙태법은 한편에서는 과잉인구를 노골적으로 감소시키는 데 목적을 두고 있지만, 타면에서는 부모가 태아에 대한 처분권을 가진다는 전통적

법이 달리 없는 경우와 강간, 준강간, 미성년자 강간 등에 의해 임신된 경우 등이다.
49) 독일의 낙태에 관한 보다 더 자세한 입법경과에 대해서는 이재상, 앞의 책, §5/13-14 참조.
50) 1967년 제정된 영국의 낙태법도 이러한 방식을 취하고 있다. 보다 자세히는 이영란, 앞의 책, 99면 참조.
51) 임웅, 앞의 책, 104면 참조.

인 사상과도 부합한다고 한다.[52]

Ⅳ. 충돌하는 두 법익의 조화

태아의 생명권과 임부의 인격권(자기결정권) 중 어느 법익을 우선적으로 보호할 것이냐의 문제는 어떠한 법률에도 규정이 없기 때문에[53] 해석의 영역에서 밝혀내야 하는 난해한 문제이다. 낙태의 허용여부 문제는 태아의 생명권과 임부의 자기결정권이라는 양 기본권의 충돌의 문제를 포함하는 것이며, 이러한 기본권의 충돌을 어떻게 해결할 것인가가 관건이다. 그런데 양 기본권을 조화롭게 해결할 수 있는 방법에 대해서는 아직 뚜렷한 해결책이 제시되지 않고 있다.[54] 왜냐하면 임부의 자기결정권의 자유의 보장은 바로 태아의 생명권의 박탈을 의미하기 때문이다.

1. 태아의 생명권 측면에서 바라본 낙태

낙태는 태아의 생명을 빼앗는 행위이다. 헌법이 보장하고 있는 생명권의 주체로서 태아를 인정하는 것이 가능한지의 여부는 낙태문제를 해결하는 데 있어서 중요한 부분이 된다. 이에 대해 생명권이 인간이 가진 가장 절대적이고 최고의 기본권이라는 것에는 이견이 없듯이, 태아의 생명권을 인정하는 견해가 지배적이다.[55]

---

52) 오상원, "비교법적 시각에서 본 태어나지 않은 생명의 보호가치와 보호를 위한 법제화모델", 『형사법연구』 제16호 특집호, 한국형사법학회, 2001 겨울, 359면.
53) 예외적으로 아일랜드의 경우 헌법에 태아의 생명권과 어머니의 생명권이 동등하다는 규정이 있다(10. Eighth Amendment to the Constitution Bill, 1983). 현실적으로 볼 때 어느 법도 태아의 생명이라는 법익과 임부의 자기결정이라는 두 법익 중 하나를 완전히 배제하는 입법례는 없다고 할 수 있다(이기헌・정현미, 『낙태의 허용범위와 허용절차규정에 관한 연구』, 한국형사정책연구원, 1996, 44면).
54) 김연정, "헌법상의 기본가치와 낙태에 대한 연구", 건국대학교 법학석사학위논문, 2004. 2, 32면.

　여기서 문제는 태아의 생명권을 인간의 생명권과 동일한 선상에서 바라볼 수 있는지의 여부이다. 생명권의 법적 근거라고 할 수 있는 헌법 제10조에서 말하는 인간의 존엄은 먼저 ‘인간’에 대한 해석 부분과 ‘존엄’에 대한 해석 부분으로 나누어지는데, 전자가 인간존엄의 기본권 주체이고, 후자가 인간존엄의 보호영역 또는 대상이다.56) 인간에 대한 해석의 양극단을 두 가지로 나눈다면, 수정 시와 출생 시라고 할 수 있으며, 그 사이에 일정한 단계화(착상 시, 뇌 형성 시, 인식 가능 시, 체험 가능 시, 체외생존 가능 시)가 존재한다. 또한 존엄에 대한 해석의 양극단을 두 가지로 나눈다면, 존엄보호의 절대화와 존엄보호의 객체화이며, 그 사이에 존엄보호의 상대화가 있다. 존엄보호의 상대화란 모든 인간생명에게 존엄을 인정하는 대신 존엄보호를 단계화하려는 시도를 말한다.

　「생명윤리 및 안전에 관한 법률」 제2조 제2호에 따르면 ‘배아’라 함은 수정란 및 수정된 때부터 발생학적으로 모든 기관이 형성되는 시기까지의 분열된 세포군을 말한다. 즉, 배아라 함은 원칙적으로 정자와 난자가 수정되어 세포분열을 시작하여 착상되기 전까지의 단계를 일컫는다. 따라서 착상 이후의 배아인 태아만이 「형법」상 낙태죄의 보호법익의 대상에 해당할 수 있다.

　한편 태아는 사람이 아니다. 만약 사람이라면 헌법 10조에서 당연히 도출되는 생명권의 존중에 의해 절대적으로 보호되어야 하겠지만, 태아는 그렇지 못하다. 다만 태아는 ‘태어나지 않은 사람’ 내지는 ‘생성 중인 사람’인 것이다. 그렇기 때문에 태아의 생명은 사람의 생명과는 달리 ‘비교형량할 수 있는 법익’에 속한다.57) 사람은 인간의 존엄보호의 단계화가 불가능하지만, 태아는

---

55) 판례의 입장도 같다. 대법원 1985. 6. 11. 선고, 84도1958 판결: “인간의 생명은 잉태된 때부터 시작되는 것이고 회임된 태아는 새로운 존재와 인격의 근원으로서 존엄과 가치를 지니므로 그 자신이 이를 인식하고 있는지 또 스스로를 방어할 수 있는지에 관계없이 침해되지 않도록 보호되어야 한다 함이 헌법 아래에서 국민일반이 지니는 건전한 도의적 감정과 합치되는 바이므로….”

56) 방승주, “배아와 인간존엄”, 『법학논총』, 제25집 제2호, 한양대학교 법학연구소, 2008. 6, 23면.

57) 따라서 살인행위에 대해서는 위법조각적 긴급피난이 허용될 수 없고 면책적 긴급피난만이 가능함에 비하여, 낙태행위는 위법조각적 긴급피난(사회적·경제적 정당화사유에 기한 낙태)이 허용될 수 있다고 한다(임웅, 앞의 책, 99-100면).

가능하다. 이미 태어난 사람의 생명도 경우에 따라서는 침해가 인정되는 예외의 상황이 있다는 점을 감안하면 더욱 자명하다. 낙태는 적어도 형법적으로 살인이 아니다. 따라서 존엄보호의 정도 면에서 태아의 존엄권은 제한 내지 형량이 될 수 있다는 의미에서 상대화될 수 있다. 태아는 생성 중의 인간으로서 태아의 생명을 인간의 생명에 준하는 법익으로 보호해야 한다[58]는 명제는 타당하다. 하지만 태아의 생명은 보호되어야 하지만 태어난 생명처럼 절대적 의미를 부여할 수 없으므로 임부의 자기결정권이라는 법익과 충돌될 때에는 일정한 상황에서 법익균형성의 관점에서 그 제한이 가능하다는 명제도 타당하다.

2. 임부의 인격권(자기결정권) 측면에서 바라본 낙태

임신과 출산 여부에 대한 결정권은 헌법상 보호되는 사생활의 자유 내지 행복추구권[59]의 한 내용에 속한다. 이러한 맥락에서 낙태의 자유란 '원치 않은 어머니가 되지 않을 자유, 임신과 출산의 과정에 내재하는 특별한 희생을 강요당하지 않을 자유'라고 볼 수 있다. 따라서 여성에게 원치 않는 임신과 출산을 강요하는 것은 여성의 신체에 대한 명백한 침해이자 극심한 심리적 폭력이며 인간의 존엄성의 전제가 되는 사생활의 자유의 본질을 침해하는 것으로 보기도 한다.[60]

임신이란 의심의 여지없이 여자에게 필연적으로 매우 현저한 부담을 주게 마련이다.[61] 어머니가 되면 또한 새로운 부담이 주어진다. 이렇게 임신과 출

---

58) 배종대, 앞의 책, §25/4. 배종대 교수는 태아와 사람을 하나의 개념으로 본다. 그러므로 태아의 생명보호가 없는 사람의 생명보호란 불가능하며 그것은 이미 개념적으로 모순이기도 하다고 하며, 태어나지 않은 사람의 생명이 보호되지 않으면 태어난 사람의 생명은 존재할 수 없다고 한다. 생존할 가치가 있는 생명과 그렇지 않은 생명을 가리는 것은 허용되지 않는다고 한다.

59) 임웅, "낙태죄의 비범죄화에 관한 연구", 『성균관법학』 제17권 제2호, 성균관대학교 비교법연구소, 2005. 12, 387면.

60) Tribe, L. H., *Abortion: The Clash of Absolutes*, New York · London, W. W. Norton & Company, 1992, pp. 98-104.

산은 기본적으로 母의 지배영역이며 母의 책임하에 이루어지는 것이라고 해도 과언이 아니다. 원하지 않은 임신, 원하지 않은 출산이 母와 태아 그리고 우리 사회 전체에게 모두 불행한 삶이 될 수 있다는 현실(미혼모 문제, 해외입양문제, 영아유기·치사문제, 고아문제 등)을 감안하면 임부의 자기결정권[62]을 존중하여 낙태행위는 일정한 절차에 따를 경우 비범죄화해야 한다고 본다. 이것은 낙태죄규정의 死문화된 현실[63]과 규범 간의 괴리를 극복하는 길이다. 무분별한 낙태행위에 대한 대책은 법의 영역이 아닌 양심 내지 도덕의 영역에 맡겨야 한다.[64]

태아의 생명에 대한 보호가 그다지 문제되지 않는 시기에 접어들어서까지 태아의 생명 보호를 이유로 의사의 직업수행의 자유나 임부 및 그 가족의 기본권을 무조건 제한해서는 안 될 것이다.[65] 보호하고자 하는 공익이 매우 중요한 경우에도 그 공익에 대한 침해의 가능성이 희박한 상황에서는 그에 대응하는 사익이 보호되어야 함이 마땅하다 할 것이다. 태아의 생명권과 임부의 인격권은 비교할 수 있는 법익이며, 낙태여부에 대한 종국적인 판단과 결정은 임부에게 중요한 문제이므로 임부가 주도적으로 판단을 내려야 할 사안이다.[66] 결론적으로 태아의 생명은 사람의 생명이 아니라 생성 중인 생명에 지

---

61) 유숙영, "여성의 낙태선택권 보장",『형사법연구』제22호 특집호, 한국형사법학회, 2004, 겨울, 712면.

62) 이에 대하여 여성의 자기결정권 보호는 임부가 낙태를 자유롭게 결정할 수 있다는 의미의 자기결정권이 아니라, 수태를 할 것인가에 관한 자유로운 결정과 생명보호를 통한 산모의 신체 내에서의 성장과 출생의 보호라는 관념적 의미로서의 모성보호이므로 낙태행위의 정당화 근거가 될 수 없다는 견해(김혜경, "낙태죄의 현실적응력: 의사의 면허와 관련하여",『형사정책연구』제18권 제1호(통권 제69호), 한국형사정책연구원, 2007. 봄, 75면)가 있다.

63) 헌법재판소도 이를 인정하고 있다. 헌재결 2008. 7. 31. 선고, 2004헌마1010, 2005헌바90: "낙태를 형사처벌하도록 하고 있는「형법」규정이 현재는 거의 사문화되어 낙태의 근절에 큰 기여를 하지 못하고 있으므로…."

64) 1952. 7. 6. 제17차 국회 본회의에서 엄상섭 의원은 다음과 같은 발언을 하였다. "오늘 지금이라도 이 부산의 산부인과를 일일이 조사해 볼 것 같으면 기어니 낙태할 사람은 법이 있든지 말든지 낙태를 하고 맙니다. 따라서 이런 부자연한 법을 만드는 것보다는 차라리 합법적으로 하는 것이 좋다고 생각합니다. 이런 관계로 늘 부자연한 행위를 하느니보다는 차라리 이것은 각자의 도의심에 맡기는 것이 좋고, 이 법이 있으므로 해로움이 있을지언정 실질적 이로움이 없을 것입니다."

65) 헌재결 2008. 7. 31. 선고 2004헌마1010, 2005헌바90.

나지 않으므로 사람의 생명과 같이 절대적으로 보호해야 할 법익이라고는 할 수 없기 때문에 일정한 범위에서는 낙태의 자유가 허용되어야 한다.

V. 낙태 관련 입법의 문제점과 합리화 방안

1. 현행법상의 낙태 관련 규정

현재 낙태와 관련된 행위를 규정하고 있는 법률은 「형법」[67]과 「모자보건법」 (일부개정 2010. 1. 18. 법률 제9932호)[68]을 들 수 있다. 이 중 1973. 2. 8. 법률 제2514호로 제정된 「모자보건법」은 「형법」에서 전면적으로 금지하고 있는 낙 태행위에 대하여 일정한 경우에 허용하는 규정을 두고 있는 것이 특색이다. 즉, 법 제정 당시 정부 주도적인 가족계획정책의 일환으로 「모자보건법」에 일 정사유에 의한 낙태수술의 허용규정을 둔 것이다.[69] 이는 사회적 요구나 규범

---

66) Alison, M. Jaggar, "Abortion and a Women's Right to Decide", *Living with Contradictions*, Westview Press, 1994, p.282.

67) 「형법」은 제27장 낙태의 죄에서 낙태를 범죄로 규정하고 있다. 즉, 「형법」 제269조(낙태) 제1항에서 '부녀가 약물 기타 방법으로 낙태한 때에는 1년 이하의 징역 또는 200만 원 이하의 벌금에 처한다.' 제2항에서 '부녀의 촉탁 또는 승낙을 받아 낙태하게 한 자도 제1 항의 형과 같다.' 제3항에서 '제2항의 죄를 범하여 부녀를 상해에 이르게 한 때에는 3년 이하의 징역에 처한다. 사망에 이르게 한 때에는 7년 이하의 징역에 처한다'고 하여 자기 낙태죄, 동의낙태죄, 낙태치사상죄를 두고 있다. 또한 「형법」 제270조(의사등의 낙태, 부 동의낙태) 제1항에서 '의사, 한의사, 조산사, 약제사 또는 약종상이 부녀의 촉탁 또는 승 낙을 받아 낙태하게 한 때에는 2년 이하의 징역에 처한다.' 제2항에서 '부녀의 촉탁 또는 승낙 없이 낙태하게 한 자는 3년 이하의 징역에 처한다.' 제3항에서 '제1항 또는 제2항의 죄를 범하여 부녀를 상해에 이르게 한 때에는 5년 이하의 징역에 처한다. 사망에 이르게 한 때에는 10년 이하의 징역에 처한다.' 제4항에서 '전 3항의 경우에는 7년 이하의 자격 정지를 병과한다'고 하여 업무상낙태죄, 부동의낙태죄, 낙태치사상죄를 각각 두고 있다.

68) 동법은 일본 우생보호법의 영향을 상당히 받고 있으나 전체적으로 볼 때 일본법에 비하여 우리의 「모자보건법」은 건전한 자녀의 출산과 양육이라는 우생학적 관점보다는 모성의 생명과 건강을 보호한다는 보건의학적 시각이 더 강하게 부각되어 있다(신동운, 『형법개 정과 관련하여 본 낙태죄와 간통죄에 관한 연구』, 한국형사정책연구원, 1991. 10. 98면)

69) 동법의 제정이 민선국회에 의한 입법이 아니라 비민선·비상입법기구에 의한 비공개적 입법이었기 때문에 각계의 의견이 충분히 반영되기 어려웠고 일반인들도 그 법에 대해 충

적 평가에 의한 것이 아니라 인구폭발의 문제와 「형법」 규정과 현실 사이의 괴리에 대한 국가적 해결방법의 하나로 낙태규제를 완화한 세계적 추세를 수용한 데 불과하다.[70]

「모자보건법」은 제14조(인공임신중절수술[71]의 허용한계) 제1항에서 의사가 일정한 경우에 한하여 본인과 배우자(사실상의 혼인관계에 있는 자를 포함한다)의 동의[72]를 얻어 인공임신중절수술을 할 수 있다고 한다.[73] 그리하여 「모자보건법」 제28조(「형법」의 적용배제)는 이 법(「모자보건법」)의 규정에 의한 인공임신중절수술을 받은 자와 수술을 행한 자는 「형법」 제269조 제1항·제2항 및 동법 제270조 제1항의 규정에 불구하고 처벌하지 아니한다고 규정하고 있다.

2. 낙태허용사유에 대한 검토

1) 본인이나 배우자가 대통령령으로 정하는 우생학적 또는 유전학적 정신장애나 신체질환이 있는 경우

「모자보건법 시행령」(일부개정 2009. 7. 7. 대통령령 제21618호) 제15조(인

분히 인식할 기회를 가지기 어려웠다(신동운, 앞의 논문, 70면 참조).

70) 심영희, 『낙태의 실태와 의식에 관한 연구』, 한국형사정책연구원, 1991, 40면.

71) 「모자보건법」 제2조 제7호에 의하면 "인공임신중절수술"이란 태아가 모체 밖에서는 생명을 유지할 수 없는 시기에 태아와 그 부속물을 인공적으로 모체 밖으로 배출시키는 수술을 말한다. 이러한 정의에 비추어 볼 때 낙태는 '생존 가능한 시점에서의 인공적인 태아배출행위'도 포함하므로 인공임신중절수술보다 넓은 개념이다.

72) 이 경우에 배우자의 사망, 실종, 행방불명 기타 부득이한 사유로 인하여 동의를 얻을 수 없는 경우에는 본인의 동의만으로 그 수술을 행할 수 있다(「모자보건법」 제14조 제2항). 또한 본인 또는 배우자가 심신장애로 의사표시를 할 수 없는 때에는 그 친권자 또는 후견인의 동의로, 친권자 또는 후견인이 없는 때에는 부양의무자의 동의로 각각 그 동의에 갈음할 수 있다(동법 제14조 제3항).

73) 다른 입법례에서는 잠재적 父에게 동의를 요구하는 규정을 찾아볼 수 없다. 우리나라에서는 임부가 낙태를 원하더라도 배우자의 동의가 없는 낙태행위는 「모자보건법」 위반에 해당한다. 이러한 배우자의 동의 여부에 가벌성이 좌우되는 법은 가부장제의 유물이라고 볼 수밖에 없다(정현미, 앞의 논문, 698면).

공임신중절수술의 허용한계) 제2항은 '인공임신중절수술을 할 수 있는 우생학적 또는 유전학적 정신장애나 신체질환은 연골무형성증, 낭성섬유증 및 그 밖의 유전성 질환으로서 그 질환이 태아에 미치는 위험성이 높은 질환으로 한다'고 규정하고 있다. 동 규정은 2009년도 개정을 통하여 기존의 규정[74]과 상당한 차이를 보이고 있다.

「모자보건법」 제14조 제1항 제1호에서 말하는 '우생학적[75] 또는 유전학적 정신장애나 신체질환'의 개념은 상당히 모호하다. 물론 동법 시행령에서 연골무형성증, 낭성섬유증 등을 열거하여 그 개념을 보다 자세히 규정하려고 한 의도는 보이나, '그 밖의 유전성 질환으로서 그 질환이 태아에 미치는 위험성이 높은 질환'이라는 폭넓은 예시조항을 둠으로써 구체성의 의도는 다시 원점으로 되돌아가고 말았다.

유전성은 과학적으로 확인하는 것 자체가 의심스럽기 때문에 의사가 이러한 기준을 과학적으로 확정하는 것은 거의 불가능하다고 볼 수 있다. 또한 '그 밖의'라는 표현은 해당범위를 거의 무제한으로 확대시키는 일반조항으로서 얼마든지 낙태를 허용해 주겠다는 입법자의 의지가 담겨 있는 것으로도 보인다.[76]

---

74) 개정 전 「모자보건법 시행령」 제15조 제2항: 법 제14조 제1항 제1호의 규정에 의하여 인공임신중절수술을 할 수 있는 우생학적 또는 유전학적 정신장애나 신체질환은 다음 각 호와 같다.
　　1. 유전성 정신분열증
　　2. 유전성 조울증
　　3. 유전성 간질증
　　4. 유전성 정신박약
　　5. 유전성 운동신경원 질환
　　6. 혈우병
　　7. 현저한 범죄경향이 있는 유전성 정신장애
　　8. 기타 유전성 질환으로서 그 질환이 태아에 미치는 위험성이 현저한 질환
75) 우생학적 사유로 인하여 기형아 등의 우려가 있다고 낙태를 하는 것에 대한 재검토가 요구된다고시면, "낙태죄에 관한 연구: 이영란 교수의 입법론 등을 중심으로", 『사법행정』 제49권 제9호(통권 제573호), 한국사법행정학회, 2008. 9, 5면. 독일에서는 1995년 「형법」 개정을 통해 우생학적 정당화사유를 폐지하였다. 우생학적 정당화사유는 일반적으로 사회적 정당화사유에 포함될 수 있을 뿐만 아니라, 장애가 생명보호의 완화사유가 될 수 없다는 이유 때문이다.
76) 배종대, 앞의 책, §26/10.

2) 본인이나 배우자가 대통령령으로 정하는 전염성 질환이 있는 경우

「모자보건법 시행령」 제15조 제3항은 '법 제14조 제1항 제2호에 따라 인공임신중절수술을 할 수 있는 전염성 질환은 풍진, 톡소플라즈마증 및 그 밖에 의학적으로 태아에 미치는 위험성이 높은 전염성 질환으로 한다'고 규정하고 있다. 동 규정도 2009년도 개정을 통하여 기존의 규정[77]과 상당한 차이를 보이고 있다.

「모자보건법」 제14조 제1항 제2호에서 말하는 전염성 질환의 범위 또한 상당히 넓다.[78] 제1호와 마찬가지로 '그 밖에' 의학적으로 태아에 미치는 위험성이 높은 전염성 질환을 규정하고 있기 때문이다. 또한 본인이나 배우자가 이러한 질병에 걸렸다면 태아의 감염 여부에 상관없이 낙태를 허용하고 있다.[79]

3) 강간 또는 준강간에 의하여 임신된 경우

「모자보건법」 제14조 제1항 제3호는 강제추행죄, 미성년자간음죄, 업무상 위력에 의한 간음죄 기타 형사특별법상의 성범죄 등에 의해 임신된 경우를 제외하고 있다. 이러한 범죄를 강간 또는 준강간과 차별할 아무런 실익이 없기 때문에 같이 규정해야 하겠다.

또 다른 문제는 강간에 의한 임신의 확정방법에 있다. 여성은 강간을 당하였다고 주장하나, 상대남성은 합의에 의한 성관계를 주장할 경우에 있어서, 강간에 의한 임신의 인정 여부가 문제될 수 있다. 강간죄에 대한 형사재판의

---

77) 개정 전 「모자보건법 시행령」 제15조 제3항: 법 제14조 제1항 제2호의 규정에 의하여 인공임신중절수술을 할 수 있는 전염성질환은 태아에 미치는 위험성이 높은 풍진·수두·간염·후천성면역결핍증 및 『전염병예방법』 제2조 제1항의 전염병을 말한다.

78) 「모자보건법」상의 정당화사유가 지나치게 엄격하다고 보는 입장(이재상, 앞의 책, §5/16)이 있으나, 그렇지 않다고 본다.

79) 이에 대하여 질병으로 틀림없이 죽게 될 생명이라도 그 생명은 죽는 순간까지 생존할 권리와 가치가 있으며, 의학적 방법을 최대한 동원하자는 견해(배종대, 앞의 책, §26/12.)도 있다.

판결확정시를 이에 대한 인정의 기준으로 삼는다면 피해여성에게 너무나도 가혹하다. 그렇다고 하여 강간을 주장하는 여성의 일방적인 의견만으로 이에 대한 인정을 쉽게 하는 것도 문제가 있다. 실제로 강간당하지 않았음에도 불구하고 낙태를 하기 위하여 강간을 주장하는 경우에 의사가 낙태를 하여도 「모자보건법」 위반으로 볼 수는 없을 것이다(동법 제14조 위반에 대한 처벌규정도 없는 실정이다).

4) 법률상 혼인할 수 없는 혈족 또는 인척간에 임신된 경우

「모자보건법」 제14조 제1항 제4호는 근친 간의 임신을 낙태허용사유로 규정하고 있다.

5) 임신의 지속이 보건의학적 이유로 모체의 건강을 심각하게 해치고 있거나 해칠 우려가 있는 경우

「모자보건법」 제14조 제1항 제5호에서 말하는 '임신의 지속이 보건의학적 이유로 모체의 건강을 심각하게 해치고 있거나 해칠 우려가 있는 경우'라 함은 임신의 지속이 모체의 생명과 건강에 심각한 위험을 초래하게 되어 모체의 생명과 건강만이라도 구하기 위하여 인공임신중절수술이 부득이하다고 인정되는 경우를 말한다.[80] 이는 남용될 여지가 상당히 많다. 모체의 건강을 심히 해한다는 것은 모체의 육체적·정신적 건강상태를 심히 해하는 것을 말한다. 또한 해할 우려가 있는 경우도 포함하고 있으므로 미래의 건강상태도 판단의 대상이 된다. 이와 같이 '미래의 정신적인 건강상태'가 고려사항이 되는 것은 어느 정도의 사회적 정당화사유도 포함하는 것이라 볼 여지가 있다.

종래 낙태가 널리 행해진 큰 이유 중의 하나가 이와 같은 「모자보건법」의 구조적인 모순에 기인한 것이라고 할 수 있다. 동법에는 의사가 얼마든지 합

---

80) 대법원 2005. 4. 15. 선고 2003도2780 판결.

법적 낙태를 위장할 수 있을 만큼 정당화사유가 광범위하게 그리고 모호하게 규정되어 있다. 동법은 세계의 보편적 경향이라고 할 수 있는 정당화사유에 따른 해결방법을 취하고 있는 것처럼 보이지만, 실제로는 낙태를 완전히 자유화하여 「형법」의 낙태금지규정을 철저하게 사문화시키고 있다.[81]

6) 사회적 정당화사유방식의 도입문제

우리나라에서 행해지는 대부분의 낙태는 사회적·경제적 사유에 의한 것이지만, 「모자보건법」은 이를 규정하고 있지 않으며, 판례[82]도 이를 인정하고 있지 않다. 하지만 엄격한 낙태규제법은 현실적 문제해결에는 사실상 거의 도움을 주지 못하기 때문에 낙태허용의 완화방안을 모색해야 한다. 구체적으로 사회적·경제적 정당화사유방식의 도입[83]이 해결의 실마리가 될 것이다. 「모자보건법」이 명시하지 않은 성범죄로 인한 임신, 미성년자의 임신,[84] 이혼 상태에서의 임신, 양육이 현실적으로 불가능한 상태에서의 임신 등의 경우에도 낙태를 허용할 만한 이유가 있기 때문이다.

일각에서 사회적·경제적 사유는 그 범위가 불명확하고 넓기 때문에 이를 인정하면 거의 모든 낙태를 허용하는 결과가 된다는 비판이 있다. 그러나 사회적·경제적 사유에 해당하는 경우가 많을 것이라는 것은 그만큼 이러한 사유를 인정할 필요성이 크다는 것을 시사한다.[85] 임부의 불기피한 사회적 긴급상황은 다른 사유에 비하여 가벼운 것이라는 편견을 버려야 한다. 일시의 부주의로 의식이 성숙하지 못한 십대의 어린 나이에 임신한 미혼모의 경우를 생각해 보아야 한다. 사회적 사유방식을 인정하게 되면 불법낙태는 사실상 없어질 것이다. 실정법으로 낙태를 엄격히 제한한다고 해서 법규범이 지켜지는 것

---

81) 배종대, 앞의 책, §26/17.
82) 대법원 1985. 6. 11. 선고 84도1958 판결.
83) 정현미, 앞의 논문, 703면.
84) 오스트리아 「형법」 제97조 제1항 제2호에서는 임부가 수태 당시 미성년자일 경우에 낙태를 허용하고 있다.
85) 정현미, 앞의 논문, 703면.

이 아니라 법규범은 오히려 유명무실해지기 마련이다.

3. 낙태허용판단기준과 절차에 대한 검토

1) 기존의 문제점

「모자보건법」은 허용되는 낙태에 대한 정당화요건의 판단기준과 절차에 관하여 아무런 규정도 두고 있지 않다. 정당화사유방식을 취하는 경우에도 정당화요건에 해당하는가를 판단하는 절차를 정하지 아니하여 의사의 독단적인 판단으로 낙태를 할 수 있게 하는 것은 실질적으로 낙태의 완전한 자유화를 초래한다.[86]

또한 「모자보건법」은 정당화사유의 존재를 확인하는 의사와 이로 인해 인공임신중절수술을 행하는 의사를 구분하지 않고 있다. 즉, 확인과 시술을 동일인이 행하게 되어 있으며, 이로 인하여 의사와 임부 간에 담합[87]이 가능하게 되어 있다. 겉으로는 금지하고 있는 것처럼 하면서 속으로는 완전히 허용하는 교묘한 방법을 사용하고 있는 것이다. 그리하여 「모자보건법」 제14조 위반으로 처벌되는 경우는 단 한 건도 없다. 정당화사유의 확인을 하지 아니하거나 허위로 행한 의사에 대한 처벌규정이 없기 때문이다. 동법의 벌칙과 과태료를 규정하고 있는 제26조와 제27조에는 제14조 위반에 대하여 침묵하고 있다. 낙태죄에 대한 특별형법인 「모자보건법」이 「형법」에 우선하므로 낙태에 관한 한 현행 「형법」 규정은 실질적으로 모두 '죽은 법'이고, 「모자보건법」만이 '살아 있는 법'이라고 할 수 있는 결정적인 근거이다.[88] 「모자보건법」 때

---

86) 대법원도 「모자보건법」 제14조 제1항 5호에 해당하는가의 판단은 치료행위를 하는 의사의 건전하고 신중한 판단에 위임되어 있다고 한다(대법원 1985. 6. 11. 선고 84도1958 판결).
87) 낙태시장의 규모는 건당 30만 원대의 수술비를 책정하면 연간 4,500억 원~6,000억 원대에 이른다. 상담한 의사가 낙태시술까지 할 수 있게 허용하면 돈벌이를 위해 자칫 낙태를 쉽게 권유하는 쪽으로 상담하게 될 가능성이 있기 때문에 상담한 의사는 시술을 하지 못하도록 해야 한다.
88) 배종대, 앞의 책, §26/1.

문에 마치 수많은 임신중절행위가 위법성이 조각되는 것으로 되는 것은 「모자보건법」의 폭거라고도 한다.[89] 따라서 상담의사와 시술의사를 분리하고, 각각의 임무를 부여하여야 한다.

2) 상담의사의 역할

상담의 절차가 낙태방지에 효과적이라는 사실이 점차 확인되고 있다.[90] 낙태상담 및 피임상담을 효과적으로 하기 위하여 낙태시술 전에 반드시 시술의사와는 별도로 상담의사와의 상담을 의무화해야 한다. 상담의사는 낙태의 사유에 대하여 임부와 함께 고민하면서 태아의 생명의 가치, 수술에 의하여 태아의 생명이 폐기된다는 사실, 수술의 의학적인 의미, 가능한 부작용 등을 명확히 설명[91]하고 상담확인서를 교부해야 한다. 상담 시 임신의 지속을 고려하도록 해야 하지만 강요할 수는 없다. 하지만 이는 현재의 낙태를 유보하게 되거나 장래에 원하지 않는 임신의 기회를 막는 계기가 될 수 있을 것이다.[92]

또한 상담 후 7일 내지 10일가량을 임부가 숙고해 볼 수 있는 낙태유보시간을 갖게 해 주어야 한다. 임부에게 재고할 수 있는 충분한 시간을 주는 것도 필요하지만 낙태시술을 한다면 가능한 한 임신 초기에 하는 것이 임부의 건강보호에 도움이 되므로, 임신의 정도에 따라 7일 내지 10일 정도가 적당하다고 본다. 낙태율은 입법유형보다는 임신과 피임에 대한 상담을 얼마나 효과적으로 하느냐가 많은 영향을 미치므로, 낙태규정의 완화가 반드시 낙태율의 증가를 낳는다고 보기는 어려운 반면,[93] 낙태규정의 강화가 낙태율의 감소를 초래한다고 보기도 어렵다.

임부에게 낙태결정을 맡기는 상담방식을 채택하면 낙태율이 훨씬 높아질

---

89) 김일수, "낙태와 살인의 한계-「모자보건법」 개정안의 모색", 『한국형사법학의 새로운 지평(심온 김일수 교수 화갑기념논문집)』, 2006, 288면 이하.
90) 이기헌·정현미, 앞의 논문, 121면.
91) 同旨 이형국, "낙태죄의 제 문제", 고시연구, 1995. 4. 58면 이하.
92) 낙태에 대한 상담은 주로 남편이나 상대방 남자와 많이 하는 경향이 있다.
93) 정현미, 앞의 논문, 702-703면.

것이라는 것은 확인되지 않은 사실이다. 오히려 상담방식을 취하고 있는 일부 국가에서는 이를 취하지 않은 다른 국가보다 낮은 낙태율을 보이고 있는 실정이다.94)

상담의사는 임부에게 정보와 도움을 제공하지만 임부의 의사에 반하여 출산을 강제할 수 없으므로, 결국 임부가 책임 있는 결정을 내리게 된다. 이러한 상담방식은 모든 낙태를 법적 절차95) 내에서 해결하도록 함으로써 낙태규정의 현실화를 도모한다. 이는 상담이라는 절차규정을 통하여 무분별한 낙태결정을 방지할 수 있기 때문이다.

한편 낙태방지를 위해서는 임신상담뿐만 아니라 피임상담도 중요한 역할을 한다. 원하지 않는 임신에 대한 상담도 예방적인 피임상담이 잘 되는 경우에는 그 필요성이 감소될 것이다. 피임이 성공적이면 낙태는 필요하지 않기 때문에 명백하다. 이러한 점에서 예방적인 피임상담이 생명보호의 출발점이라고 할 수 있으며, 피임방법의 보급은 낙태율을 줄이기 위한 방안으로 아주 중대한 의미를 가진다.

3) 시술의사의 역할

상담의사와의 상담을 거치고 낙태유보기간이 지난 후에 임부가 낙태를 결정할 경우에 시술의사가 비로소 등장하게 된다. 낙태시술장소는 임부를 잘 배려해 줄 수 있고 양질의 의료행위를 제공할 수 있는 병원이어야 한다. 무분별한 낙태와 상업적인 진료행위를 막기 위해서는 국·공립병원을 공식적으로 지정하는 것도 좋은 방안일 것이다. 시술의사는 낙태시술병원에서 합법적으로 시술한 낙태에 관한 기록을 남겨 일정기간의 업무를 보건복지부에 보고하여 사후적인 통제를 받아야 한다.

---

94) 대표적으로 네덜란드, 프랑스, 독일 등이 그러하다.
95) 그러므로 낙태의 허용사유를 확인하는 절차에 관한 규정이 필요하다(이재상, "낙태죄의 개선방향-태아의 생명보호와 자기결정권", 『형사법학의 과제와 전망(성시탁 교수 화갑기념논문집)』, 한국사법행정학회, 1993, 713면 이하).

시술의사의 자격과 관련하여 일각에서는 산부인과 의사가 아닌 의사도 낙태시술을 할 수 있다고 하나, 임부의 건강과 관련하여 전문적인 산부인과의사에 국한하는 것이 타당하다고 본다.

4. 낙태허용기간에 대한 검토

「모자보건법 시행령」 제15조 제1항에 의하면 「모자보건법」 제14조에 따른 인공임신중절수술은 임신 24주일 이내인 사람만 할 수 있다. 개정 전의 법이 '임신한 날로부터 28주일 이내'로 규정하였던 것을 2009년도 개정을 통하여 그 기간을 줄인 것이다. 이에 대하여 12주 이내로 제한하자는 견해[96]도 있다.

한편 2005. 9. 당시 보건복지부가 발표한 『전국 인공임신중절 실태조사』에 의하면 낙태시술의 96%가 임신 12주 미만에 행해지는 것으로 조사되었다. 생리적 과정으로서 사람의 출산과정을 보면 수정된 난자는 배포체(blastcyst)로 성장된 후 7일이 지나서 배아(embryo)를 형성하게 된다. 그리고 배아는 8주 정도의 배아단계를 지나 태아(fetus) 단계에 도달한다.[97] 즉, 이 단계에서의 인공임신중절은 낙태죄가 성립하는 것이 아니다. 낙태죄의 객체는 태아인데, 이 시기에는 태아 이전 단계인 배아만이 존재하기 때문이다. 따라서 우리가 일상적으로 받아들이는 용어로서 낙태시술은 대다수의 경우 낙태죄에 해당하지 않다고 볼 수 있다.

생각건대 임신 24주일 이후의 모든 낙태를 전면적으로 허용하지 않는 것은 타당하지 않다고 본다. 예를 들어 임신의 지속이 보건의학적 이유로 모체의 건강을 심각하게 해치고 있거나 해칠 우려가 있는 경우가 임신 24주일 이후에 발견될 수도 있기 때문이다. 또한 임신 24주일 이후의 낙태를 허용한다고 하더라도 실제로 낙태율이 증가할 것이라고 예측하는 것도 무리가 있다. 왜냐하

---

96) 김학태, "낙태에 관한 법이론적 담론과 법정책적 판단에 관한 연구", 『외법논집』 제33권 제3호, 한국외국어대학교 전문분야연구센터 법학연구소, 2009. 8, 659면.
97) 권창국, "태아에 대한 형법적 보호와 그 한계에 관한 연구", 『형사정책연구』 제18권 제2호, 한국형사정책연구원, 2007. 여름, 198-199면.

면 모든 여성은 본능적 모성애가 있기 때문이다. 낙태를 결정함에 있어서 본
능적 모성애는 내재적 한계로서 작용한다고 보아야 한다. 따라서 낙태를 인정
한다고 하더라도 임부들이 모성애를 가지고 있기 때문에 자기결정권을 남용
할 우려는 크지 않다.[98]

Ⅵ. 글을 마치며

낙태에 대한 범죄의식이 희박함에도 불구하고 낙태죄를 엄격하게 처벌하게
되면 암수범죄가 많아지고 이에 따라 처벌의 형평성 문제가 생겨나게 된다.
이는 국민들의 법규범에 대한 신뢰도를 상실시킬 뿐만 아니라 형벌권의 적정
한 행사 자체에 대한 의구심도 들게 할 수 있다. 현실을 무시한 엄격한 규범설
정은 법권위를 강화하는 작용을 하는 것이 아니라 범죄인식을 약화시키는 기
능을 한다. 이러한 측면에서 과거에도 낙태행위를 「형법」에서 범죄로 규정하는
것이 우리 실정에 맞지 않는다는 주장이 강력히 대두된 바도 있다.[99] 또한 20세
기 이래 낙태에 대한 세계적인 추세는 국가마다 정도의 차이는 있으나 낙태의
자유화 방향으로 가고 있다. 대부분의 국가가 최근 40여 년 동안 과거에 엄격했
던 낙태금지법을 다양한 형태로 완화해 가고 있는 것은 주지의 사실이다.

일각에서는 태아의 생명권을 존중하려는 국가적 의지를 금지규범을 통하여
공고히 해야만 선진국이자 문명국가라는 논리로 낙태죄 규정을 그대로 존치
시켜야 한다고도 한다. 하지만 이는 전형적인 상징형법의 논리이며, 그 결과
그 규범은 곧 기능을 잃게 된다. 낙태입법은 현실을 고려하여 임부에게 준수
가능한 입법을 제시해야만 한다. 낙태율을 낮추기 위해서는 금지규범의 강화

---

98) 이영란, "낙태죄 입법정책에 관한 소고", 『형사법연구』 제16호 특집호, 한국형사법학회,
2001 겨울, 345면. 여성은 남성의 자식번식욕구에 상당하는, 오히려 그 이상의 모성애를
가지고 있다. 모성애란 이기적·계산적 행위를 초월하는 순수한 성향이다. 그럼에도 불구
하고 여성들이 오죽하면 스스로 모성애를 저해하는 행위를 선택하겠는가에 대한 배려가
필요하다.
99) 김기두, "낙태죄에 관한 연구", 『법학』 제20권 제2호, 서울대학교 법학연구소, 1980. 5, 9면.

보다는 적절한 다른 수단을 강구하는 것이 더욱 요구된다.

결론적으로 낙태를 하기 위한 절차와 요건을 구체화하는 작업을 통해서 「형법」상의 낙태죄는 비범죄화해야 한다. 이제 우리의 관심사는 낙태행위를 「형법」상 범죄로 처벌할 것인가의 여부에 포커스를 맞추어야 할 때가 왔다. 법은 모두 지켜야 하는 내용만을 담고 있어야 하기 때문이다. 태아의 생명을 보호하기 위해서 현재 우리가 해야 할 일은 모든 낙태를 엄격하게 금지하여 처벌하기보다는 일정한 법적 절차를 거친 낙태를 인정하여 태아의 생명이 희생되는 경우의 수를 감소시키는 방향으로 나아가야 할 것이다.

제3장 「학교폭력대책법」에 대한 비판적 검토

Ⅰ. 문제의 제기

  학교폭력의 문제는 세계 각국의 공통적인 현상이라고 할 수 있다. 우리나라
도 예외는 아니어서 학교폭력에 대한 예방책을 제시 및 시행하고 있으나 근절
에는 미치지 못하고 있는 실정이다. 오히려 학교폭력은 점차 악화되고 있기까
지 하다. 심각해지고 있는 이 문제에 대하여 보다 효율적으로 대처하기 위하
여 「학교폭력예방 및 대책에 관한 법률」(법률 9932호, 2010. 1. 18 일부개정;
이하에서는 「학교폭력대책법」이라고 한다)[1]이 2004년 1월 29일 공포 및 동년
7월 30일부터 시행[2]된 이래 지금까지 총 11차례의 개정이 있었다. 제정 당시
의 법률과 비교하여 볼 때 개정과정을 거치면서 여러 가지 측면에서 상당한
보완작업이 이루어졌다. 「학교폭력대책법」은 학교폭력의 예방과 대책에 필요
한 사항을 규정함으로써 피해학생의 보호, 가해학생의 선도·교육 및 피해학
생과 가해학생 간의 분쟁조정을 통하여 학생의 인권을 보호하고 학생을 건전
한 사회구성원으로 육성함을 목적으로 한다(제1조). 또한 동법을 해석·적용
함에 있어서 국민의 권리가 부당하게 침해되지 아니하도록 주의하여야 한다
(제3조). 하지만 현행 법률 또한 개정의 대상이 되는 상태에 있다고 하여야 할
것이며, 이러한 관점에서 개별 규정에 대한 문제점과 개선방안에 대한 논의가
진행되어야 할 필요성이 있다.

  한편 청소년백서에 따르면 학교폭력으로 징계받은 학생은 2003년 7,769명,
2004년 7,488명, 2005년 6,604명, 2006년 6,267명 등으로 나타나고 있으나, 실

---

* 『소년보호연구』 제15호, 한국소년정책학회, 2010. 12. 91면 이하.

1) 이하에서 법률의 명칭 없이 단순히 법조문만 표기된 것은 「학교폭력대책법」상의 조항을
   의미한다.
2) 또한 2004년 7월 20일에는 동법 시행령이 제정되었다. 「학교폭력대책법」은 학교폭력을 관
   할하는 중앙행정기관이 법률안을 준비하여 국회의 입법절차를 거쳐서 만들어진 것이 아니
   라 교육시민단체의 후원을 받은 국회의원이 직접 법률을 발안한 의원입법(현승일 의원 대
   표발의)으로 제정되었다. 즉, 동법은 법률을 소관하는 교육부가 교육계와 일선 학교들의 여
   론을 수렴해서 제정한 것이 아니라 학교폭력의 방치를 우려한 학교폭력대책국민협의회가
   국회의원들의 힘을 빌려 우여곡절 끝에 만들어낸 결과물이다(조병인 외, 『학교폭력 예방을
   위한 법·제도적 정비방안 연구』, 한국교육개발원(경제·인문 사회연구회 협동연구총서
   06-14-04), 2006. 12, 31면).

제 학교폭력으로 인하여 피해를 받았다고 주장하는 학생은 그 수치가 상당한 격차로 증가하고 있다. 특히 '2009년도 학교폭력 유형별 가해자·피해자 통계'3)에 따르면 2009년 전국 초·중·고에서 발생한 학교폭력 사건은 모두 5,605건4)으로 집계됐다. 유형별로는 폭행 3,509건(62.6%), 금품갈취 1,157건, 상해 240건, 따돌림 149건, 협박 125건, 강요 및 성추행 110건, 명예훼손·모욕 52건, 인터넷상 음란·폭력 26건, 약취·유인 20건, 공갈 10건, 감금 2건 등의 순이었다. 학교폭력 가해학생은 14,605명5)이었고, 남학생이 9,644명으로 66.0%를 차지했다. 가해학생에 대한 조치를 보면 교내봉사(5,731명, 39.2%), 사회봉사(2,758명, 18.8%), 특별교육 이수처분(2,209명, 15.1%), 출석정지(1,130명, 7.7%), 피해자에게 서면사과(947명, 6.4%), 전학조치(911명, 6.2%), 접촉금지 또는 학급교체(462명, 3.1%), 퇴학 처분(128명, 0.8%) 등의 순이었고, 피해학생 11,708명에게 내려진 조치는 상담 및 조언 8,775명(74.9%)이 대부분이었고, 보호조치 584명, 일시보호 497명, 요양 467명, 전학권고 62명, 학급교체 25명 등의 순이었다.

이상에서 보는 바와 같이 학교폭력에 대한 기본법이라고 할 수 있는 「학교폭력대책법」이 시행되고 있는 현 시점에서 그 운영상의 문제점과 개선방안을 모색해 보는 것은 의미 있는 일이라고 하겠다. 이를 위하여 먼저 학교폭력의 개념에 대하여 적용범위와 대상사건을 중심으로 살펴본다(Ⅱ). 다음으로 학교폭력문제를 전담하고 있는 학교폭력대책자치위원회와 전문상담교사에 관한 규정을 검토하고(Ⅲ), 학교폭력예방교육의 문제점에 대하여 알아본다(Ⅳ). 마지막으로 피해학생 및 가해학생에 대한 조치내용에 대한 검토를 하고(Ⅴ), 학교폭력에 대한 제언으로 결론을 내리고자 한다(Ⅵ).

---

3) 2010. 10. 4. 교육과학기술부가 국회 교육과학기술위 박영아(한나라당) 의원에게 제출한 자료이다. 이에 대한 보다 자세한 내용으로는
   http://edu.chosun.com/site/data/html_dir/2010/10/04/20101-00400453.html 참조.
4) 한편 2007년도의 경우 7,667건, 2008년도의 경우 8,813건이 각각 집계되었다.
5) 초·중·고등학생의 전체 인원이 총 803만 1,964명(교육과학기술부와 한국교육개발원이 발표한 2009 교육기본통계 조사 결과, 2009. 4. 1. 기준)인 점을 감안하면 실제 가해학생으로 통계상 측정된 비율은 극히 미미한 편이다. 하지만 실제 학교현장에서 발생하고 있는 비율은 이보다 훨씬 많다는 점에서 암수의 문제가 심각함을 여실히 보여 주고 있다.

Ⅱ. 학교폭력의 개념

1. 규정의 내용

제2조 제1호에 의하면 "학교폭력"이란 학교[6] 내외에서 학생 간에 발생한 상해, 폭행, 감금, 협박, 약취·유인, 명예훼손·모욕, 공갈, 강요 및 성폭력, 따돌림, 정보통신망을 이용한 음란·폭력 정보 등에 의하여 신체·정신 또는 재산상의 피해를 수반하는 행위를 말한다. 현재의 조항은 2008년 3월 14일 법률 제8887호로 전부 개정된 것인데, 개정 전의 조항과 비교해 볼 필요가 있다. 구법에 의하면 '학교폭력'이라 함은 학교 내외에서 학생 간에 발생한 폭행·협박·따돌림 등에 의하여 신체·정신 또는 재산상의 피해를 수반하는 행위로서 대통령령이 정하는 행위('상해·폭행, 감금, 협박, 약취·유인, 추행, 명예훼손·모욕, 공갈, 재물손괴 및 집단따돌림과 그 밖에 피해자의 의사에 반하는 행위를 가하거나 하게 한 행위')를 말하였다. 구법과 비교하여 볼 때 나타나는 현행법의 차이점으로는, ① 학교폭력의 유형으로 강요 및 성폭력, 정보통신망을 이용한 음란·폭력 정보 등이 추가된 점, ② 학교폭력의 유형으로 재물손괴가 삭제된 점, ③ 따돌림은 집단따돌림뿐만 아니라 집단적이지 않은 따돌림도 포함된 점, ④ 학교폭력의 유형을 대통령령이 아닌 상위법에 해당하는 법률에 모두 규정하고 있는 점, ⑤ '그 밖에 피해자의 의사에 반하는 행위를 가하거나 하게 한 행위'를 삭제한 점 등을 들 수 있다.

---

6) 「학교폭력대책법」 제2조 제2호에 의하면 "학교"란 「초·중등교육법」 제2조에 따른 초등학교·중학교·고등학교·특수학교 및 각종 학교와 같은 법 제61조에 따라 운영하는 학교를 말한다.

2. 적용범위에 대한 검토

1) 인적 적용범위에 대한 검토

「학교폭력대책법」에 의하면 학교폭력의 가해자 및 피해자가 모두 학생이어야 한다. 따라서 동법에서 말하는 학생에 해당하지 않는 대학생, 자퇴생, 퇴학생, 취학의무 유예자, 취학의무 면제자 등의 경우에는 적용이 제외되는 불합리한 점이 문제로 제기된다.

이에 대하여 모르는 사람에 의한 폭력에 대하여 대처할 필요성이 있다는 점, 피해자는 학생이나 가해자가 학생이 아닌 경우도 많다는 점, 교사에 의한 폭력·교사 상호 간의 폭력·학생 또는 학부모에 의한 교사에 대한 폭력 등에 대처할 필요성이 있다는 점, 미국의 경우 학생 간 폭력뿐만 아니라 교사나 학교행정가에 의해서 야기되는 학생에 대한 폭력도 학교폭력의 범위에 포함시키는 경향이 있다는 점 등을 이유로 가해자와 피해자를 모두 학생으로 한정할 것이 아니라 가해자 또는 피해자 중 어느 한 주체가 학생인 경우의 폭력형태를 학교폭력으로 고려하는 방안이 강력하게 주장[7]되고 있다. 하지만 학교폭력의 범위가 너무 넓어지면 학교폭력의 개념이 청소년폭력의 개념과 혼동될 수 있다는 점,[8] 「학교폭력대책법」의 재정목적이 학교에 재학 중인 학생들 간에 일어나는 폭력에 있어서 분쟁을 해결하기 위한 것이라는 점, 자치위원회는 형사사건을 취급하는 기관이 아니어서 수사행위를 할 권한이 없기 때문에 非학생을 상대로 한 조사가 현실적으로 어렵다는 점 등을 고려할 때 학교폭력의 인적 적용범위는 학생 간의 폭력에 국한하는 것이 바람직하다.

---

7) 김범수, "학교폭력의 실태와 예방대책에 관한 연구", 한남대학교 법학박사학위논문, 2009. 2, 150면; 원혜욱, "「학교폭력예방 및 대책에 관한 법률」의 문제점과 개선방안", 『소년보호연구』 제7호, 한국소년보호학회, 2004, 116-117면.
8) 박윤기, "학교폭력에 대한 경찰의 대응방안에 관한 연구", 동아대학교 법학박사학위논문, 2008. 6, 79면.

2) 장소적 적용범위에 대한 검토

교외에서 학생이 일반인에게 폭력을 행사한 경우 및 일반인이 학생에게 폭력을 행사한 경우에는 징계 및 형사처벌 등으로 다룰 수 있으므로 학교폭력은 교내폭력으로만 한정하자는 견해9)도 있으나, 교외에서 학생이 다른 학교 학생 또는 같은 학교 학생에 대하여 폭력을 행사하는 경우도 있으므로 학교폭력의 일종으로 다루는 것이 바람직하다고 본다.

3. 대상사건에 대한 검토

1) 학교기관의 관할영역 확대

학교폭력의 규제, 피해학생의 보호 및 가해학생에 대한 조치에 있어서 다른 법률에 특별한 규정이 있는 경우를 제외하고는 「학교폭력대책법」을 적용한다 (제5조 제1항).10) 학교폭력의 규제 및 피해학생의 보호에 대하여는 다른 법률에 특별한 규정이 없지만, 가해학생에 대한 조치는 다른 법률에 특별한 규정들이 다수 존재하기 때문에 해석상의 어려움을 야기한다. 예를 들면 「형법」 및 「형사특별법」 등에서의 여러 조항들은 학교폭력에 해당하는 유형의 행위들에 대한 형사처벌규정들을 두고 있고, 「소년법」은 보호처분과 형사처분에 관한 특별조치에 대한 규정들을 두고 있으며, 「초·중등교육법」 제18조 제1항 및 동법 시행령 제31조 제1항에서는 징계에 대한 규정들을 두고 있다. 즉, 이러한 규정들의 존재는 「학교폭력대책법」 제17조(가해학생에 대한 조치)의 해

---

9) 김성기, "「학교폭력예방 및 대책에 관한 법률」과 동법 시행령의 문제점과 개선방안", 『교육법학연구』 제20권 제2호, 대한교육법학회, 2008. 12, 31-32면.
10) 동법은 특별법이 아닌 일반법이기 때문에 다른 법령에 학교폭력과 관련된 규정이 있는 경우에는 그 법을 준용하여야 한다(오경식, "학교폭력예방을 위한 법제도적 분석과 개선방안", 『소년보호연구』 제12호, 한국소년정책학회, 2009. 6, 182면). 즉, 「학교폭력대책법」은 일반법이기 때문에 학교폭력의 범위를 확대시킬 경우에는 대상사건의 유형에 따라 동법의 적용범위가 그만큼 축소되는 현상이 발생하게 된다.

석 시 고려되어야 하는 중요한 요소로 작용한다. 이와 같이 다른 법률들이 존재하는 경우에는 「학교폭력대책법」이 적용되지 않는 것임에도 불구하고, 실제에 있어서는 학교폭력이 발생한 경우에 자치위원회가 개최되어 필요한 조치를 행하고 있는 모순[11]이 발생하고 있다.[12]

생각건대 「학교폭력대책법」상 학교폭력의 정의에 의하면, 일정 부분의 경우 당연히 사법기관이 개입하여 해결하여야 하는 영역임에도 불구하고 학교기관이 개입하도록 한 것은 교육정책이 보다 적극적이고 능동적으로 학교폭력에 관여하라는 주문으로 이해된다. 예를 들면 상해, 폭행, 감금, 협박, 약취·유인, 명예훼손·모욕, 공갈, 강요 등과 같이 명백히 형사법상의 범죄로 취급되는 사안들도 일선 학교 내에서 개입 또는 해결을 해야 할 대상이 된 것이다. 또한 학교폭력의 적용유형에 대한 사전예방과 사후대책에 대한 법적인 책임이 학교기관에 부가되었다고 볼 수 있다. 「학교폭력대책법」은 형사처벌을 목적으로 하는 법이 아니라 복지적·교육적 차원에서 학교폭력을 예방·대처하기 위한 법이므로 대상사건의 확대는 바람직한 현상이다. 이러한 의미에서 「학교폭력대책법」은 형사사법이 아니라 일종의 징계벌[13]을 규정하고 있는 것이다. 이와 같이 범죄를 규정하는 형사법의 영역에 해당하지 않기 때문에 그 적용유형을 규정함에 있어서 반드시 명확성의 원칙을 고수할 것이 아니라 제도의 탄력적인 운용을 위해서 어느 정도 해석의 여지를 두는 입법도 가능한 것이다. 하지만 학교기관의 관할영역이 일정한 범죄행위에도 미칠 수 있다는 의미가 사법기관의 관할영역 축소를 의미하는 것은 아니기 때문에 사법권의 개입은

---

11) 이러한 점에서 입법정책적인 관점에서 보면 추후에 제5조를 개정 또는 삭제하자는 견해 (이진국, "「학교 폭력 예방 및 대책에 관한 법률」의 체계적 문제점과 개선방안", 『입법정책』 제1권 제1호, 한국입법정책학회, 2007. 6, 108면)도 있다.
12) 원래 「학교폭력대책법」의 제정을 위한 논의과정에서는 경미한 학교폭력에서는 학교차원에서의 대응을 우선시하고, 「소년법」의 적용을 배제하되, 중대한 학교폭력에 대해서는 소년사법이 직접적으로 개입하는 방향으로 입법을 의도했던 것같이 보인다. 즉, 적어도 경미한 학교폭력행위에 대해서는 고소권자의 사법기관에 대한 고소가 없는 한 학교 내에서의 선도·징계조치와 분쟁조정만으로 사태를 종결지우고자 의도했던 것 같다(이진국, 앞의 논문, 95면).
13) 「학교폭력대책법」의 징계법적 성격에 대한 보다 자세한 내용은 이진국, 앞의 논문, 104-106면 참조.

여전히 유효하다.

2) 적용대상의 불명확성

(1) 상해, 폭행, 감금, 협박, 약취·유인, 명예훼손·모욕, 공갈, 강요

이러한 유형들은 모두 형사법상의 범죄에 해당하기 때문에 그 개념이 다른 유형에 비해 명확하다고 할 수 있다. 하지만 다음에서 보는 바와 같은 불명확성도 내포하고 있다.

첫째, 상해의 경우 단순상해뿐만 아니라 중상해의 경우도 포함되는지의 여부, 결과적 가중범에서 가중의 요인에 해당하는 상해도 포함되는지의 여부, 「형법」뿐만 아니라 형사특별법상의 상해도 포함되는지의 여부 등이 불명확하다. 또한 「형법」상 상해의 유형도 그 범위가 상당히 넓다고 할 수 있는데, 이 중 어느 범위 내에서 자치위원회가 개입하고, 그 이상의 범위 밖에서는 소년사법이 개입되어야 하는지에 대해서도 전혀 언급이 없다.

둘째, 공갈과 관련해서는 절도나 강도 등이 동법에는 제외되어 있는데, 그 이유가 불분명하며, 재산범죄에 있어서 개입의 차등을 두는 것은 평등의 관점에서도 문제가 있다고 본다.

셋째, 학교폭력과 관련하여 강요에 해당하는 행위가 상당수 차지할 것인데, 예를 들면 답안지 보여 주기, 강제적인 심부름하기, 원하지 않는 신체적 접촉하기, 숙제시키기, 청소시키기 등이 그것이다. 그 범위가 너무 광범위하기 때문에 어느 정도 범위를 한정할 필요성이 있다.

넷째, 구법에서 학교폭력의 유형으로 규정한 재물손괴행위가 빠져 있다. 최근 발생하고 있는 소년범죄 중 재물손괴가 차지하는 비중이 급격히 증가하고 있는 추세14)에 비추어 볼 때 재고를 요하는 부분이다.

---

14) 법무연수원에서 2009년도에 발간한 『범죄백서』에 따르면, 손괴의 경우 최근 급증하고 있는 특징을 보이고 있는데, 그 수치는 81명(2005년), 295명(2006년), 443명(2007년), 721명(2008년) 등 최근 3년 사이에 7.9배의 증가추세를 보이고 있다.

(2) 성폭력

  성폭력의 정의 및 범위에 대한 법률의 규정이 없는 상태에서, 성폭력을 학교폭력의 한 행위유형으로 설정한 것은 명확성의 차원에서 논란이 될 수 있다. 일반적으로 성폭력이라 하면 성폭행, 성추행, 성희롱 등을 모두 포괄하는 용어로 사용되기 때문이다. 이는 법률의 제정 당시에 없던 학교폭력의 유형으로서, 2008. 3. 14. 개정법률을 통하여 입법적인 보완을 한 것이다. 생각건대 기존에 규정하고 있었던 추행을 성폭력으로 개정한 의도는 적어도 추행을 포함한 그 이상의 행위도 규제하려고 한 것으로 보인다.

  한편 성폭력은 다른 법률에 규정이 있는 경우에는 동법을 적용하지 아니한다(제5조 제2항)고 규정하고 있는데, 여기서의 다른 법률이란 대표적으로 「형법」, 「성폭력범죄의 처벌 등에 관한 특례법」, 「아동·청소년의 성보호 등에 관한 법률」 등을 말한다. 이에 따라 사실상 학교폭력 중 성폭력 사건의 경우 학교에서 처리하는 경우는 매우 드물 것이다. 또한 성폭력은 중대한 폭력에 해당하기 때문에 학교에서 자체적으로 다루기 곤란한 측면이 강하다.[15] 그리하여 성폭력을 학교폭력의 유형으로 다루지 않는 것이 바람직하다는 견해[16]도 주장된다. 하지만 단지 가해학생의 처벌을 위해서만이 아니라 피해학생의 보호조치를 자치위원회가 심의하도록 하기 위해서라도 성폭력을 포함하는 것이 바람직하다.[17] 결국 실질적으로는 사건의 처리보다는 학교폭력 예방교육과 연계되어 상당히 큰 의미를 지니게 된다.[18]

---

15) 사실상 성폭력 사건이 발생했을 때, 「학교폭력대책법」이 적용되는 경우는 「소년법」 및 「형법」의 적용에서 제외되는 연령인 주로 10세 미만의 자에 해당할 경우에 한정될 것이다.

16) 김종인, "학교폭력 예방 및 대책의 검토", 학교폭력 예방 및 대책의 실효성 확보 방안 토론회 자료집, 2005, 55면; 박병식, "학교폭력예방 및 대책에 관한 법의 문제점 및 개정방향", 『교육연구』 제25권 제5호(통권 430호), 한국교육생산성연구소 교육연구사, 2005. 5, 84면.

17) 김현철, "학교폭력 사안처리 가이드북에 대한 검토의견", 학교폭력 사안처리 가이드북 개발연구 토론회 자료집, 2008. 12. 9; 이주호, "성비행을 통해 본 학교폭력대책의 문제점과 개선방안", 학교폭력대책국민협의회·국회좋은교육연구회 공동주최, 학교폭력대책의 올바른 방향과 법률적 과제, 2005. 1. 11, 22면; 이진국, 앞의 논문, 114면.

18) 송세경, "학교폭력예방과 학교폭력예방법 개정", 『전북교육』 제45호, 전라북도 교육정보

다음으로 성희롱의 경우, 먼저 피해자가 18세 이상의 자인 경우에는 민사상의 불법행위로 해결하고 있다.[19] 「여성발전기본법」 제17조의2, 「남녀고용평등법」 제2조 제2호, 「남녀차별금지 및 구제에 관한 법률」 제2조 제2호 등에 사용되고 있는 성희롱은 주로 직장 내 성희롱을 말하며, '사업주, 상급자 또는 근로자가 직장 내의 지위를 이용하거나 업무와 관련하여 다른 근로자에게 성적인 언어나 행동으로 또는 이를 조건으로 고용상의 불이익을 주거나 또는 성적 굴욕감을 유발하게 하여 고용환경을 악화시키는 것을 말한다'고 규정하고 있다. 그리고 성희롱의 피해자가 18세 미만인 경우에는 「아동복지법」 제29조 제2호('아동에게 성적 수치심을 주는 성희롱, 성폭행 등의 학대행위') 및 제40조 제2호('5년 이하의 징역 또는 3천만 원 이하의 벌금')에 의하여 범죄행위로 규율하고 있다. 이 중 학교폭력의 유형에서 말하는 성폭력의 한 종류로 상정할 수 있는 성희롱은 후자의 경우이다. 하지만 성희롱이라는 개념은 매우 광범위한 개념이기 때문에 이를 성폭력의 한 유형으로 포함시키는 것은 바람직하지 못하다. 결론적으로 성폭력은 「형법」 및 「형사특별법」에서 범죄로 규정하는 것에 국한되어야 한다. 「아동복지법」상의 성희롱은 그 자체가 범죄가 아니라 학대의 정도에 이르러야만 범죄행위로 평가되기 때문에 엄밀한 의미에서 성희롱 그 자체를 범죄로 규정한 것이라고 볼 수는 없다.

(3) 따돌림

학교폭력의 유형 중 유일하게 '따돌림'에 대해서는 그 어떠한 법률에도 정의규정이 없다.[20] 하지만 현행법은 구법에서 '집단'따돌림이라고 규정한 것을 단순히 '따돌림'으로 규정하여 그 범위를 확대하고 있다. 실제 따돌림의 형태를 보면 집단을 이루어 행하는 것이 보통이므로 집단따돌림이라고 용어를 지

과학원, 2008. 겨울, 26면.
19) 대법원 1998. 2. 10. 선고 95다39533 판결.
20) 집단따돌림의 경우는 「형법」상의 범죄와 결부 지을 수 없는 사례가 발생할 수 있지만, 이 경우도 상세히 고찰해보면 「형법」상의 폭행죄나 상해죄 또는 적어도 명예훼손죄나 모욕죄의 범죄구성요건과 결부 지을 수 있는 사례가 적지 않을 것이다(이진국, 앞의 논문, 110면).

칭해도 무방하다고 본다.

이에 대하여 일반적으로 (집단)따돌림이란, '한 집단의 소속원 중 자기보다 약한 상대를 대상으로 또는 집단의 암묵적인 규칙을 어긴 자를 대상으로 여럿이 함께 또는 개인이 돌아가면서 신체적·심리적 공격을 지속적으로 하여 반복적으로 고통을 주는 행위',[21] '학급에서 전부 또는 대다수의 학생들이 한 명 또는 소수의 학생들을 대상으로 의도와 적극성을 가지고 지속적으로 그리고 반복적으로 관계에서 소외시키거나 괴롭히는 일체의 현상',[22] '폭력에 의한 생명·신체·자유·재산의 침해를 계속하거나 또는 말이나 따돌림에 의한 명예·정신적 자유를 침해함으로써 상대방의 진지한 대화의 상대로서 취급받을 권리를 박탈하고, 상대방의 인격을 부정하려는 일체의 행위',[23] '학교 또는 학급 등 집단에서 복수의 학생들이 한 명 또는 소수의 학생들을 대상으로 의도와 적극성을 가지고, 지속적이면서도 반복적으로 관계에서 소외시키거나 괴롭히는 현상'[24] 등으로 정의되고 있다.

---

21) 박경숙 외, 『학생의 왕따(집단 따돌림 및 괴롭힘) 현상에 관한 연구』, 한국교육개발원, 1998, 41면.

22) 노성호, "집단따돌림을 통한 피해와 그 영향", 『피해자학연구』 제9권 제2호, 한국피해자학회, 2001, 10면.

23) 이상윤, "집단따돌림현상의 헌법적 개념정의와 입법론적 과제", 『공법학연구』 제9권 제2호, 한국비교공법학회, 2008. 5, 11면.

24) 대법원 2007. 11. 15. 선고 2005다16034 판결: 집단따돌림으로 인하여 피해학생이 자살한 경우, 자살의 결과에 대하여 학교의 교장이나 교사의 보호감독의무 위반의 책임을 묻기 위해서는 피해학생이 자살에 이른 상황을 객관적으로 보아 교사 등이 예견하였거나 예견할 수 있었음이 인정되어야 한다. 다만, 사회통념상 허용될 수 없는 악질, 중대한 집단따돌림이 계속되고 그 결과 피해학생이 육체적 또는 정신적으로 궁지에 몰린 상황에 있었음을 예견하였거나 예견할 수 있었던 경우에는 피해학생이 자살에 이른 상황에 대한 예견가능성도 있는 것으로 볼 수 있을 것이나, 집단따돌림의 내용이 이와 같은 정도에까지 이르지 않은 경우에는 교사 등이 집단따돌림을 예견하였거나 예견할 수 있었다고 하더라도 이것만으로 피해학생의 자살에 대한 예견이 가능하였던 것으로 볼 수는 없으므로, 교사 등이 집단따돌림 자체에 대한 보호감독의무 위반의 책임을 부담하는 것은 별론으로 하고 자살의 결과에 대한 보호감독의무 위반의 책임을 부담한다고 할 수는 없다. 중학교 3학년 여학생이 급우들 사이의 집단따돌림으로 인하여 자살한 사안에서, 따돌림의 정도와 행위의 태양, 피해학생의 평소 행동 등에 비추어 담임교사에게 피해학생의 자살에 대한 예견가능성이 있었다고 인정하지 아니하여 자살의 결과에 대한 손해배상책임은 부정하면서, 다만 학생들 사이의 갈등에 대한 대처를 소홀히 한 과실을 인정하여 교사의 직무상 불법행위로 발생한 집단따돌림의 피해에 대하여 지방자치단체의 손해배상책임을 긍정한 사례.

이러한 정의에 비추어 (집단)따돌림의 공통적인 요소로서, ① 가해자와 피해자가 학교[25])와 같이 가입과 탈퇴가 자유롭지 않은 동일한 집단에 소속되어 있다는 점, ② 상대적으로 약한 상대에 대하여 집단적으로 행해진다는 점, ③ 고의적이며 악의적인 행동으로서 반복적이고 지속적으로 이루어진다는 점, ④ 가해자와 피해자 간 힘의 불균형에 의해 특성 지어지는 대인관계에서 발생한다는 점[26]), ⑤ 관중 내지 방관자가 존재한다는 점, ⑥ 점점 불법성이 강해진다는 점, ⑦ 다양한 형태로 일상화되어 있어 구체적 실상이나 증거를 포착하기가 어렵다는 점 등을 상정할 수 있다.

예를 들면 전혀 말을 걸지 않기, 물건을 감추기, 싫어하는 별명 부르기, 조롱하는 말하기, 의도적으로 집단에서 제외시키는 행위, 비웃기, 흉내를 내면서 놀리기, 신체의 외모를 놀리기, 무시하기, 같이 밥 먹지 않기, 고립시키기, 좌석 배치 시 옆자리 기피, 물어봐도 대답 안 하고 못 들은 척하기, 부모님에 대해 비웃기, 가방 등을 숨기기, 주변의 다른 친구들의 접근과 도움을 막기, 상대방의 비밀 퍼뜨리기, 악의적인 소문 퍼뜨리기, 공개적으로 망신주기 등이 있다.

위와 같은 따돌림 사건에 있어서는 개별적인 행위가 모여서 이루는 수많은 행위를 하나의 행위로 묶어서 보는 시각이 필요하다.[27] 어떠한 행위가 개별적으로 보면 그 자체로서는 사소한 것으로 평가될 수 있는 것이라도 그 행위가 복수의 행위에 의해 장기간에 걸쳐 집요하게 반복되어 피해학생의 심신에 견디기 어려운 정신적 고통을 수반하는 경우에는 이러한 행위는 전체적으로 판단해야 하기 때문이다.

한편 따돌림의 당사자로 일반적으로 가해학생과 피해학생을 상정할 수 있지만, 이에 못지않은 당사자가 방관자이다. 방관자는 가해자처럼 적극적이지

---

25) 학원과 같이 용이하게 가입 및 탈퇴가 가능한 단체의 경우에는 집단따돌림의 피해가 생기면 곧바로 탈퇴할 가능성이 있기 때문에 집단따돌림이 계속적으로 반복하여 행해지기 어렵다(이우석, "집단 따돌림과 학교의 정보제공의무", 『경성법학』 제17집 제1호, 경성대학교 법학연구소, 2008. 7, 40면).
26) 허경미, "학교폭력 관련 대응시스템의 개선에 관한 연구", 『소년보호연구』 제7호, 한국소년보호학회, 2004, 83면. 이로 인하여 피해학생이 개인적으로 대항하기 상당히 어렵다.
27) 이우석, 앞의 논문, 41면.

는 않지만 동시에 그들이 목격한 문제상황에 대해 어떠한 조치도 취하지 않음으로써 문제상황을 유지시키는 데 일조한다.[28] 그러므로 따돌림에 대한 대응방안은 가해학생과 피해학생만의 교정뿐만 아니라 전체 학생들을 대상으로 하는 교정방안이 반드시 마련되어야 한다.[29] 만약 방관자가 피해자 측의 입장에서 역할을 한다면 따돌림을 중단시키거나 예방도 할 수 있는 중요한 역할을 하기 때문이다.

(4) 정보통신망을 이용한 음란·폭력 정보

학교폭력의 장소가 현실적인 공간뿐만 아니라 가상적인 공간을 통해서도 이루어지는 점을 반영한 규정이라고 할 수 있다. 최근 인터넷 및 휴대전화의 사용과 관련하여 학교폭력 중 가장 급증하고 있는 유형[30]에 대처하기 위한 것이지만, 그 내용은 상당히 포괄적이다. 즉, 행위태양에 대한 범위가 무제한으로 확대되어 있다. 음란·폭력 정보를 어떠한 방법으로 피해학생에게 영향을 주었는지에 대해서 전혀 언급이 없기 때문에, 반포·대여·공연·상영 등의 행위태양을 추가해야 하겠다.

(5) '등에 의하여' 신체·정신 또는 재산상의 피해를 수반하는 행위

이는 모든 유형의 불법을 학교폭력의 범주 아래에서 해결하고자 하는 의도로 보인다. 앞에서 설명한 (1)부터 (4)까지의 유형은 '신체·정신 또는 재산상

---

28) 정현섭, "학교폭력의 유형과 예방 방안", 『부산교육』 제326호, 부산광역시 교육연구정보원, 2008. 가을, 49면. 청소년폭력예방재단이 2009년 조사한 결과 '친구들 사이에 폭력이 발생해도 모른 척한다'는 학생이 57%나 되기도 하였다.

29) 외국의 경우 집단따돌림에 대한 대책은 학교폭력 대책의 일환으로 이뤄지고 있다. 노르웨이의 '올베우스 프로그램(Olweus Program)', 호주의 '더 좋은 친구(Better Buddies)', 핀란드의 '키바(KiVa; 왕따에 맞서다, kiusaamista vastaan) 프로그램' 등이 대표적이다. 특히 키바 프로그램은 전체 학생을 대상으로 한다는 점에 특징이 있는데, 집단따돌림을 가해자나 피해자의 개인 문제가 아니라 교실 전체의 문제로 보기 때문이다.

30) 김용수, "학교폭력분쟁조정과 학교폭력대책자치위원회의 역할 활성화에 대한 연구", 『변호사』 제39집, 서울지방변호사회, 2009, 196면.

의 피해를 수반하는 행위'의 한정적 열거가 아니라 예시를 한 것에 불과한 것이다. 이에 더하여 '정신상의 피해를 수반하는 행위'가 결합되면 그 범위는 무한대로 확장될 수 있다. 그러나 '등에 의하여'를 해석할 때에는 가해학생의 경미한 범죄에 대한 선도·징계조치라는 관점을 고려하여 그 적용대상을 한정하여야 한다. 그러므로 제2조 제1호에 열거된 행위에 준하는 행위만이 그 대상이라고 하겠다.

Ⅲ. 자치위원회 및 전문상담교사

1. 학교폭력대책자치위원회의 설치

1) 규정의 내용

학교폭력의 예방 및 대책에 관련된 사항을 심의하기 위하여 학교에 학교폭력대책자치위원회를 둔다(제12조 제1항). 자치위원회는 학교폭력의 예방 및 대책 등을 위하여 1. 학교폭력의 예방 및 대책을 위한 학교의 체제 구축, 2. 피해학생의 보호, 3. 가해학생에 대한 선도 및 징계, 4. 피해학생과 가해학생 간의 분쟁조정, 5. 그 밖에 대통령령으로 정하는 사항을 심의한다(제12조 제2항). 그 밖에 대통령령으로 정하는 사항이란 학교폭력의 예방 및 대책과 관련하여 법 제14조 제3항에 따른 학교폭력 문제를 담당하는 책임교사 또는 학생회의 대표가 건의하는 사항을 말한다(시행령 제7조). 자치위원회는 위원장 1인을 포함하여 5인 이상 10인 이하의 위원으로 구성한다(제13조 제1항).

자치위원회의 위원장은 회의 소집에 필요하다고 인정하거나 재적위원 3분의 1 이상 또는 학교의 장이 소집을 요청하는 경우 회의를 소집하여야 한다(시행령 제8조 제1항). 자치위원회의 회의는 재적위원 과반수의 출석으로 개의하고, 출석위원 과반수의 찬성으로 의결한다(시행령 제8조 제2항). 자치위원회의 위원장은 해당 학교의 교직원 중 자치위원회의 사무를 처리할 간사 1명을 지명한다(시행령 제8조 제3항). 자치위원회의 회의에 출석한 위원에게는 예산의 범위에서 수당과 여비를 지급할 수 있다. 다만, 공무원인 위원이 그 소관 업무와 직접적으로 관련하여 회의에 출석하는 경우에는 그러하지 아니하다(시행령 제8조 제4항). 자치위원회는 회의록을 작성·보존하여야 한다(시행령 제8조 제5항).

자치위원회의 위원은 1. 해당 학교의 교감, 2. 해당 학교의 교사 중 학생생활지도의 경력이 있는 교사, 3. 해당 학교운영위원회의 학부모대표, 4. 판사·검사·변호사, 5. 해당 학교를 관할하는 경찰서 소속 경찰공무원,[31] 6. 의사의 자격을 가진 사람, 7. 그 밖에 학교폭력 예방 및 청소년 보호에 대한 지식과 경험을 가진 사람 중 어느 하나에 해당하는 사람 중에서 해당 학교의 장이 임명하거나 위촉한다(시행령 제9조 제1항). 자치위원회의 위원장은 위원 중에서 호선[32]하며 위원장이 사고로 직무를 대행할 수 없을 때에는 위원장이 미리 지정하는 위원이 그 직무를 대행한다(시행령 제9조 제2항). 자치위원회의 위원의 임기는 2년으로 하되 연임할 수 있다. 다만, 자치위원회 위원의 사임 등으로 새로 위촉되는 위원의 임기는 전임위원 임기의 남은 기간으로 한다(시행령 제9조 제3항).

2) 검토

(1) 구성원에 대한 검토

자치위원회 구성위원 위촉권이 전적으로 학교장에게 있으며, 외부민간위원

---

31) 자치위원으로 검사 또는 경찰을 두게 하는 규정의 취지는 경미한 사건에 대하여는 학교 내에서 종결하겠다는 의미로 파악하는 견해(정한중, "「학교폭력예방 및 대책에 관한 법률」의 문제점과 개선방안", 『경희법학』 제44권 제1호, 경희대학교 법학연구소, 2009. 6, 78면)가 있다. 하지만 자치위원 중 검사 또는 경찰이 반드시 포함되어야 하는 것은 아니므로 이러한 해석은 다소 무리가 있다고 보여 진다.
32) 자치위원 중 대체로 교감이 위원장이 된다. 이는 구법에서 자치위원회장은 학교장이 겸직하도록 규정한 것과 비교된다.

의 비율이 정해져 있지 않아 형식적으로 운영될 가능성이 크다. 특히 소집 자체가 쉽지 않으며 위원들이 학교폭력사건에 대한 정보를 항상 제공받는 것이 아니므로 위원 3분의 1에 의해 소집되는 경우는 쉽지 않아 대부분 학교장의 요청에 의해 소집하기 때문에 학교폭력사건을 드러내고 싶지 않은 학교현장에서는 비공식적으로 사건을 처리하거나 자치위원회의 소집에는 소극적일 수밖에 없다.[33] 따라서 시행령에 자치위원선정기준을 보다 구체적으로 명시해야 하며, 자치위원을 선정함에 있어서도 학교장 개인의 자의적인 판단이 아니라, 투명하고 공개적인 모집절차를 마련하고 그 절차에 따라 위원을 선정해야 한다. 자치위원의 구성에 있어서도 지역에서 학교폭력과 청소년 보호를 위해 지속적인 활동경험과 노하우를 축적한 민간단체가 결합해야 한다. 자치위원회 위원 구성에 있어서 이름뿐인 자치위원회 위원이 아닌 실제로 학교폭력예방을 위해 적극적으로 활동할 수 있는 위원이 그 중심으로 구성되어야 한다. 학교폭력의 문제는 그 지역사회와 무관하지 않으므로, 학교와 시민단체가 적극적으로 협력하여 학교폭력의 문제를 풀어나가야 한다.

한편 판사, 검사, 변호사가 과연 자치위원으로 활동할 수 있는지는 매우 의문이며, 당해 지방자치단체의 관할 내에 이러한 자들 자체가 존재하지 않는 경우도 있음을 감안한다면 형식적인 규정으로 전락할 가능성이 농후하다. 한편 검사와 경찰은 「형사소송법」 및 범죄수사규칙에 의거하여 범죄의 혐의가 있으면 수사를 반드시 해야만 하는 입장에 있는데, 이들이 자치위원으로 활동하는 사안의 경우는 대부분 범죄와 연관되어 있으므로 의결했던 사안들을 재차 기소하는 문제가 발생한다.

학교폭력예방 및 대책에 대한 해결을 학생들이 직접 주도하게 함으로써 학교폭력 문제의 심각성을 인식하게 하고 이를 다른 학생들에게 확산시킴으로써 학교폭력 문제를 학생 스스로 해결할 수 있게 할 수 있기 때문에, 학교폭력에 대한 문제를 해결하기 위하여 자치위원회의 구성원으로 학생대표를 포함시키는 것이 바람직하다는 견해[34]가 있다. 하지만 자치위원회가 하는 역할 중

---

33) 오경식, 앞의 논문, 206면.
34) 원혜욱, 앞의 논문, 121면.

에서 가해학생에 대한 제재조치를 취하는 점을 감안한다면, 자치위원이 학생일 경우 가해학생에 대한 제재조치 결정에 있어서 외압을 받을 가능성이 다른 자치위원과 비교했을 때 상당히 농후하다. 이와 같이 중립성을 보장받을 수 없는 위치에 있는 학생의 경우에는 자치위원으로 선정되는 것이 바람직하지 못하다고 본다.

(2) 소집에 대한 검토

자치위원회는 학교폭력발생 시 이를 조정하고, 가해학생을 징계하는 일에만 국한되어서는 안 된다. 자치위원회 내에서의 회의 또한 연 1회 이상이라는 애매한 규정이 아니라 회의를 월별 또는 분기별로 정례화함으로써 보다 실질적인 예방프로그램을 구성·실시할 수 있고, 분기별 혹은 학기별 학교폭력실태조사를 수시로 실시함으로써 학교 내 폭력을 정기적으로 감시하고, 학교폭력발생을 사전에 예방할 수 있다.

학교폭력이 실제 발생했을 경우, 이를 처리할 수 있는 주체는 자치위원회뿐이다. 만약 일선 학교에서 자치위원회를 소집하여 사안을 다루지 않았다면 이는 사안의 경중을 불문하고 법률위반인 셈이다. 이러한 법률위반의 사항을 미연에 방지하기 위하여 감독기관은 정기적으로 자치위원회의 운영을 관리하여야 하겠다. 하지만 모든 학교폭력의 사안을 전적으로 자치위원회에 일임하는 것도 문제라고 할 수 있다. 즉, 담임교사 또는 학생부장교사 등을 통하여 자체적으로 해결하는 것이 일종의 경찰단계에서의 훈방조치처럼 오히려 바람직한 경우도 있을 것이다. 한편 학교폭력이 발생하여 교사에게 일차적으로 발각되어 자치위원회를 개최하는 경우에도 형사사법의 적용 여지는 항상 염두에 두어 언제든지 형사사건으로 전환될 수 있음을 분명히 인식하여야 한다.

(3) 권한에 대한 검토

학교폭력 발생에 대해 자치위원은 자치위원회 규정을 따르고 있는데, 이는 학교마다 동일하지 않기 때문에 학교별로 편차가 발생한다. 가해학생이 상이할 경우, 주범 내지 정범에 대항하는 학생이 처벌을 경하게 받고, 종범에 해당하는 학생이 처벌을 강하게 받는 경우에는 적어도 법규의 위반이 될 수 없는 것이 현실이다. 이러한 문제점을 해결하기 위해서「학교폭력대책법 시행령」에 별표를 두어 양정기준을 두는 것이 바람직하다.

자치위원회 진행 시 여러 건의 사건을 한 번에 처리하기 때문에 시간관계상 가해학생 및 보호자에게 의견진술의 기회를 부여하면서도 그 시간이 짧아 형식적인 절차에 머무르기도 하고 가해자가 여러 명 있는 경우에는 그 대표로 한두 사람에게만 의견진술의 기회를 주는 문제점이 있다.[35]

「학교폭력대책법」제정 이전에 자치위원회의 역할은 일선 학교의 생활선도협의회[36]가 담당하였다. 학생선도협의회[37]에서 부과할 수 있는 징계는「초·중등교육법 시행령」제31조 제1항[38]의 4가지 조치에 불과하였으나, 자치위원

---

35) 김용수, 앞의 논문, 218-219면.
36) 생활선도협의회란 각급 학교의 학생선도규정에 의거하여 설치된 기구로서, 학교폭력을 제외한 학생의 제반 비행에 대한 징계를 담당하는 학교자치기구이며, 교원으로 구성되어 있다. 이에 비하여 자치위원회는 학교폭력사건을 다루는 법정기구이며, 교원 이외의 외부인사도 구성원이 될 수 있다.
37) ○○고등학교 학생생활규정 제4조 (생활선도협의회) ① 학생의 생활지도 전반(학생생활, 시상, 징계 등)에 관한 사항을 심의, 의결하기 위하여 생활선도협의회를 둔다. ② 생활선도협의회는 교감, 교무부장, 연구부장, 학생복지부장, 학년부장(해당 학년), 학생복지부교사(생활지도 담당교사)로 하고, 학생복지부장을 간사로 하여 교감이 의장이 되어 회의를 주관한다. ③ 교내봉사, 사회봉사, 특별교육 이수 및 퇴학처분에 해당되는 징계는 생활선도협의회를 개최하여 공정하고 객관성 있게 심의·의결하여 처리한다. 단, 담임교사 및 관련 교사는 필요 시 의견진술, 참고인으로 참석하여야 한다.
38) 「초·중등교육법 시행령」제31조 (학생의 징계 등) ① 법 제18조 제1항 본문의 규정에 의하여 학교의 장은 교육상 필요하다고 인정할 때에는 학생에 대하여 다음 각 호의 1의 징계를 할 수 있다. 1. 학교 내의 봉사 2. 사회봉사 3. 특별교육이수 4. 퇴학처분 ② 학교의 장은 제1항의 규정에 의한 징계를 할 때에는 학생의 인격이 존중되는 교육적인 방법으로 하여야 하며, 그 사유의 경중에 따라 징계의 종류를 단계별로 적용하여 학생에게 개전의 기회를 주어야 한다. ③ 교육감은 제1항 제3호의 규정에 의한 특별교육이수의 징계를 받은 학생을 교육하는 데 필요한 교육방법을 마련·운영하고, 이에 따른 교원 및 시설·설비의 확보 등 필요한 조치를 하여야 한다. ④ 제1항 제4호의 규정에 의한 퇴학처분은 의무교육과정에 있는 학생 외의 자로서 다음 각 호의 1에 해당하는 자에 한하여 행하여야 한다. 1. 품행이 불량하여 개전의 가망이 없다고 인정된 자 2. 정당한 이유 없이 결석이 잦은 자 3. 기타 학칙에 위반한 자 ⑤ 학교의 장은 퇴학처분을 하기 전에 일정기간 동안 가정학습을 하게 할 수 있다. ⑥ 학교의 장은 퇴학처분을 한 때에는 당해 학생 및 보호자와

회에서 부과할 수 있는 징계는 이에 더하여 5가지가 추가된 것이 그 특징이다. 이러한 점에 비추어 볼 때 「학교폭력대책법」상의 가해학생에 대한 조치는 「초·중등교육법」상의 조치에 대하여 우선적으로 적용되는 것이라고 할 수 있다.

2. 전문상담교사 배치 및 전담기구 구성

1) 규정의 내용

학교의 장은 학교에 대통령령으로 정하는 바에 따라 상담실을 설치하고, 「초·중등교육법」 제19조의2[39]에 따라 전문상담교사를 둔다(제14조 제1항). 상담실은 1. 인터넷 이용시설, 전화 등 상담에 필요한 시설 및 장비, 2. 상담을 받는 사람의 사생활 노출 방지를 위한 칸막이 및 방음시설을 갖추어 상담활동이 편

진로상담을 하여야 하며, 지역사회와 협력하여 다른 학교 또는 직업교육훈련기관 등을 알선하는 데 노력하여야 한다. ⑦ 학교의 장은 법 제18조 제1항 본문의 규정에 의한 지도를 하는 때에는 교육상 불가피한 경우를 제외하고는 학생에게 신체적 고통을 가하지 아니하는 훈육·훈계 등의 방법으로 행하여야 한다.

39) 「초·중등교육법 시행령」: 제19조의2 (전문상담교사의 배치 등) ① 학교에 전문상담교사를 두거나 시·도교육행정기관에 교육공무원법 제22조의2의 규정에 의하여 전문상담순회교사를 둔다. ② 제1항의 순회교사의 정원·배치기준 등에 관하여 필요한 사항은 대통령령으로 정한다.
「교육공무원법」: 제22조의2 (교육행정기관에의 순회교사 배치) ① 교육감은 교원배치의 적정과 교육과정의 원활한 운영을 위하여 2 이상의 인근학교를 순회하면서 학생의 교육을 담당하게 하는 것이 특히 필요하다고 인정하는 경우에는 시·도 교육행정기관에 교사를 둘 수 있다. ② 제1항의 규정에 의하여 시·도 교육행정기관에 배치되는 교사는 소속 기관의 장이 지정하는 학교에서 교육을 담당하여야 하고, 그 학교의 장의 지도·감독을 받는다.
「초·중등교육법 시행령」: 제40조의2 (전문상담순회교사의 배치기준) 법 제19조의2의 규정에 따라 「지방교육자치에 관한 법률」 제36조의 규정에 의한 하급교육행정기관마다 2인 이내의 전문상담순회교사를 둔다.
「지방교육자치에 관한 법률」: 제34조 (하급교육행정기관의 설치) ① 시·도의 교육·학예에 관한 사무를 분장하기 위하여 1개 또는 2개 이상의 시·군 및 자치구를 관할 구역으로 하는 하급교육행정기관을 둔다. ② 지역교육청의 관할 구역과 명칭은 대통령령으로 정한다. ③ 지역교육청에 교육장을 두되 장학관으로 보하고, 그 임용에 관하여 필요한 사항은 대통령령으로 정한다. ④ 지역교육청의 조직과 운영 등에 관하여 필요한 사항은 대통령령으로 정한다.

리한 장소에 설치하여야 한다(시행령 제10조). 전문상담교사는 학교의 장 및 자치위원회의 요구가 있는 때에는 학교폭력에 관련된 피해학생 및 가해학생 과의 상담결과를 보고하여야 한다(제14조 제2항). 학교의 장은 전문상담교사, 보건교사 및 책임교사(학교폭력문제를 담당하는 교사를 말한다) 등으로 학교 폭력문제를 담당하는 전담기구를 구성한다(제14조 제3항). 전담기구는 학교폭 력에 대한 실태조사와 학교폭력 예방프로그램을 구성·실시하며, 학교의 장 및 자치위원회의 요구가 있는 때에는 학교폭력에 관련된 조사결과 등 활동결 과를 보고하여야 한다(제14조 제4항). 피해학생 또는 피해학생의 보호자는 피 해사실 확인을 위하여 전담기구에 조사를 요구할 수 있다(제14조 제5항). 국가 및 지방자치단체는 조사에 관한 예산을 지원하고, 관계 행정기관은 조사에 협 조하여야 하며, 학교의 장은 전담기구에 행정적·재정적 지원을 할 수 있다 (제14조 제6항).

2) 검토

전국의 학교 가운데 자격을 갖춘 전문상담교사[40)가 실제로 배치된 경우는 극히 적다[41)는 점이 가장 큰 문제점이다. 전국의 각급 학교에 전문상담교사를 모두 배치하는 것이 가장 바람직한 방향이지만, 여건상 순회교사제도를 적극 활용하여야 한다.

전문상담교사가 학생들의 심리상태 평가 및 상담을 통하여 학교폭력의 발 생억제와 사후조치에 기여하려면 안정된 대화와 함께 대화의 비밀이 완벽하 게 보호되는 상담실의 설치가 절대적으로 필요하다. 학생들의 입장에서 바라

---

40) 전문상담교사의 양성과정에 대한 자세한 논의로는 조병인 외, 앞의 논문, 43-44면 참고.
41) 이에 대하여 민간전문가를 활용하자는 견해(김범수, 앞의 논문, 156면-157면)가 있다. 민
   간전문가들을 「초·중등교육법」 제22조(제22조 (산학겸임교사등) ① 학교에는 교육과정
   운영상 필요한 경우에 제19조 제1항의 규정에 의한 교원 외에 산학겸임교사·명예교사 또
   는 강사 등을 두어 학생의 교육을 담당하게 할 수 있다. ② 제1항의 규정에 의하여 학교에
   두는 산학겸임교사 등의 종류·자격기준 및 임용 등에 관하여 필요한 사항은 대통령령으로
   정한다) 및 동법 시행령 제42조에 의한 산학겸임교사로 임명하는 방안이며, 이를 활용하는
   것이 예산절감, 전문성 확보, 학교에의 소속의식 고취 등에서 유리하다고 한다.

보면 직접 상담실을 방문하여 상담을 받아야 하는데, 이에 따른 노출의 부담이 장애요소로 작용할 수가 있다. 그러므로 인터넷 홈페이지에 사이버 상담실을 개설하는 것도 생각해 볼 수 있다.

필요한 시설과 장비의 범위 또는 규격 등에 대한 내용이 없어 각 학교의 재량에 따라 집행되므로 형식적으로 될 우려가 있다. 따라서 상담실의 규모, 반드시 필요한 장비의 범위 등에 대한 강제적인 조항을 명시하여야 한다.

또한 책임교사[42])의 자격에 대해서도 별도의 규정이 없다. 실제 학교현장에서는 대체로 생활지도부장교사가 책임교사를 겸하고 있는 실정이다. 구법 제12조(전문상담교사 및 책임교사의 배치) 제4항은 '국·공립학교의 학교의 장은 교육감의 승인을 얻어 책임교사에게 적정한 수당을 지급할 수 있고, 사립학교의 장은 이사장의 승인을 얻어 책임교사에게 적정한 수당을 지급할 수 있다'고 규정하고 있었으나, 현행법에서는 이를 삭제하였다. 현실적으로 수당을 지급하는 사례가 거의 없었고, 오히려 법률의 수당지급규정으로 인하여 불만이 많았으며, 생활지도부장교사에 대해서는 이미 수당이 지급되고 있었던 점 등이 그 요인이라고 할 수 있다. 하지만 책임교사에 대한 보상은 다른 측면(수업시수 감면 등)을 통해서라도 반드시 이루어져야 한다고 본다.

Ⅳ. 학교폭력 예방교육

1. 규정의 내용

학교의 장은 학생의 육체적·정신적 보호와 학교폭력의 예방을 위한 학생들에 대한 교육을 학기별로 1회 이상 실시하여야 한다(제15조 제1항). 학교의

---

42) 책임교사를 질서유지경찰관으로 지정하여 교내외에서 발생하는 학교폭력에 대하여 일차적으로 대처할 수 있도록 하여야 한다는 견해(허경미, 앞의 논문, 103-104면)가 있다. 이들은 청원경찰과 같이 일정한 구역 내에서만 경찰관직무집행법상 질서유지권한만을 가지도록 하자는 것이다.

장은 학교폭력의 예방 및 대책 등을 위한 교직원에 대한 교육을 학기별로 1회 이상 실시하여야 한다(제15조 제2항). 학교의 장은 학교폭력 예방교육 프로그램의 구성 및 그 운용 등을 전담기구와 협의하여 전문단체 또는 전문가에게 위탁할 수 있다(제15조 제3항).

학생 및 교직원에 대한 학교폭력 예방교육은 1. 학기별로 1회 이상 실시하되, 교육 횟수·시간 및 강사 등 세부적인 사항은 학교의 여건[43]에 따라 학교의 장이 정한다. 2. 학급단위로 실시함을 원칙으로 하되, 학교의 여건에 따라 전체 학생을 대상으로 한 장소에서 동시에 실시할 수 있다. 3. 학생과 교직원을 별도로 교육함을 원칙으로 하되, 내용에 따라 함께 교육할 수 있다. 4. 강의, 토론 및 역할연기 등 다양한 방법으로 하되, 다양한 자료나 프로그램 등을 활용하여야 한다(시행령 제11조).

2. 검토

학교폭력 예방교육과 관련해서는 다음과 같은 문제점이 지적된다.

첫째, 교직원과 학생들은 별도로 교육을 받는 것이 원칙인데, 오히려 같이 교육받는 것이 원칙이 되어 버린 것이 현실이다. 이는 교직원에 대한 예방교육과 학생에 대한 예방교육의 질적인 측면에 있어서의 차이점을 무시한 처사라고 할 수 있다. 또한 학생들에 대한 교육의 경우에 있어서도 모범학생과 소위 문제학생 내지 불량학생에 대한 교육내용 및 방법을 달리하는 것이 보다 효과적일 수 있기 때문에 이에 대한 보완이 필요하다고 하겠다. 또한 학부모들을 대상으로 하는 예방교육도 필요하다.

둘째, 예방교육을 '실시하여야 한다'고 하여 의무적으로 규정하고 있지만, 이를 실시하지 않은 경우를 대비한 제재규정이 전무한 실정이다.

셋째, 교육의 횟수나 시간 등을 보다 구체적으로 명시해야 한다. 의례적이

---

43) 학교의 여건이란 불확실한 기준을 들어 예방교육의 부실화를 초래할 수 있으므로 최소한의 시간을 법규에 명시할 필요가 있다.

고 형식적인 일회성교육이 아니라 학생들의 인권의식을 높이고 평화적인 감수성을 길러내는 지속적이고 체계적인 예방교육이 절실하다. 예를 들어 중학교의 경우 수업시간이 45분으로 되어 있는데, 수업시간을 활용하여 학교폭력 예방교육을 시행하다 보니 실질적인 교육시간이 40분 이하인 경우가 대부분이다. 법률 제정 당시 예방교육을 1회당 2시간으로 하는 시행령안이 마련되었지만, 1회당 1시간으로 후퇴하였다. 그러나 이에 대하여 민간단체의 저항에 부딪히자 모든 것을 '학교실정에 따라' 학교장이 정하도록 책임을 전가하고 도피하였는데,44) 이러한 교육과학기술부의 책임전가는 예방교육의 부실을 묵인하는 것이다.

넷째, 교육의 내용은 정기교육뿐만 아니라 학교폭력이 발생한 경우에 긴급하게 실기하는 특별교육으로 이원화할 필요도 있다. 궁극적으로는 정규교과목에 학교폭력에 대한 예방교육을 필수적으로 두어 전국적으로 통일된 교육을 행하는 것도 바람직하다.

다섯째, 「학교폭력대책법」의 개정으로 인하여 학교폭력에 성폭력이 포함되면서 학교폭력 예방교육 시 성폭력 예방교육을 진행하여도 학교폭력 예방교육을 진행한 것으로 인정45)되는 문제점이 있다. 즉, 무늬만 학교폭력 예방교육이지 그 실질은 성폭력 예방교육을 하여도 형식적으로는 교육을 한 것으로 인정되는 것은 지양되어야 할 것이다.

여섯째, 종례시간에 TV모니터를 통한 교장선생님의 훈화나 지역 경찰관 등의 1시간짜리 출강형태의 교육이 학교폭력 예방교육의 현실인데, 시행령대로라면 학교폭력예방교육은 전적으로 학교장의 의지에 달려 있다고 할 수 있다. 특히 전문단체 또는 전문가에게 위탁할 수 있지만, 전문단체 또는 전문가에 대한 자격기준이 없다. 따라서 관련자격의 기준 및 범위를 산정하고, 현직교사가 전문가가 될 수 있도록 전문가를 양성하기 위한 교육 및 연수제도를 두어야 한다. 특히 예방교육의 주체는 외부전문가를 활용하기보다는 당해 학교

---

44) 박병식, "학교폭력예방 및 대책에 관한 법의 문제점 및 개정방향", 『교육연구』 제25권 제4호(통권 429호), 한국교육생산성연구소 교육연구사, 2005. 4, 82면.
45) 송세경, 앞의 논문, 27면.

의 교사들이 주축이 되어야 한다고 본다. 학생들의 입장에서는 생전 처음 보는 사람이라는 거리감으로 인하여 친밀도가 결여되는 경우가 많고, 외부전문가의 입장에서는 당해 학교의 사정이나 개별 학생들에 대한 정보 등이 전무한 상태이기 때문에 보다 효과적인 교육을 위해서는 교사들을 활용하는 것이 바람직하다고 본다.

V. 피해학생 및 가해학생에 대한 조치

1. 피해학생에 대한 조치

1) 규정의 내용

자치위원회는 피해학생[46]의 보호를 위하여 필요하다고 인정하는 때에는 피해학생에 대하여 1. 심리상담 및 조언, 2. 일시보호, 3. 치료를 위한 요양, 4. 학급교체, 5. 전학권고, 6. 그 밖에 피해학생의 보호를 위하여 필요한 조치 중 어느 하나에 해당하는 조치(수 개의 조치를 병과하는 경우를 포함한다)를 할 것을 학교의 장에게 요청할 수 있다. 다만, 학교의 장은 피해학생의 보호를 위하여 긴급하다고 인정할 경우 자치위원회의 요청 전에 제1호, 제2호 및 제6호의 조치를 할 수 있다. 이 경우 자치위원회에 즉시 보고하여야 한다(제16조 제1항).

제1항에 따른 요청이 있는 때에는 학교의 장은 피해학생의 보호자의 동의를 받아 해당 조치를 할 수 있다(제16조 제2항). 제1항의 조치 등 보호가 필요한 학생에 대하여 학교의 장이 인정하는 경우 그 조치에 필요한 결석을 출석일수에 산입할 수 있다(제16조 제3항). 학교의 장은 성적 등을 평가함에 있어

---

46) 「학교폭력대책법」 제2조 제4호에 의하면 "피해학생"이란 학교폭력으로 인하여 피해를 입은 학생을 말한다.

서 제2항에 따른 조치로 인하여 학생에게 불이익을 주지 아니하도록 노력하여야 한다(제16조 제4항). 제1항 제3호에 따라 사용되는 비용은 가해학생의 보호자가 부담하여야 한다. 다만, 가해학생의 보호자가 이를 부담하지 아니할 경우에는 「학교안전사고 예방 및 보상에 관한 법률」 제15조에 따른 학교안전 공제회 또는 시·도교육청이 부담하고 이에 대한 구상권을 행사할 수 있다(제16조 제5항).[47]

2) 해당조치 사항에 대한 개별적인 검토

(1) 심리상담 및 조언

이는 가해학생에 대한 심리치료와 구별된다. 피해학생에 대한 가장 기본적인 조치사항으로 평가되고 있으며 실제로도 가장 많은 비율을 차지하고 있는데, 문제는 심리상담 및 조언의 내용에 있다. 보다 전문화된 상담기법과 조언의 기술개발이 필요하다.

(2) 일시보호

일시보호의 정의와 범위 및 일시보호시설의 내용 등에 대해서는 구체적으로 정해진 것이 없다.

---

47) 그 밖에도 누구든지 장애 등을 이유로 장애학생[신체적·정신적·지적 장애 등으로 장애인 등에 대한 특수교육법 제15조에서 규정하는 특수교육을 필요로 하는 학생을 말한다(「학교폭력대책법」 제2조 제5호)]에게 학교폭력을 행사하여서는 아니 된다(제16조의2 제1항). 자치위원회는 학교폭력으로 피해를 입은 장애학생의 보호를 위하여 장애인전문 상담가의 상담 또는 장애인전문 치료기관의 요양 조치를 학교의 장에게 요청할 수 있다(제16조의2 제2항). 제2항에 따른 요청이 있는 때에는 학교의 장은 해당 조치를 하여야 한다. 이 경우 제16조 제5항을 준용한다(제16조의2 제3항).

(3) 치료를 위한 요양

외부의 시설이나 전문가 등을 활용해야 그 실효성을 높일 수 있는 보호조치이지만, 이에 대한 구체적인 내용에 대해서는 언급하고 있지 않다. 이에 필요한 치료비 확보에 대한 내용이 필요하다.

치료를 위한 요양에 사용되는 비용은 가해학생의 보호자가 부담하여야 하지만 보호자의 범위와 보호자책임의 법적 성질이 명확하게 규정되어 있지 않기 때문에 민사상 손해배상의 문제와 관련하여 논란의 소지가 있다.[48] 또한 가해학생의 보호자가 이를 부담하지 아니할 경우에는 「학교안전사고 예방 및 보상에 관한 법률」 제15조에 따른 학교안전공제회 또는 시·도교육청이 부담하고 이에 대한 구상권을 행사할 수 있지만, 이의 활용에는 의문이 생길 수 있다. 왜냐하면 학교 차원에서 학교폭력을 은폐하려는 경향이 강한데, 가해학생의 부모가 비용을 지급하지 않음으로 인하여 해당 교육청에 비용을 요청하는 행위 자체를 꺼려하는 경우가 비일비재할 것이기 때문이다.

(4) 학급 교체

이는 일시보호의 후속조치적인 성격을 띠는데, 학교 내의 다른 학급으로 소속을 옮겨 주는 것이다. 하지만 이를 통하여 가해학생과 피해학생 간의 격리가 어느 정도 효율적으로 이루어질 수 있는지는 의문이다. 특히 일선 학교에서는 학사관리 차원에서 대체로 같은 학년끼리 모아 놓은 경향이 강한데, 학급을 옮겼다고 해서 가해학생과 피해학생 간의 격리가 제대로 이루어 질 수는 없을 것이다.[49] 학교폭력은 수업시간이 아닌 쉬는 시간, 점심시간, 등·하교 시간 등에 집중적으로 발생하고 있는 점을 감안하면 학급교체로 인한 실효성

---

48) 이에 대하여 보다 자세한 내용으로는 원혜욱·김자영, "학교폭력 피해청소년 보호조치의 문제점 및 개선방안-보호자의 배상책임을 중심으로-", 『피해자학연구』 제17권 제1호, 한국피해자학회, 2009. 4, 304-308면 참조.
49) 필자가 학교폭력 예방교육을 위해 일선 학교를 방문한 적이 있었는데, 몇몇의 학교에서는 각 학급별로 외부 학급의 인원이 출입하지 못하도록 조치를 취한 경우를 목격할 수 있었다.

은 별로 없을 것이다. 오히려 학급을 교체당한 피해학생이 새로이 옮긴 학급에서 따돌림을 당할 확률이 높다.

(5) 전학 권고

집단따돌림 사례의 경우, 피해학생이 소수이고 가해학생이 다수인 경우 전학 권고가 보호조치로 자주 사용됨으로써 피해학생의 의사와 욕구를 존중할 수 없는 것이 현실이다.[50] 이는 가해학생에 대한 조치인 전학과 관련하여 별 차이가 없고, 한편으로 학교의 책임을 회피할 수 있는 합법적인 수단을 제공한 것이나 다름이 없다.[51] 따라서 전학 권고는 다른 보호조치로는 그 목적을 달성하기 어려운 경우 취해지는 최후의 조치로 행해져야 할 것이다.[52]

(6) 그 밖에 피해학생의 보호를 위하여 필요한 조치

그 밖의 조치로는, 교사에 의한 보호조치, 치료 등을 위한 의료기관으로의 인도, 수사기관의 조사 및 법원의 증인신문에의 동행, 법률구조기관 등에 필요한 협조와 지원요청 등의 조치를 말한다.[53]

피해학생[54]에 대한 보호조치는 학교의 장에게 요청을 할 수 있는 정도에 그치고 있지 강제적으로 할 수 있는 정도에는 이르지 않고 있어서, 학교의 장이 자치위원회의 요청을 거부할 여지도 배제하지 않고 있다. 따라서 학교의 장이 거부할 경우에는 거부한 이유에 대하여 명확하게 밝혀야 함을 염두에 두어야 한다.

---

50) 오경식, 앞의 논문, 207면.
51) 이종갑, "집단따돌림과 정책적 대안", 『피해자학연구』 제15권 제2호, 한국피해자학회, 2007. 10, 305면.
52) 원혜욱·김자영, 앞의 논문, 299면.
53) 교육과학기술부·청소년폭력예방재단, 『학교폭력 사안처리 가이드북』, 2008, 101면.
54) 피해학생은 가해학생의 보복에 대한 두려움 등으로 인하여 피해신고 자체를 하지 않는 경우가 많은데, 이에 대한 대응방안 마련이 필요하다.

한편 자치위원회가 의결한 보호조치에 대해 피해학생의 보호자가 동의하지 않는다면 학교의 장은 당해 보호조치를 할 수 없다. 즉, 학교의 장은 피해학생의 보호자의 동의를 받아 해당 조치를 할 수 있는데, 보호자의 동의가 없는 경우에도 보호조치의 긴급성 또는 사회상규에 위배되지 아니하는 정도의 필요성 등이 인정되면 보호조치를 할 수 있는 여지를 두어야 한다.

2. 가해학생에 대한 조치

1) 규정의 내용

자치위원회는 피해학생의 보호와 가해학생[55]의 선도·교육을 위하여 필요하다고 인정하는 때에는 가해학생에 대하여 1. 피해학생에 대한 서면사과, 2. 피해학생에 대한 접촉, 협박 및 보복행위의 금지, 3. 학급교체, 4. 전학, 5. 학교에서의 봉사, 6. 사회봉사, 7. 학내외 전문가에 의한 특별교육이수 또는 심리치료, 8. 10일 이내의 출석정지, 9. 퇴학처분 중 어느 하나에 해당하는 조치(수개의 조치를 병과하는 경우를 포함한다)를 할 것을 학교의 장에게 요청할 수 있다. 다만, 퇴학처분은 의무교육과정에 있는 가해학생에 대하여는 적용하지 아니한다(제17조 제1항).

제1항 제2호부터 제6호까지 및 제8호의 처분을 받은 가해학생은 교육감이 정한 기관에서 특별교육을 이수하여야 하며, 특별교육 기간은 자치위원회에서 정한다(제17조 제2항). 학교의 장은 가해학생에 대한 선도가 긴급하다고 인정할 경우, 우선 제1항 제1호, 제2호 및 제5호의 조치를 할 수 있다. 이 경우 자치위원회에 즉시 보고하여 추인을 받아야 한다(제17조 제3항). 자치위원회는 제1항에 따른 조치를 요청하기 전에 가해학생 및 보호자에게 의견진술의 기회를 부여하는 등 적정한 절차를 거쳐야 한다(제17조 제4항). 제1항에 따른

---

55) 「학교폭력대책법」 제2조 제3호에 의하면 "가해학생"이란 가해자 중에서 학교폭력을 행사하거나 그 행위에 가담한 학생을 말한다.

요청이 있는 때에는 학교의 장은 해당 조치를 하여야 한다(제17조 제5항). 학교의 장이 제3항에 따른 조치를 한 때에는 가해학생과 그 보호자에게 이를 통지하여야 하며, 가해학생이 이를 거부하거나 회피하는 때에는 「초·중등교육법」 제18조[56])에 따라 징계하여야 한다(제17조 제6항). 가해학생이 제1항 제5호부터 제7호까지의 규정에 따른 조치를 받은 경우 이와 관련된 결석은 학교의 장이 인정하는 때에는 이를 출석일수에 산입할 수 있다(제17조 제7항). 자치위원회는 가해학생이 특별교육을 이수할 경우 해당 학생의 보호자도 함께 교육을 받게 할 수 있다(제17조 제8항).

2) 해당조치 사항에 대한 개별적인 검토

(1) 피해학생에 대한 서면사과

가해학생의 피해학생에 대한 서면사과는 사과의 강제로서 양심의 자유에 위반되어 위헌의 소지[57])가 있다.

---

56) 「초·중등교육법」 제18조 (학생의 징계) ① 학교의 장은 교육상 필요한 때에는 법령 및 학칙이 정하는 바에 의하여 학생을 징계하거나 기타의 방법으로 지도할 수 있다. 다만, 의무교육과정에 있는 학생을 퇴학시킬 수 없다. ② 학교의 장은 학생을 징계하고자 하는 경우 해당 학생 또는 학부모에게 의견진술의 기회를 부여하는 등 적정한 절차를 거쳐야 한다.
  제18조의2 (재심청구) ① 제18조 제1항에 따른 징계처분 중 퇴학조치에 대하여 이의가 있는 학생 또는 그 보호자는 그 조치를 받은 날부터 15일 이내 또는 그 조치가 있음을 안 날부터 10일 이내에 제18조의3에 따른 시·도학생징계조정위원회에 그 재심을 청구할 수 있다. ② 제18조의3에 따른 시·도학생징계조정위원회는 제1항에 따른 재심청구를 받은 때에는 30일 이내에 이를 심사·결정하여 청구인에게 통보하여야 한다. ③ 제2항의 심사 결정에 이의가 있는 청구인은 그 통보를 받은 날부터 60일 이내에 행정심판을 제기할 수 있다. ④ 제1항에 따른 재심청구, 제2항에 따른 심사 절차와 결정 통보 등에 필요한 사항은 대통령령으로 정한다.
  제18조의3 (시·도학생징계조정위원회의 설치) ① 제18조의2 제1항에 따른 재심청구를 심사·결정하기 위하여 교육감 소속으로 시·도학생징계조정위원회를 둔다. ② 징계조정위원회의 조직·운영 등에 필요한 사항은 대통령령으로 정한다.
57) 헌법재판소 1991. 5. 1. 선고 89헌마160 결정 참조.

(2) 피해학생에 대한 접촉, 협박 및 보복행위의 금지

피해학생에 대한 접촉, 협박 및 보복행위의 금지라는 조치가 학교현장에서 실효성을 가질 수 있는 제재인가에 대하여는 회의적인 시각이 많다. 단순히 금지한다고만 규정되어 있기 때문에 금지의 내용과 방법에 대한 구체적인 방안이 모색되어야 할 것이다.

(3) 전학

전학은 어느 지역까지 가능한지에 대한 구체적인 범위가 정해져 있지 않다. 하지만 부모의 생활근거지가 학생의 거주지역과 일치하는 경우가 많은 점을 감안하면 동일한 지역으로의 전학이 대부분일 것이다. 이와 같이 동일한 지역 또는 인접한 지역으로의 전학이 있을 경우 가해학생에 대한 제재 및 피해학생에 대한 보호의 실효성이 있을지 의문이다. 소위 일진회라는 학교폭력조직은 지역의 학교차원에서 연합을 이루고 있는 경우가 많은데, 다른 학교로 전학을 간 가해학생이 전학 前 학교의 학생에 대한 위해나 보복 등을 할 수 있기 때문이다. 따라서 가해학생의 환경을 급진적으로 변화시키는 전학의 경우는 신중한 고려를 하여야 한다.

(4) 학교에서의 봉사

일반적으로 교내 봉사는 10일 이하의 기간으로 하고 있다.[58] 또한 학생을 등교시켜 학생복지부 교사의 지도를 받아 학교 내에서 주어진 프로그램을 이수하고 반성문을 작성케 한다.[59] 학교에서의 봉사내용으로는 학교환경 미화 작업, 교사들의 업무보조, 교재·교구 정비, 교내도서관 도서정비 등이 있다.
하지만 교내봉사 징계를 받은 학생에 대해 지시만 내리고 관리·감독을 할

---

58) ○○고등학교 학생생활규정 제61조 제1항.
59) ○○고등학교 학생생활규정 제62조 제1항.

수 없는 것이 현실이라서, 가해학생들이 제대로 뉘우치고 봉사활동을 하는지
파악하기 힘들다.

(5) 사회봉사

사회봉사의 내용과 구체적인 시간의 상한과 하한을 규정해야 한다. 일반적
으로 사회봉사는 5일 이상 10일 이하로 하고 있다.[60] 사회봉사라는 명칭은 사
회봉사명령이라는 형사법상의 제재수단과 혼동될 여지가 있으므로 봉사활동
등으로 변경하는 것이 바람직하다.[61] 사회봉사의 경우 위탁할 만한 시설의 부
족, 당해 학교의 이미지 문제 등으로 인하여 학교에서의 봉사로 대체되는 경
우가 다수를 이루고 있다.

(6) 학내외 전문가에 의한 특별교육이수 또는 심리치료

가해학생이 특별교육을 이수할 경우 해당 학생의 보호자도 함께 교육을 받
게 할 수 있도록 하고 있는데, 이는 「소년법」 제32조의2에서 규정하고 있는
부모교육명령제도와 동일한 취지에서 도입된 것이다. 하지만 해당 보호자가
교육을 거부할 경우 강제할 수단이 없다는 점, 교육의 내용 및 주체에 대한 세
부규정이 없다는 점 등의 문제점이 있다. 학교폭력의 가해자의 경우 상당수가
부모의 양육태도나 가정환경에 문제가 있는 점을 감안할 때 가정의 문제점을
점검할 필요가 있다고 본다. 한편 가해학생의 보호자뿐만 아니라 피해학생의
보호자에 대한 교육프로그램도 마련되어야 하겠다.

일반적으로 특별교육 이수는 6일 이상으로 하고 있는데,[62] 특별교육의 이
수기간을 정함에 있어서 날짜별로 정하는 것보다는 시간별로 정하는 것이 보
다 바람직하다.

---

60) ○○고등학교 학생생활규정 제61조 제2항.
61) 同旨 박윤기, 앞의 논문, 87면.
62) ○○고등학교 학생생활규정 제61조 제3항.

제17조 제2항에 의하면 '제1항 제2호부터 제6호까지 및 제8호의 처분을 받은 가해학생은 교육감이 정한 기관에서 특별교육을 이수하여야 하며, 특별교육 기간은 자치위원회에서 정한다'고 하는데, 여기서 말하는 '교육감이 정한 기관에서 특별교육'과 제17조 제1항 제7호에서 말하는 '학내외 전문가에 의한 특별교육'의 관계가 문제될 수 있다. 현실적으로는 해당 학교를 특별교육기관으로 지정하는 것도 가능하기 때문에 학교를 특별교육기관으로 지정하고 학내에서 특별교육을 하고 있는 실정이다.63) 그러므로 제17조 제1항 제7호과 제17조 제2항의 특별교육은 사실상 동일한 것이라고 할 수 있으므로, 제17조 제1항 제7호를 삭제하고 제17조 제2항에서 제17조 제1항 제1호 내지 제17조 제1항 제8호까지의 조치에 대하여 특별교육 이수를 강제하는 방안이 합리적이다.

한편 제1호 내지 제9호의 조치들은 조치의 경중에 따라 나열한 것으로 볼 수 있는데, 제2호 처분 시 제7호 처분을 병과하는 조치는 모순이라고 볼 수도 있다. 하지만 제7호 처분의 성질은 그렇게 중대한 처분이라고 할 수도 없다는 점, 제7호 처분은 다른 처분 시 병과하는 것이 학교폭력의 예방 및 대책을 위해서 보다 효과적이라는 점에서 이를 삭제하고 제17조 제2항에서 규율하는 것이 타당하다.

(7) 10일 이내의 출석정지

출석정지란 정학처럼 학생에 대한 징벌이 아니라 학교의 질서를 유지하고 다른 학생의 교육받을 권리를 보장할 목적으로 인정되는 것이다.64) 하지만 정학65)과 유사한 출석정지는 비행학생에 대한 학교의 책임회피를 조장하는 것과 다름없는 조치이다. 출석정지 기간 동안 가해학생이 학교 밖에서 또 다른

---

63) ○○고등학교 학생생활규정 제62조 제4항: 사회봉사 및 특별교육 이수는 여건 및 상황에 따라 학교장이 인정하는 경우 학교 내에서 징계를 이수할 수 있다.

64) 박병식, "학교폭력예방 및 대책에 관한 법의 문제점 및 개정방향", 『교육연구』 제25권 제3호(통권 428호), 한국교육생산성연구소 교육연구사, 2005. 3, 94면.

65) 1997년에 학생생활지도가 징계에서 선도 위주로 바뀌면서 사라졌던 유기정학과 무기정학과 유사한 제도이다. 이는 기존의 선도 위주의 대응전략이 일부 징계 위주로 다시금 바뀌게 된 것을 짐작할 수 있다(이진국, 앞의 논문, 101-102면).

폭력의 문제를 일으킬 우려가 있음에도 불구하고, 학교는 이를 방치하고 이들 가해학생을 올바르게 선도하고 교육할 수 있는 아무런 대책이 마련되어 있지 않다. 따라서 10일 이내의 출석정리 기간 동안 6호 또는 7호를 병과하는 방안을 모색해야 한다. 가해학생에 대한 조치가 교육이나 치료위주가 아니라, 징벌위주로 될 경우에는 학교폭력예방과 근절을 위한 근본적인 해결책이 될 수 없음을 알아야 한다.

(8) 퇴학처분

학교의 장은 교육에 필요한 때에는 법령 및 학칙에 따라 학생을 징계하거나 그 밖의 방법으로 지도할 수 있다. 다만, 의무교육과정에 있는 학생을 퇴학시킬 수 없다(「초·중등교육법」 제18조 제1항). 학교폭력은 고등학교보다는 중학교에서 보다 빈번하게 발생하고 있는데, 중학생의 경우 상습적이고 고질적인 가해학생이더라도 의무교육기간이어서 퇴학을 시킬 수 없는 한계에 봉착하게 된다. 따라서 징계의 불이행 시 징계를 추가로 부가하는 방안이 고려되어야 한다.[66] 참고로 퇴학처분을 받은 학생이 이후에 개전의 정이 현저할 경우를 대비하여 다이버전의 차원에서 사면제도를 도입하는 것도 바람직하다.[67]

Ⅵ. 글을 마치며

학교폭력은 가정폭력, 군대폭력과 같이 물리적인 공간이 어느 정도 제한된 공간에서 일어나는 폭력으로서, 가해자와 피해자가 같은 공간에 있는 시간이

---

66) 정한중, 앞의 논문, 86면.
67) 중학교 전학의 경우 교육장은 중학교의 장이 학생의 교육에 환경을 바꾸어 줄 필요가 있다고 인정하여 다른 학교로의 전학 또는 편입학을 추천한 자와 퇴학한 자가 재입학을 지원하면 전학 또는 편입학이나 재입학할 학교를 지정하여 배정할 수 있다(「초·중등교육법 시행령」 제73조 제5항).

많아 피해자는 항상 불안감을 느낄 수밖에 없다. 일반적인 폭력은 피해자가 주의를 하면 대체로 피할 수 있지만 학교폭력의 경우는 같은 공간에서 보내는 시간이 많다 보니 피해자가 이를 피하려고 하여도 피할 수 없는 경우가 대부분이다. 또한 인적 관계가 상당한 기간 동안 지속되기 때문에 벗어나는 것이 쉽지가 않다. 그 밖에도 피해자의 행동에 관계없이 가해자의 의도 또는 기분에 따라 폭력이 행사되는 경향이 있고, 학교폭력의 발생은 좀처럼 외부에 알려지지 않으며 학교 현장에서도 가급적 은폐하려는 폐쇄성을 가지고 있다. 이러한 이유 때문에 학교폭력은 청소년기의 발달과정에 심각한 악영향을 미쳐 인생의 방향을 좌우할 정도의 위력을 가지고 있다. 모든 불법적인 유형에 대한 정책들이 그러하겠지만 학교폭력은 사후대책보다는 사전예방이 중요함은 두말할 나위가 없다. 학교폭력문제를 해결하기 위한 방법으로서 사건 발생 후의 개입은 매우 많은 시간과 노력을 요구하는 데 비하여, 그 효과성은 미미한 편이다. 그러므로 학교폭력이 발생한 이후에 가해학생에 대한 사후처리를 하는 것보다는 학교폭력이 발생하지 않도록 사전예방을 하는 것 그리고 학교폭력의 발생 시 조기에 개입하여 대처하는 것이 중요하다. 이러한 학교폭력의 특성을 고려하여 국가는 「학교폭력대책법」이라는 학교폭력 전반을 아우르는 특별법을 제정하여 운영 중에 있는 것이다. 하지만 개별적인 조항에 대한 검토를 해 본 결과 문제점으로 지적될 수 있는 부분이 상당수 있음을 발견하였다. 본 논문에서 논의된 여러 가지 사항들에 대한 보다 자세한 연구들이 추후에 이루어져야 하겠다. 학교폭력이 발생하면 그 순간 가해학생, 피해학생 그리고 주변의 학생 모두가 피해자가 된다는 점을 인식하여야 한다.

제4장 '흉기 기타 위험한 물건을 휴대하여'의 개정방안

Ⅰ. 문제의 제기

　2010년 11월 17일 서울고등법원 형사7부(부장판사 김인욱)는 쇠젓가락을 들고 '눈을 찌르겠다'고 위협해 20대 여성을 성폭행하고서 돈을 빼앗은 혐의로 기소된 피고인에 대해 특수강도 혐의 부분을 무죄로 판단하였다.[1] 재판부는 '쇠젓가락은 일반인이 일상에서 흔히 사용하는 물건으로 범행에서 특별히 연마되거나 변형되지 않은 점에 비춰볼 때 사용방식에 따라 위험한 물건에는 해당할 수는 있지만 흉기로 보기는 어렵다. 흉기는 그 구조나 성질상 사람의 생명이나 신체에 위해를 줄 수 있는 기구로, 쓰는 방식에 따라 죽이거나 상처를 줄 수 있는 물건을 포함하지만 적어도 일반인이 위험하다고 느낄 정도여야 한다. 흉기인지 여부는 객관적인 성질에 따라 결정되어야 하며 소지자의 주관으로 판단할 것이 아니다'라고 판시하였다.[2] 이와 같이 특수강도죄의 성립을 부정하는 결론을 내리게 된 이유는, 동죄의 구성요건이 '위험한 물건'이 아닌 '흉기'를 그 대상으로 하고 있기 때문이다. 즉, 재판부는 피고인이 범행 현장에서 사용한 쇠젓가락이 위험한 물건에는 해당할지언정 흉기에는 해당하지 않으므로 단순강도죄만이 성립한다고 하였다. 여기서 우리 「형법」이 행위의 수단으로서 흉기와 위험한 물건을 구별하여 규정하고 있는 것이 과연 타당한

---

* 『법학논총』 제17집 제3호, 조선대학교 법학연구원, 2010. 12. 283면 이하.

1) 피고인은 2005년 5월 서울시 서대문구 남가좌동에 위치한 한 주택에 침입해 방바닥에 있던 길이 23㎝가량의 쇠젓가락을 집어들고 '나를 쳐다보면 눈을 찌르겠다'고 피해자를 위협해 한 차례 성폭행한 뒤 현금 5만 원을 빼앗았다. 이에 1심 재판부도 '쇠젓가락을 미리 준비해 소지한 것이 아니며, 검사가 제출한 증거만으로는 쇠젓가락을 「형법」이 정한 흉기로 인정하기 부족하다'며 특수강도죄 대신 강도죄를 유죄로 판단해 징역 7년을 선고했다. 하지만 검찰은 '쇠젓가락은 흉기에 해당돼 특수강도죄가 적용돼야 한다'고 항소하였고, 피고인도 양형부당을 주장하며 항소하였다(조선일보, 2010. 11. 18.자, A10면 참조).

2) 재판부는 피고인이 피해자를 성폭행한 뒤 위협해 금품을 강취했다는 혐의(「성폭력범죄의 처벌 및 피해자보호 등에 관한 법률」 위반죄·강도죄)를 유죄로 인정하여 징역 7년을 선고하였다. 하지만 기존의 대법원 2007. 8. 23. 선고 2007도3710 판결에서는 '피고인이 위험한 물건인 쇠젓가락으로 피해자의 우측 눈 부분을 찔러서 피해자에게 상해를 가하였다'라고 판시하고 있기 때문에 쇠젓가락도 경우에 따라서는 위험한 물건이 될 수 있는 여지가 충분히 존재한다. 한편 2007도3710 판결은 상해죄 사안인데, 위험한 물건의 인정여부는 상해죄의 구성요건요소라기보다는 상해죄의 양형에서 고려될 수 있기 때문에 판례가 적시한 것으로 보인다.

가라는 의문이 든다. 이는 비단 「형법」만의 문제가 아닌 것으로 다른 법률에서도 충분히 논란이 될 수 있는데, 그 대표적인 법률이 경찰관직무집행법상의 불심검문이다. 동법 제3조 제3항에 의하면 경찰관은 거동수상자에 대하여 질문을 할 때 흉기의 소지여부를 조사할 수 있는데, 이는 일반적으로 직무를 집행하는 경찰관의 생명·신체의 안전을 보장하기 위한 규정으로 이해된다. 여기서 흉기 이외의 소지품, 즉 위험한 물건의 검사가 가능한지 여부가 문제될 수 있는데, 위험한 물건에 해당하는 검사는 적어도 그 법적인 근거가 없다고 할 수 있다.

우리나라 형법전상3)에서 '위험한 물건'이라는 개념은 총 6군데4)에서 '단체 또는 다중의 위력을 보이거나 위험한 물건을 휴대하여…'라는 구성요건으로, '흉기'라는 개념은 총 2군데5)에서 '흉기를 휴대하거나 2인 이상이 합동하여…'라는 구성요건으로 각각 사용되고 있다. 이와 같이 「형법」상 흉기와 위험한 물건에 대한 규정방식은 「폭력행위 등 처벌에 관한 법률」(2006. 3. 24. 일부개정, 법률 제7891호; 이하에서는 「폭처법」이라고 부르기로 한다)에서와는 달리 동일한 규정에서 흉기를 위험한 물건의 일종으로 규정하는 것이 아니라 양자를 별개로 파악하는 듯한 인상을 보여 주고 있다. 즉, 위험한 물건은 '단체 또는 다중의 위력을 보이거나 위험한 물건을 휴대하여'라는 방식으로 규정되어 있는 반면에, 흉기는 '흉기를 휴대하거나 2인 이상이 합동하여'라는 방식을 취함으로써, 단체 또는 다중의 위력을 보이는 행위와 위험한 물건을 휴대하는 행위, 2인 이상이 합동하는 행위와 흉기를 휴대하는 행위에 대하여 각각 동일한 형벌을 부과하고 있다. 또한 흉기라는 개념은 특수절도죄와 특수강도죄에서만 규정하고, 위험한 물건은 특수공무방해죄, 특수폭행죄, 특수체포·감금죄, 특수협박죄, 특수주거침입죄, 특수손괴죄 등에서 규정하여 흉기와 위험한 물건을 동일한 구성요건에 함께 규정하는 경우는 없다.

---

3) 이하에서 법률의 명칭 없이 단순히 조문만을 표기한 것은 「형법」을 의미한다.
4) 제144조 제1항(특수공무방해), 제261조(특수폭행), 제278조(특수체포·감금), 제284조(특수협박), 제320조(특수주거침입), 제369조 제1항(특수손괴) 등 총 6개 조항.
5) 제331조 제2항(특수절도), 제334조 제2항(특수강도) 등 총 2개 조항.

이러한 「형법」상의 규정체계와 관련하여 비교되는 형사특별법이 「폭처법」인데, 동법은 집단적 또는 상습적으로 폭력행위 등을 범하거나 흉기, 그 밖의 위험한 물건을 휴대하여 폭력행위 등을 범한 자 등을 처벌함을 목적으로 한다(「폭처법」 제1조). 이에 따라 「폭처법」 제3조(집단적 폭행 등) 제1항에서는 '단체나 다중의 위력으로써 또는 단체나 집단을 가장하여 위력을 보임으로써 제2조 제1항6)에 열거된 죄를 범한 자 또는 흉기, 기타 위험한 물건을 휴대하여 그 죄를 범한 자는 제2조 제1항 각 호의 예에 따라 처벌한다'고 규정하고 있다.7) 「폭처법」은 '단체나 다중의 위력으로써 또는 단체나 집단을 가장하여 위력을 보이거나 흉기, 기타 위험한 물건을 휴대하여'에 대하여 동일한 형벌을 부과함으로써, 「형법」과 달리 명시적으로 흉기를 위험한 물건의 일종으로 파악하고 있다. 한편 「폭처법」은 특수공무방해죄, 특수절도죄, 특수강도죄의 경우를 상정하고 있지 않아서, 同범죄군들은 「형법」이 그대로 적용된다.

그 밖에도 「특정강력범죄의 처벌에 관한 특례법」(2010. 4. 15. 일부개정, 법률 제10258호; 이하에서는 「특강법」이라고 부르기로 한다) 제2조 제1항 제3호에 의하면 '「형법」 제2편 제32장 강간과 추행의 죄 중 흉기나 그 밖의 위험한 물건을 휴대하거나 2명 이상이 합동하여 범한 제297조(강간), 제298조(강제추행), 제299조(준강간·준강제추행), 제300조(미수범), 제305조(미성년자에 대한 간음, 추행), 제301조(강간등 상해·치상) 및 제301조의2(강간 등 살인·치사)의 죄'를 특정강력범죄의 하나로 파악하여, 「특강법」 제3조 내지 제13조에 규

---

6) 「폭처법」 제2조 제1항: 상습적으로 다음 각 호의 죄를 범한 자는 다음의 구분에 따라 처벌한다. 1. 「형법」 제260조 제1항(폭행), 제283조 제1항(협박), 제319조(주거침입, 퇴거불응) 또는 제366조(재물손괴등)의 죄를 범한 자는 1년 이상의 유기징역, 2. 「형법」 제260조 제2항(존속폭행), 제276조 제1항(체포, 감금), 제283조 제2항(존속협박) 또는 제324조(강요)의 죄를 범한 자는 2년 이상의 유기징역, 3. 「형법」 제257조 제1항(상해)·제2항(존속상해), 제276조 제2항(존속체포, 존속감금) 또는 제350조(공갈)의 죄를 범한 자는 3년 이상의 유기징역.

7) 또한 제7조(우범자)에서 '정당한 이유 없이 이 법에 규정된 범죄에 공용될 우려가 있는 흉기 기타 위험한 물건을 휴대하거나 제공 또는 알선한 자는 3년 이하의 징역 또는 300만원 이하의 벌금에 처한다'고 하여, '흉기 기타 위험한 물건을 휴대'하는 것을 구성요건요소로 하고 있다. 한편 흉기, 기타 위험한 물건을 소지하고 있다는 사실만으로 「폭처법」에 규정된 범죄에 공용될 우려가 있는 것으로 추정된다는 것은 아니다(대법원 1983. 9. 13. 선고 83도1323 판결).

정된 여러 가지 형사절차상의 특례가 적용되고 있다. 마지막으로 「성폭력범죄의 처벌 등에 관한 특례법」(2010. 4. 15. 일부개정, 법률 제10258호; 이하에서는 「성폭력특례법」이라고 부르기로 한다) 제4조(특수강간 등) 제1항에서 '흉기나 그 밖의 위험한 물건을 지닌 채8) 또는 2명 이상이 합동하여 「형법」 제297조(강간)의 죄를 범한 사람은 무기징역 또는 5년 이상의 징역에 처한다'고 규정하여 흉기나 그 밖의 위험한 물건을 지닌 채 강간의 죄를 범한 자를 가중처벌하고 있다.

위에서 살펴본 바와 같이 '흉기'와 '위험한 물건'이라는 규범적 개념에 대하여 우리 형사법은 다수의 구성요건에서 이를 다루고 있지만 그 개념정의나 양자의 상호관계에 대해서는 명확한 정의를 내리지는 못하고 있다. 하지만 '흉기나 그 밖의 위험한 물건'에 해당하는지 여부는 개별 법령에서 피고인에 대한 양형 및 재판절차에 상당한 영향을 미치고 있다. 이러한 문제점에 착안하여 본 논문에서는 흉기와 위험한 물건의 개념 및 양자의 상호관계에 대한 종래의 학설과 판례9)의 입장을 분석한 다음, 보다 바람직한 해석론 및 입법론을 제시해 보고자 한다(Ⅱ). 또한 흉기와 위험한 물건을 수식해 주는 '휴대하여'라는 문언의 의미에 대해서도 판례와 학설이 첨예하게 대립하고 있는데, 동 규정들의 입법취지에 부합하는 구성요건적 표현을 함께 모색해 보고자 한다(Ⅲ).

---

8) (구) 「성폭력범죄의 처벌 및 피해자보호 등에 관한 법률」 제6조(특수강간 등) 제1항에서 '흉기 기타 위험한 물건을 휴대하거나 2인 이상이 합동하여 「형법」 제297조(강간)의 죄를 범한 자는 무기 또는 5년 이상의 징역에 처한다'고 규정하였던 것 중 '흉기 기타 위험한 물건을 휴대하거나'를 '흉기나 그 밖의 위험한 물건을 지닌 채'로 변경하였다.

9) 흉기 및 위험한 물건의 해석과 관련한 독일 판례의 입장을 정리한 것으로 권순욱, "「형법」상 흉기 및 위험한 물건에 대한 약간의 고찰", 『검찰』 제78호, 대검찰청, 1980. 6, 110-126면 참조.

Ⅱ. 흉기와 위험한 물건의 개념 및 상호관계

1. 위험한 물건의 개념

1) 종래의 입장

종래 대법원 판결들을 살펴보면 「형법」상의 범죄보다는 「폭처법」 제3조 위반 사건과 관련하여 위험한 물건의 해당 여부가 많이 문제되었다. 이는 특별법 우선의 원칙에 의한 결과로서 그만큼 「형법」상의 '특수'범죄는 활용되는 빈도수가 적다는 점을 보여 주는 것이기도 하다. 한편 「폭처법」에는 흉기가 위험한 물건의 예시로 표현되어 있어서 판례가 흉기와 위험한 물건에 대한 각각의 정의를 내림에 있어서 위험한 물건에 보다 치중하고 있는 경향이 있다. 즉, 흉기에 대한 직접적인 정의를 내리기보다는 위험한 물건을 정의함으로써 이에 흉기가 포섭되도록 하는 형태를 띠고 있다. 이는 사실관계 판단에 있어서 피고인이 사용한 물건이 흉기이냐 아니면 위험한 물건이냐에 대한 별다른 관심이 없다는 것을 의미한다.

판례에 따르면 일반적으로 위험한 물건이라 함은 흉기는 아니라고 하더라도 그 물건의 객관적인 성질이나 사용방법에 따라 널리 사람의 생명·신체(·재산[10])) 등에 해를 가하는 데 사용할 수 있는 일체의 물건을 말한다. 본래 살상용·파괴용으로 만들어진 것뿐만 아니라 다른 목적으로 만들어진 것이라고 하더라도 용법에 따라 일반인이 사실상 위험을 느낄 수 있는 물건, 예를 들면 칼, 가위, 유리병, 각종 공구, 자동차 등은 물론 화학약품 또는 사주된 동물 등도 그것이 사람의 생명·신체(·재산)에 해를 가하는 데 사용되었다면 위험한 물건이라 할 것이다.[11]

---

10) 「폭처법」 제3조 제1항의 경우에 손괴죄가 포함되어 있으므로 사람뿐만 아니라 재물의 효용을 해할 수 있는 물건도 포함되어야 이론상으로는 정확한 정의가 될 것이다(홍석조, "위험한 물건에 관한 소고", 『법조』 제451호, 법조협회, 1994. 4, 50-51면).

11) 대법원 2003. 1. 24. 선고 2002도5783 판결; 대법원 2002. 9. 6. 선고 2002도2812 판결;

그 밖에 판례에 등장하고 있는 위험한 물건으로서 안전면도용칼날,[12] 쪽가위,[13] 30센티미터의 공구,[14] 파리약 유리병,[15] 깨어진 유리 조각,[16] 마요네즈병,[17] 가위,[18] 빈 양주병,[19] 깨뜨린 2홉들이 소주병 조각,[20] 의자·당구큐대,[21] 깨어지지 아니한 상태의 맥주병,[22] 깨어진 병,[23] 깨진 맥주병·항아리 조각·부러뜨린 걸레자루,[24] 곡괭이자루,[25] 시멘트벽돌,[26] 쌀가마 등을 운반

대법원 1997. 5. 30. 선고 97도597 판결; 대법원 1984. 10. 23. 선고 84도2001, 84감도 319 판결 등 다수의 판결. 학설도 대체로 이에 찬동하는 입장이다(강용현, "자동차를 이용한 폭행과 위험한 물건의 휴대", 『형사판례연구』 제7권, 형사판례연구회, 1999, 240-241면; 권오걸, 『형법각론』, 형설출판사, 2009, 61면; 김성돈, 『형법각론(제2판)』, 성균관대학교 출판부, 2009, 77면; 김일수·서보학, 『형법각론(제7판)』, 박영사, 2007, 87면; 박상기, 『형법각론(제7판)』, 박영사, 2008, 68면; 방희선, "위험한 물건의 휴대와 자동차의 이용-대상판결: 대법원 1997. 5. 30. 선고 97도597 판결-", 『판례월보』 제359호, 판례월보사, 2000. 8, 26면; 배종대, 『형법각론(제6전정판)』, 홍문사, 2006, §19/25; 손동권, 『형법각론(제2개정판)』, 율곡출판사, 2006, §4/21; 오영근, 『형법각론(제2판)』, 박영사, 2010, §3/98; 이영란, 『형법학(각론강의)』, 형설출판사, 2008, 73면; 이재상, 『형법각론(제5판)』, 박영사, 2006, §3/53; 이정원, 『형법각론(공개 제1판)』, 인터넷 공개판, 2008, 99면; 임웅, 『형법각론(개정판)』, 법문사, 2003, 78면; 정성근·박광민, 『형법각론(제3판)』, 삼지원, 2008, 70면; 정영일, 『형법각론(개정판)』, 박영사, 2008, 52면; 정웅석·백승민, 『형법강의(전정제1판)』, 대명출판사, 2008, 796면; 진계호·이존걸, 『형법각론(제6판)』, 대왕사, 2008, 80면).

12) 대법원 1971. 4. 30. 선고 71도430 판결(안전면도용 칼날은 사람들이 보통 그것을 보았다고 해서 곧 겁을 낼 만한 그러한 흉한 물건은 아니라 할지라도 그 용법에 따라서 능히 사람을 살상하고 제물을 손괴할 수 있는 위험한 물건에 해당한다).

13) 대법원 1984. 1. 17. 선고 83도2900 판결.

14) 대법원 1984. 2. 14. 선고 83도3165, 83감도526 판결.

15) 대법원 1961. 1. 18. 선고 4293형상896 판결.

16) 대법원 1982. 2. 23. 선고 81도3074 판결.

17) 대법원 1984. 6. 12. 선고 84도647 판결(마요네즈병은 이로써 사람을 구타하거나 깨어진 부분으로 찌른다면 생명·신체에 해를 끼칠 수 있어 사람을 해할 목적으로 이를 들고 대하면 그 상대방이나 일반 제3자가 위험성을 느낄 수 있음은 경험칙에 속한다).

18) 대법원 1985. 3. 26. 선고 85도157 판결(피고인이 휘두른 가위는 양복점에서 재단용으로 사용하는 문명의 이기이지 흉기가 아니라는 것이나, 가위는 이를 범행의 도구로 사용할 때에는 능히 사람을 살상할 수 있는 위험한 물건이므로…).

19) 대법원 1997. 2. 25. 선고 96도3411 판결.

20) 대법원 1986. 6. 24. 선고 86도947 판결.

21) 대법원 1997. 2. 25. 선고 96도3346 판결.

22) 대법원 1991. 12. 27. 선고 91도2527 판결.

23) 대법원 1991. 5. 28. 선고 91도80 판결.

24) 대법원 1990. 6. 12. 선고 90도859 판결.

25) 대법원 1990. 1. 25. 선고 89도2245 판결.

하는 데 사용되는 갈쿠리,[27] 삽날 길이 21㎝가량의 야전삽,[28] 전자충격기,[29] 실탄이 장전되지 않은 공기총,[30] 바스타액제·당구큐대,[31] 길이 약 35센티미터이고 너비 약 9센터의 각목,[32] 자동차[33] 등이 있다.

2) 검토

(1) 물건의 인정 여부 판단

위험한 물건을 해석함에 있어서 위험성의 인정 여부의 판단에 앞서 물건의

---

26) 대법원 1990. 1. 23. 선고 89도2273 판결.
27) 대법원 1986. 8. 19. 선고 86도960 판결.
28) 대법원 2001. 11. 30. 선고 2001도5268 판결.
29) 대법원 2008. 4. 24. 선고 2007도10058 판결.
30) 대법원 32002. 11. 26. 선고 2002도4586 판결[피고인이 피고인의 승용차 트렁크에서 공기총(구경 4.5㎜로 독일제인 다이아나 54이다)을 꺼내어 피해자를 향해 들이대고 피해자를 협박한 사실, 그 무렵 피고인은 위 승용차 트렁크에 공기총 실탄 474개를 위 공기총과 함께 보관하고 있었던 사실을 인정하고 나서, 비록 피고인이 위 공기총에 실탄을 장전하지 아니하였다고 하더라도 피고인은 범행 현장에서 공기총과 함께 실탄을 소지하고 있었고 피고인으로서는 언제든지 실탄을 장전하여 발사할 수도 있었던 것이므로 위 공기총이 「폭력행위 등 처벌에 관한 법률」 제3조 제1항 소정의 '흉기 기타 위험한 물건'에 해당한다]. 하지만 대법원이 공기총과 함께 주위에 실탄이 있어 언제든지 실탄을 장전하여 발사할 수도 있었다는 이유로 실탄이 장전되지 않은 공기총도 위험한 물건에 해당한다고 판시한 것은 논리적으로 문제가 있다고 본다. 만약 주위에 실탄이 없었다면 피고인이 절대적으로 총을 발사할 수 없었을 것인데, 이와 같이 실탄의 존재 여부를 기준으로 위험한 물건을 판단하는 것은 타당하지 않기 때문이다.
31) 대법원 2002. 9. 6. 선고 2002도2812 판결.
32) 대법원 1985. 10. 8. 선고 85도1717 판결.
33) 대법원 2003. 1. 24. 선고 2002도5783 판결(자동차는 원래 살상용이나 파괴용으로 만들어진 것이 아니지만 사람의 생명 또는 신체에 위해를 가하거나 다른 사람의 재물을 손괴하는 데 사용되었다면 「폭력행위 등 처벌에 관한 법률」 제3조 제1항의 '위험한 물건'에 해당한다. 한편, 위험한 물건을 휴대하고 다른 사람의 재물을 손괴하면 상대방이 그 위험한 물건의 존재를 인식하지 못하였거나 그 위험한 물건의 사용으로 생명 또는 신체에 위해를 입지 아니하였다고 하더라도 「폭력행위 등 처벌에 관한 법률」 제3조 제1항 위반죄가 성립한다. 따라서 피고인이 위험한 물건인 자동차를 이용하여 다른 사람의 자동차 2대를 손괴한 이상, 그 자동차의 소유자 등이 실제로 해를 입거나 해를 입을 만한 위치에 있지 아니하였다고 하더라도 「폭력행위 등 처벌에 관한 법률」 제3조 제1항 위반죄가 성립한다).

인정 여부를 판단하는 것이 보다 효율적이라고 할 수 있다. 왜냐하면 위험성의 개념은 물건의 개념과 비교했을 때 다소 추상적이기 때문이다. 따라서 상대적으로 구체적인 물건의 개념을 파악한 이후에 이에 포섭되지 아니한 것은 위험성의 판단도 거칠 필요가 없다.

물건의 개념은 민법 제98조에 규정되어 있는데, 물건이라 함은 유체물 및 전기, 기타 관리할 수 있는 자연력을 말한다. 유체물이어야 하므로 사람의 신체 일부인 주먹이나 발은 물건이라고 할 수 없다. 그러므로 권투선수가 자신의 주먹으로 상대방의 안면부를 강타하는 행위는 단순폭행죄에 해당된다. 하지만 반지를 낀 상태에 있는 자가 반지로 상대방을 가격할 의도로 주먹을 휘두른 경우, 신발의 앞부분이 단단한 축구화나 군화로 상대방을 가격할 의도로 발을 찬 경우 등에서는 물건을 휴대 내지 이용하여 폭행했다고도 볼 수 있다. 즉, 형식적으로는 신체의 일부를 사용한 것처럼 보이는 사안일지라도 경우에 따라 가해자의 신체의 일부와 피해자의 신체 사이에 위험한 매개물이 접합되어 있다면 실질적으로 위험한 물건을 휴대하여 범죄를 저지른 것으로 보아야 한다. 또한 물건인 이상 고체뿐만 아니라 액체34)나 기체도 이에 해당한다. 예를 들면 펄펄 끓는 물을 타인에게 붓는 경우 또는 가스분사기를 얼굴에 뿌리는 경우 등이 그것이다.

한편 물건의 개념을 해석할 때 주의해야 할 점은 물건을 수식하는 '휴대'라는 개념과의 연관성이다. 휴대라는 용어가 사용된다는 점은 물건이 휴대 가능한 것에 한정된다는 것을 의미하기 때문에, 위험한 물건에서 '물건'이라 함은 부동산을 제외한 동산에 국한된다. 이러한 해석에 의하면 사람의 머리를 건물의 벽이나 바위에 부딪치게 하는 행위는 물건을 휴대하였다고 할 수 없기 때문에 특수범죄가 아니라 단순범죄가 될 뿐이다. 하지만 '휴대'가 아니라 '이용'이라는 용어가 물건을 수식할 때에는 이러한 경우에도 특수범죄가 성립할 수 있다.35)

---

34) 대법원 2002. 9. 6. 선고 2002도2812 판결.
35) '휴대'와 '이용'의 의미와 이에 따른 적용의 차이점에 대해서는 본 논문Ⅲ에서 보다 구체적으로 살펴보기로 한다.

(2) 위험성의 인정 여부 판단

위험한 물건을 해석함에 있어서 가장 중요한 문제는 위험성 유무를 어떻게 판단하는 것인가에 있다.[36] 원칙적으로 위험한 물건은 객관적인 성질에 따라 결정할 일이기 때문에 행위자의 주관적인 의도는 고려의 여지가 없다. 예를 들어 장난감 총을 위험한 물건으로 가장하여 범행에 사용하여도 객관적 위험성이 없기 때문에 위험한 물건의 휴대로 볼 수는 없다.

하지만 판례[37]는 위험한 물건의 위험성 여부는 구체적인 사안에 따라서 사회통념에 비추어 그 물건을 사용하면 그 상대방이나 제3자[38]가 곧 위험성을 느낄 수 있으리라고 인정되는 물건인가의 여부에 따라 이를 판단하여야 한다고 하면서 위험한 물건을 사용하게 된 동기를 고려하는 태도를 보이고 있다.[39] 즉, 동일한 물건이라도 사용자의 의도·사용방법·상대방의 인식 등이 어떠한 것인가에 따라 위험한 물건이 될 수도 있고, 안 될 수도 있다는 것이다.

예를 들어 당구공으로 피해자의 머리를 툭툭 건드린 정도에 불과한 경우,[40]

---

36) 이에 대하여 실무에서는 위험성 여부를 판단함에 있어서 형의 가중이유, 물건의 객관적 상태, 물건에 대한 주관적 인식, 사용동기 및 사용경위, 사용방법, 가해자와 피해자와의 상대적 관계, 피해부위 및 정도, 기타 요소 등을 제시하기도 하였다(홍석조, 앞의 논문, 57-66면 참조).
37) 대법원 2009. 3. 26. 선고 2007도3520 판결; 대법원 2003. 1. 24. 선고 2002도5783 판결; 대법원 1981. 7. 28. 선고 81도1046 판결 등 다수.
38) 상대방 또는 제3자 중 위험성을 느끼는 기준이 누구이냐 하는 것이 문제될 수 있다. 판례는 상대방이나 제3자 모두가 위험성을 느끼는 기준으로 파악하고 있는데, 만약 일반인(제3자)은 위험성을 느끼지 않지만 피해자(상대방)가 소심하여 위험성을 느끼는 경우 또는 일반인은 위험성을 느끼지만 피해자는 대담하여 위험성을 느끼지 못하는 경우 등과 같이 상대방과 제3자가 느끼는 위험성의 정도가 상이할 경우 과연 누구를 기준으로 위험성의 판단을 할 것인가가 문제된다. 범행 당시에 피해자가 실제로 위험성을 느꼈는지 여부는 위험성 판단의 한 요소일 뿐 결정적 요소는 아니다. 그러므로 위험성의 유무는 피해자가 실제로 처하였던 구체적 상황을 기초로 하여 일반인의 입장에서 판단하여야 한다.
39) 同旨 유기천, 『형법학(전정신판) 각론강의 상』, 일조각, 1989, 58면(가위로써 사람을 찌른 경우에는 가위를 위험한 물건으로 보아야 할 것이나, 가위로 머리카락을 자른 경우에는 위험한 물건이라고 할 수는 없을 것이다).
40) 대법원 2008. 1. 17. 선고 2007도9624 판결(피고인이 2006. 12. 21. 02:00경 당구장에서 피해자가 시끄럽게 떠든다는 이유로, 주먹으로 피해자의 얼굴 부위를 1회 때리고 그곳 당

피해자가 거짓말을 하였다는 이유로 당구큐대로 피해자의 머리 부위를 3~4
회 가볍게 톡톡 때리고 배 부위를 1회 밀어 폭행한 경우,[41] 피해자가 먼저 식
칼을 들고 나와 피고인을 찌르려다가 피고인이 이를 저지하기 위하여 그 칼을
뺏은 다음 피해자를 훈계하면서 위 칼의 칼자루 부분으로 피해자의 머리를 가
볍게 친 경우,[42] 쇠파이프(길이 2미터, 직경 5㎝)로 머리를 구타당하면서 이에
대항하여 그곳에 있던 각목(길이 1미터, 직경 5㎝)으로 상대방의 허리를 구타
한 경우,[43] 피고인이 이혼 분쟁 과정에서 자신의 아들을 승낙 없이 자동차에
태우고 떠나려고 하는 피해자들 일행을 상대로 급하게 추격 또는 제지하는 과
정에서 자동차를 사용한 경우[44] 등에서는 특수폭행죄 내지 「폭력행위 등 처

구대 위에 놓여 있던 당구공으로 피해자의 머리 부위를 수회 때려, 피해자에게 치료일수
불상의 입술 부위가 터지고 머리부위가 부어오르는 상해를 가하였다는 이 사건 공소사실
에 대하여, 피고인이 피해자의 얼굴을 주먹으로 가격하여 생긴 상처가 주된 상처로 보이
고, 당구공으로는 피해자의 머리를 툭툭 건드린 정도에 불과한 것으로 보이는 사실을 인
정한 다음, 위와 같은 사정 아래에서는 피고인이 당구공으로 피해자의 머리를 때린 행위
로 인하여 사회통념상 피해자나 제3자에게 생명 또는 신체에 위험을 느끼게 하였으리라
고 보여지지 아니하므로 위 당구공은 「폭력행위 등 처벌에 관한 법률」 제3조 제1항의
'위험한 물건'에는 해당하지 아니한다).
41) 대법원 2004. 5. 14. 선고 2004도176 판결.
42) 대법원 1989. 12. 22. 선고 89도1570 판결[그와 같은 사정 아래서는 피해자인 윤수구가
(위와 같은 피고인의 행위에) 위험성을 느꼈으리라고는 할 수 없다].
43) 대법원 1981. 7. 28. 선고 81도1046 판결(원심은 피고인이 상피고인으로부터 길이 2미터,
직경 5센티미터 되는 쇠파이프로 머리를 구타당하면서 이에 대항하여 그곳에 있던 길이
1미터, 직경 5센티미터의 각목을 들고 위 원심상피고인의 허리를 구타하여 전치 2주의 상
처를 입힌 행위에 대하여 위 각목은 위 원심상피고인이 사용한 쇠파이프와의 관계 및 이
를 사용하게 된 동기 등에 비추어 「폭력행위 등 처벌에 관한 법률」 제3조 제1항 소정의
위험한 물건으로 볼 수 없다 하여 같은 법률 제2조 제2항, 「형법」 제257조 제1항으로 의
률 처단하였음이 명백하다. 살피건대, 총이나 칼 등과 같이 그 물건의 본래의 성질상 사람
을 살상할 특성을 갖춘 물건은 물론이고, 그 용법에 따라서는 사람을 살상할 수 있는 물
건도 「폭력행위 등 처벌에 관한 법률」 제3조 제1항 소정의 위험한 물건에 해당한다 할
것인바, 그러한 물건의 위험성 여부는 구체적인 사안에 따라서 사회통념에 비추어 그 물
건을 사용하면 그 상대방이나 제3자가 곧 위험성을 느낄 수 있으리라고 인정되는 물건인
가의 여부에 따라 이를 판단함이 상당하다고할 것인즉, 기록에 의하면 **위 각목은 그 성질
상 위험한 물건이라고는 볼 수 없을 뿐만 아니라**(강조는 인용자) 피고인이 이를 사용하게
된 경위를 보면 그 상대방인 위 원심상피고인이나 일반 제3자가 그 위험성을 느낄 수 있
는 정도의 물건이었다고 보여지지 아니하므로 위 각목을 같은 법률 제3조 제1항 소정의
위험한 물건이라고는 할 수 없을 것이다). 하지만 각목은 성질상 위험한 물건임에 분명하
다. 보다 정확하게 표현하자면 위험한 물건(각목)을 위험하지 않게 사용한 것이라고 보아
야 할 것이다.

벌에 관한 법률」 제3조 제1항의 죄를 인정하지 않았다. 당구큐대, 식칼, 각목, 자동차 등은 다른 판례사안의 경우 위험한 물건이 인정되는 것들이다. 하지만 특수한 사안에 있어서는 위험한 물건이 안 된다고 하는 판례의 취지는 객관적인 물건의 형상이나 용법이 동일하다고 하더라도 그 물건의 실제 사용방법이나 사용하게 된 동기 및 배경 등을 개별적으로 판단하고 있는 것으로 보인다. 위험한 물건의 위험성 여부는 당해 물건 자체의 성질과 형상뿐만 아니라 그 물건을 사용하여 한 폭행의 방법, 부위와 정도 및 결과, 행위자와 피해자의 관계, 행위 당시의 정황 등 여러 사정을 고려하여 사회통념에 비추어 그 물건을 사용하면 상대방이나 제3자가 곧 살상의 위험을 느낄 수 있는지 여부에 따라 판단하여야 한다는 점에서 하급심의 판단과 상급심의 판단이 상반된 결론이 나오기도 하였다.45) 이러한 특수한 사안의 가장 대표적인 예가 피해상대방에

---

44) 대법원 2009. 3. 26. 선고 2007도3520 판결[피고인이 이혼 분쟁 과정에서 자신의 아들을 승낙 없이 자동차에 태우고 떠나려고 하는 피해자들 일행을 상대로 급하게 추격 또는 제지하는 과정에서 이 사건 자동차를 사용하게 된 점, 이 사건 범행은 소형승용차(라노스)로 중형승용차(쏘나타)를 충격한 것이고, 충격할 당시 두 차량 모두 정차하여 있다가 막 출발하는 상태로서 차량 속도가 빠르지 않았으며 상대방 차량의 손괴 정도가 그다지 심하지 아니한 점, 이 사건 자동차의 충격으로 피해자들이 입은 상해의 정도가 비교적 경미한 점 등의 여러 사정을 종합하면, 피고인의 이 사건 자동차 운행으로 인하여 사회통념상 상대방이나 제3자가 생명 또는 신체에 위험을 느꼈다고 보기 어렵다]. 동 사건에서 피고인은 손괴죄와 상해죄의 상상적 경합범으로 처벌되었다.

45) 대법원 1999. 11. 9. 선고 99도4146 판결(이 사건에서 피고인이 사용한 쇠파이프와 각목이 원심이 인정한 바와 같은 정도의 크기를 가진 것이고, 피고인이 그것으로 피해자들을 폭행한 정도가 원심이 인정한 바와 같이 피해자 1명당 70여 회씩 엉덩이 부분을 가격하여 피멍이 들게 할 정도의 것이었다면, 그와 같은 범행이 새벽 2시에 인적이 없는 야산에서 대항하기 어려운 같은 폭력조직의 후배들을 상대로 이루어졌고, 피해자들의 나이 또한 어린 점 등을 함께 고려할 때, 원심이 인정한 위와 같은 사정들을 감안한다 하더라도, 그 쇠파이프와 각목이 폭행의 상대방이나 제3자가 느끼기에 살상의 위험성이 없어 위 법조 소정의 위험한 물건에 해당하지 않는다고 보기는 어려워 보인다). 하지만 원심은, 피고인은 속칭 '유탁파'란 폭력조직의 행동대원으로 공소외 1과 공동하여 1998. 10. 4. 02:00경 제주시 오라동 소재 오라골프장 부근 야산에서 위 폭력조직의 후배들인 공소외 2(16세), 공소외 3(17세), 공소외 4(16세) 등이 조직의 금주령을 어기고 술을 마시고 돌아다닌다는 이유로 그들과 그들의 1기 선배인 공소외 5(17세)를 일렬로 세워 엎드리게 한 다음 위험한 물건인 쇠파이프와 각목으로 엉덩이를 70여 회씩 때려 폭행하였다는 이 사건 공소사실에 대하여, 「폭력행위 등 처벌에 관한 법률」 제3조 제1항 소정의 '위험한 물건'의 위험성 여부는 당해 물건 자체의 성질과 형상뿐만 아니라 그 물건을 사용하여 한 폭행의 방법, 부위와 정도 및 결과, 행위자와 피해자의 관계, 행위 당시의 정황 등 여러 사정을 고려하여 사회통념에 비추어 그 물건을 사용하면 상대방이나 제3자가 곧 살상의 위험을 느낄 수

게 일정 부분 책임이 있는 경우라고 할 수 있다. 예를 들어 피해자가 먼저 가격을 한 경우 또는 문제를 일으킨 경우에 가해자가 이를 저지하거나 문제를 해결하려고 하는 과정에서 발생한 사안에서는 위험한 물건의 휴대 내지 이용을 인정하지 않는 반면에, 가해자가 먼저 가격을 한 경우에 있어서는 대체로 위험한 물건의 휴대 내지 이용을 인정하고 있다.

이상의 점에 비추어 볼 때 판례의 태도는 '위험한 물건'을 해석함에 있어서 구성요건을 제한적으로 해석하고 있음을 알 수 있다. 즉, 위험한 물건을 휴대하는 것만으로는 물건휴대폭행죄가 성립하지 않고 위험한 물건을 '위험하게' 휴대하는 것의 정도에 이르러야만이 물건휴대폭행죄가 성립한다는 것이다. 이와 같이 위험성의 판단을 이중으로 하게 되는데, 제1단계의 위험성 판단은 위험한 '물건'이다. 여기서의 위험성은 물건을 수식하는 것으로서, 물건 그 자체가 가지고 있는 객관적인 성질의 관점에서 위험성 여부를 판단한다. 예를 들어 뿅망치, 솜방망이 등은 그 자체가 객관적으로 타인에게 살상의 결과를 발생시킬 수 없기 때문에 제1단계의 위험성 판단에서 탈락하게 된다. 다음으로 제2단계의 위험성 판단은 위험한 '휴대'이다. 여기서의 위험성은 휴대를 수식하는 것으로서, 비록 객관적으로 위험한 물건일지라도 사용의 방법, 침해의 부위, 사용의 동기, 상대방의 인식 등 여러 가지 가변요소들을 고려하여 위험성 여부를 다시 한번 판단하게 된다. 이러한 해석은 피고인에게 유리한 것이므로 죄형법정주의에 어긋나는 해석이라고 할 수는 없다.

있는지 여부에 따라 판단하여야 한다고 전제한 다음, 이 사건에서 피고인이 폭행에 사용한 쇠파이프는 길이가 150㎝, 지름이 7㎝이고, 각목은 길이가 100㎝, 굵기가 4㎝ 내지 5㎝로서 사용방법에 따라서는 위험한 물건이 될 수도 있으나, 폭력조직의 선배가 금주령을 어긴 채 술을 마시고 길거리를 돌아다니는 후배들을 훈계한다는 명목 아래 폭행에 이른 사정, 피해자들을 엎드리게 한 다음 피해자 1인당 쇠파이프로 10대씩, 각목으로 60대씩 때리기는 하였으나 때린 부위가 엉덩이와 허벅지 사이로 한정되었고 피해자들이 특별히 반항하지 않아 다른 신체부위를 가격할 가능성도 거의 없었던 사정, 피해자들은 위와 같이 폭행당하여 피멍이 들기는 하였으나 바로 걸을 수 있었고, 2일 내지 3일 정도 약을 바르거나 약도 바르지 않은 채 일주일 또는 보름 정도 후에 자연적으로 치유된 사정 등을 참작하면, 위 쇠파이프나 각목은 폭행의 상대방이나 제3자가 바로 살상의 위험을 느낄 수 있을 정도의 물건으로 볼 수 없어 위 법조 소정의 '위험한 물건'에 해당하지 않는다고 판단하였다.

2. 흉기의 개념 및 위험한 물건과의 관계: 특수폭행죄를 중심으로

흉기의 개념에 대해서는 사람의 살상이나 재물의 손괴를 목적으로 제작되고 그 목적을 달성하는 데 적합한 물건을 의미한다고 보는 것이 일반적이다.[46] 이는 흉기에 해당하는 물건은 모두 위험한 물건에도 해당한다는 것이다. 그리하여 위험한 물건과 흉기의 관계에 관하여, 흉기란 본래의 용도나 제조목적이 사람의 생명·신체를 침해하는 것임에 비하여 위험한 물건이란 본래의 용도나 제조목적을 불문하고 사람의 생명·신체를 침해하는 데 사용할수 있는 물건이라는 점에서 특별 대 일반의 관계가 있다고 하여 구별된다는 견해(구별설)[47]와 흉기와 위험한 물건은 모두 사람의 생명·신체를 침해하는 데 사용할 수 있는 물건이라는 점에서 동일하므로 구별되지 않는다는 견해(불구별설)[48]가 대립하고 있다.

생각건대 판례에 등장하는 대표적인 흉기가 칼[과도, 식칼, 횟감용(사시미)칼 등]이다. 하지만 칼의 본래의 용도나 제조목적이 사람의 생명이나 신체를 침해하는 것이라고 말할 수는 없다. 칼은 그저 위험한 물건일 뿐이다. 그렇다면 본래의 용도나 제조목적이 사람의 생명이나 신체를 침해하는 것인 흉기(凶器)란 전혀 없는 것인가? '凶'이란 '흉하다, 재난, 재앙'이라는 뜻이다. 대표적으로 총을 흉기로 볼 수 있지만, 이것도 정확한 것은 아니다. 군인이 사용하는 총은 적에 대한 살상용이기 때문에 전형적인 흉기라고 할 수 있지만, 민간인이 사용하는 총은 그렇지 않다. 살상용으로 민간인이 총을 소지하는 것은 적어도 우리나라에서는 허용되지 않는 불법이다. 민간인이 총을 소지하는 대부

---

46) 권오걸, 앞의 책, 62면; 김성천·김형준, 『형법각론(제2판)』, 동현출판사, 2006, 123면; 이재상, 앞의 책, §3/53; 정영일, 앞의 책, 52면(흉기는… 전투·싸움용 도구인 '무기'를 포함하는 개념이다); 정웅석·백승민, 앞의 책, 797면; 홍석조, 앞의 논문, 51면.

47) 김성돈, 앞의 책, 78면; 김일수·서보학, 앞의 책, 88면(모든 흉기는 다 위험한 물건이 되지만 모든 위험한 물건이 다 흉기가 되는 것은 아니다. 맥주병은 위험한 물건이지만 깨진 맥주병은 흉기가 된다); 배종대, 앞의 책, §19/28; 정성근·박광민, 앞의 책, 71면.

48) 이재상, 앞의 책, §3/53; 이정원, 앞의 책, 99-100면; 임웅, 앞의 책, 78면; 진계호·이존걸, 앞의 책, 82면; 홍석조, 앞의 논문, 52면. 하지만 불구별설은 형법전이 동일한 구성요건에서 흉기와 위험한 물건을 중복해서 규정하고 있지 않은 점을 간과하고 있다.

분의 경우는 수렵용이다. 이와 같이 동일한 총이라고 하더라도 총의 소지인이 누구인가에 따라 그 본래의 용도가 상이하다는 점을 알 수 있다. 비슷한 예가 군인용 대검(칼)이다. 군인이 소지한 대검은 흉기이지만, 민간인이 소지한 칼은 흉기가 아니다. 따라서 특수폭행죄에 있어서 흉기인지의 여부는 중요하지 않다. 그 이유는 다음과 같다.

첫째, 「형법」 제261조를 보더라도 단순히 '위험한 물건'이라고만 규정되어 있지, '흉기'라는 용어는 찾아볼 수 없다. 특수폭행죄가 단순폭행죄에 비하여 불법이 가중된 이유는 '위험성'의 증폭에 있는 것이지 그 수단이 무엇이냐는 부차적인 요소에 불과하다. 따라서 흉기이냐 아니냐는 그 구별의 실익이 전혀 없다고 본다. 오로지 그 물건이 위험한 것이냐 또는 위험한 것이 아니냐를 구별하는 데 초점을 맞추어야 한다.

둘째, 「폭처법」 제3조 제1항, 「군형법」 제50조 등, 「성폭력특례법」 제4조 등에서는 '흉기 기타 위험한 물건을 휴대하여' 또는 '흉기나 그 밖의 위험한 물건을 지닌 채'라고 규정하고 있기 때문에 '흉기가 아닌' 위험한 물건도 동일한 처벌의 대상이 된다. '흉기 기타 위험한 물건을 휴대하여'라는 문구의 체계적인 의미는 흉기를 위험한 물건의 한 예시로 보고 있는 것이다. 즉, 위험한 물건이 일반개념이고 흉기는 특수개념인 셈이다.

셋째, 위험한 물건을 휴대하여 폭행하는 경우에는 일반형법이 아닌 「폭처법」 제3조 제1항으로 해결된다. 따라서 양자의 사실상의 구별은 별 의미가 없다.

넷째, 法制史的으로 보더라도 일반적으로 흉기는 위험한 물건의 예시로서 구성요건상 흉기만 규정되어 있는 경우에도 위험한 물건과 같이 해석하고 있었다. 1992년에 제시된 법무부 형법개정법률안에 의하면 「형법」상 '특수'가 붙은 구성요건에서 흉기만이 규정되어 있는 범죄에서는 위험한 물건을 추가하였고, 위험한 물건만이 규정되어 있는 범죄에서는 흉기를 추가하여 '흉기 기타 위험한 물건을 휴대하여'로 통일을 기하기도 하였다.

다섯째, 위험한 물건을 휴대하는 경우는 단체 또는 다중의 위력을 보이는 경우와 함께 규정되어 있는 반면에 흉기를 휴대하는 경우는 2인 이상이 합동

하는 경우와 함께 규정되어 있다. 이와 같이 양자를 대칭하여 규정하는 이유
가 과연 존재하는지가 문제될 수 있다. 일반적으로 단체란 공동목적을 가진
다수인의 계속적·조직적인 결합체를 말하고, 다중이란 단체에 이르지 못한
다수인의 단순한 집합을 말한다.[49] 그러나 위력을 보이기 위하여 단체나 다중
이 현장에 현존할 필요가 없다는 점[50]에서 2인 이상이 반드시 현장에 현존할
필요가 있는 '2인 이상이 합동하여'와 구별된다. 그러므로 2인 이상이 합동하
는 경우가 단체 또는 다중의 위력을 보이는 경우보다 더 중한 범죄로 파악될
여지도 없는 것은 아니다. 이는 흉기를 휴대하는 경우가 위험한 물건을 휴대
하는 경우보다 더 중한 범죄로 파악될 수 있는 근거가 되기도 한다. 하지만 현
실적인 위험성에 있어서 양자에 커다란 차이가 없으므로 현행법상 위험한 물
건의 해석을 달리하여야 하는 이유는 없다고 본다.

결론적으로 형사법에서 사용되고 있는 흉기와 위험한 물건은 동의어에 지
나지 않는다. 따라서 흉기나 위험한 물건 중 하나의 용어만을 사용하는 것이
바람직한데, '위험한 물건'이라는 용어의 사용이 타당하다고 본다.

Ⅲ. '휴대하여'의 해석상 문제점 및 개선방안

1. 학설 및 판례의 태도

'휴대하여'의 의미에 대하여는, ① 부착설(최협의설), ② 소지설(협의설), ③
이용설(광의설) 등으로 학설의 대립이 있다. 먼저 부착설[51]에 의하면 휴대란
범죄현장에서 사용할 의도 아래 위험한 물건을 몸에 지니고 있는 것을 이용하

---

49) 김성돈, 앞의 책, 76면.
50) 단체나 다중의 '위력'을 보이는 것이지 단체나 다중 그 자체를 보이는 것이 아니기 때문
    이다.
51) 김성돈, 앞의 책, 79면; 김성천·김형준, 앞의 책, 125면.

는 것으로 소지보다는 좁은 개념이라고 해석한다. 다음으로 소지설[52]에 의하면 휴대란 몸 가까이 두고 쉽게 사용할 수 있는 위치에 있으면 족하지만 반드시 몸에 부착할 필요는 없다고 해석한다. 손에 집어 들어야 하는 것은 아니므로, 예를 들면 맹견을 휘파람으로 불러 사주하는 경우도 휴대에 해당한다고 한다. 또한 반드시 범행 이전부터 위험한 물건을 몸에 지니고 있어야 할 필요는 없고,[53] 현장에서 범행에 사용할 의사로 위험한 물건을 집어 들거나 집어 던진 경우도 포함된다. 그러나 범행과는 전혀 무관하게 우연히 이를 소지하게 된 경우까지는 포함하는 것이 아니다.[54] 즉, 사용할 의도가 있어야 하므로 이러한 의도 없이 몸에 소지한 경우에는 이용이라고 할 수 없다.[55] 그러므로 등산장비를 착용한 상태로 등산 중 시비가 붙어 폭행한 경우에는 특수폭행죄가 아니라 단순폭행죄가 성립한다. 마지막으로 이용설[56]에 의하면 휴대란 소지뿐만 아니라 널리 이용 또는 사용하는 경우도 포함한다고 해석한다.

한편 판례는 과거에 흉기를 휴대한다 함은 소지와 같은 뜻으로 새기고 있었

---

52) 임웅, 앞의 책, 79면.

53) 대법원 1984. 1. 31. 선고 83도2959 판결.

54) 대법원 2004. 6. 11. 선고 2004도2018 판결(피고인은 피해자를 강간하기 위하여 피해자의 주거 부엌에 있던 칼과 운동화 끈을 들고 피해자가 자고 있던 방 안으로 들어가서, 소리치면 죽인다며 손으로 피해자의 입을 틀어막고 운동화 끈으로 피해자의 손목을 묶어 반항을 억압한 다음 간음을 하였고, 부엌칼은 굳이 사용할 필요가 없어 이를 범행에 사용하지 않은 사실을 알 수 있는바, 그렇다면 당시 피고인의 부엌칼 휴대 사실을 피해자가 알지 못하였다고 하더라도 피고인은 "흉기 기타 위험한 물건을 휴대하여" 피해자를 강간한 것이라고 보아야 할 것이다).

55) 대법원 2008. 7. 24. 선고 2008도2794 판결; 대법원 1990. 4. 24. 선고 90도401 판결(흉기 기타 위험한 물건을 휴대하여 그 죄를 범한 자란 범행현장에서 그 범행에 사용하려는 의도 아래 흉기를 소지하거나 몸에 지니는 경우를 가리키는 것이지 그 범행과는 전혀 무관하게 우연히 이를 소지하게 된 경우까지를 포함하는 것은 아니라고 할 것이다. 피고인은 1989. 8. 23.의 판시 범행일에 버섯을 채취하러 산에 가면서 칼을 휴대한 것일 뿐 판시 주거침입에 사용할 의도 아래 이를 소지한 것이 아니고 판시 주거침입 시에 이를 사용한 것도 아니다); 대법원 1983. 9. 13. 선고 83도1323 판결; 대법원 1990. 11. 13. 선고 90도2170 판결; 대법원 1985. 10. 8. 선고 85도1851 판결(청산염 2그램 정도를 협박편지에 동봉 우송하여 피해자에게 도달케 하였다는 것만으로는… 위험한 물건의 휴대라고 할 수 없다); 대법원 1994. 10. 11. 선고 94도1991 판결.

56) 권오걸, 앞의 책, 62-63면; 김일수·서보학, 앞의 책, 88면; 손동권, 앞의 책, §4/24; 이영란, 앞의 책, 76면; 이정원, 앞의 책, 100면; 진계호·이존걸, 앞의 책, 82면; 홍석조, 앞의 논문, 53면.

던 소지설을 취한 것(휴대라고 함은 범행현장에서 사용할 의도 아래 위험한 물건을 몸 또는 몸 가까이에 소지하는 것을 말한다)[57]과는 달리 최근에는 위험한 물건을 '휴대하여'라는 말은 소지뿐만 아니라 널리 이용한다는 뜻도 포함하고 있다[58]고 하여 이용설을 취하고 있다.

2. 검토

먼저 휴대의 사전적 의미는 '손에 들거나 몸에 지니고 다니는' 것이다.[59]

---

[57] 대법원 1984. 1. 31. 선고 83도2959 판결; 대법원 1982. 2. 23. 선고 81도3074 판결(위험한 물건의 휴대라고 함은 손에 드는 등 몸에 지닌 것을 말하나 이 휴대라 함은 반드시 몸에 지니고 다니는 것을 뜻한다고는 할 수 없으니 범행 현장에서 범행에서 사용할 의도 아래 이를 소지하거나 몸에 지니는 경우도 휴대라고 볼 것이므로 본건에서 피고인이 깨어진 유리조각을 들고 피해자의 얼굴에 던졌다면 이는 위험한 물건을 휴대하였다고 볼 것이다); 대법원 1990. 11. 13. 선고 90도2170 판결(장칼 2개 등 위험한 물건들을 피고인의 아파트에 보관하였다는 것만으로는 이를 위 법조에서 말하는 위험한 물건의 휴대라고 할 수는 없을 것이다); 대법원 1992. 5. 12. 선고 92도381 판결(자기가 기거하는 장소에 보관하였다는 것만으로는 위험한 물건의 휴대라고 할 수 없는 것이므로…).

[58] 대법원 2002. 9. 6. 선고 2002도2812 판결; 대법원 1997. 5. 30. 선고 97도597 판결(위험한 물건을 '휴대하여'라는 말은 소지뿐만 아니라 널리 이용한다는 뜻도 포함하고 있다 할 것인데, 피고인은 견인료납부를 요구하면서 피고인 운전의 광주 1라8700호 캐피탈 승용차의 앞을 가로막고 있는 교통관리직원인 피해자 이영수의 다리 부분을 위 승용차 앞 범퍼 부분으로 들이받고 약 1m 정도 진행하여 동인을 땅바닥에 넘어뜨려 폭행하였다는 것이므로, 피고인의 이러한 행위는 위험한 물건인 자동차를 이용하여 위 이영수를 폭행하였다 할 것이다); 대법원 1984. 10. 23. 선고 84도2001, 84감도319 판결(피고인은 향토예비군설치법위반으로 피고인을 연행하려는 경찰관을 뿌리치고 도망가다가 경찰관 공소외 1의 추격을 당하자 부근에 세워두었던 서울 4가9678호 승용차에 올라 타 문을 잠그고 출발하여 도주하려고 하던 중 공소외 1이 위 승용차 보닛 위에 뛰어올라 운전석 앞 유리창을 몸으로 막고 도주하지 못하게 하여 피고인을 체포하려고 하자 그대로 약 500미터가량을 시속 30킬로미터로 진행하다가 진행방향을 갑자기 오른쪽으로 바꾸어 공소외 1을 도로에 나가떨어지게 하여 그로 하여금 약 6주일의 치료를 요하는 좌측 측두골골절상 및 뇌진탕등의 상해를 입게 하였다는 것이므로 피고인의 소위는 위험한 물건인 자동차를 이용하여 공소외 1의 공무집행을 방해하고 그로 인하여 공소외 1에게 상해를 입게 하였다); 대법원 1998. 5. 29. 선고 98도1086 판결(피고인이 주유소에서 유류대금을 내지 않고 도망하려 하자 주유소 직원이 차의 창문을 잡고 차를 세우라고 소리치는데도 동인을 매단 채 약 30m 진행하다가 땅에 넘어뜨려 상해를 가한 경우 자동차도 위험한 물건에 해당하기 때문에 「폭력행위 등 처벌에 관한 법률」 제3조 제1항이 적용된다).

[59] http://krdic.naver.com/search.nhn?query_euckr=&query_utf=&isOnlyView
EE=&q=&di-chere=krdic&query=%ED%9C%B4%EB%8C%80(2010. 11. 10. 검색).

이러한 휴대라는 용어의 의미에 비추어 볼 때 판례가 취하고 있는 이용설은 문언의 가능한 의미를 훨씬 넓게 파악하는 개념이다. 확장해석이 모든 경우에 있어서 금지되는 것은 아니지만 휴대를 사용 또는 이용이라고 확장하는 것은 피고인을 불리하게 처우하는 해석이므로 허용되지 않는다. 따라서 적어도 현행법이 '휴대'라는 구성요건요소를 유지하는 한 판례의 태도는 지양되어야만 한다. 이와 관련하여 「성폭력특례법」이 기존의 '휴대' 개념에서 탈피하여 '지닌 채'라는 개념으로 2010. 4. 15. 개정을 하였는바, '지닌 채'라는 의미도 판례에서 말하는 사용 또는 이용하는 행위까지 포섭할 수 없다는 점에서 과감한 탈피는 아니라고 보여 진다.

생각건대 해석론적으로는 현행의 문언대로 엄격하게 규정을 바라보아야 한다는 점은 유지되어야 하지만, 입법론적으로는 현행의 문언을 그대로 유지하는 것이 형벌가중적 구성요건으로서 특수범죄를 규정한 입법취지에 과연 부합하는가라는 점에서 재고의 여지가 있다고 본다.

어떠한 범죄에 있어서 위험한 물건이 구성요건요소에 포함되어 있는 경우는 형벌가중적 구성요건에 해당한다. 일반적인 범죄와 달리 형벌을 가중하고 있는 이유는 범죄의 결과 때문이 아니라 행위의 수단과 방법이 피해자에게 중대한 법익침해를 야기할 위험이 있고 피해자의 방어기회를 제한하기 때문이다. 따라서 위험한 물건을 실제 사용하거나 적어도 상대방에게 인식하게 한 경우에는 피해자에 대한 법익침해발생가능성과 피해자의 방어기회제한가능성이 나타나 가중처벌할 수 있는 것이다. 이와 관련하여 위험한 물건에 대한 상대방의 인식 여부에 관해서는 학설이 대립하고 있는데, 몸에 지니고 있음을 반드시 상대방에게 인식시켜야 한다는 견해(인식요구설),[60] 문언상 위험한 물건을 '보여'라고 하지 않고 '휴대하여'라고 규정되어 있기 때문에 상대방에게 인식시킬 필요가 없다고 해석하는 견해(인식불요설),[61] 상대방이 인식 가능한

---

60) 박상기, 앞의 책, 69면.
61) 김일수·서보학, 앞의 책, 88면, 배종대, 앞의 책, §19/30; 손동권, 앞의 책, §4/24; 이영란, 앞의 책, 76면; 이재상, 앞의 책, §3/53; 임웅, 앞의 책, 80면(다만 입법론상으로는 상대방에게 '보여'라고 고칠 필요가 있다); 정영일, 앞의 책, 53면; 진계호·이존걸, 앞의 책, 83면.

방법으로 몸에 지니고 있어야 하며, 상대방이 전혀 인식 불가능한 방법으로 몸에 지닌 때에는 휴대라고 할 수 없다고 해석하는 견해(인식가능설)[62] 등으로 나누어져 있다.[63] 판례는 '범행 현장에서 범행에 사용하려는 의도 아래 흉기 등 위험한 물건을 소지하거나 몸에 지닌 이상 그 사실을 피해자가 인식하거나 실제로 범행에 사용하였을 것까지 요구되는 것은 아니라 할 것'이라고 하여 인식불요설을 취하고 있다.[64]

인식불요설은 법문의 규정이 '휴대하여'라고 되어 있는 한계로 말미암아 나타나는 학설로서, 만약 법문의 규정을 다른 용어로 개정한다면 학설의 가치가 감쇄될 것이다. 따라서 형벌가중적 구성요건을 규정한 입법취지를 고려할 때

---

62) 김성돈, 앞의 책, 79면; 오영근, 앞의 책, §3/102; 정성근·박광민, 앞의 책, 72-73면; 정웅석·백승민, 앞의 책, 798면.

63) 이러한 학설의 대립은 '휴대하여'의 의미와 물건의 사용방법 사이에는 떼어낼 수 없는 연관성이 있다는 데에서 그 의미를 찾을 수 있다. 피해자가 위험한 물건을 인지해야 한다고 하면 행위자는 많은 경우 그 물건을 드러내 보이는 사용행위를 해야만 한다. 이에 반해 그럴 필요가 없다고 한다면 행위자가 위험한 물건을 단지 몸속에 소지한 것만으로도 위험한 물건을 '휴대하여'에 해당하는 행위가 된다(이상돈, "'위험한 물건을 휴대하여'의 해석에서 법정책의 지평 -새로운 학설: 구조기능적 사용설의 설계-", 『판례연구』 제6권, 고려대학교 법학연구소, 1994. 6, 221면).

64) 대법원 2007. 3. 30. 선고 2007도914 판결(흉기 기타 위험한 물건을 휴대하여 그 죄를 범한 자란 범행현장에서 '사용하려는 의도' 아래 흉기 기타 위험한 물건을 소지하거나 몸에 지니는 경우를 가리키는 것이고, 그 범행과는 전혀 무관하게 우연히 이를 소지하게 된 경우까지를 포함하는 것은 아니라 할 것이나, 범행 현장에서 범행에 사용하려는 의도 아래 흉기 등 위험한 물건을 소지하거나 몸에 지닌 이상 그 사실을 피해자가 인식하거나 실제로 범행에 사용하였을 것까지 요구되는 것은 아니라 할 것이다. 피고인이 처음부터 이 사건 화훼용 가위를 피해자에게 상해를 가하기 위하여 소지하고 있었던 것은 아니라 하더라도 피해자와 시비하는 과정에서 의도적으로 이를 휘둘러 피해자에게 상해를 가한 이상, 이는 「폭력행위 등 처벌에 관한 법률」 제3조 제1항 소정의 위험한 물건을 휴대한 경우에 해당한다); 대법원 2004. 6. 11. 선고 2004도2018 판결(「성폭력범죄의 처벌 및 피해자보호 등에 관한 법률」의 목적과 법 제6조의 규정 취지에 비추어 보면 법 제6조 제1항 소정의 '흉기 기타 위험한 물건을 휴대하여 강간죄를 범한 자'란 범행 현장에서 그 범행에 사용하려는 의도 아래 흉기를 소지하거나 몸에 지니는 경우를 가리키는 것이고, 그 범행과는 전혀 무관하게 우연히 이를 소지하게 된 경우까지를 포함하는 것은 아니라 할 것이나, 범행 현장에서 범행에 사용하려는 의도 아래 흉기 등 위험한 물건을 소지하거나 몸에 지닌 이상 그 사실을 피해자가 인식하거나 실제로 범행에 사용하였을 것까지 요구되는 것은 아니라 할 것이다); 대법원 1984. 4. 10. 선고 84도353 판결(피고인이 폭력행위 당시 과도를 범행현장에서 호주머니 속에 지니고 있었던 이상 이는 위험한 물건을 휴대한 경우로서…).

인식요구설이 가장 부합한다고 본다.65) 즉, 상대방이 위험한 물건의 존재 그 자체를 적어도 인식하여야만 법익침해발생가능성과 방어기회제한가능성이 나타나기 때문이다. 또한 상대방에게 '보여'져서 인식이 가능하다는 의미는, 단체 또는 다중의 위력을 '보여'라고 하는 행위태양과 일치되는 효과도 나타 난다.

이러한 점을 고려하여 형법개정연구회는 2009년에 제시한 형법개정시안을 통해서 『형법』상 '특수'가 붙은 구성요건에서 흉기만이 규정되어 있는 범죄에 서는 위험한 물건을 추가하였고, 위험한 물건만이 규정되어 있는 범죄에서는 흉기를 추가하여 통일을 기함과 동시에 기존에 '휴대하여'로 되어 있던 구성 요건을 '이용하여'로 변경하여 '흉기 기타 위험한 물건을 이용하여'로 모두 개 정하는 것이 바람직하다는 의견을 피력하기도 하였다.66)

결론적으로 위험한 물건에 대한 범인의 지배가능성과 상대방의 인식가능성 을 기준으로 형벌가중 여부를 판단하여야 한다. 그러므로 위험한 물건을 이용 하기 위해서는 적어도 현장에 위험한 물건이 위치해 있음으로 인하여 언제든 지 위험한 물건을 이용하기에 족한 상태에 있어야 할 뿐만 아니라67) 그러한

---

65) 일본의 경우 「폭력행위 등 처벌에 관한 법률」 제1조(집단적 폭행·협박·손괴)에 의하면 '단체나 다중의 위력을 보이거나 단체나 다중을 가장하여 위력을 보이거나 흉기를 보이거 나 수인이 공동하여 「형법」 제208조, 제222조 또는 제261조의 죄를 범한 자는 3년 이하 의 징역 또는 30만 엔 이하의 벌금에 처한다'고 규정하고 있어, '흉기를 (외부에) 보이는 행위'를 행위태양으로 하고 있는 것이 특징이다. 즉, 단순히 휴대하는 단계에 그치지 않고 더 나아가 휴대사실을 제3자가 인식할 수 있도록 외부에 보이는 행위까지 이르러야만 가 중처벌의 대상이 된다.

66) 형법개정연구회, 『형사법개정연구(Ⅳ): 형법각칙 개정안』, 한국형사정책연구원, 2009. 12, 633-673면 참조.

67) 대법원 1994. 10. 11. 선고 94도1991 판결(「폭력행위 등 처벌에 관한 법률」 제3조 제1항, 제2조 제1항, 「형법」 제319조 제1항 소정의 특수주거침입죄는 흉기 기타 위험한 물건을 휴대하여 타인의 주거나 건조물 등에 침입함으로써 성립하는 범죄이므로, 수인이 흉기를 휴대하여 타인의 건조물에 침입하기로 공모한 후 그중 일부는 밖에서 망을 보고 나머지 일부만이 건조물 안으로 들어갔을 경우에 있어서 특수주거침입죄의 구성요건이 충족되었 다고 볼 수 있는지의 여부는 직접 건조물에 들어간 범인을 기준으로 하여 그 범인이 흉기 를 휴대하였다고 볼 수 있느냐의 여부에 따라 결정되어야 할 것이다. 당시 흉기가 보관되 어 있던 차량은 피고인 등이 침입한 위 건물로부터 약 30 내지 50미터 떨어진 거리에 있 었고, 차량 안에 남아 있던 다른 피고인들은 만약의 사태에 대비하면서 차량 안에 남아서 유심히 주위의 동태를 살피다가 피고인 등이 도망치는 모습을 발견하고서는 그대로 차를

이용가능성에 대하여 상대방이 인식하여야만 한다.

Ⅳ. 글을 마치며

지금까지 형사법의 여러 구성요건에 산재되어 있는 '흉기 기타 위험한 물건을 휴대하여'의 해석론은 이를 형벌가중적 구성요건으로 취급하는 입법목적에 부합하지 않는 면이 적지 않았다. 또한 위험한 물건의 하위개념에 속하는 흉기라는 용어를 독자적인 구성요건요소로 사용하는 규정체계도 그리 바람직한 입법태도는 아니다. 따라서 기존의 규정에 대한 입법적인 재검토를 요하는 바, '위험한 물건을 이용하여'로 개정하는 것이 타당하며, 이러한 구성요건요소를 두는 것은 다음과 같은 기존의 한계사례를 해결할 수 있다.

첫째, 왼손으로 병을 들고 오른손으로 폭행할 경우 또는 쇠파이프를 가지고 가서 주목으로 폭행할 경우 등에서는 병이나 쇠파이프를 '휴대하여' 범한 것이 되지만, 병이나 쇠파이프를 '이용하여' 범한 것은 아니라는 견해[68]가 있다. 하지만 이 사례에서도 위험한 물건을 '이용하여' 범한 것이라고도 충분히 볼 수 있다. 물론 병이나 쇠파이프를 이용하여 직접 상대방에게 가격을 하지는 않았지만 다른 손에 이를 들고 있음으로 인하여 상대방으로 하여금 방어기회의 제한을 초래하였기 때문이다. 이는 실질적으로 위험한 물건을 이용하였다고 볼 수 있다.

둘째, 고정되어 있는 벽이나 바위 또는 벽에 박힌 못 등의 위험한 물건에 부딪치게 하여 상대방을 폭행하는 경우 '이용하여'라는 개념을 통해서는 충분히 가중처벌할 수가 있다. 이용은 물건을 그대로 두고도 그 물건의 성질을 필요에 따라 수단으로 활용하는 것을 의미하기 때문에 이러한 사례에서 위험한

운전하여 도주한 사실을 인정할 수 있는바, 그렇다면 위 건물 안으로 들어간 피고인 등 범인들을 기준으로 할 경우에 그들이 위 건조물에 들어갈 때 30 내지 50여 미터 떨어진 거리에 세워진 차 안에 있던 흉기를 휴대하고 있었다고는 볼 수 없을 것이다).
68) 강용현, 앞의 논문, 248면; 방희선, 앞의 논문, 29면.

물건을 이용했다고 보아도 무리가 없다. 벽에 있는 벽돌을 떼어내어 폭행하는 경우와 고정되어 있는 벽의 벽돌 부분으로 밀쳐서 폭행하는 경우는 처벌에 있어서 차별할 합리적인 이유가 없다.

셋째, 형사법이 위험한 '동산'이라고 쓰지 않고 위험한 '물건'이라고 표현한 것은 동산뿐만 아니라 부동산도 경우에 따라서는 가중처벌의 수단으로 작용하는 경우를 상정한 것이라고 보아야 한다. 그러나 물건에 대하여 '휴대하여'라는 수식어를 사용할 경우에는 가동성이 없는 부동산은 필연적으로 배제된다. 하지만 '이용하여'라는 수식어를 사용할 경우에는 입법자가 물건이라고 표현한 입법취지에 부합하는 해석이 가능하다.

넷째, 자동차의 경우에도 물건에 해당함은 부인할 수 없다. 기존에는 자동차를 이용한 경우 과연 위험한 물건의 '휴대'에 해당하는지와 관련하여 학설의 대립이 있었으나, 자동차는 사회통념상 휴대할 수 있는 물건이라고 볼 수 없기 때문에 이를 이용하여 폭행을 가한 경우에는 특수폭행죄가 성립하지 않는다고 보는 것이 문언의 가능한 의미를 벗어나지 않는 해석이라고 본다. 하지만 자동차를 이용한 폭행을 다른 위험한 물건을 이용한 폭행과 비교하여 볼 때, 상대적으로 감경해 줄 필요성은 없기 때문에 '이용하여'라는 문언을 통하여 특수범죄로 처리하는 것이 타당하다. 한편 자동차를 사용하여 상대방을 치는 경우, 가해자의 의사는 폭행의 고의보다 상해의 고의라고 보는 것이 더 바람직하다고 볼 수도 있다. 자동차는 충격에 의한 제2차 피해(상해)가 당연히 예상되는 위험한 물건이기 때문이다. 따라서 자동차의 경우는 처음부터 폭행죄로 의율할 것이 아니라, 상해죄로 의율하는 것이 보다 타당하다. 하지만 특수상해죄의 신설이 논의된다면 '이용하여'라는 문언의 활용도 나름대로의 의미가 있다.

다섯째, 기존에는 위험한 물건에 대한 상대방의 인식 여부와 관련하여 학설의 대립이 있었고, 인식불요설이 다수설의 위치를 차지하고 있었다. 이는 '휴대하여'라는 기존의 문언으로 말미암아 상대방에게 내어 보이지 않고 모르게 감추어서 휴대하는 경우에도 동조의 적용을 받는 것으로 이해하였기 때문이다. 하지만 형벌가중의 입법취지를 고려하면 상대방이 적어도 위험한 물건에 대한 인식을 하여야만 한다. 그러므로 상대방에게 위험한 물건을 내어 보이는 '이용'행위가 필연적으로 요구된다.

제5장 주취운전죄와 관련된 최근의 입법과 판례의 동향

Ⅰ. 문제의 제기

　「도로교통법」[1] 제44조에 의하면 누구든지 술에 취한 상태에서 자동차 등을 운전하여서는 아니 되며(제1항), 운전이 금지되는 술에 취한 상태의 기준은 혈중알코올농도가 0.05퍼센트 이상으로 규정되어 있다(제4항). 이는 주취운전죄[2]를 형사처벌의 대상으로 하고 있는 것인데, 동조를 위반할 경우, 기존에는 3년 이하의 징역이나 1천만 원 이하의 벌금에 처해졌다(제148조의2 제1호).[3] 하지만 이러한 규정에도 불구하고 주취운전의 단속 및 관련 사고건수[4]가 대동소

---

* 『법학논총』 제28집 제3호, 한양대학교 법학연구소, 2011. 9. 101면 이하.
1) 이하에서 단순히 법조문만 표기된 것은 「도로교통법」상의 규정을 의미한다.
2) 현재 주기운전, 음주운전, 주취운전 등의 개념이 혼동되어 사용되고 있는 실정이다. 주기운전이란 취기와는 상관없이 일정한 혈중알코올농도 이상의 상태에서 운전하는 것을 의미하고, 음주운전이란 술을 마신 상태에서 운전하는 것을 의미하며, 주취운전이란 술에 취한 상태에서의 운전을 의미한다. 「도로교통법」 제44조는 표제어로서 '술에 취한 상태에서의 운전금지'라고 하고 있는 점, 경찰청의 교통단속처리지침 제2조 제4호에서 '주취운전'이라 함은 「도로교통법」 …의 규정에 의한 술에 취한 상태의 기준인 혈중알코올농도 0.05% 이상에서 운전하는 것을 말한다고 규정(경찰청 교안 63310-2165, 2003. 9. 30)하고 있는 점, 혈중알코올농도 0.05% 미만인 상태로 운전하는 행위는 음주운전의 성립은 가능하나 범죄의 성립은 불가능한 경우라는 점 등으로 보아, 제44조에서 규정하고 있는 범죄는 '주취운전죄'라고 보는 것이 타당하다.
3) 2011. 6. 8. 법률 제10790호로 개정되기 전의 「도로교통법」.
4) 2000년도부터 2010년도까지 주취운전으로 단속된 건수와 주취운전으로 인한 교통사고 건수, 사망자수, 부상자수는 다음의 표와 같다.

<최근 10년간 주취운전 관련 통계>

연도	단속건수	음주교통사고 건수	사망자수	부상자수
2000	274,400	28,074	1,217	47,155
2001	372,319	24,994	1,004	42,165
2002	419,805	24,983	907	42,316
2003	485,149	31,227	1,113	55,230
2004	500,446	25,150	875	44,522
2005	385,178	26,460	910	48,153
2006	353,580	29,990	920	54,255
2007	412,482	28,416	991	51,370
2008	434,148	26,873	969	48,497
2009	327,606	28,207	898	50,797
2010	302,707	28,641	781	51,364

이하자, 국회는 최근 주취운전과 관련된 일련의 「도로교통법」 개정을 통하여 형사처벌의 범위를 확장하였다. 먼저 2009. 12. 29. 「도로교통법」 제50차 개정(법률 제9845호)에서 도로의 범위를 확장하였는데, 기존의 규정에서 「농어촌도로 정비법」에 따른 농어촌도로'(제2조 제1호 다목)와 '그 밖에 현실적으로 불특정 다수의 사람 또는 차마의 통행을 위하여 공개된 장소로서 안전하고 원활한 교통을 확보할 필요가 있는 장소'(제2조 제1호 라목)를 추가하였다. 특히 제2조 제1호 라목의 경우는 기존에 대법원이 일관되게 판시해 온 사항을 입법화한 점에서 그 의미가 있다고 하겠다. 하지만 이에 그치지 않고 2010. 7. 23. 「도로교통법」 제52차 개정(법률 제10382호; 2011. 1. 1. 시행)에서는 주취운전죄를 범한 장소가 도로 이외의 곳인 경우에도 처벌할 수 있도록 하기 위한 조치로서, 도로를 해석함에 있어서 '제44조·제45조·제54조 제1항·제148조 및 제148조의2에 한하여 도로 외의 곳을 포함한다'는 문구를 삽입하였다. 기존의 제2조 제24호에 의하면 '운전'이라 함은 도로에서 차마를 그 본래의 사용방법에 따라 사용하는 것을 말하였는데, 이러한 규정에 의하면 주취운전을 한 장소가 도로에 해당한다면 처벌이 되는 반면에, 도로가 아닌 곳에 해당한다면 처벌을 할 수 없는 입법적인 공백현상이 발생하였다. 이러한 논란으로 인하여 대법원에서는 주취운전의 장소로서 도로성 인정 여부에 대한 판결들을 수차례 하였는데, 특이한 점은 원심법원과 견해를 달리하는 판결이 유독 많았다는 점이다. 하지만 개정법에 의하면 이러한 논쟁은 더 이상 불필요하게 되었다.

다음으로 2011. 6. 8. 「도로교통법」 제53차 개정(법률 제10790호; 2011. 12. 9. 시행)을 통하여 형벌을 세분화함과 동시에 법정형의 하한을 상향조정하여 전체적으로 형벌을 강화하였다.5) 그 내용을 살펴보면, 제44조 제1항을 2회 이

출처(단속건수): 사이버경찰청
(http://www.police.go.kr/infodata/pds_07_totalpds_05_01.jsp#none)
출처(단속건수 이외): 도로교통공단
(http://taas.koroad.or.kr/reportSearch.sv?s_flag=02#)

5) 주취운전죄의 법정형 변천사를 살펴보면 다음과 같다. 1961. 12. 31. 「도로교통법」 제정 당시에는 '6월 이하의 징역 또는 20만 원 이하의 벌금이나 구류 또는 과료', 1973. 3. 12.에는 '1년 이하의 징역 또는 15만 원 이하의 벌금', 1980. 12. 30.에는 '1년 이하의 징역

상 위반한 사람으로서 다시 제44조 제1항을 위반하여 술에 취한 상태에서 자동차등을 운전한 사람(제148조의2 제1항 제1호)과 술에 취한 상태에 있다고 인정할 만한 상당한 이유가 있는 사람으로서 제44조 제2항에 따른 경찰공무원의 측정에 응하지 아니한 사람(제148조의2 제1항 제2호)의 경우에는 1년 이상 3년[6] 이하의 징역이나 500만 원 이상 1천만 원 이하의 벌금에 처하고, 제44조 제1항을 위반하여 1. 혈중알코올농도가 0.2퍼센트 이상인 사람은 1년 이상 3년 이하의 징역이나 500만 원 이상 1천만 원 이하의 벌금, 2. 혈중알코올농도가 0.1퍼센트 이상 0.2퍼센트 미만인 사람은 6개월 이상 1년 이하의 징역이나 300만 원 이상 500만 원 이하의 벌금, 3. 혈중알코올농도가 0.05퍼센트 이상 0.1퍼센트 미만인 사람은 6개월 이하의 징역이나 300만 원 이하의 벌금 등(제148조의2 제2항)으로 구분하여 처벌한다. 즉, 주취운전죄를 3회 이상 범할 경우와 음주측정불응죄를 범할 경우에는 형벌의 하한이 징역형의 경우 1년 이상, 벌금형의 경우 500만 원 이상 등으로 상향조정되었고, 그 밖의 주취운전죄의 경우에도 혈중알코올농도의 정도에 따라 형벌의 하한이 대폭적으로 상향조정되었다. 한국법제연구원이 2010. 9. 실시한 "음주운전 단속기준과 처벌의 필요성"에 관한 설문조사에 의하면, 89.4%가 단속 및 처벌의 필요성을 인정하였고, 개선방안으로 30.8%가 처벌강화를, 30.0%가 단속강화를 각각 주장하였는데,[7] 개정법의 태도는 이러한 여론을 충실히 반영한 것으로 보인다.

이와 같이 최근 이루어진 「도로교통법」의 3차례 개정은 주취운전과 관련된 기존의 실무에도 상당한 영향을 미칠 것으로 판단된다. 특히 「도로교통법」 제

또는 50만 원 이하의 벌금', 1990. 8. 1.에는 '2년 이하의 징역 또는 300만 원 이하의 벌금', 1999. 1. 29.에는 '2년 이하의 징역 또는 500만 원 이하의 벌금', 2009. 4. 1.에는 '3년 이하의 징역 또는 1,000만 원 이하의 벌금'으로 개정되었는데, 이는 약 10년을 주기로 형벌이 계속하여 상향조정되고 있는 형국이다.

6) 2009. 4. 1. 개정에서 주취운전죄의 징역형이 '3년 이하의 징역'으로 상향조정된 것은 '긴급체포'에 해당하는 범죄군에 속하게 되었다는 점에서 상당한 의미를 가진다. 즉, 현행범체포의 요건을 갖추지 않더라도 음주측정을 위한 강제연행의 절차법적인 근거가 생긴 셈이다.

7) 윤계형 외 5인, 『음주운전 단속과 처벌기준에 관한 입법평가』, 입법평가연구 10-13, 한국법제연구원, 2010. 10, 129-131면.

53차 개정 전의 실무에 의하면 주취운전의 공소사실이 유죄로 인정되기 위해서는 혈중알코올농도의 정확한 수치가 확정되어야 하는 것이 아니라 0.05%를 초과한 상태라는 것만 증명되면 족한 것이었지만, 개정법에 의하면 혈중알코올농도의 편차에 따라 징역형 및 벌금형의 부과기준이 다르기 때문에 기존의 관행은 더 이상 유지되기 어렵게 되었다. 또한 운전한 장소, 운전한 대상, 운전한 방법 등과 관련해서도 새로운 해석론이 등장할 것으로 판단된다. 「도로교통법」의 개정으로 새로운 해석 및 판례의 등장을 앞두고 있는 현 상황에서, 본 논문은 주취운전죄와 관련된 행위의 주체(술에 취한 상태에 있는 자)와 방법(자동차 등을 운전하여)을 중심으로 그 내용을 살펴본 다음, 세부적인 문제점을 지적하고, 앞으로 전개되어야 할 바람직한 방향을 제시하고자 한다.

Ⅱ. 행위의 주체(술에 취한 상태에 있는 자)와 관련된 동향

1. '술에 취한 상태'의 의미

주취운전에 대한 규제방식은 크게 두 가지로 나누어 볼 수 있는데, 술의 영향으로 정상적인 운전을 할 수 있는가의 여부를 묻지 아니하고 일정한 혈중알코올농도8) 이상의 수치가 측정되면 처벌하는 방식과 이에 더하여 구체적인 운전불안의 상태가 초래되었는가를 고려하여 처벌하는 방식이 그것이다. 우리나라는 전자의 방식을 취하면서 혈중알코올농도 0.05%9) 이상만 되면 구체

---

8) 혈중알코올농도(BAC; Blood Alcohol Concentration)란 사람의 신체 내의 알코올함유량을 의미하는 것으로서, 몸에 있는 모든 알코올의 양을 몸에 있는 모든 수분의 양으로 나눈 것이다.

9) 일본의 경우 이전에는 처벌기준이 혈중알코올농도 0.05% 이상이었으나 平成19年(2007) 「도로교통법 시행령」 제44조의3을 개정하면서 혈중알코올농도 0.03% 이상으로 처벌수위를 강화하였다. 또한 루마니아, 체코, 헝가리 등은 혈중알코올농도 0.00% 이상을 처벌의 대상으로 삼고 있는데, 이와 같이 혈중알코올농도 제로의 규칙(Null Promile Regelung)을 준수하고 있는 국가에서는 운전자가 술을 한 모금이라도 마신 후 운전을 하였다면 바로 법규에 저촉되기 때문에 주취운전에 대한 법적인 규정을 통한 문제가 생길 소지는 극히 적다(박노

적 운전불안상태가 초래되었는지 여부를 묻지 아니하고 처벌의 대상으로 하고 있다. 즉, 누구든지 술에 취한 상태에서 자동차 등을 운전해서는 안 되는데, 운전이 금지되는 술에 취한 상태의 기준은 혈중알코올농도 0.05% 이상으로 규정되어 있다(제44조). 일반적으로 혈중알코올농도가 높으면 높을수록 교통사고의 위험성 및 피해의 정도 등도 상대적으로 증가하는 경향을 띠고 있기 때문에, 이에 비례하여 주취운전죄의 행위불법도 증가한다고 볼 수 있다. 수사 초기에 확정된 혈중알코올농도는 이후의 형사절차에서 불변의 常數로서 작용을 하게 되는데, 구체적으로 살펴보면 주취운전죄의 성립 여부를 좌우하는 결정적인 기준이 될 뿐만 아니라 구속영장청구 여부의 결정,[10] 행정처분(면허정지 또는 면허취소 등)의 종류 결정,[11] 양형의 참작사유[12] 등을 판가름하는 기준이 되기도 한다. 특히 2011. 6. 8.「도로교통법」제53차 개정에서는 혈중알코올농도의 세부적인 수치에 따라 형벌의 정도에 차등을 두게 되어, 향후 정확한 측정이 더욱더 중요시될 것으로 보인다.

한편 측정이라 함은 혈중알코올농도를 수치로 나타낼 수 있는 과학적 측정을 의미한다. 이와 같이 「도로교통법」은 운전자가 과연 알코올의 영향하에 운전하였는지 혹은 알코올로 인한 운전불안 상태에서 운전하였는지를 실질적으로 판단하는 것이 아니라 혈중알코올농도의 형식적 수치만을 기준으로 음주운전 여부를 판단하는 방법을 취하고 있기 때문에 주취의 정도를 혈중알코올

섭, "음주운전단속과 음주운전자에 대한 진술거부권의 고지",『경찰학연구』제5호, 경찰대학교, 2003, 298면). 외국의 음주운전과 관련된 처벌규정에 대하여 보다 자세한 논의는 전영실·정진성,『음주운전의억제방안 연구』, 한국형사정책연구원, 2010, 207-338면 참조.
10) 3회 이상 혈중알코올농도 0.05% 이상인 경우, 뇌물공여자, 혈중알코올농도 0.36% 이상인 경우, 혈중알코올농도 0.16% 이상인 상태에서의 중상사고, 혈중알코올농도 0.26% 이상인 상태에서의 경상사고 등은 구속영장청구의 기준이 된다.
11) 「도로교통법 시행규칙」(행정안전부령 제213호; 2011. 4. 30. 일부개정) 제91조 제1항 별표 28에 의하면, 혈중알코올농도 0.05% 이상부터 0.1% 미만은 운전면허 100일 정지, 혈중알코올농도 0.05% 이상을 넘어서 운전을 하다가 교통사고로 사람을 죽게 하거나 다치게 한 때·혈중알코올농도 0.1% 이상에서 운전한 때·2회 이상 술에 취한 상태의 기준을 넘어 운전하거나 술에 취한 상태의 측정에 불응한 사람이 다시 혈중알코올농도 0.05% 이상에서 운전한 때 등의 경우에는 운전면허 취소를 규정하고 있다.
12) 그 밖에 음주경위, 운전한 거리, 운전한 시간, 동종 범죄의 처벌전력, 차종과 직업, 교통사고의 발생 여부, 「도로교통법」상의 다른 규정 위반의 여부 등이 개별적인 양형인자로 고려될 수 있다.

농도로 환산할 수 있는 객관적이고 과학적인 측정만이 '측정'에 해당한다. 따라서 보행검사, 필기검사, 언어검사 등과 같은 것은 측정을 위한 예비적 검사방법에 불과할 뿐 그 자체가 '측정'에 해당하지는 않는다.

2. '술에 취한 상태'의 측정방법

1) 호흡주입식 음주측정기에 의한 측정(호흡검사)

(1) 의의

호흡주입식 음주측정기(이하 '호흡측정기'라고 한다)에 의한 측정은 호흡 속에 있는 알코올의 양을 측정하여 혈중알코올농도를 '추정'하는 방법인데, 호흡검사는 호흡측정기를 다룰 줄 알기만 하면 누구나 검사할 수 있는 방법이라는 점, 호흡측정기에 숨을 1~2차례 세게 불면 되기 때문에 신체에 대한 침해 내지 부담이 경미하다는 점, 단속현장에서 짧은 시간 내에 간단히 실시되고, 측정결과도 즉석에서 알 수 있다는 점, 간접적[13]인 측정이지만 혈중알코올농도와의 상관관계가 높아 정확성이 상당히 담보되는 측정방법으로 인정되고 있다는 점, 주취운전 단속의 실제에 있어서도 대부분 호흡측정기에 의한 측정방법에 의존하고 있다는 점,[14] 채혈에 대한 심리적인 거부감을 가지고 있는 운전자에게 있어서 호흡검사는 정서적으로도 부담이 적은 방법이라는 점 등으로 인하여 혈중알코올농도의 측정에 있어서 원칙적인 방법으로 사용되고 있다.

반면에 호흡에 의한 혈중알코올농도는 생리적 요소에 의하여 왜곡되거나

---

13) 「도로교통법」의 규정에 의하면 혈중알코올농도를 측정한 수치만이 음주운전에 대한 직접 증거가 되는 것이므로, 호흡측정이나 위드마크공식을 이용한 추정은 그 신빙성의 정도에 차이가 있으나 주취운전에 대한 간접증거가 되는 것에 불과하다.

14) 우리나라 음주단속에서 호흡검사가 약 94%를 차지하고 있고, 나머지 약 6%가 혈액검사라고 한다(김남현, "음주운전에 관한 형사법적 연구 -음주운전죄 및 음주측정불응죄를 중심으로-", 연세대학교 법학박사학위논문, 2006, 233면).

조정될 수 있다는 점, 호흡측정치를 기초로 산출한 혈중알코올농도가 채혈로 산출한 실제 혈중알코올농도와 일치하지 아니하는 경우도 있을 수 있다는 점, 피검사자의 심폐호기(心肺呼氣)가 충분히 채취되어야 하는 등 음주측정 방법에 상당한 주의를 하지 아니하면 정확성이 떨어질 수도 있다는 점, 호흡측정기 자체 또는 경찰관의 사용방법에 따른 오차가능성이 있다는 점,[15] 피검사자의 자발적인 협조가 반드시 필요하다는 점 등의 문제점이 지적되고 있다. 이러한 문제점으로 인하여 혈액검사에 비하여 호흡검사의 결과에 대한 신뢰성이 의심받기도 하는데, 호흡검사에 불복하여 혈액검사를 실시한 피검사자가 2006년 41,585명, 2007년 45,383명, 2008년 48,714명 등으로 매년 증가하는 추세를 보이고 있다.

그러나 최근에는 정밀도가 높은 호흡측정기가 개발되어 측정치의 신뢰도가 높아졌을 뿐 아니라 호흡측정기의 성능은 갈수록 향상되고 있다. 이는 호흡측정기 자체의 문제가 아니라 사용 미숙이나 자의적인 결과 조작 가능성의 문제를 해결해야 함을 시사한다. 생각건대 '정밀도가 높은' 호흡측정기의 '올바른' 사용이라는 요건이 충족된다면 정확성과 신뢰성의 문제는 충분히 극복될 수 있기 때문에 호흡측정기의 사용 그 자체를 문제 삼을 수는 없다고 본다.

(2) 호흡주입식 음주측정기의 사용방법

먼저 호흡측정기의 사용 전에 측정기 내의 알코올 감지장치(퓨얼셀, Fuel Cell)에서 알코올성분을 완전히 제거하여야 한다.[16] 알코올성분의 제거를 위해서는 보통 소거버튼(Set Button)을 누르고 5분 정도가 경과되어야 하고, 알코올성분이 제거되었는지의 확인은 측정버튼(Read Button)을 눌러 주취상태를

---

15) 경찰청에서도 측정기기의 오차가능성을 매 측정 시마다 0.005%로 인정하고 있다(황현락, "음주운전 단속관련 법제의 입법론적 고찰", 『한양법학회』 2011년도 춘계학술대회 발표문, 2011. 4, 28면).
16) 교통단속처리지침 제38조 제2항에 의하면 음주측정 시에 사용하는 음주측정기용 불대(mouth piece)는 1인 1회 사용함을 원칙으로 한다고 규정되어 있으나, 현실적인 여건상 잘 지켜지고 있지 않다.

표시하는 수치가 '0'이 나오는지를 확인하여야 한다. 그러나 이러한 확인을 한 경우라도 아직 퓨얼셀에 알코올성분이 남아있을 수 있으므로 30분 이상의 시간이 경과된 후에 사용하는 것이 바람직하다.

또한 정확한 혈중알코올농도를 측정하기 위해서는 피검사자의 폐 속 깊숙이 심폐호흡된 공기를 측정하여야 하는데 일반적으로 측정 직전에 술을 마신 사람은 측정할 때에는 폐 속 깊숙이 호흡된 공기가 아닌 입 안에 남아 있는 알코올이나 위에서 토해진 공기를 측정하게 되므로 실제의 혈중알코올농도보다 과대표시된 측정치(소위 'Mouth Alcohol')를 얻게 되는바, 이러한 경우로 판단되면 약 15분 정도 기다렸다가 재측정을 하여야 정확한 음주상태를 측정할 수 있다.[17] 만약 이와 같은 사용방법에도 불구하고 납득할 수 없는 측정치가 나온 경우에는 2~3회 반복하여 측정함으로써 정확한 음주상태를 측정할 필요가 있다.

또한 호흡검사는 장에서 흡수되어 혈액 중에 용해되어 있는 알코올이 폐를 통과하면서 증발되어 호흡공기로 배출되는 것을 측정하는 것이므로, 최종 음주 시로부터 상당한 시간이 경과하지 아니하였거나 트림, 구토, 치아보철, 구강청정제 사용 등으로 인하여 입 안에 남아 있는 알코올, 알코올 성분이 있는 구강 내 타액, 상처부위의 혈액 등이 폐에서 배출된 호흡공기와 함께 측정될 경우에는 실제 혈중알코올농도보다 수치가 높게 나타나는 경우가 있어, 피검사자가 물로 입 안 헹구기를 하지 아니한 상태에서 한 호흡측정기에 의한 혈중알코올농도의 측정결과만으로는 혈중알코올농도가 반드시 그와 같다고 단정할 수 없거나 호흡측정기에 의한 측정수치가 혈중알코올농도보다 높을 수 있다는 의심을 배제할 수 없다.[18] 즉, 음주측정을 함에 있어서는 음주측정 기계나 운전자의 구강 내에 남아 있는 잔류 알코올로 인하여 잘못된 결과가 나오지 않도록 미리 필요한 조치를 취하는 등[19] 그 측정 결과의 정확성과 객관

---

17) 수원지방법원 1992. 2. 20. 선고 91노1452 판결.
18) 대법원 2006. 11. 23. 선고 2005도7034 판결.
19) 교통단속처리지침 제38조 제3항: 음주측정자는 음주측정 시에 운전자에게 최종 음주시간 및 구강청정제 등 유사 알코올 사용여부를 확인하여 구강 내 잔류알코올에 의한 과대 측정을 방지하여야 한다.

성이 담보될 수 있는 공정한 방법과 절차에 따라 이루어져야 하고, 만약 당해 음주측정 결과가 이러한 방법과 절차에 의하여 얻어진 것이 아니라면 이를 쉽사리 유죄의 증거로 삼아서는 아니 된다.[20]

2) 혈액채취에 의한 측정(혈액검사)

이상적인 혈중알코올농도의 측정장소는 대뇌 속의 혈액을 측정하는 것이지만 그 측정이 쉽지 않고 대뇌 속의 혈중알코올농도와 다른 신체부위의 혈중알코올농도가 거의 비례하기 때문에 일반적으로 팔과 같은 신체 일부분의 혈액채취를 통하여 혈중알코올농도를 측정하고 있다.[21] 이와 같이 혈액검사는 운전자의 신체에서 혈액을 채취하여 그 성분을 분석하는 방법으로서, 혈중알코올농도를 가장 정확하게 측정하는 방법이다. 하지만 혈액검사는 의료인만이 행할 수 있기 때문에 피검사자를 병원으로 데려가야 한다는 점, 이와 같이 측정의(測定醫)가 있는 곳까지 이동하여야 하므로 신체의 자유에 대한 제한도 더 많고 장기화될 수 있다는 점, 신체에 대한 훼손 정도나 위험성 면에서 호흡검사와 비교해 볼 때 훨씬 더 심각한 방법이라는 점, 혈액을 채취하여 분석하는 과정이 번거롭고 시간이 걸린다는 점 등의 문제점이 지적되고 있다.

또한 혈액검사를 하기 위해서는 피검사자의 요구가 있어야 한다.[22] 피검사자가 채혈을 요구하거나 측정 결과에 불복하는 때에는 주취운전자 적발보고서를 작성한 후 즉시 피측정(검사)자의 동의를 얻어 가장 가까운 병원 등 의료기관에서 채혈한 혈액을 반드시 국립과학수사연구소에 감정의뢰하여야 한다(교통단속처리지침 제38조 제6항). 하지만 피검사자의 요구에도 불구하고 경찰공무원이 반드시 혈액검사를 실시할 의무는 없다고 한다.[23] 경찰관은 자신

---

20) 대법원 2008. 8. 21. 선고 2008도5531 판결.
21) 정성학, "음주운전 시 혈중알코올농도 消去率에 관한 연구", 경희대학교 법학박사학위논문, 2003, 18면.
22) 피검사자의 동의를 원칙으로 하지만 동의가 없더라도 경우에 따라서는 법관의 영장에 의한 강제채혈이 가능하다.
23) 서울지방법원 1995. 11. 17. 선고 94가단151823 판결.

이 사용하는 호흡측정기가 정상적으로 작동하는 것이 아니라는 합리적 의심이 들 때에만 예외적으로 혈액검사를 실시할 의무가 있다는 것이다.[24] 예를 들어 2차, 3차 측정 결과에 비추어 최초의 측정 결과가 잘못된 것이었을 개연성이 높다면, 주취운전자로 적발한 경찰관은 최초 측정 결과에 대하여 의심을 품고 최초 측정에 사용하였던 음주측정기가 정상적으로 작동되는 것인지 여부를 확인하거나 피검사자가 요구한 대로 채혈검사를 시행하여 보는 등으로 최초의 측정수치가 올바른 것인지의 여부를 확인하기 위한 필요조치를 취하여야 한다.

한편 호흡측정치와 혈액측정치라는 2개의 수치가 존재할 경우 어떠한 수치를 기준으로 운전 당시의 혈중알코올농도를 확정할 것인가가 문제될 수 있는데, 대법원에 의하면 호흡측정기에 의한 음주측정치와 혈액검사에 의한 음주측정치가 다른 경우에 어느 음주측정치를 신뢰할 것인지는 법관의 자유심증에 의한 증거취사선택의 문제라고 할 것이나, 호흡측정기에 의한 측정의 경우 그 측정기의 상태, 측정방법, 상대방의 협조 정도 등에 의하여 그 측정결과의 정확성과 신뢰성에 문제가 있을 수 있다는 사정을 고려하면, 혈액의 채취 또는 검사과정에서 인위적인 조작이나 관계자의 잘못이 개입되는 등 혈액채취에 의한 검사결과를 믿지 못할 특별한 사정이 없는 한, 혈액채취에 의한 감정결과를 호흡측정기에 의한 감정결과에 우선시키고 있으며,[25] 교통단속처리지침 제38조 제10항에서도 채혈하여 감정의뢰한 경우 감정결과는 음주측정기 측정결과에 우선한다고 규정되어 있다.

---

24) 이에 대하여 호흡검사를 통한 음주측정 결과에 불복하는 경우, 경찰의 왜곡측정을 방지하기 위하여 운전자에게 혈액검사를 요구할 수 있는 권리를 법적으로 완전히 보장하자는 견해(하태영, "「도로교통법」 제41조 제3항 개정 필요성", 『형사정책』 제17권 제1호, 한국형사정책학회, 2005. 6, 247면)가 있다.
25) 대법원 2004. 2. 13. 선고 2003도6905 판결.

3) 위드마크공식에 의한 측정

(1) 의의

음주의 측정은 운전 직후에 하는 것이 가장 효과적인 방법이지만, 그렇지 못한 상황이 발생할 수 있다. 예를 들면 음주혐의가 있는 운전자가 교통사고를 내고 도주하여 뒤늦게 자수하거나 체포된 경우, 교통사고 후 출동한 경찰관이 사고수습으로 인하여 상당한 시간이 흐른 뒤에야 음주상태를 확인한 경우, 음주혐의가 있는 운전자가 차량운전을 종료한 후 음주측정을 받기 전에 다시 술을 마신 경우, 음주운전의 혐의가 목격자의 진술 등에 의하여 뒤늦게 밝혀진 경우, 음주운전 사실이 적발되지 않고 있다가 사후에 다른 사건을 조사하면서 음주운전 사실이 발각된 경우, 처음에는 운전자가 다른 사람인 줄 알고 교통사고를 조사하였는데 이후 실제 운전자가 밝혀진 경우 등이 그것이다. 이러한 경우는 호흡검사나 혈액검사를 통하여도 운전 당시의 정확한 혈중알코올농도를 측정할 수가 없는데, 이와 같은 '측정'이 불가능한 상황에서 등장한 기법이 위드마크공식[26]을 이용한 '추산' 방식이라고 하겠다. 현재 사용되고 있는 위드마크공식은 Widmark 이후 다른 학자들의 연구결과가 합쳐진 것인데,[27] 우리나라에서는 1985년부터 도입하여 사용하고 있다.[28] 또한 대법

---

[26] 1932년 스웨덴의 의학자 Widmark가 인체 내 알코올의 흡수 및 분해 과정을 연구하여 운전 당시의 알코올농도를 추산할 수 있는 공식을 만들었다. 실험대상은 당시 Widmark가 재직하던 스웨덴의 Lund대학 의과대학 재학생 30명이었고, 남성 20명, 여성 10명이며, 19세에서 40세 사이였다. 실험 시 공복에 희석알코올음료, 브랜디, 코냑 등 세 종류의 술을 마시게 하였고, 약 15분 내에 신속하게 마시게 하였다. 실험대상자들로부터 술을 마신 후 4시간 동안 9회에 걸쳐 혈액을 채취하여 혈중알코올농도를 측정하였다. 이러한 실험을 54일 동안 유사한 조건에서 반복 시행하였다. 이에 Widmark가 "Die Theoretischen Grundlagen und die praktische Verwenbarkeit der gerichtlich-medizinischen Alkoholbestimmung"라는 논문을 발표하였고, 이 논문은 1981년 미국 California대학의 Baselt 교수가 "Principles and Applications of Medicolegal Alcohol Determination"이라는 제목으로 영문판으로 번역하였다.

[27] 한창호, "위드마크 공식에 의한 주취정도의 인정에 관하여", 『형사재판의 제 문제 제3권』, 형사실무연구회, 2000, 359면.

[28] 위드마크공식이 도입된 배경은 1980년 음주측정기의 도입 후 음주측정불응죄의 신설에도

원은 이를 일종의 경험칙으로 인정하고, 그 결과를 유죄의 증거로 활용하고 있다.[29)

(2) 위드마크공식의 내용

위드마크공식은 제1공식(기본공식)과 제2공식(시간의 경과를 고려한 공식)으로 나누어져 있는데, 제1공식과 제2공식은 알코올이 체내에 섭취되어 혈액에 흡수되는 과정과 이러한 알코올이 간에 의해 분해되어 가는 과정의 두 부분에 대한 계산방법을 의미한다. 먼저 제1공식은 'C(최고치의 혈중알코올농도)=A/(p×r)'로 표현된다. A는 섭취한 알코올양을 의미하는데, 이는 '음주량(㎖)×알코올농도(%)×0.7984[30)'로 계산된다. p는 체중을 의미하는데, 가장 큰 개인차를 만들어 내는 요소이다. 알코올은 물에 친화성이 있기 때문에 체액이 많은 사람, 즉 체중이 많이 나가는 사람은 같은 양의 알코올을 섭취하더라도 혈중알코올농도가 낮은 상태가 유지되기 때문이다. 위드마크공식에 따르면 혈중알코올농도는 마신 알코올의 양에 비례하고 체중에 반비례한다. r은 위드마크상수(내지 분해상수)를 의미하는데, 위드마크상수는 '몸에 있는 모든 수분의 양(TBW, Total Body Water)/혈액 내 수분율(0.8)'로 계산된다. 즉, 위드마크상수란 혈액 속의 수분에 대한 몸속의 수분의 비율을 의미하는데, 우리 몸이 알코올을 흡수하는 혈액만으로 이루어져 있는 것이 아니고 그렇지 않은 고형물질(뼈)이나 체지방으로도 이루어져 있기 때문에 고려한 계수이다. 몸에 지방이 적은 사람이 지방이 많은 사람보다 수분비율이 높은데, 일반적으로 여자가 남자보다 지방성분이 많고 수분비율이 상대적으로 낮기 때문에 남자와

불구하고 측정지연사례가 늘어나고 또 「교통사고처리특례법」의 시행으로 주취운전사고에서 주취의 입증여부는 교통사고 피의자의 엄정한 처벌뿐만 아니라 피해자의 피해보상에도 상당한 영향을 미치게 되었기 때문이다(김남현, "위드마크 공식에 의한 주취운전죄 입증에 관한 연구-체내알코올농도 추정 영향요인에 관한 문제점을 중심으로-", 『경찰학연구』 제16호, 경찰대학교, 2008. 4, 2면).

29) 대법원은 99도128 판결에서 최초로 위드마크공식의 적용가능성을 시사하였고, 99도5541 판결에서 이를 최초로 적용하여 유죄를 인정하였다.

30) 알코올의 비중인 0.7984g/㎤를 의미한다.

여자의 위드마크상수는 차이가 난다. Widmark의 1931년 당시 연구결과에 의하면 r의 값은 남성의 경우 0.52~0.86으로 중간치가 0.68이고, 여성의 경우 0.47~0.64로 중간치가 0.55였다. 이후 Watson과 Dubowski의 연구결과에 의하면 남성의 경우 0.6629~0.7971이고, 여성의 경우 0.578~0.742라고 한다.

제1공식은 소화기관에서 흡수된 알코올의 양만을 기준으로 하고 분해되는 알코올의 양을 고려하지 않기 때문에 C는 최고치에 이른 혈중알코올농도를 의미한다. 섭취된 알코올은 구강이나 목구멍에서 소량 흡수되고, 대부분 위장으로 내려가 흡수되고, 나머지는 소장에서 흡수되고 이 상태에서 혈중알코올농도가 최고정점에 도달하게 된다. 위와 장에서의 흡수과정이 필요하기 때문에 혈중알코올농도가 최고치에 이르기 위해서는 술을 마신 이후 어느 정도의 시간이 필요하다. 알코올의 흡수속도는 여러 가지 변수에 따라 달라질 수 있고, 또한 시간이 지남에 따라 흡수된 알코올이 다시 간에서 분해된다는 점을 고려해야만 운전 당시의 혈중알코올농도를 정확히 산출해 낼 수 있다. 이러한 점 때문에 다음과 같은 제2공식이 등장한다.

제2공식은 'Ct(음주 후 일정시간이 지난 시점의 혈중알코올농도)=A/(p×r)-bt'로 표현된다. b는 시간당 알코올분해율을 의미하는데, 간에서의 알코올분해속도는 개인에 따라 편차가 큰 편이다. 이는 개인의 음주습관, 음주 후 신체활동의 정도 등 여러 가지 변수에 따라 달라질 수 있는데, 0.008%부터 0.030%까지 편차가 있으며, 그 평균값은 0.015%로 보고 있다. 이와 같이 혈중알코올농도는 일정한 시간에 최고정점에 이른 후 시간당 약 0.008~0.030%씩 감소하는 것으로 인정되고 있다. 따라서 최고점의 혈중알코올농도에서 음주 후 경과된 시간에 시간당 알코올분해량을 곱한 수치를 빼면 운전 당시의 혈중알코올농도를 추정할 수 있다. 그리고 t는 음주 후 경과된 시간[31]을 의미한다.

마지막으로 제1공식과 제2공식을 이용하여 운전 종료 후 일정한 시간이 경과된 뒤에 혈중알코올농도가 측정된 경우, 이를 기초로 하여 운전 당시의 혈중알코올농도를 역추산(제3공식)할 수 있는데, 제3공식은 '운전 당시의 혈중

---

31) 여기서 t를 음주 시작시점으로 계산할 것인가 아니면 음주 종료시점으로 계산할 것인가가 문제될 수 있는데, Widmark는 t를 음주 시작시점으로 보았다.

알코올농도=Ct+bt'로 표현된다. 예를 들면 채혈에 의한 혈중알코올농도의 계산에 있어 운전 종료 시부터 일정한 시간이 경과한 후에 채취한 피검사자의 혈액을 검사하여 나온 혈중알코올농도는 운전시가 아닌 채혈 시의 혈중알코올농도에 지나지 아니하므로 운전 시의 혈중알코올농도를 구하기 위해서는 운전 시부터 채혈 시까지 알코올분해율을 더 하여야 하며,[32] 이 경우 알코올분해율은 평균수치가 아니라 피고인의 이익을 위하여 가장 유리한 수치를 적용하여야 한다.[33]

(3) 대법원이 제시하는 위드마크공식의 적용요건

① 상황적 요건

② 전제사실의 엄격한 증명

범죄구성요건사실의 존부를 판단하기 위하여 위드마크공식과 같은 수학공식 등의 경험칙[34]을 이용하려면 동 법칙 적용의 전제가 되는 개별적이고 구

---

32) 박기주, "위드마크 공식을 적용하여 혈중알코올 농도를 계산할 수 있는 경우", 『대법원판례해설』 제37호, 법원도서관, 2001. 상반기, 453면.

33) 대법원 2008. 8. 21. 선고 2008도5531 판결.

34) 자연법칙이나 예외를 허용하지 않는 경험법칙 또는 확실성에 가까운 고도의 개연성을 지닌 경험법칙은 엄격한 의미의 보편타당성을 지닌 경험법칙에 해당한다. 그러나 일상생활의 경험상 일정한 규칙성을 띠고는 있지만 예외의 가능성도 있는 경험법칙이라면, 엄격한 보편타당성을 지니고 있다고 말할 수는 없다(한영수, "혈중알코올농도를 추산하는 경험법칙(위드마크 공식)의 사용에 관하여", 『형사재판의 연구Ⅱ』(지송 이재상 교수 화갑기념논문집, 2004, 361면). 이에 대하여 위드마크공식은 특이체질이나 예외적 사유를 배제한 경

체적인 사실에 대해서 자유로운 증명으로 족하지 않고 엄격한 증명이 있어야 한다. 즉, 음주량, 음주시각, 체중, 신장, 나이 등에 대한 엄격한 증명이 전제되어야 한다.

③ 피고인에게 가장 유리한 常數의 대입

위드마크공식의 적용에 필요한 기본자료들 이외에도 음주 후 특정 시점에서의 혈중알코올농도에 영향을 줄 수 있는 다양한 요소들이 있으므로, 특별한 사정이 없는 한 피검사자가 평균인과 마찬가지의 요소들을 갖추고 있다고 쉽게 단정할 것이 아니라 증거에 의하여 명확히 밝혀져야 한다. 이러한 모든 증명을 위하여 필요하다면 전문적인 학식이나 경험이 있는 사람들의 도움 등을 받아야 하고, 만일 그 공식의 적용에 있어 불확실한 점이 남아 있고 그것이 피고인에게 불이익하게 작용한다면 그 계산결과는 합리적인 의심을 품게 하지 않을 정도의 증명력이 있다고 할 수 없다.[35] 그렇기 때문에 개인마다 편차가 존재하는 위드마크상수나 알코올의 체내흡수량 및 시간당 알코올분해량 등에 관해서는 평균인의 수치를 쓰는 것이 아니라 이미 알려진 신빙성 있는 기존의 연구결과 중에서 피고인에게 가장 유리한 값을 대입하여야 한다. 여기서 가장 유리한 값이라 함은 다음과 같다. 첫째, 몸의 수분비율의 경우, 일반적으로 남자는 0.52~0.86으로 나오므로, 0.86을 대입할 것, 둘째, 알코올흡수량의 경우, 알코올이 위에서 소화되기 전에 이미 10~30%가량 소실되므로, 70%를 대입할 것, 셋째, 시간당 알코올분해량의 경우 일반적으로 0.008~0.030%이므로, 0.030%를 대입할 것(반대로 역추산의 경우에는 0.008%를 대입할 것) 등이 그것인데, 이러한 대입의 결과 혈중알코올농도가 0.05%를 초과하였다면, 유죄를

험법칙으로 볼 수는 없는데, 대법원이 이를 경험칙으로 인정하는 것은 자연법칙이나 예외를 허용하지 아니한 경험법칙과 예외가 가능한 생활법칙을 혼동한 것이라고 보는 견해[황일호, "위드마크(Widmark) 공식의 적용에 대한 대법원 판례의 문제점", 『형사법연구』 제21권 제1호(통권 제38호), 한국형사법학회, 2009. 3, 390면]가 있다.

35) 대법원 2006. 11. 23. 선고 2005도6368 판결; 대법원 2000. 10. 24. 선고 2000도3307 판결; 대법원 2000. 10. 24. 선고 2000도3145 판결.

인정하고 있다. 즉, 정확한 값을 판단할 수 없는 경우에는 평균치를 대입하는 것이 아니라 피고인에게 가장 유리한 값을 대입하고 있는 것이다.[36] 예를 들면 역추산 방식에 의하여 운전시점 이후의 혈중 알코올분해량을 가산함에 있어서 시간당 0.008%는 피고인에게 가장 유리한 수치이므로 특별한 사정이 없는 한 이 수치를 적용하여 산출된 결과는 운전 당시의 혈중 알코올농도를 증명하는 자료로서 증명력이 충분하다 할 것이고, 그 이상의 시간당 감소치를 적용하기 위해서는 이를 정당화할 만한 특별한 사정에 대한 입증이 있어야 할 것이다.[37]

④ 상승 또는 하강 시점의 판단

위드마크공식을 적용하여 산출된 혈중알코올농도가 처벌기준인 0.05%를 훨씬 초과하는 경우에는 유죄의 증거로 사용할 수 있지만, 단지 약간 상회하는 경우에는 운전 시점의 혈중알코올농도가 최고치를 향하여 상승하는 시점인지 최고치를 지나 하강하는 시점인지 확인하여야 한다. 적발시점과 혈액채취시점 사이에 혈중알코올농도가 상승기였는지 하강기였는지를 알 수 없다면 위드마크공식에 의한 역추산 방식에 상당한 의문과 불확실성이 내재할 수밖에 없다.[38] 또한 음주운전 시각이 혈중알코올농도가 최고치를 향하여 상승하고 있는 상황에 속하는지 아니면 최고치에 이른 후 하강하고 있는 상황에 속하는지 확정할 수 없고 오히려 상승하는 상황에 있을 가능성이 농후한 경우에는, 그 음주운전 시점으로부터 상당한 시간이 경과한 후 측정한 혈중알코올농도를 기초로 위드마크공식 중 시간경과에 따른 분해소멸에 관한 부분만을 적용하여 혈중알코올농도 측정시점으로부터 역추산하여 음주운전 시점의 혈중알코올농도를 확인할 수는 없다.[39]

---

36) 하지만 이에 대하여 정확한 값을 알 수 없다면 기존 연구결과의 가장 유리한 값을 대입하여 유죄판결을 내리기보다는, 아예 무죄선고를 내려야 한다고 보는 견해(한영수, "음주운전 수사방법인 음주측정의 형사절차법적 문제점과 입법론적 해결방안", 『형사정책연구』 제12권 제4호, 한국형사정책연구원, 2001. 12, 31-32면)도 있다.
37) 대법원 2001. 8. 21. 선고 2001도2823 판결.
38) 대법원 2006. 10. 26. 선고 2006도5683 판결.

(4) 위드마크공식의 적용상 문제점

① 개인차가 심한 알코올의 흡수과정 및 분해과정

혈중알코올농도는 위와 장에서 흡수과정을 거치면서 증가하고, 동시에 간 등에서 분해되기 시작하면서 감소한다. 혈중알코올농도는 술을 마신 후 알코올이 흡수되면서 일정시점까지는 급격히 증가하여 최고점을 이루다가, 그 후 흡수되는 알코올의 양보다 분해되는 양이 많아지면서 천천히 감소한다. 여기서 흡수와 분해의 정도는 개인에 따라 그 편차가 큰 편인데,[40] 이는 음주와 함께 안주의 섭취 여부 및 양, 알코올의 농도, 술의 양과 종류,[41] 식사의 양,[42] 음주시각(주간 또는 야간), 음주의 지속시간, 음주속도, 음주습관, 음주와 식사시간의 간격, 음주 후 신체활동의 정도, 음주 시 위장에 있는 음식의 정도, 평소의 음주정도, 직전 음주와의 시간적인 간격, 성별, 체중, 비만도, 나이, 신장, 체질, 인종, 지역, 풍습 등에 따라 달라질 수 있다. 이와 같이 알코올의 흡수과정과 분해과정은 개별적인 사안에 따라 천차만별인데, 위드마크공식은 이를 전혀 고려하고 있지 않은 문제점이 있다. 위드마크공식은 실험과정에서 피실험자가 다른 음식물과 같이 술을 마시는 것이 아니라 오직 술만 마신 점, 일정

---

39) 대법원 2007. 1. 11. 선고 2006두15035 판결.

40) Dubowski 교수의 실험결과 최고치 도달시점은 알코올 섭취 후 개인에 따라 14∼138분으로 나타났다. 한편 경찰에서의 음주단속 시 최고 정점에 도달하는 시간을 여자의 경우는 30분, 남자의 경우는 30∼60분으로 보고 있으며(경찰청, "음주운전 수사 시 위드마크 공식 계산 적용 시 유의사항 시달", 경찰청 교통사고 조사단속 관련 질의회신집, 2000, 225면), 대법원(대법원 2005. 7. 14. 선고 2005도3298 판결)은 음주 후 30∼90분 사이로 보고 있다. 또한 혈중알코올농도가 최고치에 이르는 시간을 20분∼120분 사이 정도라고 보는 견해(이윤제, "혈중알코올농도 산정에 필요한 위드마크공식에 관한 연구", 『법제』 제597호, 법제처, 2007. 9, 189면)도 있다. 이상을 종합해 볼 때, 음주 후 1시간 30분이 경과한 경우에도 혈중알코올농도가 최고치에 이르지 않을 수도 있다는 결론을 도출할 수 있다.

41) 술의 알코올농도가 10∼30%인 경우에 빠른 흡수율을 보이고, 그 이하인 경우에는 마신 술의 양이 많아 위장을 통과하는 데 시간이 걸리고, 그 이상인 경우에는 강한 알코올이 위액의 분비를 증가시키고 위장통과를 지연시켜 흡수율이 낮은 것으로 나타나고 있다.

42) 혈중알코올농도 최고치의 도달은 공복인 경우 30분이라면 적은 식사의 경우는 60분, 통상 식사의 경우는 90분, 많은 식사의 경우는 120분으로 나타나고 있다.

한 시간에 걸쳐 천천히 술을 마시는 것이 아니라 일시에 마신 점 등으로 인해 일반적인 음주와 다른 비현실적인 측면이 있다.[43] 위드마크공식은 이와 같은 개별적인 개인적 특성과 구체적인 상황의 차이를 고려하지 않고 일정 수의 성인 남녀를 대상으로 실시한 실험결과를 통계적으로 분석한 자료에 불과할 뿐만 아니라 동일한 조건에서 시행한 실험결과에 의하더라도 개인에 따라 r의 값은 50% 이상, b의 값은 4배 가까이 차이가 나는 것도 발견할 수 있다.[44]

② 전제사실에 대한 출처의 부정확성

위드마크공식의 적용에 필요한 여러 가지 요소는 대부분 피의자의 진술에 의존할 수밖에 없다는 문제점이 있다. 특별한 사정이 없는 한 피검사자는 자신에게 유리한 진술을 하기 위하여 음주한 술의 종류와 양, 음주시간 등을 낮게 허위로 진술할 것이며, 오히려 진실한 사실을 진술하는 경우가 극히 예외적인 현상일 것이다. 또한 피검사자는 실제로 술을 마실 당시에 술의 양[45]과 종류, 식사의 양, 음주시각, 음주시간, 음주속도, 음주와 식사시간의 간격, 음주 후 신체활동의 정도, 음주 시 위장에 있는 음식의 정도, 직전 음주와의 시간적인 간격 등에 대하여 자세히 기억을 할 수도 없을 것이다. 그리하여 전제되는 사실 중 객관화가 가능한 것은 체중, 신장 등을 제외하면 거의 없다. 음주량이나 음주시각 등은 객관화가 가능하다고 보는 견해[46]도 있지만, 실제 사

---

43) 허윤, "호흡측정 결과에 불복하여 혈액채취한 운전자의 혈중알코올농도 수치가 0.05% 이하인 경우 위드마크공식을 적용하여 음주운전의 증명이 있다고 볼 수 있는지 여부", 『재판실무연구 2005』, 광주지방법원, 2006. 1, 97-98면.

44) 서울고등법원 1999. 8. 25. 선고 99노1536 판결(범죄에 대한 입증은 합리적이고 의심의 여지가 없는 정도의 증명을 필요로 하는바, 단지 통계적 수치를 단순화한 데 불과하여 개인에 따라 엄청난 오차를 허용하는 위드마크공식은 구체적으로 특정된 피고인에 대하여 엄격한 증명을 요하는 형사재판에서는 유죄의 근거자료가 될 수 없다).

45) 예를 들어 소주 한 병을 두 명이서 나누어 마셨다고 하더라도 술잔에 따른 술의 정도, 마신 술잔의 수, 마신 술잔의 크기 등의 다양성으로 인하여, 언뜻 보기에는 술의 양을 쉽게 측정할 수 있게 보이지만 실상은 그렇지 않다.

46) 김우진, "음주운전죄에 있어서 혈중알코올농도와 위드마크 공식", 『형사판례연구』 제11권, 형사판례연구회, 2003, 474면; 한영수, "형사절차에 있어서 경험법칙(위드마크공식)활용의 문제점", 『아주법학』 제1권 제2호, 아주대학교 법학연구소, 2007, 186면.

례에서 불가능한 경우가 더 많이 발생할 수 있다. 특히 여러 장소를 옮겨 다니면서 여러 종류[47]의 술을 마셨다면, 술의 양과 음주시각을 구체적으로 특정하기란 매우 어려운 일이다. 또한 진술한 내용의 진위 여부를 사후에 확인할 수 있는 방법이 사실상 없다고 볼 수도 있다. 이러한 이유로 인하여 일본의 경우 최고재판소에서 위드마크공식에 의하여 유죄를 인정한 사례는 없고, 하급심의 경우 위드마크공식에 의한 결과를 부정하는 사례만이 있을 뿐이다.[48]

③ 추산치의 근본적인 한계

위드마크공식은 추산치를 근거로 하기 때문에 정확한 측정치가 나올 수 없다. 특히 0.050% 근처에 나온 수치에 대해서는 죄의 성립여부를 확정하기가 어렵다. 이에 따라 0.0503%,[49] 0.0510%,[50] 0.0518%,[51] 0.0530%,[52] 0.0540%[53], 0.0650%[54] 등인 경우에는 근소한 초과라고 하여 무죄를 판결한 반면에, 0.0517%,[55] 0.0636%,[56] 0.0970%,[57] 0.1177%[58] 등인 경우에는 상당한 초과라고 하여 유죄를 판결하고 있다. 하지만 수치의 근소성 내지 상당성을 판단하는 구체적인 기준이 없기 때문에 사례에 따라 개별적인 판단을 하고 있을 뿐이며, 다만 위드마크공식에 의하여 산출한 혈중알코올농도가 법이 허용하는

---

47) 특히 일명 '폭탄주'의 경우에 있어서는, 섞는 종류의 술의 알코올도수가 다르다는 점, 섞는 비율 또는 양이 항상 일정하지가 않아 매번 폭탄주의 알코올도수가 다르다는 점 등으로 인하여 정확한 술의 양과 종류를 측정하기란 불가능하다.

48) 大阪地裁 平成19年(2007) 6月 11日 判決; 佐賀地裁 平成20年(2008) 12月 12日 判決(…음주량, 음주시간 등이 원고의 기억에 의한 추정치로서 그 결과의 신용성에 중대한 의문이 있으므로 음주운전을 인정할 수 없다).

49) 대법원 2003. 4. 25. 선고 2002도6762 판결.

50) 대법원 2005. 7. 28. 선고 2005도3904 판결.

51) 대법원 2005. 7. 14. 선고 2005도3298 판결.

52) 대법원 2006. 10. 26. 선고 2006도5683 판결.

53) 대법원 2001. 7. 13. 선고 2001도1929 판결.

54) 대법원 2006. 11. 23. 선고 2005도6368 판결.

55) 대법원 2005. 2. 25. 선고 2004도8387 판결.

56) 대법원 2001. 8. 21. 선고 2001도2823 판결.

57) 대법원 2000. 10. 24. 선고 2000도3307 판결.

58) 대법원 2000. 11. 10. 선고 99도5541 판결.

혈중알코올농도를 상당히 초과하는 것이 아니고 근소하게 초과하는 정도에 불과한 경우라면 위드마크공식에 의하여 산출된 수치에 따라 범죄의 구성요건 사실을 인정함에 있어서 더욱 신중하게 판단하여야 할 것이라고 한다.59) 그리고 수사기관에서 사건발생시각을 특정함에 있어서 대략 10분 단위로 끊어서 특정하고 있는 점에 비추어 볼 때, 호흡측정기 자체의 기계적 오차가능성을 감안하지 않는다 하더라도 사건발생시각을 특정하는 과정에서 발생하는 오차가능성도 무시할 수가 없다. 또한 대법원은 위드마크요소나 알코올분해율의 적용에 있어서 피고인에게 가장 유리한 수치를 적용한 결과는 그 결과수치에 대한 증명이 아니라 운전자가 운전 당시 「도로교통법」상 주취운전에 대한 처벌이 가능한 혈중알코올농도인 0.05%를 초과하는 상태에 있었다고 인정할 수 있는 한에서 증명력이 있는 것으로 보고 있다.60) 이러한 판례의 태도는 위드마크공식이 자연법칙과 같은 과학적 증명력을 인정하는 데 쓰일 수 없다는 반증이기도 하다.

(5) 검토: 전문가 감정의 필수화

최근 대법원의 위드마크공식에 대한 논의는 과거와 달리 그 적용여부의 문제가 아니라 어떠한 전제조건하에서 어떠한 범위에 대하여 이를 적용할 것인가 하는 문제로 제기되고 있다. 즉, 위드마크공식 자체61)는 증거능력을 문제삼을 정도의 하자나 오류가 없고, 다만 그 적용에 있어서 구체적인 고려요소의 차이와 개인의 편차가 있으므로, 공식의 적용에 있어 고려하여야 할 요소를 고려하지 않았다거나 개인적 편차를 무시하였을 경우 그 신빙성이 문제될 수 있다고 한다.62) 위드마크공식은 경험법칙으로 증명되어야 할 사실이 아니

---

59) 대법원 2008. 8. 21. 선고 2008도5531 판결.
60) 대법원 2000. 11. 10. 선고 99도5541 판결.
61) 민사 손해배상사건의 경우에 장해율 산정의 기초가 되는 맥브라이드표가 그러하듯이 위드마크공식 또한 오랜 세월이 경과한 관계로 현재에도 유효한 공식으로 볼 수 있는가도 문제될 수 있다(김우진, 앞의 논문, 475면).
62) 박기주, 앞의 논문, 453면; 심규홍, "음주운전 처벌의 실무상 제반 문제점: 음주측정을 중심으로", 『재판실무』 제3집, 창원지방법원, 2005, 364면; 이윤제, "음주운전의 혈중알코

라 어느 정도 일반화된 지식이므로 위드마크공식에 대한 증명은 필요 없지만, 이와 같은 경험법칙의 전제되는 사실의 증명문제가 등장하는 것이다. 하지만 전제사실에 대한 엄격한 증명의 방법으로 고려되는 것으로 피고인 또는 목격자의 진술, 술을 마신 장소의 매출전표 등을 들고 있는데, 이것만으로는 충분하지 않다고 본다. 그러므로 실무에서 활용되고 있는 수사보고서의 기재내용만으로는 유죄인정의 자료로 판단할 수 없다.[63] 이를 근거로 음주량이나 음주시각 등을 판단하는 것에는 한계가 있기 때문이다. 이러한 문제점을 인식한 판례는 위드마크공식을 적용한 혈중알코올농도의 추정계산에는 여러 가지 불확실하고 개별적인 요소들이 많음을 인정하고, 비전문가가 하기에는 적절하지 않고 특별한 학식이나 경험이 필요한 부분이라 할 것이므로 가능한 한 감정인의 도움을 받아야 한다고 공식의 적용에 제한을 가하고 있다.[64] 여기서 특별한 학식이나 경험을 가진 감정인으로 고려할 수 있는 것이 국립과학수사연구소라고 판단된다. 채혈의 경우에도 필수적으로 국립과학수사연구소의 감정이라는 절차를 거치는 것과 마찬가지로 위드마크공식의 전제되는 사실의 증명도 국립과학수사연구소의 감정을 통하여야 할 것이다. 다소 절차적인 면에서 번거롭기는 하겠지만, 보다 확실한 유죄의 심증의 형성과 피고인의 인권보장 차원에서 실체적 진실을 밝히는 것이 급선무라고 본다. 그러므로 국립과학수사연구소의 감정을 필수적으로 거친 경우에 한해서만 위드마크공식을 통한 혈중알코올농도를 유·무죄의 판단의 인정자료로 활용해야 하겠다.

올농도 입증", 『형사재판의 제 문제』 제6권, 형사실무연구회, 2009, 412면.

63) 실제로 일부 하급심 판결(서울고등법원 1999. 12. 1. 선고 99노2577 판결; 서울고등법원 2000. 6. 23. 선고 2000노674 판결 등)에서는 형사재판에서 범죄에 대한 증명은 합리적이고 의심의 여지가 없을 정도의 증명을 필요로 하므로 단지 통계적 수치를 단순화한 것에 불과하여 개인에 따라 엄청난 오차를 허용하는 위드마크공식을 유죄의 근거자료로 삼을 수 없다고 판시하였다.

64) 대법원 2008. 8. 21. 선고 2008도5531 판결.

Ⅲ. 행위의 방법(자동차 등을 운전하여)과 관련된 동향

1. 주취운전의 대상: 자동차 등

'자동차 등'이라 함은 자동차와 원동기장치자전거를 말하는데(제2조 제19호), '자동차'는 철길이나 가설된 선에 의하지 아니하고 원동기를 사용하여 운전되는 차(견인되는 자동차도 자동차의 일부로 본다)로서 자동차관리법 제3조의 규정에 의한 승용자동차, 승합자동차, 화물자동차, 특수자동차, 이륜자동차 등과 건설기계관리법 제26조 제1항 단서의 규정에 의한 건설기계의 차를 말하고(제2조 제17호), '원동기장치자전거'는 자동차관리법 제3조의 규정에 의한 이륜자동차 가운데 배기량 125cc 이하의 이륜자동차와 배기량 50cc 미만(전기를 동력으로 하는 경우에는 정격출력 0.59킬로와트 미만)의 원동기를 단 차를 말한다(제2조 제18호). 한편 제44조 제1항에서는 자동차 등의 범위에 대하여 건설기계관리법 제26조 제1항 단서의 규정에 의한 건설기계 외의 건설기계를 포함한다고 하므로, 제2조의 정의 규정과 달리 자동차에 포함되지 않는 모든 건설기계[65]가 주취운전죄의 적용대상이다.

하지만 농업기계화촉진법 시행규칙(농림수산식품부령 제130호, 2010. 7. 9, 일부개정) 별표 3에 규정된 농업용 트랙터, 농업용 동력운반차, 콤바인, 스피드스프레이어, 농업용 트랙터용 트레일러, 농업용 트랙터 견인식 비료살포기, 경운기 등의 안전관리대상 농업기계는 주취운전으로의 처벌이 불가능하다. 농업기계의 경우 운전면허라는 허가절차를 거치지 않기 때문에 교통법규 등 체계적인 운전교육을 받지 않아 운전이 미숙한 운전자가 많다는 점, 차량의 안전장치 시설이 미흡하다는 점, 농업기계를 개조하여 사실상 소형화물트럭으로 불법사용하는 사례가 증가하고 있다는 점, 과거와 달리 농업기계의 보급률이 상당히 높아졌다는 점, 농업기계의 주행성능이 고속화되었다는 점 등의

---

65) 이는 1997. 8. 30. 제23차 「도로교통법」 개정으로 추가된 사항이다. 그 이유는 건설기계의 바퀴가 궤도식에서 타이어식으로 바뀌고 소형 경량화됨에 따라 도로를 통행하면서 주취운전을 하는 경우가 많게 되었기 때문이다.

문제가 제기되므로, 농업기계의 경우에도 주취운전 금지차량에 포함되어야 한다고 본다. 또한 오토바이형 사륜차량(LT-160; 일명 사발이),[66] 전동스쿠터, 전기자동차, 골프장 카트, 원동기가 부착된 레저스포츠용 고페드 등 최근에 등장하고 있는 새로운 운송수단 중에서도 단속의 대상이 될 필요성이 있는 것이 있다.

2. 주취운전의 장소

1) '도로'와 관련된 법률의 규정

2010. 7. 23. 「도로교통법」 제52차 개정 전의 주취운전죄는 도로에서 발생한 경우에만 적용되었는데, 이때의 도로는 단순히 공소사실이나 범죄사실을 특정하기 위한 범행장소로서의 의미를 넘어서 구성요건의 한 요소로 작용하기 때문에 그 범위의 결정이 특히 중요하였다.[67] 즉, 운전자가 자동차 등을 주취 상태로 운전하였다고 하더라도 그 운전한 장소가 「도로교통법」 제2조 제1호 소정의 도로가 아닌 때에는 주취운전금지 규정을 위반하였다고 볼 수 없었다. 「도로교통법」 제2조 제1호는 '도로'를 규정하고 있는데,[68] 이를 구체적으로 보면 다음과 같다.

첫째, 「도로법」(법률 10331호, 2010. 5. 31. 일부개정)에 의하면 '도로'란 일반인의 교통을 위하여 제공되는 도로로서, 1. 고속국도, 2. 일반국도, 3. 특별시도·광역시도, 4. 지방도, 5. 시도, 6. 군도, 7. 구도 등이고(「도로법」 제2조 제1항 제1호), 도로에는 터널, 교량, 도선장, 도로용 엘리베이터 및 도로와 일체가 되어 그 효용을 다하게 하는 시설이나 공작물로서 대통령령으로 정하는 것과

---

66) 대법원 2007. 6. 15. 선고 2006도5702 판결.
67) 김남현, "「도로교통법」상 처벌규정에 관한 약간의 고찰", 『법학연구』 제12권 제3호(통권 제16호), 연세대학교 법학연구소, 2002. 9, 211면.
68) 구 「도로교통법」(2009. 12. 29. 법률 제9845호로 개정되기 전의 것) 제2조 제1호에 의하면, '도로'라 함은 「도로법」에 의한 도로, 「유료도로법」에 의한 도로, 그 밖의 일반교통에 사용되는 모든 곳을 말한다고 규정하고 있었다.

도로의 부속물을 포함한다(「도로법」 제2조 제2항). 이 중 '도로와 일체가 되어 그 효용을 다하게 하는 시설이나 공작물로서 대통령령으로 정하는 것'은 궤도, 옹벽·지하통로·무넘기시설·배수로 및 길도랑, 도선(渡船)의 교통을 위하여 수면에 설치하는 시설 등을 말하고(「도로교통법 시행령」, 대통령령 제22947호, 2011. 5. 30. 일부개정, 제3조), '도로의 부속물'이란 도로 구조의 보전과 안전하고 원활한 도로교통의 확보, 그 밖에 도로의 관리에 필요한 시설 또는 공작물로서 가. 도로 원표, 이정표, 수선 담당 구역표, 도로 경계표와 도로 표지, 나. 도로의 방호 울타리, 가로수 또는 가로등으로서 도로 관리청이 설치한 것, 다. 도로에 연접하는 자동차 주차장 및 도로 수선용 재료 적치장과 이들 시설을 종합적으로 관리하는 도로관리사업소로서 도로 관리청이 설치한 것, 라. 도로에 관한 정보 제공 장치, 기상 관측 장치 또는 긴급 연락시설로서 도로 관리청이 설치한 것, 마. 그 밖에 대통령령으로 정한 것 등의 어느 하나에 해당하는 것을 말한다(「도로법」 제2조 제1항 제4호).

둘째, 「유료도로법」(법률 제9853호, 2009. 12. 29. 일부개정)에 의하면 '유료도로'란 「유료도로법」 또는 「사회기반시설에 대한 민간투자법」 제26조의 규정에 따라 통행료 또는 사용료를 받는 도로를 말한다(제2조 제2호).

셋째, 「농어촌도로 정비법」(법률 10331호, 2010. 5. 31. 타법개정)에 의하면 '농어촌도로'란 「도로법」에 규정되지 아니한 도로(읍 또는 면 지역의 도로만 해당한다)로서 농어촌지역 주민의 교통 편익과 생산·유통활동 등에 공용되는 공로 중 제4조 및 제6조에 따라 고시된 도로(제2조 제1항)와 대통령령으로 정하는 것으로서 도로의 효용을 다하게 하는 시설 또는 인공구조물을 포함한다(제2조 제2항).

넷째, 그 밖에 현실적으로 불특정 다수의 사람 또는 차마(車馬)가 통행할 수 있도록 공개된 장소로서 안전하고 원활한 교통을 확보할 필요가 있는 장소를 도로의 개념으로 설정하여, 앞에서 살펴본 3가지 예시적 열거규정의 성격을 지닌 도로 이외에 일반적인 성격을 지니는 규정을 통하여 도로의 범위를 확장할 수 있도록 하였다.

2) 기존에 주취운전의 장소가 문제되었던 경우

「주차장법」(법률 제10790호, 2011. 6. 8. 타법개정) 제2조 제1호에 의하면 '주차장'이란 자동차의 주차를 위한 시설로서 가. 노상주차장(路上駐車場): 도로의 노면 또는 교통광장(교차점광장만 해당한다)의 일정한 구역에 설치된 주차장으로서 일반의 이용에 제공되는 것, 나. 노외주차장(路外駐車場): 도로의 노면 및 교통광장 외의 장소에 설치된 주차장으로서 일반의 이용에 제공되는 것, 다. 부설주차장: 제19조에 따라 건축물, 골프연습장, 그 밖에 주차수요를 유발하는 시설에 부대(附帶)하여 설치된 주차장으로서 해당 건축물·시설의 이용자 또는 일반의 이용에 제공되는 것의 어느 하나에 해당하는 종류의 것을 말한다.

첫째, 도로의 노면의 일정구역에 설치된 노상주차장은 도로와 주차장의 두 가지 성격을 함께 가진다고 볼 수 있을 것이나, 이와 같은 노상주차장에 관한 「주차장법」의 규정은 「도로법」이나 「유료도로법」에 대한 특별규정이므로, 노상주차장에 관하여는 「주차장법」의 규정이 우선 적용되고 「주차장법」이 적용되지 아니하는 범위 안에서 「도로법」이나 「유료도로법」의 적용이 있다고 보아야 할 것이다.[69]

둘째, 노외주차장은 도로 외에 설치되는 것이므로 문제가 되지 아니한다.

셋째, 부설주차장은 당해 시설물의 내부 또는 그 부지 안에 설치하여야 한다(「주차장법」 제19조 제1항). 부설주차장 중 대표적인 유형이 아파트 주차장이라고 할 수 있는데, 이는 크게 구내 노상주차장과 구내 지하주차장으로 구분된다. 먼저 구내 노상주차장은 아파트 단지 내 건물 사이의 통로 한쪽에 주차구획선을 그어 차량이 주차할 수 있는 주차구역(「주차장법」 및 「주택건설촉진법」 등의 관계 규정에 의하여 설치된 아파트부설주차장)을 말하는데, 이는 주차구획선 내의 주차구역과 주차구획선 밖의 통로부분으로 다시 나누어진다. 먼저 주차구획선 내의 주차구역은 도로와 주차장의 두 가지 성격을 함

---

69) 대법원 1997. 11. 11. 선고 97도1841 판결; 대법원 1993. 1. 19. 선고 92도2901 판결.

께 가지는 곳으로서 「주차장법」과 「주택건설촉진법」 등의 관계 규정이 우선 적용되므로 이를 「도로교통법」 소정의 도로라고 할 수는 없다.[70] 하지만 주차 구획선 밖의 통로부분이 도로에 해당하는지 여부는 일률적으로 정할 수가 없는데, 아파트의 관리 및 이용상황에 비추어 그 부분이 현실적으로 불특정 다수의 사람이나 차량의 통행을 위하여 공개된 장소로서 교통질서유지 등을 목적으로 하는 일반경찰권이 미치는 공공성이 있는 장소[71]로 볼 것인가 혹은 특정인들(아파트 주민들) 또는 그들과 관련된 특정한 용건이 있는 자들만이 사용할 수 있고 자주적으로 관리되는 장소[72]로 볼 것인가에 따라 결정할 것이다. 다음으로 구내 지하주차장은 그 공간 내에 다시 통행로와 주차구획선이 존재하는바, 주차구획선뿐만 아니라 통행로도 도로가 아닌 주차장으로 보는 것이 일반적이다.[73]

한편 대학교, 병원, 호텔 등의 대형건물[74]에 설치된 부설주차장은 불특정 다수의 사람이나 차량 등의 통행을 위하여 공개된 장소라고 인정되어야만 도로로 판단된다.[75] 이를 위해 그 주차장의 형태, 이용실태, 관리인에 의하여 관리되고 있는지 여부,[76] 외부인의 출입이나 이용이 통제되고 있는지 여부, 울타리나 구획 등 외부와의 차단시설이 있는지 여부, 당해 건물에 입주하고 있는 업소의 대중성 여부 등이 고려되어야 하는 요소이다. 판례에 의하면 주차구획선 내의 주차구역(병원의 부설주차장)은 대체로 도로가 아닌 것으로 판단하고 있으나, 차량의 일부라도 주차구획선을 벗어나는 진입을 하였을 경우에는 도로에서 운전한 것으로 보아야 한다고 보고 있다. 즉, 대학교, 병원 등 구획이 정해진 시설의 내부 중 주차장을 제외한 부분은 불특정다수의 사람이나 차량의 통행을 위하여 사용되고 있는지의 여부에 따라 결론을 달리한다. 이에

---

70) 대법원 1995. 7. 28. 선고 94누9566 판결.
71) 대법원 2010. 9. 9. 선고 2010도6579 판결; 대법원 2004. 6. 25. 선고 2002도6710 판결.
72) 대법원 1999. 12. 10. 선고 99도2127 판결.
73) 김남현, 앞의 논문(각주 14), 216면; 이인정, "「도로교통법」상의 도로주차장의 도로성을 중심으로", 광주지방법원 재판실무연구, 1997, 394면.
74) 대법원 1992. 10. 9. 선고 92도1662 판결.
75) 대법원 1992. 9. 22. 선고 92도1777 판결.
76) 대법원 2005. 9. 15. 선고 2005도3781 판결.

의하면 병원 구내의 통로77)는 도로에 해당하나, 학교교정, 주차장으로 사용되
는 주점 옆 공터,78) 대학구내,79) 가스충전소 내 가스주입구역,80) 군부대 내부,
공사장 등은 도로에 해당하지 아니한다.

3) 2011년 이후의 전개

2010. 7. 23. 이루어진 「도로교통법」 제52차 개정의 시행일인 2011. 1. 1. 이
후에는 주취운전죄를 논함에 있어서 그 장소가 「도로교통법」이 정하고 있는
도로에 해당하는지의 여부는 더 이상 중요하지 않게 되었다. 생각건대 개정법
에서 주취운전죄의 장소적 적용범죄를 도로 이외의 곳으로 확장한 것은 타당
하다고 판단된다. 기존에 주취운전이 도로상에서 이루어질 것을 요건으로 한
다고 보는 다수설은, 「도로교통법」의 입법취지가 공공의 위험을 보호법익으
로 하고 있다는 점, (구법) 제2조 제24호가 '도로'에서 차마를 그 본래의 방법
으로 사용하는 것을 운전이라고 정의하고 있다는 점 등을 그 논거로 들고 있
었다. 하지만 공공의 위험이라는 것은 도로 이외의 곳에서도 얼마든지 발생할
수 있기 때문에 사전에 예방책이 강구되어야 한다는 점, 현행법 제2조 제24호
에 의하면 운전이라 함은 '도로'에서 차마를 그 본래의 사용방법에 따라 사용
하는 것이라고 하면서, '제44조 등에 한하여 도로 외의 곳을 포함한다'고 명문
의 규정을 신설하였다는 점 등으로 인하여 기존의 해석은 수정이 요구된다고
하겠다. 개정법은 과거 도로가 아닌 곳으로 인정되는 장소에서의 주취운전 불
처벌 실무에 대한 입법의 개선으로 말미암아 처벌의 대상범위를 확장하고자
한 것이다. 이러한 태도는 기존에 「교통사고처리특례법」과 관련하여 특례법
상의 교통사고를 「도로교통법」상 도로에서 발생한 것에 한정시키자는 견해81)

---

77) 대법원 1994. 1. 25. 선고 93도1574 판결.
78) 대법원 1993. 3. 12. 선고 92도3046 판결.
79) 대법원 1996. 10. 25. 선고 96도1848 판결. 하지만 최근의 판례(대법원 2006. 1. 13. 선
　　고 2005도6986 판결)에 의하면 대학구내인 경우라고 할지라도 도로라고 볼 여지가 있다
　　고 한다.
80) 대법원 2005. 12. 22. 선고 2005도7293 판결.

와 도로를 포함한 모든 장소에서 발생한 것으로 보자는 견해[82)의 대립을 불식시키는 효과도 동시에 창출하였다.

또한 「특정범죄 가중처벌 등에 관한 법률」 제5조의11(위험운전치사상)[83)에 의하면 '음주 또는 약물의 영향으로 정상적인 운전이 곤란한 상태에서 자동차(원동기장치자전거를 포함한다)를 운전하여 사람을 상해에 이르게 한 사람은 10년 이하의 징역 또는 500만 원 이상 3천만 원 이하의 벌금에 처하고, 사망에 이르게 한 사람은 1년 이상의 유기징역에 처한다'고 하여 위험운전치사상죄를 규정하고 있는데,[84) 모든 장소에서의 운전을 포함하는 해석은 위험운전치사상죄와 주취운전죄의 죄수관계 판단[85)에도 영향을 미칠 것으로 보인다. 대법원[86)에 의하면 주취운전죄는 도로에서의 주취운전행위만이 처벌대상이고 위험운전치사상죄는 도로 이외의 장소에서의 음주상태에서의 치사상 사고에서도 적용되므로 주취운전죄는 위험운전치사상죄의 기본범죄가 될 수 없기 때문에 양 죄는 실체적 경합범에 해당한다고 판시하였다. 하지만 개정법은 주취운전죄의 경우에도 모든 장소에서의 주취행위를 처벌대상으로 삼고 있기 때문에 향후 대법원의 태도가 주목된다.

이상과 같이 기존에 주취운전죄를 제외한 교통범죄인 위험운전치사상죄(특가법 제5조의11), 도주운전죄(특가법 제5조의3), 업무상과실치사상죄(「형법」 제268조) 등이 도로 이외의 장소에서의 운전을 포함하고 있었던 점에 비추어 보면, 주취운전죄도 마찬가지로 도로가 아닌 곳에서의 운전행위를 가벌성의 영역에 포함하여야 할 것이다.

---

81) 박상식, "음주운전에 대한 형사법적 고찰", 『법학연구』 제13집, 경상대학교 법학연구소, 2005, 160면.
82) 대법원 1988. 5. 24. 선고 88도255 판결; 대법원 1987. 11. 10. 선고 87도1727 판결.
83) 대법원 2004. 8. 30. 선고 2004도3600 판결.
84) 이는 일본 「형법」 제208조의2의 신설을 모방한 것으로 평가할 수 있는데, 동 규정은 平成13年(2001) 개정에 의하여 도입된 것으로서, 당시 주취운전으로 인한 사망사고에 대한 형이 관대하다는 비난여론을 계기로 도입된 것이다.
85) 이에 대하여 보다 자세한 논의는 김정환, "위험운전치사상죄와 음주운전죄의 관계", 『형사법연구』 제21권 제2호, 한국형사법학회, 2009. 6, 299-324면; 김형준, "위험운전치사상죄와 음주운전죄의 관계", 『중앙법학』 제11집 제2호, 중앙법학회, 2009. 8, 591-613면 참조.
86) 대법원 2008. 11. 13. 선고 2008도7143 판결.

3. 주취운전의 태양: 운전

　주취운전죄는 추상적 위험범이기 때문에 법익침해의 결과가 발생하지 않더라도 구성요건적 행위가 충족되므로 실행의 착수시기는 범죄의 성립 여부에 대단히 중요한 역할을 하게 된다. 특히 제45조(과로한 때 등의 운전금지)가 '…사유로 인하여 정상적으로 운전하지 못할 우려가 있는 상태'에서 자동차 등의 운전을 금지하는 것[87]과 달리 주취운전죄는 음주로 인하여 정상적으로 운전하지 못할 우려가 있는 상태 여부를 묻지 않고 처벌하기 때문에, 가벌성의 영역이 상대적으로 크다고 볼 수도 있다. 주취운전은 운전이 시작됨과 동시에 기수범에 이르게 되는데, 운전이란 도로와 도로 외의 곳에서 자동차 등을 그 본래의 사용방법에 따라 사용하는 것(조종을 포함한다)을 말한다(제2조 제24호). 여기서 중요한 것은 '그 본래의 사용방법에 따른 사용'의 의미인바, 이에 대하여 발진준비(엔진시동)설, 발진조작완료설,[88] 발진(차체이동)설 등이 대립하고 있으며, 발진설이 타당하다고 본다.

　먼저 엔진시동설의 경우 자동차의 본래의 기능은 엔진시동보다는 장소적 이동이라는 점, 엔진시동은 항상 자동차를 발진시킬 목적으로 행하는 것이 아니고 경우에 따라서는 에어컨, 라디오 등 차량에 부착된 기구의 사용, 차량의 점검 등의 목적으로 행하는 경우도 있다는 점, 자동차가 정지단계에 있는 위험의 정도와 주행단계에 있는 위험의 정도는 현저히 다르다는 점, 술에 취하여 자동차에 타고 있는 자를 경찰관이 발견한 경우라고 할지라도 현행법에 따라 '경찰관은 범죄행위가 목전에 행하여지려고 하고 있다고 인정될 때에는 이를 예방하기 위하여 관계인에게 필요한 경고를 발하고, 그 행위로 인하여 인명·신체에 위해를 미치거나 재산에 중대한 손해를 끼칠 우려가 있어 긴급을 요하는 경우에는 그 행위를 제지할 수 있기(경찰관직무집행법 제6조 제1항)' 때문에 엔진시동설의 설득력이 약하게 되었다는 점 등의 이유로 타당하지 않

---

87) 대법원 2010. 12. 23. 선고 2010도11272 판결.
88) 김남현, 앞의 논문(각주 14), 227면; 김형준, 앞의 논문, 600면; 경찰교육원, 『교통실무』, 2010, 85-86면. 대법원 1999. 11. 12. 선고 98다30834 판결.

다고 본다.

다음으로 발진조작완료설은 발진준비설과 발진설의 중간단계에서 운전행위를 인정하는데, 이는 수동기어(스틱 변속기) 자동차의 운전자가 엔진시동을 건 후 클러치를 밟고 기어를 넣었는데, 클러치에서 발을 너무 빨리 떼었기 때문에 엔진이 정지되어 발진하지 못한 경우를 처벌하기 위하여 등장한 학설이라고 할 수 있다. 하지만 이와 같은 예외적인 상황은 극히 드물다는 점, 또한 이러한 상황은 자동차 본래의 사용방법에 따라 사용하기 위한 주관적인 의도는 있다고 판단할 수 있으나 객관적인 사용행위라고 판단할 수는 없다는 점, 최근에는 자동변속기 차량이 대다수를 차지하고 있다는 점, 차량의 이동이 없는 상황에서 클러치를 빨리 떼어서 시동이 꺼졌는지 아니면 운전자가 시동을 의도적으로 껐는지를 판단하기가 쉽지 않다는 점, 클러치에서 발을 너무 빨리 떼었기 때문에 엔진이 정지되어 발진하지 못한 경우는 발진한 경우와 비교해 볼 때 위험성이 현저히 낮다는 점 등의 이유로 발진조작완료설도 타당하지 않다고 본다.

발진설에 의하면 차체의 이동이 조금이라도 있어야 운전이라고 할 수 있는데, 이러한 이동은 반드시 원동기에 의할 것이 요구된다.[89] 따라서 내리막길에 주차되어 있는 자동차의 핸드브레이크를 풀어 타력주행을 하는 행위,[90] 운전의 개념은 규정의 내용에 비추어 목적적 요소를 포함하는 것이므로 고의의 운전행위[91]만을 의미하고 자동차 안에 있는 사람의 의지나 관여 없이 자동차가 움직인 경우에는 운전에 해당하지 않기 때문에, 자동차를 움직이게 할 의도 없이 다른 목적을 위하여 원동기의 시동을 걸었는데, 실수로 기어 등 자동차의 발진에 필요한 장치를 건드려 원동기의 추진력에 의하여 자동차가 움직

---

89) 이에 대하여 원동기를 작동시키는 것이 운전의 요건이 아니라는 견해가 있다. 왜냐하면 운전이란 차륜의 회전에 의한 이동주행을 말하는 것인데, 이는 반드시 원동기에 의한 것뿐만 아니라 타력주행도 포함하기 때문이라고 한다. 또한 사람이 자동차에 승차하여 인력이나 축력에 의하지 아니하고 주행하는 경우는 운전에 해당하기 때문에 내리막길에서의 타력주행은 운전에 해당하지만, 고정된 자동차를 미는 경우는 운전에 해당하지 않는다는 견해[김남현, 앞의 논문(각주 14), 228면]도 있다.
90) 대법원 1999. 11. 12. 선고 98다30834 판결; 대법원 1994. 9. 9. 선고 94도1522 판결.
91) 대법원 2005. 9. 15. 선고 2005도3781 판결.

이거나 또는 불안전한 주차상태나 도로여건 등으로 인하여 자동차가 움직이게 된 경우92) 등은 운전에 해당하지 아니한다. 다만 통상의 운전 중에 내리막 길에 이르러 원동기를 일시적으로 정지하여 타력으로 주행시키는 것은 예외에 해당한다.

Ⅳ. 글을 마치며

최근 주취운전죄와 관련하여 이루어진 일련의 「도로교통법」 개정은 처벌의 사각지대에 머물러 있었던 유형들을 가벌성의 영역으로 끌어들임과 동시에 처벌의 유형 또한 불법성의 정도에 따라 세분화함으로써 비례성의 원칙에 부합하는 것으로 판단된다. 하지만 처벌가능성의 확대에 치중한 나머지 주취운전죄의 성립요건에서 본질적인 부분이라고 할 수 있는 혈중알코올농도의 산정기준에 대한 입법적인 보완은 다소 미흡한 것으로 보인다. 형사처벌이 정당성을 가지기 위해서는 형사처벌의 전제가 되는 범죄행위에 대한 명확한 입증이 선행되어야 하는데, 이러한 형사사법의 대전제의 관점에서 보았을 때 주취운전죄의 입증에 대한 기존의 실무관행은 그 취지를 제대로 살리지 못하고 있는 것이다. 바람직한 형사입법이 되기 위해서는 범죄의 성립요건에 대한 명확한 규정을 한 다음 형벌의 세분화 및 형벌의 확장 내지 축소라는 방향으로 전개되어야 할 것이다. 그러므로 형벌의 측면에 초점을 맞춘 전개상황을 범죄의 측면으로 되돌려야만 한다. 주취운전죄의 성립요건 가운데 가장 논란이 심한 부분은 피고인의 혈중알코올농도의 판단이라고 할 수 있는데, 앞에서 살펴본 3가지의 측정방법에 대한 보다 과학적이고 신빙성 있는 수사기법 및 운용의 내실화가 요구된다. 우리나라에서 가장 많은 형사법규 위반행위가 발생하고 있고 실제로 처벌되고 있는 형사특별법이 「도로교통법」인 점을 감안한다면, 위반행위의 입증과정에 대한 철저한 검증은 필연적인 숙제라고 할 것이다.

---

92) 대법원 2004. 4. 23. 선고 2004도1109 판결; 대구지방법원 2005. 9. 21. 선고 2004노4281 판결.

제6장 강간피해자로서 '성전환자'의 인정 여부에 관한 검토

Ⅰ. 문제의 제기

「형법」 제297조는 강간죄를 규정하고 있는데, 그 구성요건으로 '폭행 또는 협박으로 부녀1)를 강간한 자'라고 하여 피해자를 여성에 한정하고 있다. 여기서 여성의 범위와 관련하여 두 가지가 문제될 수 있는데, 여성의 연령과 연령 이외의 여성의 상태가 그것이다.

먼저 여성의 연령과 관련하여 13세 미만의 여성도 원칙적으로 「형법」상 강간죄의 객체에 해당하지만 「성폭력특별법」 제8조의2 제1항에 의하여 가중 처벌(7년 이상의 유기징역)할 수 있고, 13세 이상 19세 미만의 여자 아동과 (여자) 청소년에 대하여 강간을 한 경우에는 「아동·청소년의 성보호에 관한 법률」(2010. 1. 18. 일부개정; 법률 제9932호) 제7조 제1항에 의하여 가중 처벌(5년 이상의 유기징역)되고 있다. 따라서 「형법」 제297조에서 규정하고 있는 강간죄의 실질적인 피해자는 19세 이상의 여성으로 제한되어 있다. 이러한 19세 이상의 여성이기만 하면 기혼이든 미혼이든 불문한다.

다음으로 연령 이외의 여성의 상태와 관련하여 강간죄의 객체로서의 여성은 법률상의 여성을 의미하는 것이 아니고, 사실상의 여성을 의미하므로, 「가족관계의 등록 등에 관한 법률」(2009. 12. 29. 일부개정, 법률 제9832호; 이하에서는 「가족관계등록법」이라고 부른다) 제44조(출생신고의 기재사항) 제1항에 따라 출생신고를 하지 않은 여성의 경우에도 강간죄의 객체에 해당한다고 해석해야 한다.2) 따라서 동법 제44조 제2항의 출생신고서 기재사항 중 '자녀

---

* 『피해자학연구』 제18권 제1호, 한국피해자학회, 2010. 4. 81면 이하.

1) '부녀'라는 용어보다는 '여자' 내지 '여성'이라는 용어의 사용이 보다 이해하기 쉽다. 흔히 '부녀자'라는 용어가 쓰이는데, 이와의 구별을 위해서라도 「형법」상의 '부녀'는 모두 '여자' 내지 '여성'으로 변경하는 것이 타당하다. 또한 「성폭력범죄의 처벌 및 피해자 보호 등에 관한 법률」(2010. 1. 18 일부개정; 법률 제9932호; 이하에서는 「성폭력특별법」이라고 부른다) 제8조와 제8조의2에서는 '부녀' 대신에 '여자'라는 개념을 사용하고 있다. 따라서 본 논문에서는 '부녀'라는 용어 대신 '여자' 또는 '여성'이라는 개념을 사용하기로 한다.

2) 출생신고기간인 출생 후 1개월 이내의 여성에 대하여 어떻게 강간이 가능한가에 대하여 의문이 제기될 수 있으나, 출생신고를 하지 않은 채 살아가는 여성도 상정하지 않을 수 없다는 점을 고려해야 한다. 이러한 맥락에서 성전환수술 후 가족관계증명서상의 성별이 여성으로 변경되지 아니한 경우에도 성전환수술에 의해 여성으로 된 자는 강간죄의 객체에 해

의 성별' 부분은 창설적 효력이 있는 것이 아니라 확인적 효력규정에 불과한 것이다.

그러나 1953년 형법 제정 당시에는 전혀 고려되지 않았던 문제들이 과학기술의 발달·시대사상의 변화와 함께 나타남에 따라 그 당시의 시대적 상황에 비추어 규정한 '여성'의 개념을 해석하는 데 있어서 한계에 부딪치게 되었다. 이러한 해석과 관련하여 판례의 태도가 정확히 무엇인지 알 수가 없으며, 학설도 일치되어 있지 않은 실정이다. 예를 들면 공부상 (형식적으로) 남성으로 기재되어 있는 (실질적인) 여성, 실질적인 법률상의 혼인관계가 지속되고 있는 여성,3) 형식적인 법률상의 혼인관계가 지속되고 있는 여성, 남성에서 여성으로 성전환수술을 받은 자(MTF: Male to Female), 여성에서 남성으로 성전환수술을 받은 자(FTM: Female to Male) 등이 논란의 중심에 있다.

대법원은 강간죄의 객체를 여성으로 한정하고 있는 「형법」 규정은 헌법상 평등의 원칙에 어긋나는 것이 아니라고 한다.4) 이에 따라 남성은 강제추행죄의 객체가 될 뿐이고, 단지 간음행위의 객체로 「군형법」(2009. 11. 2. 일부개정, 법률 제9820호) 제92조의5에서 규정하는 계간죄(鷄姦罪)의 대상이 될 뿐이다. 이때의 남성은 공부상의 성별기재(형식적 요건)에 따르는 것이 아니라, 남성으로서의 실질적 요건을 기준으로 결정된다.5) 강간죄의 피해자로 여성만을

당한다고 보아야 한다.

3) 강간죄의 객체로서 아내의 인정 여부와 관련하여 보다 자세한 내용으로는 박찬걸, "강간죄의 객체로서 '아내'의 인정 여부에 관한 소고", 『법학논총』 제26집 제2호, 한양대학교 법학연구소, 2009. 6, 79면 이하 참조.

4) 대법원 1967. 2. 28. 선고 67도1 판결(「형법」 제297조 강간죄에 있어서 그 객체를 부녀로 한 것은 남녀의 생리적·육체적 차이에 의하여 강간이 남성에 의하여 감행됨을 보통으로 하는 실정에 비추어 사회적·도덕적 견지에서, 피해자인 부녀를 보호하라는 것이고, 이로 인하여 일반 사회 관념상 합리적인 근거 없는 특권을 부녀에게만 부여하고, 남성에게 불이익을 주었다고는 할 수 없다).

5) 부산지방법원 2009. 2. 18. 선고 2008고합669 판결(현재 남성으로 된 피해자의 공부상 성별기재는 출생 당시 신고된 성으로서, 이후 성적 귀속감의 발현에 따른 일련의 과정을 거쳐 최종적으로 확인한 피해자의 진정한 성을 표현하지 못하는 것으로서, 이는 성별정정 대상에 해당되는 것이므로, 피해자를 강간죄의 객체인 부녀로 인정함에 장애가 되는 것은 아니다. 나아가 공부상 성별을 정정하는 것은 피해자가 남녀 양성체제로 편성된 우리 사회의 엄연한 한 사람의 여성임을 사후적으로 확인하는 조처에 불과할 뿐 그 결정으로 피해자의 성별이 비로소 여성으로 변경되는 것도 아니다. 성전환자가 특별히 성범죄의 피해자가 된

보호하는 것은 폭행·협박에 의한 강제적인 간음의 상태를 겪는 남성의 성적 자기결정권은 상대적으로 '약하게'[6] 보호한다는 의미로 해석될 수도 있다. 하지만 여성의 사회적 지위의 향상으로 인하여 남성도 사회적 약자로 폭행·협박에 의한 강간의 피해자가 될 수도 있다. 성적 자기결정권이 여성에게만 있는 것은 아니기 때문에[7] 당연히 강간죄의 객체에 여성뿐만 아니라 남성을 포함시켜, 개인의 성적 자기결정권이 침해되는 모든 경우를 대비해야 한다. 또한 남성이 강간죄의 객체에서 제외되어야 할 특별한 이유도 없다.[8]

성전환자와 관련된 강간죄의 피해자성 논의도 위와 같은 입법방식을 취하면 간명하게 해결될 수 있는 문제이지만, 아직 입법적인 결실을 보지는 못하고 있는 실정이다.[9] 이러한 와중에 2009. 9. 10. 성전환자를 강간죄의 객체로 인정한 최초의 대법원 판결이 등장함에 따라 기존 대법원 판례[10]와의 관계가 문제시되고 있다. 또한 이와 관련된 학설의 입장도 일치되어 있지 않다. 따라서 이하에서는 성전환자의 강간죄 피해자 성 인정 여부에 관하여 학설과 판례의 입장을 중심으로 검토한 다음, 그 피해자 성을 인정하는 것이 타당한 결론

경우에는 공부상 성별기재의 정정 여부를 확인하기보다는, 문제의 성격상, 피해자가 진성의 성전환자로 공인된 절차를 거쳐 성전환수술을 받고, 상당기간을 다른 성으로 살아온 사정이 인정되는 등의 실질적 요건을 구비한 상태에서, ① 피해자가 보통의 여성과 다름없이 남성과 성행위가 가능한가, ② 이에 근거하여 피해자의 성적 자기결정권을 인정함에 문제가 될 만한 장애사유는 없는가, ③ 범인의 고의적 행위에 의하여 피해자의 질에 범인의 성기가 삽입되는 등의 명백한 성적 침탈행위가 있었는가 하는 성전환자인 피해자의 성적 자기결정권의 침해여부가 더 중요한 확인사항이라고 할 것이다. 이 사건 피해자는 위 각 항목의 사정을 모두 충족함으로써 피고인에 의한 강간죄의 피해자로 봄에 아무런 문제가 없다).

6) '약하게' 보호된다는 의미는 이러한 경우 가해자를 처벌할 수 없는 것이 아니라, 강제추행죄로 처벌할 수 있기 때문이다. 따라서 폭행·협박에 의한 강제적인 간음의 상태를 겪는 남성의 성적 자기결정권을 보호하지 않는다는 표현은 잘못된 것이다.
7) 이에 대하여 남성의 성적 자기결정권을 침해하는 행위보다는 여성의 성적 자기결정권을 침해하는 범죄의 불법이 훨씬 강한 것으로 평가되는데, 이는 성과 관련된 인간의 행태가 남성과 여성 사이에 현격한 차이가 있기 때문이라고 하는 견해(김성천·김형준, 『형법각론(제2판)』, 동현출판사, 2006, 226-227면)가 있다.
8) '…강간이 남성에 의하여 감행됨을 보통으로 하는 실정에 비추어…'라고 판시한 40여 년 전의 판례(대법원 1967. 2. 28. 선고 67도1 판결)는 사회의 변화에 따라 더 이상 그 명분을 찾기 어려운 듯하다.
9) 최근에 강간죄의 객체를 '부녀'에서 '사람'으로 개정하려고 하는 시도가 이루어지고 있으며, 학계에서도 대체로 이러한 입장에 찬성하고 있는 것으로 보인다.
10) 대법원 1996. 6. 11. 선고 96도791 판결.

임을 도출하고자 한다.

Ⅱ. 성별(性別) 결정기준

1. 남성과 여성의 구분

1) 기존의 입장: 생물학적 기준(sex)에 의한 구분

우리나라의 현행법체계는 모든 사람이 남성 또는 여성 중의 하나에 포함되는 것을 전제[11]로 하면서도 남성과 여성의 구분, 즉 성의 결정 기준에 관하여 별도의 규정을 두지 않고 있다. 일반적으로 모체에서 정자와 난자가 수정된 태아는 남성과 여성으로 각기 다른 성염색체를 갖고, 각 성염색체의 구성에 맞추어 내부 생식기와 외부 성기가 형성·발달하게 된다. 출생 후 성장 과정에서 심리적·정신적인 성이 출생 시 확인될 수 있는 성염색체 및 내부 생식기·외부 성기와 일치하여 남성 또는 여성 중의 하나를 나타내므로, 이 경우 개인의 성염색체를 기준으로 성을 결정하더라도 아무런 문제가 발생하지 않고 실제로도 종래에는 사람의 성을 성염색체와 이에 따른 생식기·성기 등 생물학적인 요소에 따라 결정하여 왔다.[12] 즉, 유전자 중 46번째 성염색체가 사

---

11) 이러한 이분법적 사고를 비판하면서 사람의 성은 남성과 여성으로 구분되는 것이 아니라 남성과 여성이 스펙트럼의 양 끝에 자리하고 그 중간에 간성(intersex) 또는 성전환자 (transsexual)가 존재한다는 성연속성(gender continuum)이론이 주장되기도 한다.

12) 서울가정법원 1987. 10. 12. 선고 87호파3275 결정(남성이 여성으로 성전환수술로 외형 상이나 성격상 여성화되었다고 하더라도 인간의 성별은 성염색체의 여하에 의하여 결정 되어야 하므로 성염색체의 변화가 없는 이상 성별정정은 인정되지 않는다); 수원지방법원 여주지원 1990. 6. 7. 선고 90호파98 결정(성은 출생과 동시에 부여받는 것으로서 인위적 으로 변경을 허용해서는 아니 되며, 이러한 견해는 남녀의 구별의 그 변경이 불가능한 성 염색체상의 성에 따라 구별하여야 함에 연유하는 것이다. 현재 의학상 시술되고 있는 성 전환수술은 완전한 성의 전환수술이 아니라 본래의 성의 일부 기능을 제거하고, 반대 성 의 일부 기능을 갖게 하는 정도의 수술에 불과하기 때문에 그 수술로 인하여 성의 전환은 인정되지 아니한다. 따라서 성전환수술로 외형상 여성이 된 점은 인정할 수 있으나 판례

람의 성별을 결정한다는 것이다. 출생증명서상의 성(sex)은 의사(醫師)에 의하여 출생 시 그 사람의 외부성기의 외관에 기초하여 이루어진다. 이와 같이 남성은 여성에 삽입할 수 있는 성기능력에 기초하여 정의되고, 여성은 출산능력에 기초하여 정의된다.[13]

2) 최근의 변화: 심리적·사회적 기준(gender[14])의 고려

기존에는 사람의 성별을 구별해야 하는 문제가 발생할 경우에는 일반적으로 출생 시에 신생아의 성기를 기준으로 판단하여 결정된 성이 출생증명서에 기재되고, 그것이 법적 절차를 거쳐 변경되기 전까지는 사망 시까지 그 사람의 성을 판단하는 결정적인 기준으로 작용하였다.[15] 하지만 의학의 발달에 따

는 물론 현대의학과 생물학에서도 남녀구분은 성염색체설에 근거하고 있으며, 성염색체가 남성이고 난소가 없어 임신이 불가능하기 때문에 여성으로 인정할 수 없다); 서울지방법원 북부지원 1990. 6. 29. 선고 90호파451 결정(우리나라 헌법에는 국가가 개인의 존엄과 양성의 평등을 기초로 한 혼인과 가족생활을 보호하도록 되어 있으나 여기서 양성이란 성염색체로 구분된 남성과 여성을 의미하므로 성전환수술을 한 사람을 국가가 보호해 줄 필요는 없으며, 남녀의 성은 천부적으로 타고난 것으로 이를 성전환수술 등의 인위적 방법을 통해 변경한 것은 인정할 수 없고, 비록 다른 법원의 결정을 통하여 성별을 정정하였다 하더라도 개명허가 신청을 받아들일 경우 이를 추인하는 의미가 있어 개명허가 신청을 기각한다); 광주지방법원 1995. 10. 5. 선고 95브10 결정(인간의 성을 결정하는 기준으로는 여러 가지의 요인이 고려될 수 있으나 인간의 사회생활을 규율하기 위한 호적제도하에 있어서의 성을 결정함에 있어서는 발생학적인 성인 성염색체의 구성이 가장 중요한 기준이 되어 특단의 사정이 없는 한 성염색체의 구성에 따라 결정되는 성과 다른 성을 인정할 수는 없다 할 것인바, 비록 항고인이 출생 당시 확인된 성인 남성으로서의 외형적 특징을 더 이상 보이지 않게 되었으며 남성으로서의 성격도 상실하여 외견상 여성으로서의 사회생활을 영위해가고 있을지라도 항고인이 성염색체의 구성에 있어 정상적인 남성의 성염색체 구성을 갖추고 있는 이상, 항고인의 위와 같은 증상이나 사유는 정신의학적으로 성적 동일화의 이상인 성전환증이란 증후군의 증상을 보이는 데 불과하고 위와 같은 증상이나 사유만 가지고 바로 법적인 성을 결정하는 호적상의 성을 여자라고 할 수는 없다).

13) 홍춘의, "성전환자의 성별 결정에 대한 법적 접근", 성적 소수자의 인권, 서울대학교 BK21 법학연구단 공익인권법센터, 2002, 94면 참조.

14) 사람의 성(性)은 흔히 sex와 gender로 구분하여 설명된다. sex는 성염색체, 생식선, 내부생식기, 성호르몬, 외부생식기 등을 포함하여 생물학적인 남성과 여성을 특징짓는 속성을 말하는 반면, gender는 사회가 개인을 남성 또는 여성으로 이해하면서 그에게 부여하는 인격적 속성 및 사회적 성역할 또는 개인의 성심리적 특성으로서 개인 스스로의 남성인지 여성인지에 대한 본질적 인식을 의미한다.

라 자연적인 성을 포기하고 자신이 원하는 성으로 수술을 통하여 전환하는 것이 가능하게 됨으로써 자연적인 성과 수술을 통하여 후천적으로 얻은 성 중 어느 성을 근거로 남성과 여성을 구분해야 하는지가 문제되었다. 이러한 현상을 통하여 근래에 와서는 생물학적인 요소뿐 아니라 개인이 스스로 인식하는 남성 또는 여성으로의 귀속감 및 개인이 남성 또는 여성으로서 적합하다고 사회적으로 승인된 행동·태도·성격적 특징 등의 성 역할을 수행하는 측면, 즉 심리적·사회적 요소들 역시 사람의 성을 결정하는 요소 중의 하나로 인정받게 되었다.[16] 즉, 사람의 성별은 단순히 생물학적 요소들에 의하여 결정되는 것이 아니라, 사회를 살아가는 과정에서 얻게 되는 사회적·심리적 성에 의하여 결정된다고 한다.[17] 또한 인간의 성을 생물학적·사회적·심리적 기준 모두를 고려하여 사회통념에 따라 판단하여야 한다는 종합고려설[18]도 같은 맥락이라고 할 수 있다.

---

15) 김태명, "성전환을 둘러싼 법적 문제점에 대한 검토", 『저스티스』 통권 제71호, 한국법학원, 2003. 2, 30면.

16) 대법원은 이미 '사람의 성은 성염색체의 구성을 기본적인 요소로 하여 내부 생식기와 외부 성기를 비롯한 신체의 외관은 물론이고 심리적·정신적인 성과 이에 대한 일반인의 평가나 태도 등 모든 요소를 종합적으로 고려하여 사회통념에 따라 결정하여야 한다'고 판시함으로써(대법원 1996. 6. 11. 선고 96도791 판결) 성의 결정에 있어 생물학적 요소와 정신적·사회적 요소를 종합적으로 고려하여야 한다는 점을 명백히 하였다. 동 판결의 원심에서는 보다 구체적인 남녀구별기준을 제시하고 있는데, '염색체 성, 성선 성, 표현형 성, 정신적 성 등을 가지고 전체적으로 고찰하였을 때…'가 그것이다.

17) Greenberg 분류도 이에 의한 것으로 보인다. Greenberg에 따르면 인간의 성은 ① 유전학적 또는 염색체의 성(genetic or chromosomal sex), ② 성선의 성(gonadal sex), ③ 내부 성기의 성(internal morphologic sex), ④ 외부성기의 성(external morphologic sex), ⑤ 호르몬의 성(hormonal sex), ⑥ 외형적 성(phenotipic sex), ⑦ 지정된 성과 양육된 성(assigned sex, gender of rearing), ⑧ 성정체성(sexual identity) 등의 요소로 결정된다고 한다(Greenberg, Defining Male and Female: Intersexuality and Collision between Law and Biology, 41. Ariz. L. Riv., p. 279).

18) 그러나 어떠한 경우에 어떠한 요소를 중시할 것인가에 대하여 아무런 기준을 제시하지 못하는 치명적인 문제점이 있다.

2. 性別訂正 가능여부에 대한 변화

과거에는 (구)[19] 호적상 성별정정이 일반적으로 허용되지 않았으나,[20] 1989년 청주지방법원 판결에 의해 호적상 성별기재의 정정을 처음으로 허용하였다. 하지만 이는 염색체구조의 이상을 인정한 것이었고, 성전환자에 대하여 호적상 성별정정을 허용한 것은 1990년 대전지방법원 천안지원의 판결[21]이 최초이다. 이후 하급심에서 성별정정을 허가한 판결[22]과 허가하지 않은 판결이 산재해 오다가 대법원이 성전환자에 대한 호적정정을 허용하는 전원합의체판결[23]을 하면서 성전환자의 법적 문제[24]에 대한 획기적인 전기를 마련하

---

19) 「가족관계등록법」의 제정으로 인하여 호적법은 2008. 1. 1. 폐지되었다.

20) 이러한 당시의 추세와 맞물려서 주목해야 할 판결이 있는데, 서울지방법원 1995. 10. 11. 선고 95고합516 판결이 그것이다. 동 판례에서는 성전환자가 강간죄의 객체가 될 수 없다고 하면서 '… 따로 호적정정 등 성별을 확정하는 절차를 거치지 아니한 이상 그 상태만으로 강간죄의 부녀라고 단정할 수 없다'고 하였는데, 만약 동 사안에서 피해자가 호적정정 등을 통하여 성별을 확정하는 절차를 거쳤다면 결론이 바뀔 수도 있었다는 여지를 보여 준다.

21) 대전지방법원 천안지원 1990. 4. 19. 선고 90호파71 결정(외부성기의 구조 및 정신의학적 상태로 볼 때 사회적·법률적으로 여성으로서 생활하는 데 불편이 없도록 하여야 하며, 유전학적상의 염색체에 의한 성의 구분을 중시하는 견해도 있으나, 정신이나 신체가 완전한 여성인데도 호적에 계속 남성으로 남아 있을 경우 군 입대 등 사회생활이나 법적 권리의무 행사에서의 불편이 크다는 점을 참작하여야 한다. 그러므로 남자에서 여자로 성별정정을 허가한다).

22) 서울지방법원 의정부지원 1995. 2. 18. 선고 94호파1057 결정(신청인은 1955년생으로 성염색체는 46XY, 성전환증으로 10년 이상 여성호르몬을 투여한 결과, 고환, 전립선, 정낭은 심한 위축상태에 있고, 유방, 체형, 피부는 여성화되었음, 그는 가수로 10여 년간 종사하면서 술집을 경영하였음, 성전환증으로 진단받아 병역의무는 면제조치 받음, 1993년 신촌 세브란스 병원에서 진성의 성전환증이라는 진단에 따라 외과적 수술을 받음, 남자에서 여자로 호적상의 성별정정과 함께 개명을 허가함, 허가 당시 연령은 40세); 인천지방법원 부천지원 2003. 6. 18. 선고 2002호파860 결정(반음양인 양성으로 태어났으나 성염색체상으로는 여자이고 출생신고도 여자로 되어 비대한 음핵제거, 질 성형 등을 실시하였음에도 남성호르몬의 과다 생산으로 외모나 가슴 등을 보아도 남자인 경우, 성정체성에 혼란을 겪고 사회·경제적으로 활동의 제약을 받는 점 등 신청인의 병력, 외관, 정신적 및 심리적 성정체성, 사회적 성역할을 종합하면 신청인은 사회통념상 남자로 봄이 타당하므로 호적 성별란 기재 '여'를 '남'으로 정정하는 것을 허가한다) 등.

23) 대법원 2006. 6. 22. 선고 2004스42 전원합의체 결정(동 사안은 여성에서 남성으로 성별이 정정신청된 사건이다. 한편 동 판결로 인하여 제정된 '성전환자의 성별정정허가신청사건 등 사무처리지침(대법원 호적예규 제716호; 2006. 9. 6.)'이 있다. 이에 대하여 동

게 된다.

한편 현행 「가족관계등록법」 제9조(가족관계등록부의 작성 및 기록사항) 제2항 제2호에 의하면 성별을 기재하도록 하고 있다. 또한 동법은 제107조(판결에 의한 등록부의 정정)에서 '확정판결로 인하여 등록부를 정정하여야 할 때에는 소를 제기한 사람은 판결확정일부터 1개월 이내에 판결의 등본 및 그 확정증명서를 첨부하여 등록부의 정정을 신청하여야 한다'고 하여 성(性)을 변경하고자 할 경우에는 가정법원의 판결을 요구하고 있다. 즉, 「가족관계등록법」은 원칙적으로 출생 시에 정상적으로 기재된 성별을 사후적으로 변경하는 것을 규정하고 있지만, 구체적으로 성전환자의 경우에 있어서 사후적 성별변경을 인정하는 명문의 규정은 없다. 하지만 명문으로 이를 금지하는 규정도 없기 때문에 동법 제107조에 의하여 변경이 가능하다고 본다.

지침은 본질적으로 입법사항이며 권력분립원칙에 반하는 위헌적인 것이라는 견해(김중권, "성전환자의 성별정정허가신청사건 등 사무처리지침의 문제점", 법률신문, 2006. 9. 25. 14면)가 있다.

24) 성전환자에 대한 각국의 법적 보호에 관한 태도는 특별법 제정(1972. 4. 21. 스웨덴, 1980. 9. 10. 독일, 1982년 이탈리아, 1985년 네덜란드, 1988년 터키, 1995년 뉴질랜드)과 판례(독일연방헌법재판소 1978. 10. 11. 결정 BverfGE 49, 286, 297ff; B. v. France, App.no.13343/87, judgement of 25 March 1992, Series A no.232)에 의하는 것으로 나뉜다. 외국의 입법례와 관련하여 보다 자세한 내용은 정혜욱, "강간죄의 행위객체에 관한 연구", 중앙대학교 법학석사학위논문, 2005. 8, 37-46면 참조. 우리나라에서도 하급심 판례(부산지방법원 2002. 7. 3. 선고 2001호파997, 998 결정)이기는 하지만 호적법이 성전환수술로 인한 성별변경을 예상하지 못한 상태에서 제정된 것으로 법의 흠결로 보아 이를 보완하기 위해서 특별법을 제정하거나 호적법의 개정을 통하여 관련조항을 신설하는 것이 바람직하다고 판시(성전환 수술이 합리적인 기준에 따라 정당하게 이루어진 경우에는 법률상의 성별정정도 특별한 사정이 없는 한 이에 따라야 한다. 명문의 규정이 없다는 이유로 국가기관은 그들에 대한 협력을 거부할 수 없다. 성개념은 본래 법률상 고유개념이 아니라, 성의학 및 생물학으로부터의 차용개념으로서 자연과학에서 엄밀하게 확인된 성은 법률에서 이를 받아들여야 하며, 성전환증 환자는 인간으로서 존엄과 가치를 향유하며, 행복을 추구할 권리를 가진 존재이므로, 사회질서나 공공복리에 반하지 않는 한 자기결정권을 가진 소수자로서 헌법이념에 따라 마땅히 보호받아야 하기 때문이다. 법률상 성별정정을 위해서는 호적법의 개정이나 특별법의 제정이 이상적이나, 현행 법령의 헌법합치적 해석과 수술의 정당성 여부를 검증할 합리적 기준이 마련된다면, 별도의 입법조치가 없어도 성별정정의 허가는 가능하다)하고 있다.

3. 성전환자의 개념

1) 성전환증 환자의 존재

성전환증(transsexualism)[25]이란 성정체성장애(Sexual Identity Disorder)의 가장 심한 형태인데, WTO의 국제질병분류(International Classification of Disease) 제10판에서는 성전환증을 성정체성[26] 중 특정형태의 질병으로 정의하면서, '반대 성의 구성원이 되고자 하는 희망으로 정의되는 성전환증은 전환된 성정체성이 적어도 2년 이상 지속되어지고, 다른 정신적 장애의 증상이 없으며, 간성[27] · 유전학적 또는 성염색체의 이상과 결합되어 있지 않는 때에 진단될 수 있다'고 정의하고 있다.[28] 또한 미국정신의학회가 마련한 『정신장애의 진단

---

25) 해부학적 성(sex)과 정신적 성(gender)의 불일치를 성전환증이라고 의학계에서는 말한다. 자신이 타고난 생물학적 성에 대해 지속적으로 불편을 느끼고, 자신이 반대되는 성에 속한다고 믿으며, 그 확신에 따라 생각하고 행동하면 성전환증 환자에 해당한다. 이들은 성전환수술을 받고 싶어 하며, 법적으로 반대 성별을 갖고, 그에 어울리는 이름으로 정정하기를 바란다고 한다(최병무 외, "성전환증 환자에 대한 임상적 연구", 『신경정신의학』 제32권 제1호, 대한신경정신의학회, 1993, 115면).

26) 의학계에서는 성정체성을 남성 또는 여성으로서의 자기인식을 반영하는 심리적 상태로 정의하고 있다. 따라서 성정체성은 문화적으로 결정된 일련의 태도, 행동양식 및 남성다움 및 여성다움에 일반적으로 부합되는 기타 속성에 기초한다(Harold I. Kaplan J. Sadock, Synopsis of Psychiatry: Behavioral Sciences/Clinical Psychiatry, 8th ed, Lippincott Williams & Wilkins, 1998, p. 711).

27) 간성(intersex)이란 반음양이라고도 불리는데, 형태학적으로 양성(兩性)이 모두 존재하는 것이다. 또한 반음양은 진성반음양(true hermaphrodite)과 가성반음양(psedohermaphrodite)으로 구분된다. 진성반음양은 선천적으로 내부성기(고환과 난소)를 동시에 가지고 태어남으로써 남성 또는 여성으로 명확히 구분되지 않는 사람을 말하는 반면, 가성반음양은 외부성기나 정신적 특징에 비추어 보면 남성 또는 여성에 속하는 것이 명확하나 다른 성의 내부성기를 가지고 있는 경우를 말한다. 남성 가성반음양의 경우는 고환과 여성의 성기를 가지고 있으나 난소를 가지고 있지 않고, 여성 가성반음양의 경우는 난소와 남성성기를 가지고 있으나 고환을 가지고 있지 않다. 일반적으로 의사는 간성의 환자에 대해서 의학적으로 염색체 성, 성선 성 등을 조사하여 참고하지만 어느 특정 기준에 의하지 않고 환자의 성자아, 성역할이 무엇이냐에 따라 남성 또는 여성으로서의 성을 결정하여 주고, 그 결정된 성에 맞도록 수술을 하거나 성호르몬 투약 등의 방법과 같은 내분비학적 치료를 한다(권택근 외, "성인 반음양 환자에서의 성전환수술의 체험례", 『대한성형외과학회지』 제19권 제4호, 1992. 7, 669면 참조).

28) 남성의 경우 3만 명 중 1명, 여성의 경우 10만 명 중 1명꼴로 발생하는데, 이에 의하면

및 통계 편람』 제3판(DSM-Ⅲ, 1980년)에서는 성전환증을 사춘기 이상의 환자가 자신의 선천적 성에 대하여 지속적으로 불편함과 부적절함을 느끼며 1차적 성징 및 2차적 성징을 제거하고 반대 성징을 획득하려는 집착에 2년 이상 사로잡혀 있는 상태라고 정의하였고, 위 편람 제4판(DSM-Ⅳ, 1994년)에서는 성전환증이라는 용어를 별도로 사용하지 아니하고 성정체성 장애에 포함시켜 분류하였으나, 현재 많은 임상가들은 성전환증이라는 진단용어를 사용하고 있다.

한편 우리 사회에서 성전환증환자가 동성애와 혼동되어 낙인이 많이 가해지고 있으나, 성전환증은 질병의 하나이기 때문에 의상도착증이나 동성애자와는 구별해야 하겠다. '성정체성(gender identity)'의 문제는 이성애(heterosexual), 동성애(homosexual), 양성애(bisexual) 등으로 구분되는 '성적 지향(sexual orientation)'과는 구별되는 개념이기 때문이다.29)

2) 성전환자의 등장

성전환증 환자는 상당히 오래전부터 존재하여 왔다. 하지만 과거에는 성전환수술이라는 의학기술이 제대로 발달하지 않았기 때문에 오늘날과 같은 성전환자는 존재할 수 없었다. 이러한 점에서 '성전환'이라는 법적 문제가 우리 사회에서 논의된 시기는 성전환수술30)이 본격적으로 행해지기 시작한 1980년대 이후라고 할 수 있다.31)

우리나라에는 약 1,000~4,500여 명의 환자가 있을 것으로 추산된다. 이는 매년 300여 명이 성전환수술을 받는다는 의미인데, 지금까지 성전환수술 자체의 적법성이 문제된 사례는 없다. 일정한 요건과 절차에 따른 성전환수술은 「형법」상 업무로 인한 행위로서 위법성이 조각될 것이다. 김석권 교수(동아대학교 의과대학 성형외과)는 1990. 7.부터 2000. 7.까지 동 병원에서 148명이 남성에서 여성으로, 20명이 여성에서 남성으로 성전환수술을 하였다고 밝히기도 하였다(김석권, "임상을 통해 본 성전환자의 성정체성", 『시민과 변호사』 제83호, 서울지방변호사회, 2000. 12, 68면 이하 참조).

29) 이준일, "트렌스젠더(trnasgender)의 헌법적 문제", 『고려법학』 제50호, 고려대학교 법학연구원, 2008. 4, 39면.

30) 1931년도에 세계에서 최초로 성전환수술이 시행되었다.

31) Dahlian Kirby, Transsexualism, Encyclopedia of Applied Ethics, 1998, p. 409. 성전환

　성전환자라고 함은 신체적 성과 정신적 성의 부조화로 성전환수술을 받은 자를 의미한다. 사실상 성전환은 성전환수술을 통해 완성되고 법적으로 성전환을 인정할 것인가의 여부는 원칙적으로 성전환수술을 받은 자를 대상으로 한다는 점에서 성전환수술은 법적으로도 매우 중요한 의미를 가지게 된다.[32] 이와 같이 성전환자는 성전환증 환자와는 구별되는 개념이다.

Ⅲ. 성전환자의 강간죄 피해자성 인정에 관한 기존의 논의

1. 학설의 대립

1) 적극설

　동 학설은 성전환자도 강간의 피해자가 될 수 있다고 보는 입장으로 다수설에 해당한다. 그 근거로는 첫째, 성전환여성을 강간죄의 객체로 삼는 것은 허용된 확대해석에 해당할지언정 금지된 유추해석은 아니라는 점,[33] 둘째, 강간

자의 문제는 「형법」의 영역에서 먼저 논의된 것이 아니라 민법, 특히 호적 정정 등의 가사문제로 많은 논란이 일기 시작한 것이다. 이후 현역입영문제(병역법 제3조 제1항), 법원에 의한 父의 결정(민법 제845조), 민법상의 혼인문제, 교도소의 수용문제(「형의 집행 및 수용자의 처우에 관한 법률」 제5조), 신체수색문제(「형사소송법」 제124조, 제141조), 사업장 환경개선문제(「근로기준법」 제93조) 등의 사회적인 문제로 확산되기에 이른다. 특히 병역을 감당할 수 있는지 여부를 판단하기 위한 징병검사에서 성전환자는 장병신체검사 등 검사규칙(국방부령 제493호) 제11조에 의해 인격장애 및 행태장애(습관 및 충동장애, 성주체성장애, 성선호장애)로 평가될 수 있다. 성전환자로서 군복무를 면제받기 위해서는 성전환자임을 증명하는 수술진단서 또는 수술진단서가 없는 경우에는 보증인 3명의 인감증명을 첨부해 성전환자임을 증명하여야 한다.

32) 서울중앙지방법원 1995. 10. 11. 선고, 95고합516 판결에서는 '…따로 성별을 확정하는 절차를 거치지 아니한 이상 그 상태만으로는 강간죄의 부녀라고 단정할 수 없다'함으로써, 일정한 법적 절차를 거치면 MTF 성전환자도 여성으로 인정할 듯한 태도를 보이고 있다.

33) 김일수・서보학 , 『새로 쓴 형법각론(제7판)』, 박영사, 2007, 160면(성범죄의 피해자 및 성범죄보호법익의 관점에서 성전환여성과 타고난 여성 사이를 구별해야 할 합리적인 이유는 없다); 박상기, 『형법각론(제6판)』, 박영사, 2005, 148면; 백형구, 『형법각론』, 청림출판사, 1999, 312면.

죄의 객체를 단순히 성염색체를 기준으로 판단할 수 없고, (구) 호적기재 사항
을 기준으로 판단하는 것도 부당하기 때문에 몸도 마음도 여성인 사람은 여성
으로 보는 것이 옳다는 점,34) 셋째, 성전환자를 현실적으로 보호할 필요성이
있다는 점,35) 넷째, 강간죄의 보호법익이 성적 자기결정권의 자유를 의미한다
면 성염색체의 구조에 의해 결정되는 생물학적 성만이 아니라 자신을 여성으
로 여기고 현실적으로 생활을 하는 사회적 성까지도 포함한다고 해석해야 하
며36) 사회적·규범적 성까지를 고려한다고 하면서도 발생학적인 성인 성염색
체의 구성을 판단인자로 고려하는 것은 사회적·규범적 성 및 사회일반인의
평가와 태도를 무위로 돌리는 논증태도라고 할 수 있다는 점,37) 다섯째, 현재
의 관점에서 볼 때 성전환자에 대한 사회적 통념이 상당히 변화되었다는 점38)
등을 들 수 있다.

2) 소극설

동 학설은 성전환자는 강간의 피해자가 될 수 없다고 보는 입장으로 소수설
에 해당한다. 그 근거로는 첫째, 강간죄의 객체를 여자에 한정한 것은 여자의
육체적·생리적 차이를 고려한 것이라는 점에 비추어, 여자로 성전환수술을

---

34) 김성천·김형준, 앞의 책, 231면(여성의 마음과 여성의 신체를 가지고 사는 사람을 호적
   기재 사항이나 성염색체 등을 문제로 보호대상에서 제외하는 것은 부당하다); 정영일, 『형
   법각론(개정판)』, 박영사, 2008, 141면.
35) 정성근·박광민, 『형법각론(제3판), 삼지원, 2008, 170면.
36) 정현미, "성전환수술자의 강간죄의 객체 여부", 『형사판례연구』 제6권, 형사판례연구회,
   1999, 180면. 이에 반해 「형법」이 성적 자기결정권을 침해하는 범죄를 남자와 여자의 성
   기결합에 의한 강간과 그 이외의 강제추행으로 2분한 자체의 모순으로 인한 구조적 문제
   점의 해결 없이는 이 문제를 완벽하게 해결하는 것이 불가능하다고 보는 견해(이정원, 『형
   법각론』, 공개 제1판, 2008, 201-202면)도 있다.
37) 김성돈, 『형법각론(제2판)』, 성균관대학교 출판부, 2009, 158면(따라서 여성으로서의 성
   귀속감을 가지고 또한 성전환수술을 통하여 사회일반인들도 여성으로 평가하고 있는 자
   에 대해서는 호적정정 이전이라도 성적 자기결정권의 주체성을 인정하여 여성이라고 하
   는 것이 타당하다); 진계호·이존걸, 『형법각론(제6판)』, 대왕사, 2008, 193면.
38) 권오걸, 『형법각론』, 형설출판사, 2009, 171면. 사회통념 자체가 변화되면 강간죄의 객체
   의 해석에도 영향을 미칠 것이라는 견해로는 이영란, 『형법학(각론강의)』, 형설출판사,
   2008, 165면.

했다고 하여도 임신과 출산의 능력이 없는 이상 강간죄의 객체가 될 수 없다는 점,[39] 둘째, 대법원이 성전환을 합법화하고 있지 않은 이상 임의적으로 강간죄의 객체를 확대하는 것은 법적 안정성에 문제가 있다는 점[40] 등을 들 수 있다.

2. 판례의 태도

1) 1996년도 사안

성전환자가 강간죄의 객체로 인정될 수 있는지 여부에 대한 최초의 대법원 판단은 1996년도에 행해졌다.[41] 동 사안에서 대법원은 "피해자가 비록 어릴 때부터 정신적으로 여성에의 성귀속감을 느껴 왔고 성전환 수술로 인하여 남성으로서의 내·외부성기의 특징을 더 이상 보이지 않게 되었으며 남성으로서의 성격도 대부분 상실하여 외견상 여성으로서의 체형을 갖추고 성격도 여성화되어 개인적으로 여성으로서의 생활을 영위해 가고 있다 할지라도, 기본적인 요소인 성염색체의 구성이나 본래의 내·외부성기의 구조, 정상적인 남자로서 생활한 기간, 성전환 수술을 한 경위, 시기 및 수술 후에도 여성으로서의 생식능력은 없는 점, 그리고 이에 대한 사회 일반인의 평가와 태도 등 여러 요소를 종합적으로 고려하여 보면 위 피해자를 사회통념상 여자로 볼 수는 없다 할 것이다"라고 판시하여 그 객체성을 부정하였다.[42]

---

39) 임웅, 『형법각론』, 법문사, 2002, 154-155면(행위자가 성전환수술을 한 자를 여자라고 생각하고 강간한 경우에는 강간죄의 불능미수범이 된다); 손동권, 『형법각론(제2개정판)』, 율곡출판사, 2006, §12/6.

40) 배종대, 『형법각론(제6전정판)』, 홍문사, 2006, §46/4. 배종대 교수가 들고 있는 판례는 96도791 판결인데, 이 판결이 성전환 그 자체를 불법화하고 있다고 주장하는 것은 타당하지 않다고 본다.

41) 대법원 1996. 6. 11. 선고 96도791 판결. 동 판결은 제1심(서울지방법원 1995. 10. 11. 선고 95고합516 판결)과 제2심(서울고등법원 1996. 2. 23. 선고 95노2876 판결)의 판단을 그대로 유지한 것이다.

42) 동 사건에서 피고인들은 공소외인과 합동하여, 1995. 4. 24. 00:30경 서울 용산구 한남동 하얏트호텔 부근에서 호객행위를 하던 피해자 길종필(36세)을 승용차에 납치하여 서울 중

또한 대법원은 사람에 있어서 남자, 여자라는 성의 분화는 정자와 난자가 수정된 후 태아의 형성 초기에 성염색체의 구성(정상적인 경우 남성은 XY, 여성은 XX)에 의하여 이루어지고, 발생과정이 진행됨에 따라 각 성염색체의 구성에 맞추어 내부생식기인 고환 또는 난소 등의 해당 성선이 형성되고, 이어서 호르몬의 분비와 함께 음경 또는 질, 음순 등의 외부성기가 발달하며, 출생 후에는 타고난 성선과 외부성기 및 교육 등에 의하여 심리적·정신적인 성이 형성되는 것이다. 그러므로 「형법」 제297조에서 말하는 부녀, 즉 여자에 해당하는지의 여부도 위 발생학적인 성인 성염색체의 구성을 기본적인 요소로 하여 성선, 외부성기를 비롯한 신체의 외관은 물론이고 심리적, 정신적인 성, 그리고 사회생활에서 수행하는 주관적·개인적인 성역할(성전환의 경우에는 그 전후를 포함하여) 및 이에 대한 일반인의 평가나 태도 등 모든 요소를 종합적으로 고려하여 사회통념에 따라 결정하여야 할 것이라고 하여, 남성에서 여성으로 성전환한 사람은 여성으로 볼 수 없어 강간죄의 객체인 부녀에 포함시키지 않아 피고인을 강제추행치상죄로 의율하고 있다.

2) 2009년도 사안

성전환자가 강간죄의 객체로 인정될 수 있는지 여부에 대한 두 번째 대법원 판단이 2009년도에 행해졌다.[43] 동 사안에서 대법원은 강간죄의 객체는 부녀로서 여자를 가리키는 것이므로, 강간죄의 성립을 인정하기 위해서는 피해자를 법률상 여자로 인정할 수 있어야 한다고 전제하면서, "종래에는 사람의 성

구 장충동 2가 산5에 있는 한국자유총연맹 건물 부근의 골목길로 끌고 간 후 폭행과 협박을 가하여 피해자의 반항을 억압한 다음 차 안에서 피고인 1, 위 공소외인, 피고인 2 순서로 성기를 피해자의 음부에 삽입하여 여성으로 성전환 수술을 받은 피해자를 각 강간하고 이로 인하여 피해자로 하여금 전치 1주를 요하는 안면부타박상 등을 입게 하였다.

43) 대법원 2009. 9. 10. 선고 2009도3580 판결. 동 판결도 제1심(부산지방법원 2009. 2. 18. 선고 2008고합669 판결)과 제2심(부산고등법원 2009. 4. 22. 선고 2009노204 판결)의 판단을 그대로 유지한 것이다. 특히 본 사건의 제1심을 담당했던 부산지방법원 제5형사부 (고종주·김태규·허익수 판사)는 2009. 1. 16. 강간죄의 객체로서 법률상의 아내를 최초로 인정한 판결을 한 재판부이기도 하다.

을 성염색체와 이에 따른 생식기·성기 등 생물학적인 요소에 따라 결정하여
왔으나 근래에 와서는 생물학적인 요소뿐 아니라 개인이 스스로 인식하는 남
성 또는 여성으로의 귀속감 및 개인이 남성 또는 여성으로서 적합하다고 사회
적으로 승인된 행동·태도·성격적 특징 등의 성역할을 수행하는 측면, 즉 정
신적·사회적 요소들 역시 사람의 성을 결정하는 요소 중의 하나로 인정받게
되었으므로, 성의 결정에 있어 생물학적 요소와 정신적·사회적 요소를 종합
적으로 고려하여야 한다"라고 판시하여 1996년도 판결과는 달리 그 객체성을
인정하여, 성전환자를 강간한 피고인에게 「성폭력특별법」 제5조 제1항을 적
용해 주거침입강간죄를 인정하면서 징역 3년에 집행유예 4년, 사회봉사명령
120시간을 선고하였다.44) 이는 성에 대한 법인식의 큰 변화가 진행되고 있음
을 의미한다.45)

Ⅳ. 구체적인 검토: 1996년도 사안과 2009년도 사안의
비교분석

성전환자의 강간죄 피해자성이 직접적인 문제가 된 사안은 앞에서 살펴본
1996년도 대법원 판결과 2009년도 대법원 판결이 있다. 약 13년이라는 시간적
인 간격을 두고 나온 두 판결은 서로 정반대의 결론을 취하고 있다. 이 기간
동안 우리 사회의 성의식이나 성문화가 급변하였다는 점도 상이한 결론의 주
요한 원인이 되었겠지만, 무엇보다 중요한 것은 두 사안의 사실관계에 있어서

---

44) 동 사건에서 피고인(29세)은 2008. 8. 31. 08:10경 부산 부산진구에 있는 피해자(58세)의
    집에서, 잠겨 있지 않은 화장실 문을 열고 집 안으로 들어가 방 안에 있던 피해자의 가방
    에서 현금 10만 원 상당을 꺼내어가 이를 절취한 후, 부엌으로 가 그곳에 있던 흉기인 식
    칼을 들고 다시 방 안으로 들어가 인기척에 깨어난 피해자를 식칼로 위협하여 반항을 억
    압한 다음 피해자의 음부와 항문에 피고인의 성기를 삽입하고, 피해자로 하여금 성기를
    빨게 하는 등으로 피해자를 1회 간음하여 강간하였다.
45) 이용식, "판례를 통해서 본 성(性)에 대한 법인식의 변화", 『형사법연구』 제21권 제4호
    (통권 제41호), 한국형사법학회, 2009. 겨울, 304면.

차이점이 존재한다는 점이다. 2009년도 대법원 판결이 전원합의체 판결의 형식을 취하지 않아 1996년도 대법원 판결을 파기하지 않은 이유도 이러한 점에 연유한다. 이하에서는 대법원 판례가 제시하고 있는 성의 구별기준을 개별적으로 검토하면서 성전환자의 강간죄 피해자성 인정 여부에 대한 구체적인 검토를 해 보기로 한다.

1. 생물학적인 요소 분석

1) 생리적 성(성염색체)

1996년도 사안의 경우 피해자는 여성의 성염색체 구조를 갖추고 있다거나, 성염색체는 남자이면서 생식선의 분화가 비정상적으로 되어 고환과 난소를 겸비한 진성반음양 또는 고환이나 난소의 발육이 불완전한 가성반음양이라고는 인정되지 아니한 상태였고, 2009년도 사안의 경우도 피해자는 여성의 성염색체 구조를 갖추고 있지 않았다.

정자와 난자가 수정된 후 태아의 형성 초기에 성염색체의 구성(정상적인 경우 남성은 XY, 여성은 XX)이 이루어지는데, 이것이 1996년도 사안에서 강간죄의 객체로 여성을 판단하는 결정적인 근거로 작용하였다. 1996년도 사안의 경우 판례는 총 10여 가지의 성(性) 구별기준을 제시하여 종합적으로 검토하는 것으로 보이지만, 실상은 성염색체의 구성에 따른 생물학적 기준, 단 하나만을 기준으로 하였던 것이다. 즉, 판례는 모든 요소를 종합적으로 고려해서 성전환자의 성을 판단해야 한다고 해놓고서는 성염색체의 구성에 집착하여 그 밖의 기준들을 판단척도로 삼는 데 소홀히 하였다.46) 성염색체의 구성은 판단의 결정적인 요소가 아니라 단지 다른 요소들과 같은, 심지어 다른 요소들에 비하여 비중이 적은 요소라고 보는 것이 현실을 보다 정확히 반영하는 점을 명심해야 한다. 또한 판시사항을 반대해석하면 피해자가 진성반음양 또

---

46) 정현미, 앞의 논문, 179면.

는 가성반음양이라면 강간죄의 객체인 여성에 해당할 수도 있다는 듯한 태도를 보이기도 한다.

반면에 2009년도 사안의 경우에는 성염색체를 성의 구별기준의 하나로 인정하는 것은 마찬가지이지만 그 중요도에 있어서는 다른 요소들과 비교해서 그리 높게 평가하지 않고 있다. 이것은 성의 구별기준에 관한 기존의 관점을 과감하게 탈피한 시도로 보인다.

2) 성선 성(내부생식기)

1996년도 사안의 경우 피해자는 여성의 내부성기인 난소와 자궁이 없기 때문에 임신 및 출산은 불가능한 상태였고, 2009년도 사안의 경우도 피해자는 남성 또는 여성으로서 자녀를 출산한 경험이 없고 생식기능 또한 존재하지 아니하였다.

성선(性腺)이란 내부생식기인 고환 또는 난소 등을 말하고, 외부성기란 호르몬의 분비와 함께 음경 또는 질, 음순 등을 말한다. 두 사안 모두 피해자는 성전환 수술로 인하여 남성으로서의 내·외부성기의 특징을 보이지 않은 반면에, 본래의 내·외부성기의 구조, 즉 성선은 변하지 않았다. 이에 대해 1996년도 사안은 성선, 즉 외부성기가 아닌 내부성기를 기준으로 남성이라고 판단하고 있다. 하지만 강간죄의 객체인 여성을 결정함에 있어서 외부성기와 내부성기 중 내부성기를 기준으로 판단하는 것은 타당하지 못하다고 본다. 일반인들은 내부성기인 성선을 기준으로 남녀를 판단하지 않고 오히려 외부성기를 기준으로 남녀를 판단하기 때문이다. 그럼에도 불구하고 내부성기로 남녀를 판단하는 판례의 해석은 사회통념에 부합되지 않는다.

또한 1996년도 사안에 의하면 수술 후에도 여성으로서의 생식능력이 없는 점을 남녀 성의 구별기준 중 하나로 제시하고 있다. 하지만 이러한 판단은 수많은 불임여성이 존재하는 현실을 도외시한 것으로 볼 수 있다. 불임이라는 이유로 여성이 아니라고 하는 것은 심각한 문제이다. 판례는 피해자가 여성의 내부성기인 난소와 자궁이 없기 때문에 임신 및 출산이 불가능한 상태라고 하여 남성이라고 한다. 하지만 임신의 가능성이 없는 불임여성이라는 이유로 강간의 객체에서 제외되는 것은 타당하지 않다.[47] 임신가능성이 없는 생리 전의 여자나 생리가 멈춘 여자의 경우도 강간죄의 객체에서 제외되지 않는다는 점에 비추어 보아도 여성으로서의 생식능력이 없는 점은 고려의 대상이 되어서는 안 된다.

3) 표현형 성(외부성기를 비롯한 신체의 외관)

1996년도 사안의 경우 피해자는 여성으로서의 질 구조를 갖추고 있고 유방이 발달하는 등 외관상으로는 여성적인 신체구조를 갖추게 되어 보통의 여자와 같이 남자와 성생활을 할 수 있으며 성적 쾌감까지 느끼고 있었고, 2009년도 사안의 경우 피해자는 성인이 된 후 의사의 진단 아래 성전환수술을 받아 남성으로서의 내·외부성기의 특징을 더 이상 보이지 않게 되었으며, 여성의 외부 성기와 신체 외관을 갖추었다.

외부성기를 비롯한 신체의 외관의 측면에서는 두 사안 모두 여성으로 판단하였다. 일반인들은 인간의 성을 판단함에 있어서 기본적으로 (내부적인) 성선 성이 아니라 (외부적인) 표현형 성의 관점을 기준으로 결정한다. 즉 상대방의 가슴, 머리카락 길이, 얼굴, 목소리 등을 가지고 판단을 하는 것이 사회통념이다. 따라서 생물학적인 요소의 분석 중 가장 비중 있게 판단해야 하는 요소는 생리적 성이나 성선 성이 아닌 표현형 성이 되어야 한다.

---

47) 정현미, 앞의 논문, 179-180면. 또한 원심은 '「형법」상 강간죄가 강제추행죄에 비하여 엄하게 처벌되는 입법취지에 근거하여 수태가능성에 대비한 모성을 보호하기 위함이다'라는 판시를 하는데, 수태가능성이 없는 불임여성의 모성은 보호할 필요가 없는지 되묻고 싶다.

2. 정신적·사회적 요소 분석

1) 정상적인 남자로서 생활한 기간

1996년도 사안의 경우 피해자는 정상적인 남자로서 생활한 기간은 10년도 채 안 되는 반면에 여자로서 생활한 기간은 30여 년에 이르고 있고, 2009년도 사안의 경우 피해자는 정상적인 남자로서 생활한 기간은 24년인 반면에 여자로서 생활한 기간은 35년에 이르고 있다.

판례가 성의 구별기준으로 제시하고 있는 정상적인 남자로서 생활한 기간은 그다지 중요한 기준이 되지 못한다. 두 사안 모두 남자로서 생활한 기간이 여자로서 생활한 기간보다 적었다는 점을 보아도 그렇다. 또한 그 기간이 어느 정도 이하이면 남성으로 평가되고, 어느 정도 이상이면 여성으로 평가되는지에 대한 명확한 기준도 없는 실정이다. 성전환과 관련하여 여성으로서의 생활기간은 보통 2년 이상을 기준으로 하는 것이 의학계의 입장48)임에 비추어

---

48) 이러한 의학지침으로 연세의료원 성전환클리닉의 기준과 1990년 대한비뇨기학회에서 제시한 기준이 있다. 먼저 연세의료원 성전환클리닉에서는 ① 2년 이상 성전환증에 해당되는 생활양상을 보이고 있어야 한다. ② 6개월 이상의 정신치료 과정을 거친 후에도 지속적으로 성전환 증세를 유지하고 있어야 한다. ③ 다른 정신질환이 없어야 한다. ④ 만 20세 이상의 자기 결정능력이 있어야 한다. ⑤ 보호자의 동의서가 있어야 한다. 한편 대한비뇨기학회에서는 ⑥ 수술 전에 바뀌고자 하는 성에 대한 정신, 사회적인 적응이 있어야 한다. ⑦ 수술 전에 바뀌고자 하는 성에 대한 호르몬 치료를 상당기간 이미 지속해야 하며 이에 대한 부작용이 없어야 한다. ⑧ 신체 외형이 바뀌고자 하는 성에 어울려야 한다. ⑨ 불임에 대한 배우자나 친족의 동의가 있어야 한다. ⑩ 약물이나 술에 대한 습관성이 없어야 한다. ⑪ 범법 기록이 없어야 하며, 범죄에 이용될 가능성이 없어야 한다. ⑫ 환자에 대한 추적 조사가 잘 이루어질 수 있는 상황이어야 한다.
참고로 독일의 특별한 경우에 있어서 「이름의 변경 및 성의 확인에 관한 법률」(Gesetz über die Änderung der die Feststellung der Geschlechtzughörigkeit in besonderen Fällen, 10. September 1980) 제8조에 의하면 ① 성전환증적 특징에 의하여 출생등록부의 성과는 반대의 성에 속할 것, ② 3년 이상 그 외관에 대응한 생활을 해 왔을 것, ③ 다른 성에 속하는 사실이 재전환되지 않을 것이라는 점이 고도의 개연성에 의하여 추측될 것, ④ 25세 이상일 것, ⑤ 혼인하지 않았을 것, ⑥ 수술 후 계속하여 생식이 불가능할 것, ⑦ 성의 외관상의 특징을 변경하는 외과적 수술을 받고 그 결과 반대성에 외관상 명백히 근사할 정도에 이르렀을 것 등을 성전환의 요건으로 하고 있다. 이러한 요건이 충족되면 재판을 거쳐 법률적으로 새로운 성이 확정된다.

보면 통상 2년 이상을 사회가 인정하는 여성으로서 생활한 점이 인정된다면 충분하다고 보여 진다.

2) 성전환수술을 한 경위와 시기

(1) 성전환수술의 필요성

1996년 사안의 경우 피해자는 1991년(당시 33세)과 1992년 일본에 있는 병원에서 자신의 음경과 고환을 제거하고 그곳에 질을 만들어 넣는 방법으로 여성으로의 성전환수술을 받았고, 2009년 사안의 경우 피해자는 1974년경(당시 24세) 성전환수술을 결심하고 정신과 병원에서 정밀진단과 심리치료, 관찰을 거쳐 성전환증이라는 확진을 받은 다음, 성형외과에서 남성의 성기와 음낭을 제거하고 여성의 질 등 외부성기를 형성하는 수술을 받고 이후 상당기간 호르몬 요법의 시술을 받았으며, 2차로 일본 오사카현 이마사토에 있는 한 성형외과병원에서 가슴형성수술을 받은 바 있고, 3차로는 1998. 2. 부산에 있는 성형외과에서, 2000년경에 이르러 태국의 한 병원에서 각 가슴보강수술과 질확장술을 받았다.

성전환수술을 받게 되면 심리적 성 및 표현형 성은 반대 성으로 전환되고, 내부생식기(고환, 난소)는 제거하여 무성상태이며, 단지 성염색체만 본래의 성으로 남아 있는 상태가 된다. 이러한 성전환수술의 여부는 성의 변경에 결정적인 역할을 한다. 성전환증 환자와 성전환자를 구분해야 하기 때문이다. 반대 성에 대한 애착과 귀속감이 있는 성전환증 환자의 경우에도 법적으로 반대 성을 인정하게 된다면 그 기준의 모호성으로 인하여 상당한 혼란을 야기하게 된다. 즉, 사회적·심리적 성역할에 따라서 성을 결정짓는다면 범죄의 은닉문제, 병역의무이행의 회피문제, 혼인과 관련된 가족공동체의 파괴문제 등이 발생할 수 있다. 그러므로 아무리 그 정도가 심각한 성전환증 환자라고 하더라도 성전환수술을 하기 전에는 본래의 성을 인정해야 한다.

(2) 성전환수술의 경위와 시기

　1996년도 사안과 2009년도 사안 모두 피해자는 반대 성에 대한 애착과 귀속감으로 인하여 성전환수술을 받았다.

　여기서 성전환수술의 경위는 성의 결정 여부를 판단하는 중요한 기준이라고 볼 수 없다. 일반인들은 거의 상상도 할 수 없는 극히 이례적인 수단인 성전환수술이라는 방법을 통하여 반대 성에 속하고자 한 사람은 모두 성전환증 환자로서 상당한 고민과 번뇌를 거칠 것이 당연히 예상되기 때문이다. 따라서 그 경위는 문제될 것이 없다. 오히려 그 수술이 의학계에서 말하는 성전환수술의 범주에 포함되느냐 여부를 따져야 할 것이다.

　하지만 성전환수술의 시기는 달리 생각해 보아야 한다. 일반적인 경향은 성전환수술은 성인이 된 이후에 행해져야 한다고 본다. 따라서 원칙적으로 성인의 경우에만 성전환수술이 시행되어야 한다. 그러나 판례가 제시하고 있는 성전환수술의 시기에 대한 실질적인 의미는 이러한 의도가 아니다. 성전환수술의 시기는 성전환자의 성을 판단하는 시점에서 보면 과거의 시점이다. 즉 과거의 어느 시점에서 성전환수술을 받은 후 상당한 기간이 경과하였느냐의 여부를 판단하기 위하여 제시하고 있는 기준이라고 볼 수 있다.

3) 개인이 스스로 인식하는 남성 또는 여성으로의 귀속감

　1996년도 사안의 경우 피해자는 남성으로서의 성기구조를 갖춘 남자로 태어나 남자 중학교까지 졸업하였으나 어릴 때부터 여자 옷을 즐겨 입거나 고무줄놀이와 같이 여자가 주로 하는 놀이를 즐겨 하는 등 여성으로서의 생활을 동경하고 여성으로서의 성에 귀속감을 느낀 나머지 1989년경부터 수년간 여장남자로서의 행세를 하여 왔고, 2009년도 사안의 경우 피해자는 남성으로 태어났으나 성장기부터 남성에 대한 불일치감과 여성으로의 성귀속감을 나타내면서 따돌림을 당하였고, 사춘기에 이르러 여성으로서의 분명한 성정체성이 형성되기 시작하면서 이를 감당하지 못하여 집을 떠나기도 하였으며, 이후 여성으로서의 성적 정체성도 확고하고 자신이 여성임에 만족하고 있었다.

두 사안 모두 피해자는 남성으로 태어났지만 이후 스스로 여성으로의 귀속감을 강하게 느끼면서 살아오고 있었다. 그 귀속감의 정도는 여타 일반인의 입장에서 보더라도 여성성을 인정하기에 충분하다. 하지만 이러한 요소에 해당하는지 여부를 판단하는 기준은 애매한 측면이 있다. 이는 '귀속감'이라는 용어의 사용에서 비롯되는 문제이다. 생각건대 본 요소를 가지고 성별을 결정하는 기준으로 사용하는 것은 부적합한 것으로 보인다. 앞에서 살펴본 '성전환수술을 받은 자'라는 요건을 충족하는 경우에는 대부분 해당 성에 대한 귀속감을 느끼는 것으로 볼 수 있기 때문에 본 요소는 실제 사례의 해결에 있어서 결정적인 기준으로 작용할 수는 없을 것이다.

4) 성역할을 수행하는 측면

1996년도 사안의 경우 피해자는 성판매여성이라는 직업을 가지고 삶을 영위하고 있었고, 2009년도 사안의 경우 피해자는 10여 년 동안 남성과 동거를 하며 성생활도 하며 살아가고 있었다.

이와 같이 두 사안 모두 피해자는 여성으로서 적합하다고 사회적으로 승인된 행동 및 태도 내지 성격적 특징을 보이고 있다. 즉 성전환 수술로 인하여 남성으로서의 성격도 대부분 상실하여 여성화되어 개인적으로 여성으로서의 생활을 영위해 가고 있었다. 여기서 의문이 가는 부분은 과연 여성으로서 적합하다고 사회적으로 승인된 행동 및 태도 내지 성격적 특징이 무엇을 말하는 가이다. 특히 여성과 남성의 성격적 특징을 정확히 구별할 수 있는지 의문이다. 우리는 주위에서 분명한 남성임에도 불구하고 여성과 같은 성격을 지닌 사람을 자주 접하기도 하며, 그 반대의 경우도 같다. 이와 같이 인간의 성격적 특징은 여(남)성이라고 해서 반드시 여(남)성적 성격만을 가지고 있는 것이 아니다. 사회에서 오래전부터 관행적으로 인식되어 온 남성과 여성 고유의 역할을 전제로 하여 개별적인 인간의 행동을 관찰하였을 때 판단하는 다분히 불명확한 설정이기 때문이다. 또한 성역할이라는 것은 가변적인 요소를 포함하고 있기 때문에 과거에는 남성의 역할이 현재에는 여성의 역할로 인식되는 경우도 상당수 존재한다. 따라서 인간의 성을 결정하는 데 있어서 성역할을 수행하는 측면은 많은 도움을 주지 못한다.

5) 反對 性으로의 재전환가능성

2009년도 사안의 경우 피해자는 58세의 여성으로서의 성전환수술 이후 30여 년간 여성으로 살아오면서 현재도 여성으로서의 성정체성이 확고하여 남성으로 재전환할 가능성이 현저히 낮았다. 반면에 1996년도 사안의 경우 피해자에 대한 이러한 판단은 찾아 볼 수 없다.

성전환수술을 받은 사람이 다시 수술을 받을 가능성은 있으며, 이러한 가능성은 장차 의료기술의 발달로 말미암아 얼마든지 증대할 수도 있다. 따라서 성정체성에 대한 객관적 확인이 일정한 시간적 간격을 두고 여러 차례 시행될 필요가 있다. 이 모든 과정이 지난 다음 비로소 성의 전환에 대한 인정이 이루어져야 한다.49) 하지만 강간사건의 경우 피해자인 성전환자에게 반대 성으로의 재전환가능성이 있는지 여부는 피해자의 성을 결정하는 요소로 작용할 수 없다. 강간 행위 당시에 피해자가 반대 성으로 재전환할 가능성이 있었다는 사실은, 적어도 행위 당시에는 반대 성으로 재전환하지 않았음을 의미하기 때문이다. 1996년도 사안과는 달리 2009년도 사안에서 본 요소를 검토한 것은 아마도 독일의 특별한 경우에 있어서 「이름의 변경 및 성의 확인에 관한 법률」(Gesetz über die Änderung der die Feststellung der Geschlechtzughörigkeit in besonderen Fällen, 10. September 1980) 제8조에서 말하는 '다른 성에 속하는 사실이 재전환되지 않을 것이라는 점이 고도의 개연성에 의하여 추측될 것'이라는 요소를 받아들인 것으로 보인다.

---

49) 음선필, "성전환증자의 성별변경", 『순천향사회과학연구』 제8권 제2호, 순천향대학교 사회과학연구소, 2002, 7-8면.

6) 피고인의 인식

2009년도 사안의 경우 피고인은 범행 당시 피해자를 여성으로 인식하고, 눈으로 직접 피해자의 성기를 확인한 다음 강간의 고의로 그 질에 자신의 성기를 삽입하였고, 1996년도 사안의 경우 피고인들도 마찬가지였다.

즉, 강간행위 당시 가해 남성은 성전환수술을 한 자를 여성이라고 믿고 간음한 것이다. 강간범이 (동성애자가 아닌 이상) 강간을 했다는 것은 상대방을 여성으로 평가했다는 반증이다. 그렇다면 피해자인 '여성'은 강간죄의 보호법익인 성적 자기결정권을 침해당한 것이라고 보아야 한다.[50]

7) 사회 일반인의 평가와 태도

2009년도 사안의 경우 피해자는 피해자의 가족들과도 가출 후 10년이 지나면서부터 소식을 주고받으며 관계가 유지되어 왔고, 현재 살아 있는 가족들이 피해자의 처지와 사정을 잘 이해하여 관계가 개선되었고, 피해자는 성전환수술 후 30여 년간 여성 무용수로서 국내와 국외를 오가며 활동하여 왔는데, 피해자가 국내에 거주할 때는 주로 부산시 소재 일정 지역에 30년 가까이 주거를 정하여 살면서 주민들과는 여성으로서 오랜 세월 동안 친분을 유지하여 왔고, 또한 성전환수술 후 여성으로서의 성생활에 전혀 지장이 없으며, 특히 피해자의 사정을 이해하는 남성과 과거 10여 년간 동거하며 지속적으로 성관계를 영위함에 아무런 문제가 없었고, 성적 만족도 또한 이상이 없었다. 즉, 개인생활이나 사회생활에서도 여성으로 인식되었다.[51]

---

50) 김일수, "합동강간치상죄의 불능미수 - 대법원 1996. 6. 11. 선고 96도791판결", 『판례연구』 제8집, 고려대학교 법학연구소, 1996. 9, 103면.

51) 성전환증을 가진 사람의 경우에도, 남성 또는 여성 중 어느 한쪽의 성염색체를 보유하고 있고 그 염색체와 일치하는 생식기와 성기가 형성·발달되어 출생하지만 출생 당시에는 아직 그 사람의 정신적·사회적인 의미에서의 성을 인지할 수 없으므로, 사회통념상 그 출생 당시에는 생물학적인 신체적 성징에 따라 법률적인 성이 평가될 것이다. 그러나 출생 후의 성장에 따라 일관되게 출생 당시의 생물학적인 성에 대한 불일치감 및 위화감·혐오감을 갖고 반대의 성에 귀속감을 느끼면서 반대의 성으로서의 역할을 수행하며 성기

사회일반인의 평가와 태도라는 측면에서 보았을 때에도 두 사안 모두 여성임을 인정할 수 있다. 1996년도 사안의 경우 피해자는 성전환수술 후 약 3년 동안 성판매여성이라는 직업을 가지고 있었고, 2009년도 사안의 경우 피해자는 약 30년 동안 여자 무용수라는 직업을 가지고 있었다. 이러한 직업에 비추어 볼 때 우리 사회가 이들을 여성으로 평가하고 있었음을 인정하기에는 충분하다.

3. 위의 모든 요소를 종합적으로 고려하여 사회통념에 따라 결정

두 사안 모두 소위 '종합고려설'을 취하고 있음을 분명히 하고 있다. 하지만 동일한 판단방법(종합고려설)을 거쳤음에도 불구하고 그 결론에 있어서는 상반된 입장을 보이고 있다. 이는 종합고려설이 지니고 있는 내재적 한계에 기인하는 것이다. 즉, 종합고려설은 생물학적 요소, 정신적(심리적) 요소, 사회적 요소 등 모든 요소를 종합하여 사회통념에 따라 결정한다고 하나, 개별적인 사례에서 이들 여러 요소 중 어느 요소를 우위에 두고 판단할 것인지가 명확하지 않다. 예를 들어 1996년도 사안의 경우에 있어서는 생물학적 요소 가운데 특히 성염색체를 결정적인 기준으로 사용한 반면에, 2009년도 사안의 경우에 있어서는 사회적 요소의 여러 부분을 모두 그 기준으로 삼고 있는 것이다.

를 포함한 신체 외관 역시 반대의 성으로서 형성하기를 강력히 원하여, 정신과적으로 성전환증의 진단을 받고 상당기간 정신과적 치료나 호르몬치료 등을 실시하여도 여전히 위 증세가 치유되지 않고 반대의 성에 대한 정신적·사회적 적응이 이루어짐에 따라 일반적인 의학적 기준에 의하여 성전환수술을 받고 반대 성으로서의 외부 성기를 비롯한 신체를 갖추고, 나아가 전환된 신체에 따른 성을 가진 사람으로서 만족감을 느끼며 공고한 성정체성의 인식 아래 그 성에 맞춘 의복, 두발 등의 외관을 하고 성관계 등 개인적인 영역 및 직업 등 사회적인 영역에서 모두 전환된 성으로서의 역할을 수행함으로써 주위 사람들로부터도 그 성으로서 인식되고 있으며, 전환된 성을 그 사람의 성이라고 보더라도 다른 사람들과의 신분관계에 중대한 변동을 초래하거나 사회에 부정적인 영향을 주지 아니하여 사회적으로 허용된다고 볼 수 있다면, 이러한 여러 사정을 종합적으로 고려하여 사람의 성에 대한 평가 기준에 비추어 사회통념상 신체적으로 전환된 성을 갖추고 있다고 인정될 수 있는 경우가 있다 할 것이며, 이와 같은 성전환자는 출생 시와는 달리 전환된 성이 법률적으로도 그 성전환자의 성이라고 평가받을 수 있을 것이다(대법원 2009. 9. 10. 선고 2009도3580 판결).

이러한 개별 요소 중 무엇을 상대적으로 우위에 두고 판단할 것인가에 관한 입장이 약 13년의 세월 동안 변화하고 있었음을 판례가 잘 보여 주고 있다. 하지만 판례의 입장에 따라 개별적인 사건의 경우에 있어서 결론이 달라지는 것은 문제가 있다. 따라서 종합고려설에서 제시되고 있는 여러 요소들을 단계적으로 유형화하고 법적 평가를 체계화하는 작업이 시급하다고 하겠다.

V. 글을 마치며

법률상 성의 구별은 자연과학적 개념이 아니라 사회통념에 따라 평가하는 법적 개념으로 판단해야 한다. 과연 우리가 사회통념상 남녀를 판단할 때 성염색체만을 기준으로 판단하는가? 재고의 여지없이 아니다. 이러한 점에서 1996년도 판결은 비판받아 마땅하다. 강간죄의 보호법익이 성적 자기결정권의 자유를 의미한다면 성염색체의 구조에 의해 결정되는 생물학적 성이 여성인 자만을 그 피해자로 인정하기보다는 자신을 여성으로 여기고 현실적으로 여성으로서 생활을 하는 사회적 성까지 고려해서 판단하는 것이 합당하다. 사람의 성을 gender가 아닌 오로지 sex를 기준으로 판단하는 방식은 구시대의 유물이다. 2009년도 판결은 이러한 기존의 입장을 바꾸어 생물학적 성(sex)보다 사회적 성(gender)에 보다 중점을 두어 판단한 것으로 높이 평가될 수 있다. 하지만 사회적 성을 판단함에 있어서도 판례가 제시하는 모든 요소가 그 기준으로서 정확성을 가지는지 여부는 별도의 차원에서 새롭게 논의되어야 하는 문제이다.

물론 강간죄의 객체가 기존의 '여성'에서 '사람'으로 변경되는 것만큼 좋은 방안은 없다. 하지만 이러한 입법적인 변경을 가하려고 하는 과도기적인 상황에서도 성전환자의 법적 문제는 얼마든지 등장할 수 있다. 무엇보다도 먼저 강간피해자로서 성전환자를 바라보는 시각부터 바꾸어야 한다. 강간피해자가 성판매여성으로서 길거리에서 호객행위를 하던 중에 강간을 당한 경우와 여성 무용수로서 가정집에서 잠을 자던 중에 강간을 당한 경우에 있어서, 보호의 대상에 차별을 두어서는 아니 된다. 강간피해자를 인정함에 있어서 가장 기본이 되는 강간죄의 보호법익인 성적 자기결정권의 침해 여부를 기준으로 피해자가 이를 침해당했는지 여부를 판단해야 한다.

제7장 「군형법」상 추행죄의 문제점과 개선방안

Ⅰ. 문제의 제기

현행 「군형법」(2009. 11. 2. 제14차 개정; 법률 제9820호)[1] 제2편 제15장 강
간과 추행의 죄 가운데 제92조의5는 '추행'이라는 제목으로 '계간이나 그 밖
의 추행을 한 사람은 2년 이하의 징역에 처한다'고 규정하고 있다. 이는 1962.
1. 20. 제정된 「군형법」(법률 제1003호) 제92조(추행)에서부터 '계간 기타 추행
을 한 자는 1년 이하의 징역에 처한다'고 하여 추행죄를 처벌하여 왔던 것을
제14차 개정 「군형법」에서 전문개정한 것이다. 개정법은 법 문장을 원칙적으
로 한글로 적고 어려운 용어를 쉬운 용어로 바꾸며, 길고 복잡한 문장은 체계
등을 정비하여 간결하게 하는 등 국민이 법 문장을 이해하기 쉽게 정비하기
위하여 '계간 기타 추행을 한 자'를 '계간이나 그 밖의 추행을 한 사람'으로
수정하였고, 법정형도 '1년 이하의 징역'에서 '2년 이하의 징역'으로 상향조정
하였다. 이와 같이 기존의 형벌을 상향조정해 가면서 추행죄[2]를 처벌하겠다
는 것이 입법자의 확고한 의지인 것인 데 비하여, 추행죄에 대한 비판의 시각
또한 상당수 존재하는 것이 엄연한 현실이다. 이러한 갈등상황은 헌법재판소[3]
의 심판대에 오르는 역할을 하였는데, 제1차 추행죄 결정[합헌(7):위헌(2)][4]과

---

* 『한양법학』 제22권 제3집, 한양법학회, 2011. 8. 73면 이하.

1) 이하에서 법률의 명칭이 없이 단순히 조문만 표기한 것은 「군형법」을 의미한다.

2) 이하에서 단순히 '추행죄'라고 명명하는 것은 (구) 「군형법」(1962. 1. 20. 제정되어 2009.
   11. 2. 개정되기 전의 법) 제92조와 현행 「군형법」 제92조의5에서 규정하고 있는 추행죄
   를 의미함을 밝힌다.

3) 그동안 「군형법」 조항이 헌법재판소의 심판대에 오른 사안은 총 7건에 이르고 있다. 헌재
   2011. 3. 31. 2009헌가12(「군형법」 제47조 명령위반죄 위헌제청; 합헌), 헌재 2011. 3. 31.
   2008헌가21(「군형법」 제92조 추행죄 위헌제청; 합헌), 헌재 2007. 11. 29. 2006헌가13(「군
   형법」 제53조 제1항 상관살해죄 위헌제청; 위헌), 헌재 2002. 6. 27. 2001헌바70(「군형법」
   제92조 추행죄 위헌소원; 합헌), 헌재 1999. 2. 25. 97헌바3(「군형법」 제1조 제3항 제3호
   인적 적용범위 위헌소원; 합헌), 헌재 1995. 10. 26. 92헌바45(「군형법」 제75조 제1항 제1
   호 군용물범죄 위헌소원; 합헌), 헌재 1995. 5. 25. 91헌바20(「군형법」 제47조 명령위반죄
   헌법소원; 합헌) 등이 그것이다.

4) 헌법재판소 2002. 6. 27. 선고 2001헌바70 결정. 당해 사건(육군 제5군단 보통군사법원
   2001고35 추행 등)의 청구인은 육군 제5군단 소속 상병으로 복무하던 자로서, 성적 욕구
   를 충족시킬 목적으로 2001. 1 초순 일자 불상 22:30경 경기 연천군 소재 소속 부대 3내
   무실 내에서 취침하려던 같은 부대 소속 일병인 청구외 진○현의 속옷 속으로 자신의 오른

제2차 추행죄 결정[합헌(5):위헌(4)][5]이 그것이다.[6] 제1차 추행죄 결정에서는 추행죄의 구성요건 중 '기타 추행' 부분에 국한된 심판을 하여 동 부분이 형벌법규의 명확성의 원칙에 위배되는지 여부와 헌법상 과잉금지의 원칙 등에 위배되는지 여부에 대하여 소극적인 판단을 하였지만, 제2차 추행죄 결정[7]에서는 추행죄 전체에 대한 판단, 즉 '기타 추행' 부분 이외에 '계간' 부분도 심판하여 과잉금지원칙에 위반하여 성적 자기결정권 및 사생활의 비밀과 자유를 침해하는지 여부와 동성애자의 평등권을 침해하는지 여부에 대하여 소극적인 판단을 했다는 점에서 차이를 보이고 있다.

추행죄 규정이 비록 2차례에 걸친 헌법재판소의 결정에서 모두 합헌판단을 받기는 하였지만, 위헌성의 시비는 오히려 더 심화되고 있는 형상이다. 이는

손을 집어넣어 위 진○현의 성기를 만지면서 좌우로 약 15분간 흔들고, 같은 해 5월 초순 일자불상 22:20경 강원 철원군 강포리 소재 에프. 티. 씨. 훈련장 막사 내에서 취침하려던 위 진○현의 성기를 약 10분간 만져서 각 추행하였다는 공소사실로 제5군단 보통군사법원에 기소되었다. 위 사건에 대한 재판이 계속되고 있던 중, 청구인은 위 공소사실에 적용된 「군형법」 제92조 중 "기타 추행" 부분에 대하여 위헌여부심판제청신청을 하였는데, 위 보통군사법원이 2001. 8. 17. 그 신청을 기각하자, 2001. 9. 12. 이 사건 헌법소원심판을 청구하였다.

5) 헌법재판소 2011. 3. 31. 선고 2008헌가21 결정. 당해 사건(육군 제22사단 보통군사법원 2008고10 추행)의 피고인인 강○모는 피해자(20세)가 소속된 부대의 부소대장(중사)으로서, 2008. 3. 초순경 소속 부대 독신 장교 숙소 3호실에서 이사를 도와주기 위하여 온 피해자로 하여금 피고인의 팔을 베고 눕게 하고, 2008. 5. 초순경부터 2008. 6. 4.경까지 30여 일에 걸쳐 매일 20분 내지 30분간 거진 소초에 있는 부소초장실에서 피해자의 배, 엉덩이 및 성기를 만지고, 피고인의 성기를 피해자의 몸에 닿게 하는 등 피해자를 추행하였다는 혐의로 (구) 「성폭력범죄의 처벌 및 피해자보호 등에 관한 법률」 위반(업무상 위력 등에 의한 추행)으로 입건되었으나, 피해자와 합의하여 고소가 취소된 후 (구) 「군형법」 (1962. 1. 20. 법률 제1003호로 제정되고, 2009. 11. 2. 법률 제9820호로 개정되기 전의 것) 제92조의 추행죄로 기소되었다. 그런데 육군 제22사단 보통군사법원은 1심 재판 계속 중 직권으로 (구) 「군형법」 제92조에 대하여 이 사건 위헌법률심판제청을 하였다.
6) 제1차 추행죄 결정과 비교할 때 제2차 추행죄 결정의 과정을 살펴보면, 후자의 경우 군사법원이 자체적으로 위헌심판을 제청한 점이 특징이다. 이는 최근 헌법재판소가 결정한 「군형법」 조항과 관련된 사건에서 보이는 특징으로서, 과거 폐쇄적인 군사문화와 비교해 볼 때 발전적인 변화로 평가할 수 있다. 단적으로 과거 헌법재판소의 심판대에 오른 4차례의 사건은 모두 '위헌소원' 심판이었음에 반하여, 최근 헌법재판소의 심판대에 오른 3차례의 사건은 모두 '위헌제청' 심판이었다.
7) 동 결정을 하기 전인 2010. 6. 10. 헌법재판소는 공개변론을 개최하였는데, 당해사건의 피고인 측 참고인으로 서강대학교 이호중 교수가, 국방부장관 측 참고인으로 성신여자대학교 정연주 교수가 각각 변론을 한 바 있다.

제1차 추행죄 결정과 비교하여 제2차 추행죄 결정에서 위헌의 의견이 증가하였다는 점, 개인의 성적 자기결정권[8])과 사생활의 자유에 대한 권리의식이 높아지고 있다는 점, 동성애에 대한 사회적인 인식이 과거와 달리 변화되고 있다는 점, '계간이나 그 밖의 추행'이라는 구성요건이 여전히 명확성의 원칙에 부합하는지가 논란이 되고 있다는 점 등에서 그 원인을 찾을 수 있겠다. 이하에서는 이러한 문제의식을 바탕으로 추행죄와 관련된 보호법익, 구성요건, 형벌 등 3가지의 관점에서 그 내용과 해석상의 문제점을 차례대로 살펴보고(Ⅱ), 추행죄를 강제성이 수반되는 추행행위와 강제성이 수반되지 않는 추행행위로 각각 나누어 합리적인 개선방안을 제시하며(Ⅲ), 글을 마무리하기로 한다(Ⅳ).

Ⅱ. 「군형법」상 추행죄의 내용 및 해석론상 문제점

1. 추행죄의 보호법익과 관련하여

1) 판례의 입장

헌법재판소는 두 차례의 결정을 통하여 「형법」, 「성폭력범죄의 처벌 등에 관한 특례법」(이하에서는 「성폭력특례법」이라고 한다), 「아동·청소년의 성보호에 관한 법률」(이하에서는 「청소년성보호법」이라고 한다) 등에 '추행'에 관련된 일반적인 형벌규정이 존재함에도 불구하고 '계간이나 그 밖의 추행을 한 사람'이라는 구성요건을 「군형법」에 별도로 규정한 것은 상명하복의 엄격한 규율과 집단적 공동생활을 본질로 하는 군대의 특수한 사정을 고려한 것이라고 한다. 사회구성원들이 개별적이고 독립적인 생활을 영위하는 것을 원칙으로 하는 일반 사회생활과 비교해 볼 때, 생활관(구 내무실) 등에서 집단적으

---

8) 동성 간의 성행위가 헌법상 성적 자기결정권의 한 내용이라고 보는 견해로 강달천, "동성애자의 기본권에 대한 연구", 중앙대학교 법학박사학위논문, 2001. 2, 194면.

로 숙식을 하는 등 필수적으로 공동생활을 해야 하는 군대에서는 본질적으로 구성원들이 독립적인 사생활을 유지하기 어렵기 때문에 구성원들 사이에서 비정상적인 성적 교섭행위가 발생할 가능성이 현저하게 높고, 또한 엄격한 계급구조로 인하여 상급자가 직접적인 폭행이나 위력을 행사하지 않는 경우에도 하급자가 스스로 원하지 아니하는 성적 교섭행위에 연관될 개연성 역시 상대적으로 높다.9) 즉, 추행죄의 보호법익으로서의 특징은, 군의 특성상 군인은 군영 내에서 동성 간 집단숙박을 하여야 하는 사실 및 엄격한 상명하복관계에 있어 상관의 지시를 거역하기가 사실상 불가능하다는 사실에 기인한다. 그런데 이러한 특수한 사정으로 인하여 군 내부에 성적으로 문란한 행위가 만연하게 된다면, 궁극적으로 군의 전투력 보존에 직접적인 위해가 발생할 위험성이 있기 때문에, 이러한 문제발생을 예방하기 위하여 추행죄를 둔 것이다. 따라서 추행죄는 군 내부의 건전한 공적생활을 영위하고, 군 조직 전체의 성적 건강을 유지하기 위하여 제정된 것으로서, 주된 보호법익은 '개인의 성적 자유'가 아니라 '군이라는 공동사회의 건전한 생활과 군기'라는 사회적 법익이다.

대법원도 추행죄는 군 내부의 건전한 공적 생활을 영위하고, 이른바 군대가정의 성적 건강을 유지하기 위하여 제정된 것으로서, 주된 보호법익은 '개인의 성적 자유'가 아니라 '군이라는 공동사회의 건전한 생활과 군기'라는 사회적 법익이라고 판시10)하고 있으며, 고등군사법원도 '군사회 기강문란 및 전투력 약화, 개인의 성도덕 관념과 성생활의 자유를 침해하는 행위를 벌하기 위한 것'이라고 판시11)하고 있다.

---

9) Lawrence v. Texas, 539 U.S. 558, 578 156 L. Ed. 2d 508, 123 S. Ct. 2472(2003), June 26, 2003, Decided(coerced persons or persons who are situated in relationships where consent might not easily be refused).

10) 대법원 2008. 5. 29. 선고 2008도2222 판결: 중대장인 피고인이 소속 중대원인 피해자들의 양 젖꼭지를 비틀거나 잡아당기고 손등으로 성기를 때린 사실은 인정되지만, 그 범행 장소가 소속 중대 복도 및 행정반 사무실 등 공개된 장소이고, 범행 시각이 오후 또는 저녁시간으로서 다수인이 왕래하는 상태였으며, 피해자도 특정인이 아닌 불특정 다수인 점 등에 비추어 볼 때 위와 같은 행위로 인하여 피해자들이 성적 수치심을 느꼈다거나 이러한 행위가 일반인에게 성적 수치심이나 혐오감을 일으키게 하는 것이라고 볼 수 없다. … 피고인의 행위는 군이라는 공동사회의 건전한 생활과 군기를 침해하는 비정상적인 성적 만족 행위라고 보기 어려워 「군형법」 제92조의 추행에 해당하지 않는다.

2) 판례의 문제점: 보호법익의 모호성

판례가 제시하고 있는 '군이라는 공동사회의 건전한 생활과 군기'라는 보호법익은 체계내재적 법익개념의 관점에서 보호법익의 구체적인 내용이 과연 무엇인지를 검토할 필요가 있고, 체계비판적 법익개념의 관점에서 국가형벌권의 발동이 과연 이러한 경우에도 필요한지를 검토할 필요가 있다.

첫째, 보호법익의 구체적인 내용과 관련하여, 판례는 '엄격한 상명하복관계에 있어 상관의 지시를 거역하기가 사실상 불가능하다는 사실'로 인하여 추행죄의 보호법익으로서의 특징이 도출된다고 한다. 즉, 명시적 또는 묵시적인 합의가 있다고 하더라도 행위자의 특성상 사실상 강제적인 요소가 개입되어 있기 때문에 합의에 의한 행위도 처벌의 대상이 된다고 한다. 하지만 이러한 상황은 강제적 추행의 상황에서 '강제성'의 요부를 구체적인 사안에 따라 판단하면 족한 것이지, 강제성을 추정하거나 강제성의 범위를 확장하여 간접적인 강제성도 포함한다거나 강제성의 입증이 어렵다는 이유로 예방적인 차원에서 합의에 의한 행위까지 가벌성의 범위를 확장하는 것은 바람직하지 못하다. 특히 「성폭력특례법」 제10조 제1항에 의하면 '업무, 고용이나 그 밖의 관계로 인하여 자기의 보호, 감독을 받는 사람에 대하여 위계 또는 위력으로 추행한 사람'이라고 하여, 위계 또는 위력의 요건이 충족되어야만 처벌대상으로 삼고, 합의에 의한 경우에는 처벌대상에서 제외하고 있는 점과 비교해 보아야 한다.

다음으로 '군이라는 공동사회의 건전한 생활과 군기'가 보호법익이라고 한다면 군인 사이의 행위뿐만 아니라 군인과 민간인 사이의 행위도 처벌해야 하는 것이 마땅하다. 하지만 동 보호법익을 설시하고 있는 대법원[12]은 후자의 경우를 처벌하지 않고 있다. 또한 「군형법」 피적용자 중 이성 간의 합의에 의한 성적 행위도 '군이라는 공동사회의 건전한 생활과 군기'라는 보호법익을 침해할 수 있는 경우에는 형사처벌의 대상이 되어야 한다는 결론에 이를 수가

---

11) 고등군사법원 1999. 3. 30. 선고 99노31 판결.
12) 대법원 1973. 9. 25. 선고 73도1915 판결.

있지만,13) 이를 이유로 형사처벌되는 사례는 찾아볼 수가 없다.

마지막으로 성적인 행위가 있었다고 하여 곧바로 '군이라는 공동사회의 건전한 생활과 군기'가 침해되는 것은 아니다. '군이라는 공동사회의 건전한 생활과 군기'라는 보호법익 자체가 매우 추상적이며, 가치관에 따라 다의적으로 평가될 수 있기 때문이다. 동성 간의 성적 행위에 대한 군대 내의 과도한 경계심 또는 혐오감에 비하여 이러한 행위가 '군이라는 공동사회의 건전한 생활과 군기'에 어떠한 결과를 초래하였는지에 대한 실증적인 자료는 제시되고 있지 않다.14) 오히려 대부분 은밀하게 이루어지는 추행행위가 수사 및 재판과정에서 공공연하게 드러나고 있다는 점이 '군이라는 공동사회의 건전한 생활과 군기'를 저해하는 효과를 초래하고 있는지도 모른다. 또한 '위계적 질서'와 '명령체계'의 관점에서 보았을 때 지휘복종관계가 성립되지 않는 관계에서 발생하는 추행행위에 대한 처벌과 서로 다른 명령체계에 속해 있는 행위자에 대한 처벌을 설득력 있게 설명할 수 없다. 결론적으로 추행죄의 행위태양이 과연 '군이라는 공동사회의 건전한 생활과 군기'라는 보호법익을 침해하는지의 여부는 불분명하다.

둘째, 국가형벌권의 발동근거와 관련하여, 공연성과 강제성을 구성요건요소로 하고 있지 않는 추행죄는 '군이라는 공동사회의 건전한 생활과 군기'를 침해한다고 볼 수 없으므로 처벌의 대상에서 제외되어야 함이 마땅하다. 「군형법」 피적용자 상호 간의 합의에 따라 은밀히 행해지는 성적 행위는 타인에

---

13) 동일한 지적으로 Kenneth Williams, "Gays in The Military: The Legal Issues", University of San Francisco Law Review, Summer, 1994(28 U.S.F. L. Rev. 919), p. 945.

14) Aaron Belkin, "Don't Ask and Don't Tell: Is the Gay Ban based on Military Necessity?", Parameter, Summer, 2003, pp. 110-114. 또한 수사 및 재판과정에서는 … (추행)행위로 인하여 부대에 어떠한 불이익이 생겼는지는 전혀 관심의 대상이 되지 않았다. 또한 대부분의 사례에서 행위자들은 사건이 있기 전까지 성실함과 높은 업무수행능력을 인정받고 있었던 경우가 많았다(이경환, "군대 내 동성애 행위 처벌에 대하여", 『공익과 인권』 제5권 제1호, 서울대학교 BK21 법학연구단 공익인권법연구센터, 2008. 2, 94면). 반면에 동성애에 대한 부정적인 혐오와 인식이 드러나고 있었다. 「군형법」이 동성애자 처벌조항이 아니라고 하면서도 행위자들이 동성애자인지 여부를 확인하며, 과거 군입대 전의 파트너 이름, 성행위를 한 일시 및 장소, 내용, 동성애 카페 가입여부 등 불필요할 정도로 자세하게 질문하여 동성애를 '비정상적'인 것으로 간주하는 태도를 보인 것이다(이경환, 앞의 논문, 96-97면 참조).

대한 침해 내지 혐오감 유발 등을 직접적으로 야기하지 않기 때문에[15] 이러한 행위 자체만으로는 추행죄에서 말하는 보호법익에 위해를 가한다고 판단하는 것은 불합리하기 때문이다.

2. 추행죄의 구성요건과 관련하여

1) 다른 범죄와의 관계

(1) 개인적 법익을 침해하는 성범죄와의 관계

형사법은 성범죄의 여러 유형 중 개인의 성적 자유를 침해하는 범죄는 '추행'이라는 개념을 폭넓게 사용하고 있는바, 「군형법」상 추행죄와 다른 법률상 추행행위를 구성요건으로 하는 범죄와의 관계를 비교·검토하는 것은 추행죄의 특징을 살펴보는 데 있어 유의미한 일이라고 하겠다. 먼저 다른 법률상 추행행위를 구성요건으로 하는 범죄들은 범행수단(폭행·협박·위계·위력 등), 범행대상(미성년자, 심신미약자, 심신상실 또는 항거불능의 상태에 있는 자, 13세 미만의 자, 친족관계에 있는 자, 업무나 고용 관계에 있는 자, 구금자와 감호자 관계에 있는 자, 장애인과 감독자 관계에 있는 자 등), 범행장소(공중 밀집장소 등) 등 구성요건을 일정한 범위로 제한하고 있고, 행위의 유형에 따라 징역형부터 벌금형에 이르기까지 다양한 법정형을 규정하고 있다.

이를 보다 구체적으로 살펴보면, 첫째, 범행수단을 고려한 것으로 「형법」 제298조에서 '폭행 또는 협박에 의한 추행'을, 「성폭력특례법」 제4조 제2항에서 '흉기나 그 밖의 위험한 물건을 지닌 채 또는 2명 이상이 합동에 의한 방법으로 폭행 또는 협박에 의한 추행'을 각각 규정하고 있다. 둘째, 범행대상을 고려한 것으로 「형법」 제299조에서 '피해자의 심신상실 또는 항거불능의 상태

---

15) 이는 또한 기본적인 Privacy의 일종이라고도 한다. Jeremy J. Gray "The Military's ban on Consensual Sodomy in a Post-Lawrence World", Washington University, 2006, p. 393.

를 이용한 추행'을, 「형법」 제305조에서 '13세 미만의 사람에 대한 추행'을, 「성
폭력특례법」 제6조에서 '신체적인 또는 정신적인 장애로 항거불능인 상태에
있음을 이용한 추행'을, 「성폭력특례법」 제10조 제2항에서 '법률에 의하여 구
금된 사람에 대한 추행'을, 「성폭력특례법」 제10조 제3항에서 '보호 감독의 대
상이 되는 장애인에 대한 추행'을 각각 규정하고 있다. 셋째, 범행수단과 범행
대상을 동시에 고려한 것으로 「형법」 제302조에서 '미성년자 또는 심신미약
자에 대하여 위계 또는 위력으로써 한 추행'을, 「성폭력특례법」 제5조 제2항
에서 '친족관계인 사람이 폭행 또는 협박을 사용한 추행'을, 「성폭력특례법」
제7조 제3항에서 '13세 미만의 사람에 대한 폭행 또는 협박에 의한 추행'을,
「청소년성보호법」 제7조 제3항에서 '아동·청소년에 대한 폭행 또는 협박에
의한 추행'을, 「성폭력특례법」 제7조 제5항에서 '위계 또는 위력을 사용하여
13세 미만의 사람에 대한 추행'을, 「청소년성보호법」 제7조 제5항에서 '위계
또는 위력을 사용하여 아동·청소년에 대한 추행'을, 「성폭력특례법」 제10조
제1항에서 '자기의 보호 또는 감독을 받는 사람에 대하여 위계 또는 위력으로
써 한 추행'을 각각 규정하고 있다. 넷째, 범행장소를 고려한 것으로 「성폭력
특례법」 제11조에서 '대중교통수단, 공연·집회 장소, 그 밖에 공중이 밀집하
는 장소에서 행한 추행'을 규정하고 있다.

　이상의 관련법규를 살펴본 결과 「군형법」 이외의 법률에서는 '추행'이 강제
력에 의하여 '개인의 성적 자유'를 침해하는 행위임을 전제로 각 범죄구성요
건이 설정되어 있음을 알 수 있다. 다른 법률에서는 추행관련범죄의 구성요건
을 범행수단, 범행대상, 범행장소 등으로 세분화하여 각각의 유형별로 처벌의
수위를 달리하고 있어서, 당해 범죄의 고유한 특성 및 그 특성에 비례하는 형
벌이 부과되어 있다. 하지만 「군형법」상 추행죄는 구성요건적 수단이나 정황
등에 대한 제한이 없고, 강제성이 있는 추행과 강제성이 없는 추행을 같은 성
격의 행위로 동시에 규정하고 있으며, 대표적 구성요건인 '계간'을 판단지침
으로 예시하고 있을 뿐이며, 법정형도 일괄적으로 2년 이하의 징역형으로 처
벌하도록 규정하고 있다. 또한 다른 범죄에 있어서는 구체적인 피해자가 있으
며, 주된 초점이 어느 범위까지 강제성을 인정할 것인가의 여부에 있는 반면

에, 추행죄에 있어서는 군대라는 추상적인 피해자만이 있을 뿐이며, 주된 초점은 추행행위가 실제로 있었는지의 여부에 있는 것이다. 그러므로 추행죄는 구성요건의 측면에서 명확성의 원칙이 문제될 수 있고, 형벌의 측면에서 비례성의 원칙 및 과잉금지의 원칙 등이 문제될 수 있다.

(2) 사회적 법익을 침해하는 성범죄와의 관계

형사법은 성범죄의 여러 유형 중 사회적 법익의 일종인 '건전한 성풍속'을 침해하는 범죄는 '음란한 행위'라는 개념을 사용함으로써, '추행'과 '음란한 행위'를 서로 구별하여 규정하고 있다. 그 대표적인 예가 「형법」 제22장(성풍속에 관한 죄)에서 '음란한 행위' 등의 용어를 사용하는 경우인데, 이는 강제성을 수반하지 않으면서 '건전한 성풍속'이라는 사회적 법익을 침해하는 행위를 규율하고 있는 것이다. 판례가 말하는 추행죄의 보호법익은 개인적 법익이 아니라 '군이라는 공동사회의 건전한 생활과 군기'라는 사회적 법익이기 때문에 이러한 범죄군과 추행죄의 상호 비교도 필요한 것으로 판단된다. 음란한 행위를 구성요건요소로 하는 범죄군의 가장 큰 특징은 공연성을 별도로 요구한다는 점이다. 즉, 불특정 또는 다수인이 인식할 수 있는 상황에서 당해 행위가 이루어질 것이 필요한 데 반하여 추행죄는 공연성 없이 은밀하게 이루어지는 경우에도 적용된다는 차이점이 있다.

결론적으로 추행죄는 개인적 법익을 침해하는 성범죄군과 사회적 법익을 침해하는 성범죄군에 속하는 개별 범죄에서 나타나는 일반적인 구별기준만으로는 그 특징을 제대로 파악할 수 없는데, 그 이유는 강제성과 공연성을 모두 구성요건으로 하고 있지 않기 때문이다. 즉, 추행죄는 강제성 또는 공연성이 충족되지 않더라도 처벌할 수 있다는 점이 다른 추행관련범죄 내지 성범죄와 구별되는 것이 특징이라고 할 수 있다.[16)]

---

16) 다만 「성폭력특례법」 제10조 제2항은 '법률에 따라 구금된 사람을 감호하는 사람이 그 사람을 추행한 때에는 3년 이하의 징역 또는 1,500만 원 이하의 벌금에 처한다'고 규정하고 있는바, 동 조항도 추행죄와 마찬가지로 공연성과 강제성을 수반하지 아니한 추행행위

2) 추행죄에 있어서 추행의 개념

(1) 상대적 추행개념의 허용 여부

‘추행’이라는 개념에 대하여는 그 어떤 법률에서도 정의규정을 두고 있지 않다. 왜냐하면 ‘추행’이란 일반적으로 정상적인 성적 행위에 대비되는 다양한 행위태양을 총칭하는 것이고, 그 구체적인 적용범위도 사회적 변화에 따라 변동되는 동태적 성격을 가지고 있기 때문이다. 그래서 입법자가 이러한 행위의 모든 형태를 미리 예상한 다음, ‘추행’에 해당하는 행위를 일일이 구체적·서술적으로 열거하는 방식으로 명확성의 원칙을 관철하는 것은 입법기술상 불가능하거나 현저히 곤란하다.

판례[17]에 의하면 「군형법」에서 말하는 ‘추행’과 「형법」 등에서 말하는 ‘추행’의 의미는 다르다고 한다.[18] 즉, 개인적 성적 자유를 주된 보호법익으로 하는 「형법」 등에서 말하는 ‘추행’이라 함은 객관적으로 일반인에게 성적 수치심이나 혐오감을 일으키게 하고 선량한 성적 도덕관념에 반하는 행위로서 피해자의 성적 자유를 침해하는 것이라고 할 것이고, 이에 해당하는지 여부는 개인의 성적 자유가 현저히 침해되고, 또한 일반인의 입장에서 보아도 추행행위라고 평가될 경우에 한정하여야 할 것이고, 이러한 의미에서 키스, 포옹 등과 같은 경우에 있어서 그것이 추행행위에 해당하는가에 대하여는 피해자의 의사, 성별, 연령, 행위자와 피해자의 이전부터의 관계, 그 행위에 이르게 된 경위, 구체적 행위태양, 주위의 객관적 상황과 그 시대의 성적 도덕관념 등을 종합적으로 고려하여 신중히 검토하여야만 할 것이다.[19]

를 형사처벌하고 있는 조항으로 평가할 수 있다.

17) 대법원 2008. 5. 29. 선고 2008도2222 판결; 헌법재판소 2002. 6. 27. 선고 2001헌바70 결정; 헌법재판소 2011. 3. 31. 선고 2008헌가21 결정.
18) 이에 대하여 달리 「군형법」 고유의 추행개념을 인정하여야 할 특별한 이유가 없다는 견해(김혁돈, “강제추행죄에 있어서의 강제추행의 개념”, 『형사법연구』 제21권 제1호, 한국형사법학회, 2009. 3, 510면)가 있다.
19) 대법원 1998. 1. 23. 선고 97도2506 판결.

반면에 「군형법」에서 말하는 '추행'이라 함은 계간(항문 성교)에 이르지 아니한 동성애 성행위 등 객관적으로 일반인에게 혐오감을 일으키게 하고 선량한 성적 도덕관념에 반하는 성적 만족 행위로서 군이라는 공동사회의 건전한 생활과 군기를 침해하는 것이라고 할 것이고, 이에 해당하는지 여부는 행위자의 의사, 구체적 행위태양, 행위자들 사이의 관계, 그 행위가 공동생활이나 군기에 미치는 영향과 그 시대의 성적 도덕관념 등을 종합적으로 고려하여 신중히 결정되어야 할 것이다.[20]

이상과 같이 판례에 의하면 추행죄에서의 추행은 다른 범죄에서의 추행과 관련하여 몇 가지 차이점을 가지고 있다. 첫째, '(비정상적인) 성적 만족 행위'라는 것을 별도로 요구하여 제한적인 해석을 하고자 하였다. 둘째, '계간에 이르지 아니한 동성애 성행위 등'이라고 표현하여 추행과 계간을 명확히 구분하고 있다. 셋째, 일반인의 입장에서 추행행위로 평가될 여지가 있는 경우에도 개별 범죄구성요건에 해당하는지 여부를 판단하기 위해서는 반드시 그 법률규정의 보호법익이 침해되었는지 여부를 함께 검토해야 한다.

하지만 추행이라는 동일한 구성요건요소를 상이하게 해석하여 추행죄에서 '(비정상적인) 성적 만족 행위'를 별도로 요구하는 판례의 태도는 다음과 같은 점에서 타당하지 않다. 첫째, 다른 범죄와 달리 추행죄에서만 유독 성적 만족 행위를 요구하는 근거가 전혀 제시되어 있지 않다. 일반적인 추행범죄에 있어서는 가해자의 성적 만족 여부와 상관없이 피해자의 성적 자기결정권이 침해되었는지 여부가 문제시된다.[21] 하지만 추행죄는 가해자의 행위태양이 성적 만족 행위로 평가되어야 한다고 하는데, 이는 가해자의 내심적 영역에 속해

---

20) 이에 대하여 상대적 추행개념의 사용을 인정하면서 그 논거로 '추행죄의 법정형은 2년 이하의 징역형으로 일괄하여 규정하고 있으므로 행위의 태양이나 유형이 비교적 균질적이어야 한다. 「형법」상 강제추행죄가 10년 이하의 징역 또는 1,500만 원 이하의 벌금이라는 광범위한 법정형을 두고 있는 것을 고려하면, 「군형법」상 추행의 개념을 「형법」상 추행의 개념과 같이 넓게 볼 수 없다'고 하는 견해(서경환, "「군형법」의 추행죄에서 '추행'의 의미 및 판단방법", 『대법원판례해설』 제76호(2008 상반기), 법원도서관, 2008. 12, 560면)가 있다.

21) 同旨 홍기태, "강제추행에 있어서 폭행, 협박의 정도-대법원 2002. 4. 26. 선고 2001도2417-", 『대법원판례해설』 제41호(2002 상반기), 법원도서관, 2002, 584면.

있는 것으로서 객관적인 판단이 쉽지 않을 뿐만 아니라 설사 어느 정도 객관화된다고 하더라도 '성적 만족'을 충족시키는지 여부를 판단하는 것은 더더욱 어려운 문제에 속한다. 만약 성욕의 만족과 같은 주관적인 요소를 성립요소로 한다면 목적범 내지 경향범으로 볼 수 있어 성적 만족을 목적으로 하지 않고 복수심이나 호기심과 같은 다른 동기에 의하여 행해진 행위에 대하여 가벌성이 부정되는 불합리한 결과를 초래하고 만다.[22] 둘째, 성행위를 정상적인 것과 비정상적인 것 내지 변태적인 것으로 구분하고 있는데, 정상과 비정상의 구별에 대하여는 설득력 있는 기준을 제시하지 못하고 있다. 판례가 대표적으로 비정상이라고 판단하고 있는 항문성교는 동성애 성행위 그 자체를 사회유해성이 있는 행위로 치부하는 편견에서 비롯된 것이다.[23] 과거 미국과 유럽을 비롯한 대부분의 국가들에서는 동성 간의 성적 행위가 임의적으로 이루어지는 경우에도 이를 사회유해적이라 하여 범죄행위로 금지하였으나 최근 들어서는 이를 성적 프라이버시권으로 인정하는 것에서 나아가 독일, 벨기에, 네덜란드는 법률로써 동성 간의 결혼을 허용하고 있으며, 그 추세는 점차 확대되어 가고 있다. 우리나라의 경우에도 개인주의적·성개방적인 사고방식에 따라 성에 관한 우리 국민의 법의식에도 많은 변화가 있었고, 동성 간의 성적 행위가 비정상적이며 사회의 성도덕을 심하게 침해한다는 부정적인 시각에서 점차 벗어나 성적 지향성이 다름을 이유로 고용 등에 있어서 차별하는 것을 평등권침해행위로 인정하기까지 이르렀다.[24] 그렇다면 과거와 같이 동성 간의 성적 행위 자체를 사회의 성도덕을 침해하는 사회유해적인 행위로 보는 전제하에서는 군대 내에서의 동성 간의 추행행위가 비록 그것이 비강제에 의한 것이라 할지라도 '군이라는 공동사회의 건전한 생활과 군기'를 저해한다고 볼

---

22) 김혁돈, 앞의 논문, 503면(또한 이는 피해자의 성적 자기결정권이 행위자의 내심의 동기에 의하여 좌우되는 것으로 불합리하다).

23) 오늘날 동성애를 성적 지향의 하나로 인정하는 추세에 비추어 보면 대법원의 이와 같은 해석론은 헌법의 평등의 이념에 반하는 것으로 용납하기 어렵다(이호중, "「군형법」 제92조의5 추행죄의 위헌성과 폐지론", 『형사법연구』 제23권 제1호(통권 제46호), 한국형사법학회, 2011. 3, 237면).

24) 국가인권위원회법 제2조 제3호는 '성적 지향'을 평등권 침해의 차별행위의 일종으로 규정하고 있다.

수 있을지도 모르나, 오늘날과 같이 성에 대한 사회적 의식 및 제도가 개방된 사정하에서는 공연성이 없고 강제에 의하지 않은 동성 간의 추행을 군의 전투력 보존에 직접적인 위해를 발생시킬 위험이 있다고 보기는 어렵다.[25)

(2) 강제성 요부의 불명확성

다소 광범위하여 어떤 범위에서는 법관의 보충적인 해석이 필요하더라도 건전한 상식과 통상적인 법감정을 가진 사람으로 하여금 그 적용대상자가 누구이며 구체적으로 어떠한 행위가 금지되고 있는지 여부를 충분히 알 수 있도록 하고 있다면, 이는 죄형법정주의의 명확성원칙에 위배되지 않는다. 하지만 추행죄와 관련해서는 구체적인 해석기준을 찾을 수 없어 법률전문가들조차도 그 대상을 확정하기 쉽지 않다. 그런데 건전한 상식과 통상적인 법감정을 가진 「군형법」상 피적용자[26)는 어떠한 행위가 추행죄의 구성요건에 해당되는지 여부를 쉽게 파악할 수 없다. 이러한 측면에서 추행죄를 살펴보면, 적어도 '추행'의 의미에 대해서는 통상의 판단능력을 가진 「군형법」 피적용자는 이를 이해할 수 있어 명확성 여부는 문제되지 않는다. 하지만 추행죄는 그 밖의 구성요건요소, 즉 추행이 강제 또는 비강제에 의한 것인지 여부, 추행의 주체나 그 상대방, 추행의 장소 및 시간 등에 대해서는 아무런 제한을 두고 있지 않아서 해석상의 불명확함을 야기하고 있는데, 이를 차례대로 분설해 보면 다음과 같다.

추행죄가 강제력 행사를 요구하는지에 대하여는 견해의 대립이 있다. 먼저 강제력 행사를 요구하지 않는다는 견해[27)는, 첫째, 추행죄의 주된 보호법익은 '개인의 성적 자유'가 아니라 '군이라는 공동사회의 건전한 생활과 군기'라는 사회적 법익이므로, 쌍방의 합의에 의한 성적 교섭행위일지라도 군 공동체생

---

25) 헌법재판소 2002. 6. 27. 선고 2001헌바70 결정 중 재판관 송인준, 재판관 주선회의 반대 의견.
26) 「군형법」 피적용자의 범위에 대해서는 박찬걸, "「군형법」상 군무이탈죄와 관련된 문제점 과 개선방안", 『형사정책』 제22권 제1호, 한국형사정책학회, 2010. 6, 214-216면.
27) 헌법재판소 2011. 3. 31. 선고 2008헌가21 결정 중 재판관 이동흡의 보충의견; 김혁돈 앞 의 논문, 510면.

활의 건전성과 군 기강에 부정적인 영향을 미치기는 마찬가지라는 점, 둘째, 「형법」상 강제추행, 미성년자 등에 대한 추행죄 등 개인의 성적 자유를 보호법익으로 하는 범죄와 달리, 추행죄는 폭행, 협박, 위계, 위력 등 강제력과 관련된 구성요건요소를 규정하지 않고 있다는 점[28]과 그 법정형이 현저하게 낮은 이유는 강제력이 수반되지 않는 추행행위만을 처벌하기 때문이라는 점, 셋째, 2009. 11. 2. 「군형법」 개정 당시에 비로소 폭행, 협박 등 강제력이 수반된 추행행위를 가중처벌하기 위하여 제92조의2(강제추행), 제92조의3(준강제추행)이 신설되었으므로, 위 규정이 신설되기 전의 추행죄는 외관상 추행행위에 해당하기만 하면 강제력 행사여부에 따른 법정형의 차등을 두지 않고 이를 형사처벌하려는 것이고 위 규정이 신설된 후의 추행죄는 강제력이 수반되지 않는 추행행위만을 형사처벌하겠다는 것으로 보는 것이 입법의도에 부합하는 해석이라는 점, 넷째, 상명하복의 엄격한 계급구조로 인하여 상급자가 직접적인 강제력을 행사하지 않은 경우에도 하급자가 스스로 원하지 아니하는 성적 교섭행위에 연관될 개연성이 높다는 점[29] 등을 그 논거로 제시하고 있다. 대법원[30]도 추행의 개념요소에 강제력 행사를 포함시키지 않고 있다.

　다음으로 강제력 행사를 요구한다는 견해는, 첫째, 추행죄의 주된 보호법익을 '개인의 성적 자유'가 아니라 '군이라는 공동사회의 건전한 생활과 군기'라는 사회적 법익이라고 한다면, 개인의 성적 자유를 보호법익으로 하고 있는 다른 법률에 규정되어 있는 추행관련범죄의 법정형보다 추행죄의 법정형이 훨씬 높아야 한다. 왜냐하면 일반적으로 양자의 법익 중 후자의 법익보호가 상대적으로 가치가 큰 것으로 평가되기 때문이다. 하지만 법정형은 정반대로

---

28) 2004. 7. 2. 이경재 의원 등 35인은 개인의 성적 자기결정권의 측면에서 볼 때 「형법」으로 이를 다루는 것은 적절하지 않다는 이유로 「군형법」상 추행죄를 '위계 또는 위력'에 의한 경우로 한정하는 「군형법」 개정안을 제출한 바 있다. 동 법안은 단순 추행은 구성요건에서 삭제하고, 위계 또는 위력에 의한 추행의 경우 5년 이하의 징역에 처하도록 규정하고, 동죄의 미수범 처벌규정을 두고 있었으나, 회기만료로 인하여 2008. 5. 29. 자동폐기되었다.

29) 박영주, "동성애에 대한 법적 태도", 『부산법조』 제21호, 부산지방변호사회, 2004. 1, 138-139면.

30) 대법원 2008. 5. 29. 선고 2008도2222 판결.

규정되어 있다. 이는 '군이라는 공동사회의 건전한 생활과 군기'라는 사회적 법익의 추상성과 개인의 성적 자유의 우월성을 동시에 보여주고 있는 것이다. 둘째, 간접적인 강제력의 행사에 대한 입증이 쉽지 않기 때문에 하급자가 스스로 원한 성적 교섭행위에도 간접적인 강제력의 행사가 있었으므로 처벌된다면 처벌범위가 무한정 확대될 수 있다. 셋째, 합의에 의한 이성 간의 행위가 형사입건된 예가 없었다는 점[31] 등을 그 논거로 제시하고 있다.

마지막으로 강제력 행사를 요구하는지 여부에 대한 판단을 할 수 없다는 견해[32]에 의하면, 추행죄는 범죄구성요건으로 오로지 '계간 그 밖의 추행'이라고만 규정함으로써, 다른 법률에서와 같이 '강제성을 수반하는 행위'만이 이에 해당하는지, 아니면 '강제성을 수반하지 않는 음란한 행위'까지 이에 해당하는지를 법해석기관에 맡겨놓고 있다고 한다.

생각건대 추행죄는 강제력이 행사된 경우뿐만 아니라 강제력이 행사되지 않은 경우에도 적용된다고 보는 것이 타당하다. 우선 법규정에서 단순히 '추행'이라는 용어만을 사용할 뿐 '강제력의 행사로 인한' 추행이라고 한정하고 있지 않다. 물론 강제력이 행사되지 않은 경우까지 포함시켜 해석하는 것은 피고인에게 불리한 것이지만, 그렇다고 하여 이러한 해석이 문언의 가능한 의미를 벗어난다고 할 수도 없다. 강제력 행사를 요구한다는 견해에 의하면 추행죄가 개인의 성적 자유를 보호법익으로 하고 있는 추행관련범죄의 법정형보다 훨씬 높아야 한다고 하고 있으나, 법정형 차이의 주된 이유는 다른 추행관련범죄의 경우 유형력의 행사가 있기 때문에 법정형이 높은 것이지, 보호법익의 상이성이 결정적인 원인은 아니라고 판단된다. 또한 합의에 의한 이성 간의 행위가 형사입건된 예가 없었다고 하나 합의에 의한 남성 간의 행위가

---

31) 노기호, "「군형법」 제92조 '추행죄'의 위헌성 고찰: 육군 제22사단 보통군사법원 2008. 8. 6. 위헌제청결정사건(2008고10)을 중심으로", 『헌법학연구』 제15권 제2호, 한국헌법학회, 2009. 6, 284면 참조. 특히 강제력이 개입된 이성 군인 간의 강간 또는 강제추행 행위가 구 「군형법」 제92조로 처벌된 사례(육군교육사령부 보통군사법원 2005고1 판결)가 있으나, 이 경우도 양 당사자 간에 합의가 된 경우 「군형법」상 추행죄를 문제 삼지는 않았다고 한다.
32) 헌법재판소 2011. 3. 31. 선고 2008헌가21 결정 중 재판관 김종대, 재판관 목영준, 재판관 송두환의 반대의견; 노기호, 앞의 논문, 289면.

형사입건된 예는 있었는바, 이는 강제력 행사의 유무를 묻지 않는다는 반증이기도 하다. 다만 제14차 「군형법」 개정으로 강제추행죄와 준강제추행죄가 신설되었는데, 동 규정의 신설로 인하여 추행죄는 강제력이 수반되지 않는 추행행위만을 형사처벌하겠다는 것으로 보는 것이 입법의도에 부합하는 해석이라는 견해는 타당하지 않다. 왜냐하면 강제추행죄의 경우 '폭행 또는 협박'을 요구하고 있고, 준강제추행죄의 경우 '심신상실 또는 항거불능의 상태'를 요구하고 있기 때문에, 이에 해당하지 않는 유형의 강제력이 행사될 경우에는 추행죄로 의율할 필요성이 있기 때문이다. 군의 특성상 군인은 군영 내에서 동성 간 집단숙박을 하여야 하는 사실 및 엄격한 상명하복관계에 있어 상관[33]의 지시를 거역하기가 사실상 불가능하다는 점을 고려할 때, 군대의 특성상 가장 빈발할 수 있는 '위계 또는 위력을 사용한 추행행위'에 관하여는 여전히 별도의 규정이 없으므로 이러한 경우 「군형법」 제92조의5로 규율할 수밖에 없는데, 이는 '강제성 없는 합의에 의한 음란행위'와 '강제성을 수반한 위계 또는 위력을 사용한 추행'을 형사처벌상 동등하게 취급하게 되는 모순에 빠지게 된다.

3) 행위의 주체 및 상대방의 불명확성

(1) 남성 간의 추행에 국한되는지의 여부

추행죄는 행위의 주체 및 그 상대방에 대해서는 아무런 규정을 두고 있지 않아 과연 남성 간의 추행만을 대상으로 하는지, 아니면 여성 간의 추행이나 이성 간의 추행행위도 그 대상이 되는지 여부가 애매모호하다. 제2차 추행죄 결정의 다수의견 및 보충의견에 따르면 추행죄는 '동성 군인 간의 성적 만족

---

33) 「군형법」 제2조 제1호에 따르면 일반적으로 상관이라 함은 명령복종관계에 있는 자간에서 명령권을 가진 자를 말하지만, 그 외에 명령복종관계가 없는 자간에서의 상급자와 상서열자도 상관에 준하는 것으로 규정하고 있다. 따라서 명령복종관계가 없는 동일계급자라도 상서열자는 상관에 준하고 그 서열은 그 계급에 진급된 일자순으로 정하여진다(대법원 1976. 2. 10. 선고 75도3608 판결).

행위를 금지하고 이를 형사처벌'하기 위한 규정이라고 판단하고 있으며, 대법원[34]도 '기타 추행'을 '계간(항문 성교)에 이르지 아니한 동성애 성행위 등'이라고 판시하여 이성 간의 성행위는 포함시키고 있지 않다. 즉 '그 밖의 추행'이 동성 간의 성적 교섭행위를 뜻하는 계간과 동일한 항에 병렬적으로 규정되어 있는 점, 자유로운 외부출입이나 독립적인 사생활이 보장되지 못한 채 폐쇄적으로 단체생활을 하면서 동성 간에 내무반, 화장실, 샤워실 등의 공간을 공동으로 사용하여야 하는 군대 내에서는 개별적이고 독립적인 생활을 영위하는 일반 사회생활에서와 달리 비정상적인 동성 간의 성적 교섭행위가 발생할 가능성이 매우 높아진다는 점 등에 비추어 보면, 추행죄에서의 추행은 계간과 마찬가지로 동성 간의 성적 행위에만 적용되는 것으로 해석된다고 한다.

참고로 미군통일군사법전(Uniform Code of Military Justice) 제125조[35]에서는 이성 간의 행위도 처벌의 대상에 포함시키고 있다. 미국은 United States v. Scoby 사건[36]에서 '동조는 그 문언에 의하여 동의에 의하든, 사기 또는 강제적인 방법에 의하든 모든 종류의 비자연적인 육체적 성행위를 금지한다. 유사하게 동조는 성적 상대방 이외의 제3자가 존재하지 않은 상태에서 자신의 집에서 사적으로 하는 행위와 그 행위에 관하여 완전히 이해하는 낯선 그룹의 앞에서 공개된 장소에서 하는 행위를 구별하지 않는다'고 판시하였다. 또한 United States v. Marcum사건[37]에서 '동조는 동성 간이든, 이성 간이든, 그리고 동의에 의하든, 강요에 의하든 불문하고 sodomy[38]를 금지한다'고 판시하였

---

34) 대법원 2008. 5. 29. 선고 2008도2222 판결.
35) Article 125, UCMJ states; (a) Any person subject to this chapter who engages in unnatural carnal copulation with another person of the same or opposite sex or with an animal is guilty of sodomy. Penetration, however slight, is sufficient to complete the offense. (b) Any person found guilty of sodomy shall be punished as a court-martial may direct.
36) United States v. Scoby, 5 M.J. 160, 163(C.M.A. 1978).
37) United States v. Marcum, 60 M.J. 198(C.A.A.F. 2004).
38) sodomy는 전통적으로 두 남자 간(two men)의 성관계를 의미했으나(Angela Williams, "Religious Influences in American Legislation: Lawrence v. Texas, The Right to Privacy, The Right to Choice, and The Right to Be Let Alone!", 7 J. L. Society 196, 204, 2006), 오늘날에는 두 사람 간(two people)의 비정상적인 성관계를 의미한다고 보는 것이 일반적이다.

다.39) 이와 같이 미국의 판례는 명시적으로 '이성 간의 성적 행위'도 처벌대상으로 하고 있으나, 이는 법률상에 'opposite sex'라는 표현이 있기 때문인 것으로 보인다. 하지만 우리나라 「군형법」 제92조의5에는 이러한 표현이 없다는 점에서 이성 간의 성적 행위가 포함되는지 여부가 불분명한 것이다.

'계간'을 추행죄에서 규정하는 '추행'의 예시로 본다면, '계간'은 소위 남자끼리의 성행위를 말하므로 추행죄의 '추행'은 남성 간의 추행만을 의미한다고 보게 될 것이다.40) 추행죄가 제정된 1962년 당시에는 군대가 금녀(禁女)의 영역이라고 할 수 있었으므로 추행죄는 계간을 그 밖의 추행에 대한 예시로 규정하여 남성 간의 추행행위만을 규제하고자 하였던 것으로 보여 진다. 그러나 지금은 육·해·공군 사관학교, 국군간호사관학교, 여군 부사관 제도, 여성학군단의 창설 등 여군의 숫자가 점점 증가하고 있는 실정41)이므로 군기유지를 위해서 「군형법」 피적용자인 남성 간의 추행을 금지할 필요가 있다면 마찬가지 이유로 여성 간의 추행이나 이성 간의 추행도 금지되어야 할 것이며, 따라서 추행죄의 '추행'은 동성 간인지 이성 간인지 여부를 묻지 않고 일체의 추행을 금지하는 것이라고 볼 수도 있다.42) 하지만 이와 같이 남성이든 여성이든 동성 간의 행위뿐만 아니라 이성 간의 행위도 추행죄가 성립할 수 있다고 해석된다면, 군인부부나 군인커플 사이의 성적 행위도 처벌될 가능성이 있다.

---

39) UCMJ의 형량조항(Manual for Courts-Martial United States(2008 Edition), Part Ⅳ Punitive Articles, 51. Article 125-Sodomy, Maximum Punishment, Ⅳ-96)에 의하면 동의 없이 강제적으로 범한 경우에는 최대 가석방 없는 무기징역, 12세 이상 16세 미만의 아동과 범한 경우에는 20년 이하의 징역, 12세 미만의 아동과 범한 경우에는 최대 가석방 없는 무기징역에 처할 수 있다. 그 이외의 경우에는 5년 이하의 징역에 처할 수 있다. 이와 같이 군인과 민간인(미성년자) 간의 행위에 대하여도 UCMJ가 적용된다는 점에서 우리나라와 차이점을 보이고 있다.

40) '계간'은 여성 간의 성행위를 포함하지 않는다는 견해로는 허순철, "미국헌법상 동성애: Lawrence v. Texas판결의 헌법적 의의를 중심으로", 『공법학연구』 제9권 제1호, 한국비교공법학회, 2008. 2, 114면.

41) 현재 전체 군인 중 여군간부의 비중은 3.5%를 차지하고 있으며, 국방부는 오는 2020년까지 6.3% 수준인 1만 1,000명으로 확대할 방침이다.

42) 이승호, "「군형법」의 문제점과 개정방향에 관한 연구", 연세대학교 법학박사학위논문, 2008. 2, 146면; 한인섭·양현아, 『성적 소수자의 인권』, 『공익과 인권(04)』, 사람세상, 2002, 203면(추행죄는 이성애자와 동성애자 모두에게 적용이 되기 때문에 동성애자들의 행복추구권이나 평등권을 침해하지 않는다).

이는 추행죄가 명문으로 동성 간의 행위만을 규율대상으로 한다고 규정하고 있지 않은 점, 대법원이 동성애 성행위 '등'이라고 표현하여 이성애 성행위도 얼마든지 포함될 수 있다는 점, 이성 간의 성행위도 추행죄의 보호법익을 침해할 수 있다는 점 등에서 논란이 될 수 있으나, 다른 법률규정을 체계적으로 비교해 보았을 때 추행죄에서의 규율대상은 오로지 동성 간의 행위에 국한된다고 보는 것이 타당하다. 공연성과 강제성이 없이도 추행행위를 처벌하고 있는 「형법」 제303조 제2항의 피구금부녀추행죄와 「형법」 제305조의 미성년자의제추행죄는 추행죄와 다른 구조를 취하고 있기 때문이다. 피구금부녀추행죄의 경우 객체를 사람이 아닌 여성으로 한정하고 있는 것은 교도관들이 대부분 남성인 행형시스템에 기반을 둔 것인데, 이는 이성 간의 추행이 대부분인 현실을 반영한 것이고,43) 미성년자의제추행죄의 경우 심신의 발달정도가 미약한 13세 미만의 자라는 특수성으로 말미암아 이성 간의 추행행위에도 개입을 할 필요성이 있는 것이다. 하지만 추행죄의 적용대상자들은 현역판정을 받은 성인이고, 현실적으로도 이성 간의 합의에 의한 추행은 형사입건된 예가 전무한 실정이다. 이는 가장 내밀한 인간의 성문제에 대하여 국가가 과도하게 개입하는 것을 미연에 방지함과 동시에 헌법상 보장된 사생활의 비밀과 자유를 보다 덜 제한하고자 하는 해석이므로 추행죄의 적용을 동성 간의 행위에 국한시키는 것이 타당하다고 본다.44) 만약 합의에 의한 이성 간의 성적 행동도 추행죄에 해당한다고 본다면 과잉처벌로 인하여 더욱더 큰 위헌의 소지를 내포하게 될 것이다.

---

43) 이 경우 행위태양은 단순추행의 형식으로 되어 있으나 구금자와 감호자라는 특수한 신분관계와 종속적 상황을 고려할 때 이 경우의 단순추행은 피해자의 궁박한 상태를 이용하여 사실상 강요된 강제추행 내지 위력에 의한 추행으로 보는 것이 옳을 것이다(서보학, "강제추행죄에 있어서의 폭행의 개념과 정도", 『형사재판의 제 문제』 제4권, 형사실무연구회, 2003. 12, 50면).

44) 한편 남성 간의 성행위로 한정하는 해석론은 동성애에 대한 차별로 인하여 평등의 원칙에 위배될 수 있고, 남성 간의 성행위뿐만 아니라 이성 간 및 여성 간의 성행위를 모두 포함하는 해석론은 과잉금지의 원칙에 위배될 수 있다.

(2) 군인과 민간인 사이의 추행이 포함되는지의 여부

대법원45)에 의하면 추행죄에서 '추행'의 주체나 그 상대방과 관련하여서 「군형법」 피적용자의 민간인에 대한 추행은 이에 해당하지 않으며, 헌법재판소 2011. 3. 31. 선고 2008헌가21 결정 중 재판관 이동흡의 보충의견에 의하면 추행죄는 어디까지나 군 내부의 건전한 공적 생활을 영위하고, 군 조직 전체의 성적 건강을 유지하기 위하여 제정된 것이며, 이 같은 입법취지 및 '군이라는 공동사회의 건전한 생활과 군기'라는 보호법익은 추행죄의 적용범위를 해석함에 있어서도 가장 중요하게 고려되어야 할 사항이기 때문에, 추행죄가 적용되는 동성 간의 성적 행위에는 동성 '군인' 간의 성적 행위만이 포함되고, 동성 '민간인'과의 사적 생활관계에서의 성적 행위는 포함되지 않는다고 한다.46) 군인과 민간인 간의 추행행위를 처벌한다면 군인에 대한 처벌로 인하여

---

45) 대법원 1973. 9. 25. 선고 73도1915 판결: 군법 피적용자와 민간인 간에 이루어진 추행행위에도 군법 피적용자에게 본조를 적용할 수 있다면 그 상대방인 민간인의 추행사실이 공개됨으로써 그 명예를 오손하는 부당한 결과를 초래하게 되며, 또 본죄는 친고죄가 아니므로 고소 없이 처벌할 수 있으나 본죄보다 중한 강제추행죄는 친고죄이므로 고소가 있어야 비로소 처벌할 수 있으므로 소송조건에도 균형을 잃은 결과가 되는 점 등을 종합 비교하면 본죄의 입법취지는 군 내부의 건전한 공적 생활을 영위하기 위한 이른바 군대가정의 성적 건강을 유지하기 위한 것이므로 민간인과의 사적 생활관계에서의 변태성 성적 만족 행위에는 적용되지 않는 것으로 해석함이 타당할 것이다.

46) 한편 헌법재판소 2011. 3. 31. 선고 2008헌가21 결정 중 재판관 조대현의 한정위헌의견에 의하면 '그 밖의 추행'의 행위 대상과 장소를 제한하지 않고 있어서 군인의 추행행위는 군영(軍營) 내외를 불문하고, 그 상대방이 군인이든 민간인이든 동성(同性)이든 이성(異性)이든 불문하고, 상대방의 의사에 반하는지 여부를 불문하고, 모두 적용된다고 보지 않을 수 없다고 한다. 그런데 '군인의 군영 내 추행행위'와 '군인간의 군영 외 추행행위'는 군기유지를 위하여 억제할 필요가 있으므로, 그러한 행위가 당사자들의 합의에 의하여 비강제적으로 이루어진 경우에도, 추행죄를 적용하여 처벌하더라도 군인들의 성적 자기결정권이나 사생활의 자유를 침해한다거나 기타 헌법에 위반된다고 보기 어렵다. 그러나 추행죄를 '군인이 군영 외에서 민간인을 상대로 추행행위를 하는 경우'에도 적용하는 것은, 군대라는 특수한 공동사회의 기강을 보호한다는 입법목적의 범위를 넘는 것이므로, 처벌의 필요성을 인정하기 어렵다. 추행행위를 위하여 강제력이 동원된 경우에도 「형법」 등에 규정된 강제추행죄 등으로 처벌하는 것은 몰라도 군대의 기강을 위하여 추행죄를 적용할 필요는 없다고 생각한다. 따라서 추행죄를 '군인이 군영 외에서 민간인을 상대로 추행행위를 하는 경우'에도 적용된다고 해석하는 것은 기본권을 제한할 필요도 없이 군인의 성적 자기결정권이나 사생활의 자유를 침해하는 것으로서 헌법에 위반된다고 보아야 한다.

상대방인 민간인의 명예를 침해하게 되고, 추행죄는 친고죄가 아니므로 고소 없이 처벌할 수 있으나 추행죄보다 중한 강제추행죄는 친고죄이므로 고소가 있어야 비로소 처벌할 수 있으므로 소송조건에도 균형을 잃은 결과가 된다는 견해[47]도 있다. 하지만 대법원이 추행죄의 보호법익을 인정하면서 민간인 적용 배제판단을 하는 것은 추행죄의 입법취지를 몰각시킨다는 점, 민간인이 관련되었다고 하여 군인의 가벌성이 배제되지는 않는다는 점, 사회적 법익을 유지하기 위한 민간인의 명예오손은 부수적인 피해에 불과할 수도 있다는 점, 항상 공개될 수밖에 없는 추행죄의 피해자인 군인의 명예는 보호받지 않아도 되는 것인지에 대한 의문이 있다는 점, 현행 「군형법」 제92조 내지 제92조의3에서는 '제1조 제1항부터 제3항까지 규정된 사람'이라고 하여 피적용자의 범위를 제한하고 있음에 반하여 추행죄에서는 이러한 제한이 없다는 점 등에서 재고의 여지가 있다고 판단된다.[48]

(3) 특수한 인적 관계를 요구하는지의 여부

행위자들이 상호 지휘복종관계에 있어야 하는지 여부가 문제될 수 있다. 부사관과 병사, 장교와 병사, 장교와 부사관 등의 경우에는 상호 지휘복종관계가 비교적 명확하기 때문에 논의의 실익이 적지만, 병사의 경우에는 원칙적으로 상호 지휘복종관계에 있다고 볼 수 없으므로 논란의 여지가 있는 것이다. 실무에서는 같은 계급의 병사,[49] 같은 계급의 간부[50] 등의 표현으로 상호 지휘복종관계가 있음을 요구하지 않고 있다. 추행죄의 가해자는 피해자보다 선임이거나 계급이 높은 경우가 압도적으로 많다는 점,[51] 추행죄의 구성요건이

---

47) 이승호, 앞의 논문, 95면.
48) 추행행위는 군인 상호 간의 행위는 물론 군인과 민간인 혹은 군인과 동물 간의 관계에도 적용된다는 견해(이상철 외 5인, 『군사법원론』, 박영사, 2011, 261면)도 있다.
49) 제9보병사단 보통검찰부 2006년 형제44호 사건; 육군본부 보통군사법원 1999. 9. 16. 선고 99고276 판결.
50) 대법원 2006. 5. 11. 선고 2006도1897판결; 제2군단 보통군사법원 2005. 10. 20. 선고 2005고12판결; 제2군단 보통군사법원 2001. 7. 27. 선고 2001고46판결.
51) 국가인권위원회, 『군대 내 성폭력 실태조사』, 2004. 3, 72-74면.

가해자와 피해자 사이에 특수한 지휘복종관계라는 인적 요소를 요구하고 있지는 않다는 점 등을 이유로 이를 부정하는 것이 타당하다. 또한 행위자들이 동일한 부대 내지 군(예를 들면 육군, 해군, 공군, 해병대 등)에 소속되어 있어야 하는지 여부와 동일한 부대에서 말하는 '동일'의 범위(예를 들면 소대, 중대, 대대, 연대, 사단, 군단 등의 단위)도 문제될 수 있는데, 군인이기만 하면 동일한 부대 등의 구별을 묻지 않고 적용된다고 판단된다.

4) 범행장소 및 범행시간의 불명확성

범행장소와 범행시간의 범위에 제한이 없다는 입장[52)]에 의하면, 추행죄를 통하여 달성하고자 하는 입법목적이나 보호하고자 하는 사회적 법익의 내용은 범행시간이 퇴근 전인지, 퇴근 후인지, 범행 장소가 병영 안인지, 병영 밖인지에 따라 달라진다고 볼 수 없고, 구체적인 사건에 있어서 추행죄가 적용될 수 있는지 여부는 행위자의 의도, 구체적 행위태양, 행위자들 사이의 관계,[53)] 그 행위가 군이라는 공동사회의 건전한 생활과 군기에 미치는 영향과 그 시대의 성적 도덕관념 등을 종합적으로 고려하여 판단되어야 할 법원의 통상적인 법률 해석·적용의 문제라고 한다.[54)]

하지만 병사의 경우 휴가, 외출, 외박 등을 통하여 영외로 벗어나는 경우,[55)] 장교·부사관·군무원 등의 경우 업무시간 이외의 경우, 부대 안의 은밀하고

---

52) 헌법재판소 2011. 3. 31. 선고 2008헌가21 결정 중 재판관 이동흡의 보충의견.

53) 추행죄는 행위자 사이의 '관계' 개념보다는 '행위' 개념을 더 중시한다고 볼 수 있다. 즉 동성애 '관계' 그 자체에 대하여는 처벌을 하고 있지 않다가 이러한 관계가 동성애적 성 '행위'로 나아간 경우에 처벌을 가하기 때문이다.

54) 또한 제2차 추행죄 사건의 변론과정에서 국방부의 대리인은 '군인인 이성 간 및 영외에서의 비정상적인 성행위'도 추행죄에 해당될 수 있다고 진술한 바 있다.

55) 이에 대하여 영외에서 발생한 군인 간의 추행을 영내에서 발생한 추행과 달리 취급할 합리적인 이유가 없으며, 이러한 장소적 제한으로 인하여 추행죄의 본래적 입법목적을 충분히 달성하지 못하게 될 우려가 있다는 견해(이승호, 앞의 논문, 148면)도 있다. 또한 영외의 행위라고 해서 그 가벌성이 없어지는 것은 아니므로 장소적 범위를 영내로 한정할 필요는 없고, 다만 영내의 행위가 영외의 행위보다 가벌성이 크다고 볼 수 있으므로 양형판단에서 고려하면 충분하다는 견해(조인형, "「군형법」상 추행죄의 문제점 및 개선방안", 『공군법률논집』 제13집 제1권(통권 제32호), 공군본부 법무실, 2009. 1, 20면)도 있다.

폐쇄된 공간의 경우 등에 대하여도 추행죄를 적용하는 것은 과잉처벌이라고 볼 수 있다.56) 즉, 입법목적과 보호법익에 비추어 보면, 추행죄에 해당하는 '추행'은 '동성 간 군영 내에서 하는 음란한 행위'로 한정되어야 한다.57) 그러나 추행죄가 이를 구체적이고 명료하게 규정하지 않았고, '군이라는 공동사회의 건전한 생활과 군기'라는 보호법익의 개념도 광범위하고 포괄적이다 보니, '군인인 이성 간의 군영 내 또는 군영 외 음란행위'나 '군인과 비군인과의 군영 내에서의 음란행위' 등도 추행죄에 해당하는지 여부가 불분명하게 되었다.

5) '계간'과 '그 밖의 추행'의 관계

(1) 소위 '예시적 입법방식'의 한계

형벌조항의 규율방식은 크게 그 규율대상에 포섭되는 모든 사례를 구성요건으로 빠짐없이 열거하는 방식과 규율대상의 공통적인 징표를 모두 포섭하는 용어를 구성요건으로 규정하는 방식으로 나누어 볼 수 있다. 전자는 규율대상이 명확하다는 장점이 있는 반면 경우에 따라 법규범의 흠결이 발생하는 것을 막을 수 없다는 단점이 있고, 후자는 규율대상을 모두 포섭할 수 있다는 장점이 있는 반면, 법률을 해석·적용함에 있어 자의가 개입됨으로써 규율대상을 무한히 확대해 나갈 우려가 있다는 단점이 있다. 이러한 두 가지 규율방식의 단점을 보완하기 위하여 이른바 '예시적 입법'이라는 규율방식을 채택하는 경우가 있는데, 예시적 입법에서는 규율대상인 대전제를 규정함과 동시에 구성요건의 외연에 해당되는 개별사례를 예시적으로 규정하게 된다.

---

56) 다만 병영 내 근무시간 중의 행위에 대하여는 형사처벌의 필요성이 있다는 견해로 Major Eugene E. Baime, "Private consensual sodomy should be constitutionally protected in the military by the right to privacy", *Military Law Review* Vol.171, 2002, pp. 131-132.

57) 이상철 외 5인, 앞의 책, 261면. 미국 군사법원인 CAAF(the Court of Appeals for the Armed Forces)는 영내 BOQ에서 남녀 간의 오럴섹스를 한 혐의로 체포된 피고인에 대해 유죄를 선고한 원심을 그 행위가 둘만의 공간인 BOQ 룸 내에서 행하여졌고, 둘 다 성인이었으며, 어떠한 강압도 없는 자유로운 합의하에 행하여진 점 등을 이유로 파기환송하였다(United States v. Bullock, U. S. Armed Forces 2004).

추행죄는 그 제목을 '추행'이라고 명시한 다음, 개별적 구성요건해당행위로 '계간'을 예시하고 그 바로 뒤에 '그 밖의 추행'이라고 규정하고 있는데, 입법자가 규율하고자 하는 대전제는 '추행'이고 그 전형적이고 대표적인 행위로 '계간'을 예시한 것이므로, 이는 전형적인 예시적 입법의 형식이라고 할 수 있다. 이러한 예시적 입법형식의 경우, 구성요건의 대전제인 일반조항의 내용이 지나치게 포괄적이어서 법관의 자의적인 해석을 통하여 그 적용범위를 확장할 가능성이 있다면, 죄형법정주의의 원칙에 위배될 수 있다. 따라서 예시적 입법형식이 명확성의 원칙에 위배되지 않으려면, 예시한 개별적인 구성요건이 그 자체로 일반조항의 해석을 위한 판단지침을 내포하고 있어야 할 뿐만 아니라, 그 일반조항 자체가 그러한 구체적인 예시를 포괄할 수 있는 의미를 담고 있는 개념이 되어야 한다.

(2) 대전제의 해석을 위한 판단지침으로 부적합한 개별적 구성요건해당행위

범죄구성요건상 그 수단이나 정황 등을 당해 조문의 문언에 의하여 일정한 범위로 제한하고 있는 관련 조항에서는 '추행' 자체에 관하여 아무런 정의나 예시를 하지 않는 입법형식을 채택하였는데, 추행죄의 경우 범죄구성요건적 수단 등에 대하여는 문언적 제한을 가하지 아니하고, 대표적 구성요건인 '계간'을 판단지침으로 예시한 다음, 어느 정도 보편적이고 일반적인 용어인 '추행'을 그대로 일반조항으로 사용하는 방식을 취하였다. 이는 모든 구성요건을 개별적으로 확정하지 않고 법률적용자의 보충적 해석을 통하여 변화하는 사회에 대한 법규범의 적응력을 확보하는 동시에 법률적용자의 자의적 해석을 방지할 수 있는 예시적 입법형식을 선택할 필요가 있다고 판단한 것이다. 일반조항에 해당하는 '추행'이란 정상적인 성적 만족 행위에 대비되는 다양한 행위태양을 총칭하는 것으로, 그 구체적인 적용범위는 사회적 변화에 따라 변동되는 동태적 성격을 가지고 있으나 그 대표적이고 전형적인 사례가 '계간'

이며, '계간'의 사전적 의미는 '사내끼리 성교하듯이 하는 짓'[58]으로 남성 간의 항문성교를 뜻한다.[59] 또한 일반적으로 예시적 규정 중 개별적 예시조항은 그 자체로 일반조항의 해석을 위한 판단지침이 된다고 해석되므로, 추행죄에서 '그 밖의 추행'은 적어도 '계간에 준하는 행위'로 봄이 상당하다.

그러나 대법원은 이러한 통상적 해석과는 달리 '그 밖의 추행'을 '계간에 이르지 아니한 동성애 성행위'로 보아 음란의 정도가 계간보다 약하여도 무방하다[60]고 보고 있으므로, '그 밖의 추행'에 해당하는 행위인지 여부를 판단함에 있어 '계간'이 그 기준이 될 수 없을 뿐 아니라, 음란정도가 어느 정도에 이를 때 '그 밖의 추행'에 해당한다고 할 수 있을지에 관한 아무런 기준을 제시하지 못하고 있다. 즉, 동성애의 경우에도 모든 동성 간의 성적 행위가 추행에 해당하는지 아니면 계간에 준하는 행위에 국한되는지 불분명하다.[61] 이와 같이 '계간'은 추행죄에서 '추행'이 무엇인지를 해석할 수 있는 판단지침으로 활용될 수 없다. 2008. 6.「군형법」일부개정법률안에서는 계간의 용어가 추행의 예시로서의 의미만을 가지고 있어 추행의 법적 의미를 해석하는 데 크게 도움이 되지 않으며, 이 용어를 삭제하더라도 과거 실무의 예나 판례 등을 참조하여 추행의 의미를 해석하는 데에 큰 장애가 없을 것으로 판단된다고 하여 '계

---

58) 항문성교에 이르면 계간에 해당하는 것이고, '항문성교에 이르지 아니한 동성애 행위'가 추행에 해당한다고 유추할 수 있다(서경환, 앞의 논문, 560면).

59) 이에 대하여 '동성 간 또는 동물과의 비정상적인 성교행위'라고 확장해석하는 견해(육군본부 법무실,『군형법 주해』, 국군인쇄창, 2011, 383면; 육군종합행정학교,『군형법』, 제6지구인쇄소, 2011, 355면; 노기호, 앞의 논문, 272면)도 있다. 이는 연혁적으로 계간이 미국의 'sodomy'를 의미하는 것으로 볼 수 있는 것에서 착안한 것이기는 하지만, 타당한 해석은 아니라고 본다. 또한 여성 간 또는 동물과의 성적 행동은 '그 밖의 추행' 부분에 포함된다고 해석하는 견해(이경환, 앞의 논문, 69면, 조인형, 앞의 논문, 5면)가 있으나, 동물과 사람의 성적 행동이 추행죄에 포섭되기는 어렵다고 본다.

60) 고등군사법원 1999. 3. 30. 선고 99노31 판결: 군인들 간의 계간은 추행행위의 대표로 예시한 것에 불과하며, 계간에 준하는 추행행위뿐만 아니라 이에 미치지 못하는 단순추행행위라고 하더라도 군사회의 기강을 해치고 각 개인의 성적인 자유를 침해할 만한 것이라면「군형법」소정의 추행죄의 구성요건에 해당한다. … 공개된 장소에서 피해자의 뺨이나 이마에 1회 입맞춤을 한 행위 정도로는 추행에 해당하지 않는다. 同旨 이호중, 앞의 논문, 234면.

61) 고등군사법원 2000. 12. 26. 선고 2000노524 판결: 옷을 입고 있는 피해자의 성기를 손으로 만지고 이불을 덮고 있는 피해자의 위에 올라타 성교하는 시늉을 한 행위는 추행죄에 해당한다.

간'이라는 용어를 삭제한 바 있다.[62]

3. 추행죄의 형벌과 관련하여

1) 계간죄와 단순추행죄의 형벌 비교

추행죄의 예시행위로 명시된 '계간'에 비하여 그 추행의 정도가 상대적으로 미약한 단순한 추행행위에 대해서까지 추행죄를 적용하여 '계간'과 동일하게 2년 이하의 징역형으로 처벌하도록 규정한 것이 헌법상 과잉금지의 원칙에 위배되는지 여부가 문제될 수 있다. 계간죄와 단순추행죄가 동일한 법정형으로 규정되어 있다고 하더라도 과잉금지의 원칙에 위배되지 않는다고 하는 소극설은 첫째, 추행죄의 입법목적은 군 내부의 건전한 공적생활을 영위하는 것이고, 그 주된 보호법익은 '군이라는 공동사회의 건전한 생활과 군기'라는 사회적 법익이며, '개인의 성적 자유' 등 개인적 법익은 주된 보호법익이 아니므로, 「군형법」상 피적용자가 행한 추행의 유형이나 그 상대방의 피해상황 등을 구체적으로 구분하지 아니하고 위와 같은 사회적 법익을 침해한 모든 추행행위에 대하여 일괄적으로 2년 이하의 징역형으로 처벌하도록 규정하였다는 사유만으로 입법재량권이 자의적으로 행사되었다고 보기는 어렵다는 점, 둘째, '개인의 성적 자유'와 같은 개인적 법익을 주된 보호법익으로 하는 「형법」 제302조의 경우에도, 미성년자 등을 위계 등의 방법으로 '간음'한 경우와 같은 방법으로 '추행'한 경우를 구분하지 아니하고 일괄적으로 5년 이하의 징역형으로 처벌하도록 규정되어 있다는 점을 고려하면, 사회적 법익을 주된 보호법익으로 하는 추행죄에서 '계간'과 그 추행의 정도가 상대적으로 미약한 '단순추행행위'에 대한 처벌내용을 구분하지 아니하였다고 하여, 이를 입법형성권의 범위에서 벗어나는 입법이라고 볼 수는 없다는 점 등을 논거로 제시하고 있다.

하지만 계간죄와 단순추행죄를 동일한 법정형으로 규정하고 있는 것은 과

---

62) 국방부, 『군형법 일부개정법률안 보충설명자료』, 2008. 6.

잉금지의 원칙에 위배된다. 일반적으로 계간은 추행 중에서도 가장 불법성이 큰 유형으로 분류되고 있으며, 계간보다 불법성이 더 큰 추행행위는 존재하지 아니한다. 이와 같이 불법성의 정도에 대한 판단이 손쉽게 이루어지는 구성요건에 대하여 동일한 법정형을 규정하는 것은 적절하지 않다. 소극설의 첫 번째 논거는 사회적 법익을 침해한 모든 추행행위에 대하여 일괄적으로 법정형을 동일시하는 것이 불합리하지 않다고 하는데, 그 구체적인 이유의 제시가 턱없이 부족하고, 두 번째 논거는 미성년자 등을 위계 등의 방법으로 '간음'한 경우와 같은 방법으로 '추행'한 경우도 동일한 법정형으로 처리하기 때문에 추행죄도 마찬가지로 불합리하지 않다고 하는데, 미성년자등위계간음죄와 미성년자등위계추행죄도 과잉금지의 원칙에 반한다는 비판의 대상이 되기 때문에 적절한 논거로 보이지 않는다.

2) 계간죄와 단순추행죄에 대한 형사처벌의 타당성 여부

제2차 추행죄 결정의 다수의견에 의하면 '추행죄는 다른 법률에 규정된 추행 관련 범죄와 비교하여 그 법정형이 지나치게 무겁다고 볼 수 없으며, 법정형이 1년 이하의 징역형으로 되어 있어 구체적인 사안을 고려하여 선고유예도 가능하다는 점을 종합해 보면, 피해최소성원칙에 반한다고 볼 수 없다'고 한다. 하지만 이는 추행죄와 다른 법률에 규정된 추행 관련 범죄의 본질적인 차이점을 간과한 판단이기 때문에 타당하지 않다. 강제성 또는 공연성 등을 요구하는 일반적인 추행 관련 범죄와는 달리 추행죄는 이러한 구성요건요소를 요구하지 않기 때문이다. 또한 제14차 「군형법」 개정을 통하여 추행죄의 법정형을 2년 이하의 징역형으로 변경하여 기존의 형벌보다 2배 상향조정하였기 때문에 이제는 더 이상 구체적인 사안을 고려하여도 선고유예63)가 불가능하게 되었다. 특히 주목할 점은 법정형을 1년 이하의 징역에서 2년 이하의

---

63) 「형법」 제59조(선고유예의 요건) ① 1년 이하의 징역이나 금고, 자격정지 또는 벌금의 형을 선고할 경우에 제51조의 사항을 참작하여 개전의 정상이 현저한 때에는 그 선고를 유예할 수 있다. 단, 자격정지 이상의 형을 받은 전과가 있는 자에 대하여는 예외로 한다.

징역으로 상향조정한 것이다. 당시 「군형법」 일부개정법률안은 2009. 9. 24. 소관상임위원회에 회부되어 2009. 9. 29. 본회의에서 원안가결되었으며, 2009. 11. 2. 공포되기까지 추행죄의 법정형 상향조정과 관련해서는 그 어떤 부연설명이나 논의가 없었고, 개정이유에도 전혀 나타나 있지 않다. 이는 동시에 개정된 「군형법」상의 다른 조항에서는 그 법정형 조정에 대하여 상세한 개정의 이유를 제시한 점과 비교할 때 확연한 차이를 나타낸다. 예를 들면 군무이탈죄의 법정형 하향 조정(제30조 제1항 제3호),64) 폭행·협박·상해의 죄에 대한 법정형 조정(제49조 제1항 제2호, 제54조 제2호, 제55조 제1항, 제60조 제1항 제2호·제2항),65) 결과적 가중범에 대한 평시 사형의 폐지 등 법정형 조정(제52조 제1항 제3호, 제52조의5 제3호, 제52조의6 제3호, 제58조 제1항 제3호, 제58조의6 제3호 및 제60조 제4항 제3호 신설),66) 상관살해죄에 대한 법정형 조정(제53조 제1항)67) 등이 그것이다.

하지만 법정형 상향조정의 쟁점보다 더 심각한 문제점은 징역형으로 형사처벌하는 것 그 자체에 있다. 실무에서도 비강제적 추행으로 인하여 처벌되는 사례는 극히 드물며, 입건이 되더라도 기소유예나 선고유예 등으로 실형선고가 이루어지지 않고 있다는 점은 추행죄의 형벌의 정도 및 형벌의 부과 자체가 회의적이라는 점을 반증하는 것이다. 2004. 1. 1.부터 2007. 12. 31.까지 4년

---

64) 군무 이탈의 죄는 그 형태와 동기가 다양하고, 개인의 범죄적 소질보다는 주로 가정환경이나 외부적 요인에 의하여 발생되고 있음에도 불구하고 법정형이 과중한 문제점이 있어 법정형을 2년 이상 10년 이하의 징역에서 1년 이상 10년 이하의 징역으로 하향 조정하여 양형의 구체적 타당성을 기하도록 함.

65) 폭행·협박·상해의 죄 중 집단 및 특수 폭행·협박죄 등에 대한 법정형이 낮아 법 적용상 문제점이 있으므로 「형법」상 공무집행방해죄 및 「폭력행위 등 처벌에 관한 법률」상 집단 및 특수 폭행·협박죄에 대한 법정형에 준하는 수준으로 조정하여 이 법의 실효성을 높임.

66) 상관·초병·직무수행자에 대한 폭행치사 및 상관에 대한 중상해 등에 대하여는 평시에도 사형까지 처벌이 가능하도록 하고 있어 법정형이 과도하므로 법정형 중 사형을 삭제하고, 폭행치상이나 중상해의 경우 적전 또는 집단의 수괴인 때에는 오히려 각 본조의 법정형보다 경한 경우가 있어 불합리하므로 각 본조보다 가볍게 처벌받지 않도록 조정함.

67) 헌법재판소가 상관살해죄에 대하여 '무조건 사형으로 다스리는 것은 형법체계상의 정당성을 잃은 것으로서 범죄의 중대성에 비하여 심각하게 불균형적인 과중한 형벌'임을 이유로 위헌 결정(헌법재판소 2007. 11. 29. 선고 2006헌가13결정)한 취지를 반영하여 상관살해죄의 법정형에 무기징역을 추가함.

간 추행죄가 적용된 사건은 모두 176건이며, 이 중 상호 간의 합의에 의한 것
은 4건[68]이고, 나머지 172건은 강제에 의한 것이라고 한다. 172건은 강제추행
또는 위력에 의한 추행에 해당하지만 피해자와의 합의로 추행죄가 적용된 사
례인데, 이를 구체적으로 보면 처벌 102건, 기소유예 36건, 공소권 없음 6건,
혐의 없음 3건, 처분미상 25건 등이다.[69] 이러한 처분실태에 의하면 강제에
의하여 이루어진 추행의 경우에는 다른 범죄로 충분히 처벌될 수 있음에도 불
구하고, 추행죄로 처벌하는 편법적인 현상이 발생하고 있음을 알 수 있다. 실
제로 군사법기관들은 추행행위에 대한 강제성을 입증하기 곤란한 경우 또는
추행상대방의 고소가 없거나 취소된 경우 추행행위자에 대하여 추행죄를 적
용하여 기소하고 처벌하고 있다. 이는 다른 범죄가 친고죄인 반면에 추행죄는
비친고죄라는 소송조건의 차이 때문인 것인바, 이는 친고죄 규정의 취지를 몰
각하는 것이다.

생각건대 적용가능한 형벌이 징역형에 불과하여 실제 사정에 따라 불합리
한 점이 발생할 수 있다는 점, 현행 군 징계규정에 의해서도 동성 간의 비강제
적인 추행을 처벌할 수 있다는 점, 동성애자의 군입대를 사실상 허용하고 있
는 현실에서 이들에 대한 형사처벌을 인정하는 것은 국가의 병역체계시스템
에 우선적으로 문제가 있다는 점,[70] 지속적으로 부대에 영향을 미치는 경우에
는 현역복무부적합처리를 통하여 처리할 수 있다는 점[71] 등을 고려할 때 유
일한 징역형으로 규정된 추행죄는 과잉금지의 원칙에 위배된다고 판단된다.

3) 추행죄와 다른 범죄와의 관계

추행죄와 추행이라는 구성요건이 포함된 다른 범죄와의 관계가 문제시될

---

68) 4건 중 1건은 기소유예되었고, 나머지 3건은 선고유예되었다.
69) 이경환, 앞의 논문, 73-74면.
70) 추행죄의 비범죄화를 주장하면서 '군 기강을 위하여 동성애 행위를 금지할 필요성이 있다
　　면 동성애자의 군복무를 면제할 것이 필요하다'는 견해(전현희, "동성애의 법적 고찰", 『시
　　민과 변호사』 제83호, 서울지방변호사회, 2000. 12, 77면)도 있다.
71) 노기호, 앞의 논문, 292면.

수 있다. 이에 대하여 양 죄는 보호법익이 다르기 때문에 상상적 경합범이 된다는 견해[72)와 강제력이 인정되는 경우에는 추행죄가 추행이라는 구성요건이 포함된 다른 범죄에 흡수된다는 견해[73) 등이 대립하고 있다. 실무상으로는 강제력이 인정되는 경우에는 추행이라는 구성요건이 포함된 다른 범죄로 기소를 하는데, 이러한 범죄 가운데 친고죄에 해당하여 합의가 이루어지면 추행죄로 공소장을 변경하는 경우가 많다고 한다.[74) 생각건대 현행 「군형법」에 의하면 추행죄는 「군형법」상 강간죄 및 강제추행죄와 법조경합의 관계에 있다고 보는 것이 타당하다. 이와 같이 죄수관계를 판단할 경우 기존의 실무관행은 더 이상 정당화되기 어렵게 된다. 「군형법」상 강제추행죄는 친고죄인데, 강제추행에 해당하는 행위에 대해 고소가 없거나 고소가 취소된 경우에 추행죄로 처벌하는 것은 친고죄의 취지에 반하는 것이기 때문이다.[75)

Ⅲ. 「군형법」상 추행죄의 합리적인 개선방안

1. 강제성이 수반되는 추행행위의 합리적인 개선방안

강제성이 수반되는 추행죄는 그 보호법익이 개인의 성적 자기결정권이라고 할 수 있다. 이러한 형태의 추행행위에 대하여는 형법적인 개입이 필요하여 형사처벌의 정당성이 인정됨에는 異論이 없으나, 논란의 핵심은 개입의 정도로 귀결된다. 즉, 추행을 구성요건으로 하는 다른 유형의 범죄와 비교하여 볼 때 강제성의 정도와 소송조건으로 친고죄의 여부가 문제된다고 할 수 있다. 먼저 추행죄가 발생하는 일반적인 형태를 감안해 볼 때, 위계적 질서가 강한

---

72) 「군형법」 일부개정법률안(정부안) 검토보고, 법제사법위원회 전문위원 임중호, 2006. 4. 중 국방부 의견; 조인형, 앞의 논문, 7면.
73) 고등군사법원 1999. 3. 30. 선고 99노31 판결.
74) 이경환, 앞의 논문, 71면(강제추행죄와 「군형법」상 추행죄의 상상적 경합범으로 기소하는 예도 드물지만 존재한다).
75) 이호중, 앞의 논문, 239면.

계급사회에서 발생한다는 점, 구체적인 폭행이나 협박이 없더라도 피해자들이 저항을 쉽게 할 수 없다는 점,[76] 가해자와 피해자가 지속적으로 동일한 공간에서 집단생활을 유지해야 한다는 점, 피해가 일회성에 그치지 않고 계속성을 띤다는 점 등 군대조직이라는 특수성을 배제할 수 없다. 이와 같은 특수성을 감안할 때 「형법」상 강제추행죄에서 요구하는 강제성의 정도를 기다렸다가 개입할 경우에는 적절한 피해자보호가 될 수 없기 때문에 강제성의 범위를 다소 확장하는 것이 요구된다. 그 확장의 범위는 위계 또는 위력을 이용한 추행행위로 한정하는 것이 타당하다고 본다. 그러므로 추행죄의 구성요건을 '그 밖의 추행'에서 '위계 또는 위력을 이용하여 추행'한 경우로 개정해야 할 것이며, 이는 또한 '강제적 추행의 처벌 필요성'이 '합의에 의한 동성 간 추행'을 처벌하는 것의 정당화 근거로 사용되는 것을 막을 수도 있다.[77]

또한 법정형도 상향조정해야 필요성이 제기되는데, 먼저 추행과 관련된 다른 유형의 범죄들의 법정형을 살펴보면 다음과 같다.

<표 7-1> 추행을 구성요건요소로 포함하고 있는 범죄군

법조문	죄명	형벌
형법 제302조	위계 등에 의한 미성년자추행죄	5년 이하의 징역
성폭력특례법 제10조 제1항	업무상위계추행죄	2년 이하의 징역 또는 500만 원 이하의 벌금
성폭력특례법 제10조 제2항	피구금자추행죄	3년 이하의 징역 또는 1,500만 원 이하의 벌금
성폭력특례법 제10조 제3항	장애인위계추행죄	5년 이하의 징역 또는 3,000만 원 이하의 벌금

첫째, 위계 등에 의한 미성년자추행죄의 경우에는 동 조항에서 위계 등에 의한 미성년자간음죄를 동시에 규정하면서 법정형을 동일시하고 있기 때문에

---

76) 군대 사회에서 이루어지는 강압성의 정도 및 내용에 대한 별도의 분석이 요구된다. 과거의 군대상황과 현재의 군대상황의 상호비교, 상대방이 체감하는 강압성의 정도, 저항의 범위, 강압성과 저항 사이의 인과관계의 정도 등에 대한 심도 있는 연구가 필요하다고 본다.
77) 이경환, 앞의 논문, 75면.

적절한 비교가 불가능하다고 판단된다. 둘째, 업무상위계추행죄의 경우에는 추행죄와 비교하여 볼 때 보호 또는 감독의 범위에서 벗어날 수 있는 가능성이 보다 높기 때문에 추행죄의 법정형이 다소 높을 필요성이 있다고 판단된다. 셋째, 피구금자추행죄의 경우에는 위계 또는 위력의 요소가 없는 상태에서 이루어지는 범죄이기 때문에 추행죄의 법정형이 다소 높을 필요성이 있다고 판단된다. 넷째, 장애인위계추행죄의 경우에는 추행죄와 비교하여 볼 때 행위상황이 유사하다고 판단된다. 그러므로 추행죄의 법정형은 5년 이하의 징역 또는 3,000만 원 이하의 벌금[78]이 가장 적정하다고 본다. 이와 관련하여 만약 강제성의 정도가 위계 또는 위력의 범위를 초과하는 형태로 발현될 경우에는 「군형법」 제92조의2에서 규정하는 강제추행죄로 의율하면 족하다.

2. 강제성이 수반되지 않는 추행행위의 합리적인 개선방안

강제성이 수반되지 않는 추행행위는 원칙적으로 비범죄화[79]의 영역에 머무르게 해야 한다. 이러한 경우 적어도 형사처벌은 자제해야 할 것이지만, 그렇다고 하여 어떠한 제재조치도 부과해서는 안 된다는 것은 아니다. 「군형법」과 마찬가지로 교도소 내부의 건전한 성질서를 보호하기 위하여 「형의 집행 및 수용자의 처우에 관한 법률」에 있어서도 처벌규정을 마련하는 것이 입법

---

78) 「군형법」의 피적용자에게 벌금형을 부과하는 것이 과연 형벌의 목적의 측면에서 타당한 가에 대한 비판이 있을 수 있는데, 특히 병사의 경우에는 벌금을 납부할 경제적인 능력이 거의 없다는 점, 부모나 제3자의 대납가능성이 높다는 점, 부모나 제3자 납부의 경우 당해 병사에 대한 통제가능성이 없다는 점 등이 그 논거라고 할 수 있다. 하지만 추행의 개념이 상당히 다의적인 관계로 불법성의 차등이 발생할 수밖에 없는 상황에서, 징역형만을 부과하는 것은 불합리한 결과를 초래하기 쉽다. 실무에서도 징역형으로 처벌할 정도의 불법성을 띠고 있지 않은 경우 기소유예나 선고유예 등의 방법으로 사건을 종결시키고 있는 편법적인 현상이 발생하고 있다는 점, 기존에 「군형법」상의 법정형이 징역형 위주로 편중되어 있는 현상을 시정하기 위하여 제14차 개정에서 다수의 범죄에 대하여 벌금형을 병과할 수 있도록 한 점, 다른 범죄의 경우에도 적전이나 전시의 상황에서는 징역형만을 규정하고 기타의 상황(평시)에서는 벌금형을 동시에 규정하고 있기 때문에 추행죄도 상황에 따른 차등적인 형벌을 규정할 수 있다는 점 등이 벌금형 부과의 찬성논거라고 할 수 있다.
79) 비범죄화의 내용 및 범위 등에 대한 보다 자세한 논의로는 박찬걸, "비범죄화의 유형에 관한 연구", 『저스티스』 통권 제117호, 한국법학원, 2010. 6, 99면 이하 참조.

의 균형상 타당함에도 불구하고 이를 처벌하는 규정은 찾아볼 수 없다. 다만 수형자가 규율을 위반한 때에는 행정벌의 일종인 징벌에 처한다는 규정을 두고 있을 뿐이다. 군대에서도 이와 마찬가지로 군인사법상의 징계조치[육군규정 189(징계규정)]나 현역복무부적합조치[80] 등을 검토할 수 있을 것이다. 특히 실무에서는 동성애자라는 이유만으로는 현역복무부적합처리를 하지 않고, 심각한 부적응이나 정신질환, 사고의 발생 등 추가적인 사정이 있을 경우 처리를 하고 있는데, 추행행위가 실제로 이루어졌다면 추가적인 사정에 해당할 수 있기 때문에 현역복무부적합처리를 하는 것도 좋은 방편이라고 본다. 하지만 이 경우에도 모든 강제성이 수반되지 않는 추행행위에 대하여 제재조치를 가해야만 하는 것은 아니다. 동 행위가 이루어진 시간, 장소, 지속성 여부, 가해자와 피해자의 관계, 행위의 정도 등 제반상황을 종합적으로 고려하여 개별적으로 판단해야 할 것이다.

다만 강제성이 수반되지 않는 추행행위라도 예외적으로 형사처벌되는 경우가 있는데, 이것은 공연성을 수반하는 형태이다. 이 경우 죄수관계가 문제될 수 있는데, 「형법」상 공연음란죄와 추행죄의 상상적 경합관계가 성립한다[81]고 보는 것이 타당하다. 법정형을 살펴보면 공연음란죄가 '1년 이하의 징역, 500만 원 이하의 벌금, 구류 또는 과료'로 규정되어 있어 추행죄의 법정형보다 경미하다. 만약 공연음란죄의 단순일죄로 파악하게 된다면 공연히 추행을 한 경우가 공연성을 띠지 않고 추행을 한 경우보다 처벌의 강도가 약하게 되는데, 이는 불합리한 결과를 초래할 수 있다. 그러므로 이 경우에는 추행죄의 법정형으로 처리될 수 있게 할 필요성이 인정된다.

---

80) 간부의 경우 군인사법 시행규칙 제56조는 현역복무 부적합자 기준으로 총 18가지를 규정하고 있는데, 이 중 ① 사생활이 방종하여 근무에 지장을 초래하거나 군의 위신을 손상하게 하는 자, ② 변태적 성벽자, ③ 축첩행위자 등이 이에 해당할 수 있다. 병사의 경우 병역법 제65조 병역처분변경 등[① 현역병 …으로서 제1호에 해당하는 사람에 대하여는 신체검사를 거쳐 보충역 편입·제2국민역 편입 또는 병역면제 처분을 할 수 있다. 1. 전상·공상·질병 또는 심신장애로 인하여 병역을 감당할 수 없는 사람(이하 생략)]에 따라 병역변경처분을 받는다.
81) 同旨 이상철 외 5인, 앞의 책, 259면; 최병호, "군형사법상 비범죄화방안에 관한 고찰", 고려대학교 법학석사학위논문, 2000. 2, 94면.

3. '계간'을 '유사성교행위'로 대체

'계간(鷄姦)'이라는 용어는 동물의 행위와 연관되어 있어서 비하적인 표현이라는 점, 원칙적으로 남성 간의 성행위를 의미하고 있어서 남녀평등의 관점에서 적절하지 않다는 점, 최근 늘어나는 여군의 추세와 관련하여 혼란을 줄 수 있다는 점, 다른 법률에서 전혀 사용하고 있지 않다는 점, 동성애자와 연관하여 잘못된 인식을 심어줄 수 있다는 점 등으로 인하여 법률상의 용어로서 적절한 표현방법은 아니라고 판단된다. 국가인권위원회도 2006. 1. 9. '계간' 부분에 대해 동성애에 대한 차별과 편견이 반영되어 있다면서 용어의 정비를 권고한 바 있으며,[82] 2010. 12. 8. 추행죄가 과잉금지의 원칙에 위반하여 성적 자기결정권과 사생활의 비밀과 자유를 침해한다는 위헌의견을 헌법재판소에 제출하기도 하였다.[83] 그러므로 계간이라는 표현을 삭제하고 보다 중립적인 법률용어를 모색해 보아야 할 것인데, 이에 가장 부합하는 표현이 다수의 형사특별법에 산재되어 있는 '유사성교행위'[84]라는 개념이라고 할 수 있다. 대표적인 법률로서 「아동·청소년의 성보호에 관한 법률」 제7조 제2항 제1호[구강·항문 등 신체(성기는 제외한다)의 내부에 성기를 넣는 행위]와 제2호[성기·항문에 손가락 등 신체(성기는 제외한다)의 일부나 도구를 넣는 행위]를 들 수 있다.

이와 같이 유사성교행위개념을 도입할 경우 추행행위는 유사성교행위를 제외한 행위로 국한시켜 해석해야 한다. 그렇게 되면 양자의 불법성에 차등을 둘 수 있게 되고, 자연스럽게 법정형에도 차이를 두어야 한다는 당위성을 도출할 수 있다. 원칙적으로 유사성교행위개념은 간음행위 내지 성교행위 정도의 불법성을 띠면서도 문언의 가능한 의미상 간음행위 내지 성교행위에 포섭

---

82) 국가인권위원회, 『2007-2011 국가인권정책기본계획(NAP) 권고안 중 '10-2 성적 소수자의 기본권 보호'』, 2006. 1. 참조.
83) 국가인권위원회, 『군형법 제92조에 대한 위헌법률심판(2008헌가21)에 대한 의견제출』, 2010. 12. 8.
84) 유사성교행위의 개념에 대해서는 박찬걸, "성매매죄의 개념에 관한 연구", 『법학논총』 제26집 제1호, 한양대학교 법학연구소, 2009. 3, 461-468면.

될 수 없는 형태를 입법적으로 보완하기 위하여 도입된 개념이다. 그러므로 간음행위 및 추행행위와 비교했을 때 중간 정도의 불법성을 인정할 수 있다.

Ⅳ. 글을 마치며

「군형법」은 다른 형사특별법과 비교해 보았을 때 그동안 심도 있는 논의가 다소 부족했던 분야로 평가된다. 하지만 죄형법정주의의 관점에서 보았을 때 그 어떤 형사특별법보다도 많은 문제점을 내포하고 있다. 법정형의 과도한 상향조정, 과잉범죄화의 우려가 있는 순정군사범, 폭넓게 산재하고 있는 사형규정, 벌금형의 상대적 미비, 구성요건의 모호성, 절대적 법정형의 규정 등이 그 대표적인 예들이다. 이 중 추행죄는 위헌의 소지가 지속적으로 주장되어 왔으며, 이에 따라 헌법재판소에서 2차례 심판을 거치게 된 「군형법」상의 법조문이라는 오명을 얻게 되었다. 이는 '군이라는 공동사회의 건전한 생활과 군기'라는 보호법익의 모호성, '계간 그 밖의 추행'이라고 하는 구성요건의 모호성, '2년 이하의 징역'이라는 형벌의 엄격성 등에서 기인하는 것이다. 특히 성인들 간의 상호 합의하에 은밀하게 이루어지는 성행위에 대하여 국가형벌권이 발동될 수 있는지에 대한 회의적인 시각은 추행죄의 위헌성 논란을 불식시키지 못하고 있는 실정이다. 군대 내에서 발생하는 일정한 유형의 추행행위에 대하여 형사처벌의 필요성 그 자체를 부인할 수는 없지만, 처벌대상을 보다 세분화하여 각 유형별로 차등을 둔 대응방식을 채택하는 것이 보다 바람직한 것이라고 본다. 이러한 점에서 2009년도에 단행된 「군형법」 제14차 개정 중 추행죄에 대한 개정이 기존의 문제점들을 겸허하게 받아들여 실질적인 죄형법정주의의 관점에 부합하지 못한 것은 크게 아쉬운 일이다. 지금이라도 헌법재판소의 제2차 추행죄 결정에서 제시된 위헌의견의 내용을 심도 있게 분석하여 이를 수용하는 자세를 취해야 하겠다.

제8장 장애인 대상 성폭력범죄에 관한 최근의 입법과 합리적 대처방안

– 일명 '도가니법'에 대한 비판적 검토를 중심으로 –

Ⅰ. 문제의 제기

최근 정신장애아동에 대한 성폭력 문제를 다룬 영화 "도가니"로 인하여 장애인 대상 성폭력에 대한 문제의식이 그 어느 때보다도 크게 부각되고 있다. 이와 동시에 장애인에 대한 성폭력 방지를 위한 제도 개선과 당시 사건에 대한 재수사가 사회적 이슈로 크게 제기되었고, 시민단체와 언론매체 등에서 유사사례 재발 방지와 장애인 인권 보호를 위한 대책 마련이 필요하다고 한목소리로 말하고 있다. 특히 장애인 대상 성폭력 사범이 증가[1]하는 등 장애인을 대상으로 하는 성폭력 등 인권침해가 심각한 상황임에도 불구하고, '광주 인화학교 사건'에서 볼 수 있듯이 장애인이 단체로 거주하는 사회복지시설의 경우 성폭력이나 폭행 등 불법행위가 발생하더라도 기관 운영의 폐쇄성으로 피해자 자신이 피해 상황을 대외에 알리고 구제받기가 어려운 실정이었다. 이러한 상황에서 임종룡 국무총리실장은 2011. 10. 7. 장애인 대상 성폭력 범죄에 대한 처벌을 강화하고 처벌기준과 대상을 확대하는 내용을 골자로 하는 관계부처 합동(국무총리실, 교육과학기술부, 법무부, 보건복지부, 여성가족부, 경찰청) '광주 인화학교 사건 계기 장애인 성폭력 방지 및 피해자 보호 대책'을 발표하였다. 그 주요 내용을 살펴보면, 첫째, 광주 인화학교에 대한 추가수사 착수 및 폐교방침 결정,[2] 둘째, 장애인 특수학교 및 복지시설 전반에 대한 현

---

* 『형사정책』 제23권 제2호, 한국형사정책학회, 2011. 12. 61면 이하

1) 한편 2011. 9. 27. 경찰청이 김혜성 의원에게 제출한 자료에 의하면, 2011. 8.까지 적발된 장애인 관련 성폭력 범죄는 385건으로 2010. 8.의 187건 대비 206%가 증가하였다고 한다. 이와 같이 발생건수가 매년 증가하는 것은 장애인에 대한 성폭력 그 자체가 증가한 것이라기보다는 그동안 드러나지 않았던 장애인 성범죄에 관련된 사항이 상담소와 같은 창구를 통하여 점차 드러나기 시작했기 때문인 것으로 보인다.

<장애인 성폭력 범죄 발생건수>

연도	2006	2007	2008	2009	2010. 8.	2010	2011. 8.
발생건수	179	199	228	293	187	320	385

2) 재학생 22명 중 가정에서 통학 가능한 학생은 인근 학교 특수학급 등에 전학할 수 있도록 지원하고, 인화원 거주학생 7명은 학부모와 학생의 희망을 존중하여 다른 시설로 옮겨 생활할 수 있도록 함. 또한 당시 사건 관련 교사는 원칙적으로 교단에서 배제하도록 하고, 동 학교를 운영하고 있는 사회복지법인 '우석'과 3개의 산하시설도 설립 허가를 취소하고 시

장 실태점검, 셋째, 장애인 대상 성폭력 가해자에 대한 처벌 강화, 넷째, 교육기관 종사자 성범죄 경력 전수조사(성폭력 교직원의 임용결격 당연퇴직 사유를 현행 '금고 이상의 형'에서 성폭력 범죄로 '벌금형'을 받은 경우까지 확대하여, 성폭력 가해자의 교단 접근을 원천적으로 차단함),3) 다섯째, 피해자에 대한 보호 확대[피해 장애인에 대해서는 국선변호인을 지원하는 '법률조력인' 제도를 도입하고, 수화가 가능한 전문인력을 지원하여 수사와 재판 과정에서 2차 피해가 발생하지 않도록 함. 또한 범죄피해자와 가족의 심리치유 전문기관인 '스마일센터'에 성폭력 피해 장애인 대상 프로그램을 신설하고, 전국의 특수교육지원센터와 Wee센터(교과부 운영 위기학생 지원센터)의 상담 전문인력을 활용하여 피해학생에 대한 상담 지원 기능을 내실화함. 이와 함께 해바라기 여성 아동센터4) 등 피해자 상담 치료 전문기관과 보호시설도 단계적으로 확충함], 여섯째, 사회복지법인과 시설의 투명성을 확보5), 일곱째, 성폭력

설을 폐쇄하기로 함.

3) 범죄경력의 조회는 「아동·청소년의 성보호에 관한 법률」(법률 제11048호, 2011. 9. 15. 타법개정, 2012. 9. 16. 시행) 제44조 제1항에서 규정하고 있는데, 아동·청소년대상 성범죄 또는 성인대상 성범죄로 형 또는 치료감호를 선고받아 확정된 자는 그 형 또는 치료감호의 전부 또는 일부의 집행을 종료하거나 집행이 유예·면제된 날부터 10년 동안 아동·청소년 관련 교육기관 등을 운영하거나 아동·청소년 관련 교육기관 등에 취업 또는 사실상 노무를 제공할 수 없다. 또한 아동·청소년 관련 교육기관 등의 설치 또는 설립인가·신고를 관할하는 지방자치단체의 장, 교육감 또는 교육장은 아동·청소년 관련 교육기관 등을 운영하려는 자에 대하여 본인의 동의를 받아 관계 기관의 장에게 성범죄의 경력 조회를 요청할 수 있다. 이 경우 관계 기관의 장은 정당한 사유가 없는 한 이에 따라야 한다(동법 제44조 제2항). 그리고 아동·청소년 관련 교육기관 등의 장은 그 기관에 취업 중이거나 사실상 노무를 제공 중인 자 또는 취업하려 하거나 사실상 노무를 제공하려는 자에 대하여 성범죄의 경력을 확인하여야 한다. 이 경우 본인의 동의를 받아 관계 기관의 장에게 성범죄의 경력 조회를 요청하여야 한다(동법 제44조 제3항). 하지만 여성가족부장관 또는 관계 중앙행정기관의 장은 성범죄로 유죄판결이 확정된 자가 아동·청소년 관련 교육기관 등에 취업하였는지를 '직접' 또는 관계 기관 조회 등의 방법으로 점검·확인할 수 있다(동법 제45조 제1항)고 하여, 본인의 동의가 없더라도 강제적으로 범죄경력조회를 할 수 있는 근거를 마련해 두고 있다.

4) 이 센터에서는 상담에서부터 의료지원, 사건조사, 소송을 위한 법률지원 등 아동성폭력사건에 대한 원스톱서비스 체계를 갖추고 있으며, 만 13세 미만의 성폭력피해아동과 가족, 성폭력 피해를 입은 정신지체장애인 등이 이용할 수 있다. 또한 수사에 사용될 진술내용을 비디오로 녹화하여 증거자료로 활용할 수 있도록 하고 있다(이신영·박선영, "한국과 미국의 성폭력 피해 아동을 위한 치료 현황과 효과성 검토에 관한 연구", 『사회과학논총』 제29집 제2호, 계명대학교 사회과학연구소, 2010. 12, 33면).

범죄 예방 강화와 장애인에 대한 사회적 인식 개선을 위한 노력 강화(장애학생 대상 범죄 예방과 조기 발견을 위한 '상설 모니터단'을 운영하고, 장애학생의 성폭력 범죄 대처요령 교육을 강화하는 한편, 일반학생과 교원에 대한 장애학생 성폭력 예방교육의 의무화, 특히 장애인에 대한 사회적 인식 개선을 위해 민·관 합동 캠페인을 전개하고 장애인 인식개선 기획프로그램 방송, 공익광고 제작 등 다각적인 홍보방안을 마련 및 시행) 등으로 요약된다.

한편 정부에서 위와 같은 '장애인 대상 성폭력방지 및 피해자보호 대책'을 발표하는 등 장애인에 대한 성폭력 등 인권침해 문제에 대한 대책을 수립·추진하고 있으나, 소관기관이 보건복지부·여성가족부·교육과학기술부·국가인권위원회·법무부 등으로 분산되어 있어 종합적으로 정책이 추진되지 못하고 있는 실정이었다. 이에 따라 국회 차원에서 장애인에 대한 성폭력 등 인권침해 문제를 조사하고, 관련된 종합적인 대책을 논의하며, 장애인 인권침해 방지 및 피해구제와 관련된 「사회복지사업법」, 「아동·청소년의 성보호에 관한 법률」, 「성폭력범죄의 처벌 등에 관한 특례법」, 「장애인복지법」, 「성폭력범죄의 처벌 및 피해자보호 등에 관한 법률」, 「사립학교법」, 「교육공무원법」 등의 법률안을 심사·처리하기 위하여 국회법 제44조에 따라 '장애인에 대한 성폭력 등 인권침해 방지대책특별위원회'를 구성하기 위하여, 2011. 10. 28. 국회 운영위원장은 '장애인에 대한 성폭력 등 인권침해 방지대책특별위원회 구성 결의안'을 주문하였고, 이는 원안대로 가결되었다.6)

또한 국회는 2011. 10. 28. 신낙균 의원 등 1인 외 86인이 제안한 「성폭력범

---

5) 광주 인화학원 사건은 인권국가라고 자부해 온 대한민국에서도 처참한 인권유린이 벌어지는 사각지대가 있다는 것을 보여준 것으로서, 이러한 시대착오적인 장애인 인권침해사건은 장애인의 특성상 스스로 인권옹호나 권리구제를 구하기 어렵다는 현실과 맞물려 있다. 따라서 장애인 인권보호 및 옹호를 위한 시스템이 절실하게 필요한데, 이러한 내용을 규율하고 있는 법률이 사회복지사업법이며, 현재 국회에는 2011. 6. 이후 총 12개의 개정법률안이 상정되어 있는 상태이다. 주요 내용을 살펴보면, 사회복지법인 운영의 투명성 강화와 민주적 운영을 도모하기 위해 공익이사 4분의 1 선임의무화, 이사정수 4분의 1 이상 사회복지전문가 선임, 사회복지시설 정보공개 의무화, 법인등기 후 3개월 이상 기본재산 미출연 시 허가취소, 임원의 불법행위 시 조사나 감사 중인 경우 장관이 해당임원의 직무정지 등을 두어 장애인의 인권을 보장하는 규정을 마련하고 있다.
6) 특별위원회는 18인의 위원으로 구성되며, 활동기간은 2012. 5. 29.까지로 하고 있다.

죄의 처벌 등에 관한 특례법」 일부개정법률안(이하에서는 '개정법'이라고 한
다)을 본회의에서 통과(재석의원 208명 중 찬성 207명, 기권 1명)시켰고, 개정
법은 2011. 11. 17. 공포되어, 공포된 날부터 시행되고 있다. 이는 그동안 「성
폭력특례법」에 대하여 제출된 총 9건의 법률안[7]을 심사한 결과, 2011. 10. 27.
열린 제303회 국회(정기회) 법제사법위원회 제2차 회의에서 본회의에 부의하
지 아니하기로 하고, 국회법 제51조에 따라 위원회 대안으로 제안하기로 의결
한 것에 따른 조치이다. 영혼을 죽이는 범죄인 성폭력범죄는 육체적 살인보다
더 추악한 범죄이기 때문에 성폭력범죄로부터 보호가 필요한 장애인과 13세
미만의 여자에 대하여 별도의 법적 장치가 필요하다는 것이 개정법(일명 '도
가니법')의 제안이유이다. 이에 따라 사전적 예방조치로서 공소시효를 배제함
으로써 13세 미만의 여자와 장애가 있는 여자를 대상으로 한 성폭력범죄에 대
한 법적 제재를 항구화하였고, 사후적 예방조치로서 ① 장애가 있는 여자 및
사람에 대한 범죄에 대한 처벌을 강화하고, ② 13세 미만의 여자[8]와 장애가
있는 여자에 대하여 강간죄를 범한 사람에 대해 무기징역을 처할 수 있게 하

---

7) 제18대 국회에서 발의된 「성폭력범죄의 처벌 등에 관한 특례법」 일부개정법률안의 주요
과정은 다음과 같다.

건명	의안번호	발의자	회부일	상정일
성폭력범죄의 처벌 및 피해자보호 등에 관한 법률 일부개정법률안	제1004호	조운선 의원 등 17인	08.09.25	제278회 국회(정기회) 제20차 전체회의 (2008. 11. 27.)
성폭력범죄의 처벌 등에 관한 특례법 일부개정법률안	제8476호	원희목 의원 등 12인	10.05.17	제303회 국회(정기회) 제1차 법안 심사제1소위 (2011. 10. 24.)
	제8494호	김소남 의원 등 10인	10.05.19	
	제8882호	신낙균 의원 등 12인	10.07.20	
	제9615호	최영희 의원 등 13인	10.10.21	
	제11272호	권경석 의원 등 10인	11.03.24	
	제13286호	박민식 의원 등 12인	11.09.29	
	제13330호	정의화 의원 등 10인	11.10.04	
	제13516호	김학재 의원 등 14인	11.10.20	

8) 개정법은 '13세 미만의 여자에 대한 강간죄'의 형벌도 강화하였는데, 기존에는 13세 미만
의 여자에 대하여 「형법」 제297조(강간)의 죄를 범한 사람에 대하여 '10년 이상의 유기징
역'에 처하고 있던 것을 '무기 또는 10년 이상의 징역'으로 개정하여 형벌을 강화한 것이
다(개정법 제7조 제1항). 동 죄의 문제점에 대하여는 박찬걸, "아동대상 강력범죄 방지를
위한 최근의 입법에 대한 검토", 『소년보호연구』 제14호, 한국소년정책학회, 2010. 6,
185-186면.

며, ③ 장애인을 보호할 의무가 있는 자가 장애인에 대하여 성폭력범죄를 범한 경우에 형을 가중하게 하는 등 제재조치를 강화하였다.

이와 같은 장애인을 대상으로 하는 성폭력범죄에 대한 최근 정부와 국회차원에서의 논의는, 그동안 성폭력범죄의 논의에서 다소 변방에 위치해 있었던 장애인 대상 성폭력범죄에 대한 학문적인 반향을 불러일으킬 것으로 보인다. 이러한 배경에서 본고는 먼저 2011. 10. 28. 개정된 「성폭력특례법」의 주요 내용을 살펴본 후 이에 대한 비판적인 검토를 하고(Ⅱ), 장애인 대상 성폭력 사건의 형사절차에서 야기되는 문제점을 파악하고 개선방안을 제시한 후(Ⅲ), 논의를 마무리하기로 한다(Ⅳ).

Ⅱ. 개정 「성폭력특례법」의 내용 및 분석

1. 장애인에 대한 강간·강제추행 등 죄

1) 개정법의 내용

2011. 10. 28. 개정되기 전의 「성폭력특례법」(이하에서는 '구법'이라고 한다) 제6조(일명 '장애인준강간 등 죄')는 신체적인 또는 정신적인 장애로 항거불능인 상태에 있음을 이용하여 여자를 간음하거나 사람에 대하여 추행을 한 사람에 대하여 「형법」 제297조(강간) 또는 제298조(강제추행)에서 정한 형으로 처벌하고 있었는데,9) 이는 최협의의 폭행 또는 협박의 정도에 이르지 않더라도 장애인 대상 성폭력범죄를 인정하는 것이 입법목적이었다. 하지만 사회적

---

9) 이는 장애인의 성적 자기결정권을 보호해 주는 것을 보호법익으로 하는 것으로서, 원래 1994. 1. 5. 법률 제4702호로 제정될 당시에는 단순히 '신체장애로 항거불능인 상태에 있음을 이용하여…'라고 규정되어 있던 것을 1997. 8. 22. 법률 제5343호로 개정하여 '신체적인 또는 정신적인 장애로 항거불능인 상태에 있음을 이용하여…'로 규정한 것인데, 이와 같은 법률 개정은 「장애인복지법」에 명시된 신체장애 내지 정신장애 등을 가진 장애인을 망라함으로써, 적용대상 장애인의 범위를 확대한 것으로 평가된다.

약자인 장애인에 대한 성폭력범죄를 규정하고 있는 입법방식이 이와 비슷한 위치에 있다고 할 수 있는 아동에 대한 성폭력범죄를 규정하고 있는 입법방식에 비하여 구성요건의 측면에서 너무 단순화되어 있고, 형벌의 측면에서 너무 경하다는 비판이 제기되어, 다음과 같이 규정하기에 이르렀다.

개정법 제6조(장애인에 대한 강간·강제추행 등)

① 신체적인 또는 정신적인 장애가 있는 여자에 대하여 「형법」 제297조(강간)의 죄를 범한 사람은 무기 또는 7년 이상의 징역에 처한다.

② 신체적인 또는 정신적인 장애가 있는 사람에 대하여 폭행이나 협박으로 다음 각 호의 어느 하나에 해당하는 행위를 한 사람은 5년 이상의 유기징역에 처한다.

   1. 구강·항문 등 신체(성기는 제외한다)의 내부에 성기를 넣는 행위

   2. 성기·항문에 손가락 등 신체(성기는 제외한다)의 일부나 도구를 넣는 행위

③ 신체적인 또는 정신적인 장애가 있는 사람에 대하여 「형법」 제298조(강제추행)의 죄를 범한 사람은 3년 이상의 유기징역 또는 2천만 원 이상 5천만 원 이하의 벌금에 처한다.

④ 신체적인 또는 정신적인 장애가 있는 사람에 대하여 「형법」 제299조(준강간, 준강제추행)의 죄를 범한 사람은 제1항부터 제3항까지의 예에 따라 처벌한다.

⑤ 위계 또는 위력으로써 신체적인 또는 정신적인 장애가 있는 여자를 간음한 사람은 5년 이상의 유기징역에 처한다.

⑥ 위계 또는 위력으로써 신체적인 또는 정신적인 장애가 있는 사람을 추행한 사람은 1년 이상의 유기징역 또는 1천만 원 이상 3천만 원 이하의 벌금에 처한다.

〈표 8-1〉 개정법 제6조의 구성요건유형

행위의 객체	행위태양	법정형
(13세 이상의) 장애여성	강간	무기 또는 7년 이상의 징역
	준강간	무기 또는 7년 이상의 징역
	위계·위력에 의한 간음	5년 이상의 유기징역
(13세 이상의) 장애여성 및 장애남성	유사강간10)	5년 이상의 유기징역
	강제추행	3년 이상의 유기징역 또는 2천만 원 이상 5천만 원 이하의 벌금
	준강제추행	3년 이상의 유기징역 또는 2천만 원 이상 5천만 원 이하의 벌금
	위계·위력에 의한 추행	1년 이상의 유기징역 또는 1천만 원 이상 3천만 원 이하의 벌금

위에서 보는 바와 같이 개정법 제6조의 내용은 기존의 「성폭력특례법」 제7조(13세 미만의 미성년자에 대한 강간, 강제추행 등)의 내용을 많은 부분 참고한 것으로 보인다. 개정법 제6조에 규정된 모든 행위태양이 기존의 「성폭력특례법」 제7조에 규정된 행위태양과 일치하고 있으며, 다만 형사처벌의 수위가 13세 미만의 미성년자에 대한 범죄와 비교할 때 약간 낮게 책정되어 있다는 점과 위계·위력을 이용한 간음과 추행에 대한 형사처벌 수위를 별도로 규정하고 있다는 점이 다를 뿐이다. 전자의 차이점은 '신체적인 또는 정신적인 장애가 있는 자' 중에는 13세 미만의 미성년자와 동등한 수준으로 평가받을 수 있는 자뿐만 아니라 13세 이상의 자와 동등한 수준으로 평가받을 수 있는 자가 상존하고 있는 것을 반영하였기 때문인 것으로 보인다. 후자의 경우에는 위계·위력을 이용한 간음과 위계·위력을 이용한 추행에 대한 형사처벌 수위를 별도로 규정하고 있는데, 이는 간음행위와 추행행위의 불법성에 차이가 있는 것을 처벌의 수위에서도 그대로 반영한 것으로 보인다.

---

10) 유사강간이란 '폭행 또는 협박으로' 구강·항문 등 신체(성기는 제외한다)의 내부에 성기를 넣는 행위 또는 성기·항문에 손가락 등 신체(성기는 제외한다)의 일부나 도구를 넣는 행위를 하는 것을 의미한다.

2) '장애인에 대한 강간·강제추행 등 죄'의 세분화

(1) 기존 '장애인준강간 등 죄'의 문제점

기존 「성폭력특례법」 제6조의 장애인준강간 등 죄가 성립하기 위해서 단순히 '신체장애 또는 정신장애'가 있다는 점만으로는 부족하고, 장애가 주된 원인이 되어 강간죄에 해당하는 정도의 폭행 또는 협박과 동일한 수준의 항거불능 상태에 있음이 입증될 것을 요구되었다. 즉, 피해자가 '장애로 인하여 항거불능인 상태'에 있음을 이용하여 간음 등을 하였음이 인정되어야 한다. 이와 같이 장애인준강간 등 죄의 성립에 있어서 가장 문제가 되는 것은 '항거불능'의 의미라고 할 수 있는데, 기존의 판례는 '정신적·신체적 사정으로 인하여 성적인 자기방어를 할 수 없는 사람에게 성적 자기결정권을 보호해 주는 것을 보호법익으로 하고 있으므로, 여기에서 항거불능의 상태라 함은 심리적 또는 물리적으로 반항이 절대적으로 불가능하거나 현저히 곤란한 경우를 의미한다고 보아야 할 것'[11] 또는 '신체 또는 정신상의 장애 그 자체로 심리적 또는 물리적으로 반항이 불가능하거나 현저히 곤란한 상태 및 장애가 주된 원인이 되어 반항이 불가능하거나 곤란한 상태'[12] 등으로 해석하고 있었다. 심신미약자에 대하여 위계 또는 위력으로 간음 또는 추행을 한 경우에는 「형법」 제302조에 따라 「형법」 제297조의 강간죄보다 경하게 처벌하고 있는 것과 비교할 때, 장애인준강간 등 죄는 위계 또는 위력조차도 필요하지 않기 때문에 좀 더 장애의 정도가 심한 경우에 한하여 적용해야 한다는 이유에서이다.[13] 이러한 판

---

11) 대법원 2004. 5. 27. 선고 2004도1449판결.

12) 대법원 2003. 10. 24. 선고 2003도5322 판결; 대법원 2000. 5. 26. 선고 98도3257 판결.

13) 대법원은 「성폭력특례법」 제6조상의 '항거불능'의 의미를 「형법」 제299조의 '항거불능'의 개념과 동일시하면서 「형법」 제302조의 심신미약자에 대한 간음죄와의 체계상 항거불능을 인정하기 위해서는 더욱 엄격한 해석이 요구된다는 입장이다(박미숙, "성폭력처벌법 제8조의 입법취지와 장애인 성폭력피해자보호", 『형사판례연구』 제17권, 형사판례연구회, 2009. 6, 604면). 하지만 「성폭력특례법」 제6조는 「형법」상의 장애인 대상 성폭력범죄에 대하여 장애인을 성폭력으로부터 보호한다는 취지에서 규정된 것이라는 점을 잊어서는 안 된다.

례의 입장은 항거불능 상태를 유발하는 신체적인 또는 정신적인 장애의 범위를 너무 협소하게 판단함으로써 장애인준강간 등 죄의 성립 범위를 축소시키는 역할을 하였다.[14]

이러던 중 대법원은 2005도2994판결에서 '신체장애 또는 정신상의 장애로 항거불능인 상태에 있음'이라 함은, 신체장애 또는 정신상의 장애 그 자체로 항거불능의 상태에 있는 경우뿐만 아니라 신체장애 또는 정신상의 장애가 주된 원인이 되어 심리적 또는 물리적으로 반항이 불가능하거나 현저히 곤란한 상태에 이른 경우를 포함하는 것으로 보아야 할 것이고, 그중 정신상의 장애가 주된 원인이 되어 항거불능인 상태에 있었는지 여부를 판단함에 있어서는 피해자의 정신상의 장애의 정도뿐만 아니라 피해자와 가해자의 신분을 비롯한 관계, 주변의 상황 내지 환경, 가해자의 행위 내용과 방법, 피해자의 인식과 반응의 내용 등을 종합적으로 검토해야 할 것이라고 판시[15]한 바 있다.[16] 이는 피해자의 직접적인 장애뿐 아니라 장애로 인한 제반환경을 고려하여 심리적·물리적 반항이 불가능해진 경우에도 항거불능 상태로 보아야 한다는 것을 의미한다. 또한 기존의 항거불능에 대해 지나치게 엄격한 해석을 폭넓게 인정함으로써 장애인준강간 등 죄의 입법취지를 제대로 살린 것이라고도 할 수 있다. 대법원에서 항거불능을 종합적으로 폭넓게 해석해야 한다는 판결이 나오기는 하였지만,[17] 기존의 판례를 변경하지 않아 이후에도 판례가 '항거불능 상태'라는 구성요건을 다소 엄격하게 해석하여 죄의 성립을 부정하는 사례

---

14) 이러한 엄격한 해석원칙에 따르다 보니 정신상의 장애가 있는 경우에도 쉽게 「성폭력특례법」 제6조의 구성요건에 해당한다고 보기 어렵다는 결론에 이른다[박미숙, 앞의 논문(각주 13), 602면].

15) 대법원 2007. 7. 27. 선고 2005도2994 판결.

16) 대법원은 제1심 법원과 제2심 법원이 항거불능을 부정하여 피고인에게 무죄를 선고한 것에 대하여 반대로 항거불능을 인정하여 원심판결을 파기하고, 사건을 다시 심리·판단하게 하기 위하여 원심법원에 환송하였다.

17) 이후 당해 판결을 인용하여 구체적 사건의 맥락을 중심으로 판결을 하는 사례가 늘어났는데, 예를 들면 피해자가 거부의사를 표시하였더라도 간단한 위협만으로 쉽게 저항을 억압하였다는 점이 저항의 현저한 곤란을 입증하는 것이라고 보거나 어느 정도의 일상생활 능력이나 학습능력이 있다고 하더라도 성관계의 사회적 의미를 이해한다고 보기는 어렵다고 판시하는 것 등이 그것이다(김정혜, "지적장애인 성폭력 사건의 판례 동향과 쟁점", 『월간 복지동향』 제146호, 참여연대사회복지위원회, 2010. 12, 41면).

가 많으며, 수사기관도 판례에 따라 피의자를 기소하는 데 소극적인 태도를 보이고 있었다. 생각건대 그동안 장애인준강간 등 죄의 성립에 있어서 '항거불능'이라는 요소에 대한 좁고 엄격한 법리해석으로 말미암아 약자의 권익을 보호하기보다 오히려 범행 당시 장애로 인하여 항거불능의 상태를 입증할 만한 증거가 없다는 이유로 명백한 성폭력을 저지른 가해자에게 무죄를 선고함으로써 장애인의 인권이 유린되는 빌미를 제공하였다고 본다.

한편 처벌의 공백을 메우기 위해서 항거불능을 이용한 것이 아니라 입증이 상대적으로 쉬운 위계 또는 위력을 이용한 것으로 하여 당해 사안을 「형법」 제302조로 해결하는 것도 하나의 방법이 될 수 있을 것이다.[18] 하지만 「형법」 제302조의 미성년자등에 대한 간음죄는 장애인준강간 등 죄와 달리 친고죄이기 때문에 피해자와의 합의에 의하여 처벌의 실효성이 담보되지 못한다는 치명적인 결함[19]을 내포하고 있다.

(2) '장애인에 대한 강간·강제추행 등 죄'의 세분화

기존에는 장애인에 대한 성범죄로서 준강간죄와 준강제추행죄만을 두었던 것을, 개정법에서는 장애인에 대한 준강간죄와 준강제추행죄 이외에 별도로 강간죄, 유사강간죄, 강제추행죄, 위계·위력에 의한 간음죄, 위계·위력에 의한 추행죄 등을 두어 장애인에 대한 성폭력범죄의 구성요건을 세분화하고 있다. 이를 구체적으로 살펴보면 다음과 같다.

첫째, 기존의 법에서는 피해자가 '항거불능의 상태'일 경우에만 장애인준강

---

[18] 현행법에서는 항거불능을 이용한 경우에는 위계·위력을 이용한 경우보다 형벌을 가중하여 처벌하고 있다.

[19] 특히 친고죄 규정으로 말미암아 결과적으로 피해여성 당사자의 권리를 보호하고 이익을 가져오기보다는 가족의 경제적 보상 욕심을 채우게 되거나 오히려 피해당사자는 더 유기되거나 방치되는 결과를 초래하기도 한다. 이러한 문제는 자기 자신을 스스로 대변하지 못하는 경우나 스스로 의사를 표현할 수 있는 능력이 있음에도 불구하고 가족이 그렇지 않다고 전제하고 당사자 대신 의사결정을 내리게 되는 정신지체나 정신장애의 경우에서 더욱 두드러지게 나타난다(백은령/이은미, "장애여성 성폭력 상담실태 및 개선방안", 『아시아여성연구』 제45집 제1호, 숙명여자대학교 아시아여성연구소, 2006. 5, 69면).

간 등 죄를 인정함으로써, 장애인 대상 성폭력사건이 법망을 피해간다는 지적
에 따라, '항거불능'의 요건을 다소 완화하였다는 점[20]에 가장 큰 의의가 있
다. 이러한 관점에서 신설된 것이 '위계·위력'에 의한 간음·추행죄이다. 한
편 '위계·위력'의 정도를 요구하는 것에서 한 걸음 더 나아가「형법」제305
조의 미성년자의제강간죄와 같이 장애인의 동의 여부를 불문하고 성폭력범죄
로 처리하는 방안도 생각해 볼 수 있다. 왜냐하면 정신지체장애인은 지능지수
가 70 이하[21]인 경우를 말하는데, 이러한 상황에 있는 자들의 지적 수준과 성
적 자기결정권은 대체로 12세 이하의 연령에 해당하는 수준에 불과하기 때문
이다. 하지만 이와 같은 조치를 취한다면 정신장애인의 성행위를 할 수 있는
권리를 침해하기 때문에[22] 타당하지 않다고 본다.

둘째, 장애인 대상 성폭력의 경우 그 특성상 유사성교행위가 많은데, 이에
대하여 기존에는 강제추행죄를 적용하여 처벌함으로써 불법성에 비례하는 적
정한 형벌권이 행사되지 않는다는 지적에 따라 유사성교행위에 대한 별도의
처벌규정을 신설하였다.

한편 개정법 제6조 제4항에 의하면, 신체적인 또는 정신적인 장애가 있는
사람에 대하여「형법」제299조(준강간, 준강제추행)의 죄를 범한 사람은 제1
항부터 제3항까지의 예에 따라 처벌하고 있지만, 개정법 제6조 '제2항'의 예까
지 포함하고 있는 것은 적절하지 못하다고 본다.[23]「형법」제299조(준강간, 준
강제추행)의 죄를 범한 사람은 '사람의 심신상실 또는 항거불능의 상태를 이
용하여 간음 또는 추행을 한 자'인데, 이를 개정법 제6조 제4항에 대입해 보
면, '신체적인 또는 정신적인 장애가 있는 사람에 대하여 이들의 심신상실 또
는 항거불능의 상태를 이용하여 간음 또는 추행을 한 자'로 구성요건을 살펴
볼 수 있다. 이와 같이「형법」제299조의 행위태양은 '간음 또는 추행'을 한

---

20) 장애인들에게 적용될 법의 해석에 있어서는 그들이 장애인이라는 사실이 충분히 고려되어
　　야 하고, 항거불능의 개념 역시 비장애인보다 완화된 해석을 하여야 할 것이다(황은영,
　　"성폭력범죄에 대한 실효적 대응방안",『법조』제57권 제1호, 법조협회, 2008. 1, 48면).
21)「장애인복지법 시행령」제2조 제1항 및 별표 1 참조.
22) 박순배, "성폭력범죄의처벌및피해자보호등에관한법률 제8조 '정신상의 장애로 항거불능인
　　상태'의 의미", 우리형사판례연구회 발표문, 2005. 12. 12, 9면.
23) 이러한 문제점은「성폭력특례법」제7조 제4항에서도 마찬가지로 제기된다.

것인데, 개정법 제6조 제4항은 개정법 제6조 제2항의 예까지 포함한다고 하여 '유사성교행위'의 행위태양에 대한 처벌조항을 준용하고 있는 것이다. 그러므로 개정법 제6조 제4항 중 '제1항부터 제3항까지의 예에 따라 처벌한다'를 '제1항 또는 제3항의 예에 따라 처벌한다'고 하거나 개정법 제6조 제2항의 행위태양도 포함할 수 있도록 구성요건을 개정하여야 하는데, 개정법이 제6조 제2항을 신설한 취지를 살려 후자의 입장을 취하는 것이 보다 타당하다고 본다.

3) '장애인에 대한 강간·강제추행 등 죄'의 형벌 강화

기존에는 장애인을 대상으로 하는 강간의 경우를 가중처벌하는 별도의 규정이 없었기 때문에 「형법」 제297조로 의율되고 있었다. 하지만 개정법에서는 신체적인 또는 정신적인 장애가 있는 여자에 대하여 강간 또는 준강간을 한 경우에 무기 또는 7년 이상의 징역에 처함으로써, 3년 이상의 징역에 비하여 상당한 가중처벌을 하고 있다. 또한 장애인에 대하여 폭행이나 협박으로 유사성교행위를 한 경우에는 5년 이상의 유기징역에 처하고, 강제추행을 한 경우에는 3년 이상의 유기징역 또는 2천만 원 이상 5천만 원 이하의 벌금에 처하는 등의 가중처벌조항도 신설하였다.

4) 친고죄의 폐지

기존에는 위계 또는 위력을 이용하여 장애인을 간음 또는 추행할 경우 피해자가 신고를 해야 처벌이 이루어지는 친고죄로 규정되어 있어서(「형법」 제302조 및 제306조), 성폭력 피해장애인의 가족들이 대부분 합의를 하여 고소를 취하하는 사례가 빈번하였다. 하지만 개정법에서는 위계 또는 위력을 이용하여 장애인을 간음 또는 추행한 경우에도 「형법」이 아닌 「성폭력특례법」 제6조의 적용을 받게 하여, 비친고죄로 규정하였다(개정법 제6조 및 제15조). 이와 같이 성폭력범죄로부터 사회적 약자의 적극적인 보호라는 관점에서, 장애인에

대한 성폭력범죄에 대하여 비친고죄로 전면 전환한 것은 타당한 입법이라고 본다.[24]

2. '장애인에 대한 강간 등 상해·치상·치사죄'의 형벌 강화

기존에는 '장애인에 대한 간음 등 죄'를 범한 사람이 다른 사람을 상해하거나 상해에 이르게 한 때에는 무기 또는 7년 이상의 징역에 처하고(구법 제8조 제2항), '장애인에 대한 간음 등 죄'를 범한 사람이 다른 사람을 사망에 이르게 한 때에는 무기징역 또는 10년 이상의 징역에 처하였는데(구법 제9조 제2항), 개정법에서는 이에 대한 형벌을 강화하여 '장애인에 대한 강간·강제추행 등 죄'를 범한 사람이 다른 사람을 상해하거나 상해에 이르게 한 때에는 무기징역 또는 10년 이상의 징역에 처하고(개정법 제8조 제1항), '장애인에 대한 강간·강제추행 등 죄'를 범한 사람이 다른 사람을 사망에 이르게 한 때에는 사형, 무기징역 또는 10년 이상의 징역에 처하였다(개정법 제9조 제3항).

생각건대 '장애인에 대한 강간 등 상해·치상·치사죄'의 개정은 다음과 같은 두 가지의 점에서 문제가 있다고 본다. 첫째, 장애인에 대한 강간 등 상해죄와 장애인에 대한 강간 등 치상죄의 형벌을 동일하게 규정하고 있는 것은 비례성의 원칙에 부합하지 않는다고 본다. 왜냐하면 상해행위(고의범인 상해죄)와 상해에 이르게 한 행위(과실범인 과실치상죄)는 불법성의 측면에서 구별될 수 있으므로 양자의 형벌도 상이해야 하기 때문이다. 둘째, 구법과 개정법이 모두 장애인에 대한 강간 등 상해죄, 장애인에 대한 강간 등 치상죄, 장애인에 대한 강간 등 치사죄 등을 규정하고 있는 것과는 대조적으로 「형법」 제301조의2에서는 강간 등 살인죄도 규정하고 있다. 이는 전형적인 입법의 불비로서, 장애인에 대한 강간 등 살인죄의 경우만을 「성폭력특례법」에서 규정

---

24) 김혜정, "성폭력범죄에 있어서 '항거불능인 상태'의 의미", 『형사판례연구』 제14권, 형사판례연구회, 2006. 9, 370면(수사과정이나 재판과정에서 피해자를 보호할 수 있는 절차가 진행되도록 제도를 개선함으로써 비친고죄로 전환하는 것을 통해 나타날 수 있는 부작용을 최소화하는 노력이 필요하다).

하지 않을 특별한 사정은 전혀 보이지 않으므로, 동죄도 함께 규정하는 것이
바람직하다.

3. '장애인업무 종사자에 의한 장애인 대상 성폭력범죄'의 형벌 강화

장애인 대상 성폭력 발생의 원인으로 다른 성범죄와 달리 장애인이 성장하
고 생활하는 구조적인 환경을 들 수 있다. 대다수의 장애인은 그들의 장애로
인하여 그들의 일상생활의 대부분을 다른 사람의 지원이나 도움에 의존하여
생활하고 있는데, 이러한 장애인의 상황은 애정적인 부분이나 경제적인 부분
이 결여되어 있는 것이 대부분인 것으로 미루어 볼 때, 가해자는 가식적인 사
랑이나 따뜻함 또는 금전적으로 피해자를 유인하여 가해자의 성적인 욕구충
족을 위한 수단으로 이용할 가능성이 높다. 특히 정신장애여성의 경우 여성과
장애라는 이중고로 인하여 더욱 성폭력에 대해 자유롭지 못하고, 고소를 꺼리
거나, 일어난 사실조차도 증거불충분으로 법정에서 무죄로 처리되는 경우가
많다는 문제점이 있다. 이와 같이 장애인 대상 성폭력 가해자가 대부분 아는
사람이고, 거부감 없이 쉽게 다가올 수 있는 상황에서 가해자가 간음 내지 추
행하고자 하는 순간 정신지체 장애여성[25]은 비장애인과는 달리 저항의사를
형성하기가 거의 불가능하다.[26] 또한 장애인 시설[27]에서 심각한 인권유린이
자행되어도 범죄자의 봉사경력을 감안해주는 '온정주의적' 판결로 인하여 죗
값을 제대로 치르지 못하게 한다는 비판이 제기되어 왔다. 봉사한 기간 자체
가 성폭행과 인권침해가 이루어진 기간일 수도 있는데, 이를 이유로 감형한다

---

25) 범죄 인지 능력이 부족하거나 의사표현 능력이 부족한 정신·지적·뇌병변·자폐의 장애
　　와 범인에 대한 증언 및 증빙이 어려워 신고 능력이 떨어지는 시각·청각·언어의 장애
　　가 성폭력 취약 장애라고 볼 수 있다. 이러한 성폭력 취약장애인은 이를테면 '침묵하는
　　피해자'라고 부를 수 있는 계층으로 그 피해 실태가 드러난 것의 수배에 이를 것으로 전
　　망된다.
26) 박미숙, 앞의 논문(각주 13), 605면.
27) 여성장애인 성폭력 피해장소는 피해자의 집이 가장 많았으며, 야외나 가해자의 집, 숙박
　　업소나 시설학교도 피해장소로 이용되고 있는데, 성폭력 피해장소 중 집이 가장 많다는
　　사실은 여성 장애인이 성범죄의 위험에 얼마나 취약한가를 대변하고 있다.

면 오히려 범죄를 부추길 수가 있다는 것이다. 특히 성폭력 피해자에게 성폭력 사실을 비밀로 지키기를 억압하는 것은 사적인 의존관계에 있는 사람들에 의한 범죄에서 더욱 많이 나타나는 것은 일반적인 현상이다.[28]

이에 따라 장애인 대상 성폭력 사건의 가해자들이 대부분 사회적으로 가까운 범주에 있는 사람들이라는 점을 감안하여 장애인의 보호, 교육 등을 목적으로 하는 시설의 장 또는 종사자가 장애인에 대하여 성폭력범죄를 범한 경우 형을 가중하기 위한 조치를 취하였다. 즉, 기존에는 장애인의 보호, 교육 등을 목적으로 하는 시설의 장 또는 종사자가 보호, 감독의 대상인 장애인에 대하여 위계 또는 위력으로 간음한 때에는 7년 이하의 징역에 처하고, 추행한 때에는 5년 이하의 징역 또는 3천만 원 이하의 벌금에 처하고 있었으나(구법 제10조 제3항), 개정법에서는 구법 제10조 제3항을 삭제하고, 제6조 제7항을 신설하여, 장애인의 보호, 교육 등을 목적으로 하는 시설의 장 또는 종사자가 보호, 감독의 대상인 장애인에 대하여 개정법 제6조 제1항부터 제6항까지의 죄를 범한 경우에는 그 죄에 정한 형의 2분의 1까지 가중하고 있다.

4. '장애여성에 대한 강간·준강간죄'의 공소시효 배제

개정법은 제20조에 제3항을 신설하여 13세 미만의 여자 및 신체적인 또는 정신적인 장애가 있는 여자에 대하여 강간 또는 준강간의 죄를 범한 경우에 공소시효를 배제하고 있다. 즉, 13세 미만의 여자 및 신체적인 또는 정신적인 장애가 있는 여자에 대하여 「형법」 제297조(강간) 또는 제299조(준강간, 준강제추행)(다만, 준강간에 한정한다)의 죄를 범한 경우에는 「성폭력특례법」 제20조 제1항과 제2항에도 불구하고 「형사소송법」 제249조부터 제253조까지 및 군사법원법 제291조부터 제295조까지에 규정된 공소시효를 적용하지 아니한다.

---

28) 김영숙, "정신지체여성에 대한 성폭력과 예방대책", 『특수교육저널: 이론과 실천』 제2권 제1호, 한국특수교육문제연구소, 2001. 3, 58-59면.

이와 관련하여 이미 2010. 4. 15. 제정된 「성폭력특례법」29)과 같은 날 개정된 「아동·청소년의 성보호에 관한 법률」(이하에서는 「청소년성보호법」이라고 한다)30)에서, 미성년자에 대한 성폭력범죄의 공소시효는 해당 성폭력범죄로 피해를 당한 미성년자가 성년에 달한 날부터 진행하도록 하고, 최근 새로운 수사기법의 발달로 범죄 발생 후 상당한 기간이 지나더라도 범죄규명이 가능한 경우가 많으므로 DNA증거 등 입증 증거가 확실한 성폭력범죄의 경우 공소시효를 10년 연장한 사례가 있었다. 즉, 2010년도의 성폭력범죄 관련 공소시효 특례규정은 '배제'를 인정한 것이 아니라 '중지 내지 중단'과 '연장'을 예외적으로 인정한 것이었다. 하지만 개정법 제20조 제3항은 현행법의 체계에서 특이하게도 특정범죄에 대한 공소시효를 배제31)하고 있는 규정이라고 평가할 수 있다. 세계적으로 공소시효 폐지를 인정하고 있는 전쟁범죄, 공권력에 의한 가혹행위 등 반인권적 국가범죄32)의 외연을 확대하여 반인권적 범죄의 영역에 장애인·아동성폭력을 포함시키자는 주장33)이 일부 있기는 하지

---

29) 「성폭력특례법」 제20조 ① 미성년자에 대한 성폭력범죄의 공소시효는 「형사소송법」 제252조 제1항에도 불구하고 해당 성폭력범죄로 피해를 당한 미성년자가 성년에 달한 날부터 진행한다. ② 제2조 제3호 및 제4호의 죄와 제3조부터 제9조까지의 죄는 디엔에이(DNA)증거 등 그 죄를 증명할 수 있는 과학적인 증거가 있는 때에는 공소시효가 10년 연장된다.

30) 「청소년성보호법」 제7조의3 ① 아동·청소년대상 성범죄의 공소시효는 「형사소송법」 제252조 제1항에도 불구하고 해당 성범죄로 피해를 당한 아동·청소년이 성년에 달한 날부터 진행한다. ② 제7조의 죄는 디엔에이(DNA)증거 등 그 죄를 증명할 수 있는 과학적인 증거가 있는 때에는 공소시효가 10년 연장된다.

31) 공소시효를 배제한 기존의 법으로는 1995. 12. 21. 법률 5028호로 제정된 「헌정질서 파괴범죄의 공소시효 등에 관한 특례법」(법률 제10181호; 2010. 3. 24 일부개정)과 2007. 12. 21. 법률 제8719호로 제정된 「국제형사재판소 관할 범죄의 처벌 등에 관한 법률」(법률 제10577호; 2011. 4. 12. 일부개정) 등이 있다.

32) 조국 교수에 의하면 반인권적 국가범죄란 국가기관이 그 직무를 행함에 있어 정당화 사유 없이 시민을 살해 또는 고문하는 등 헌법과 법률을 위반하여 시민의 인권을 중대하고 명백하게 침해하거나 이 침해행위를 조직적으로 은폐·조작한 행위로 정의하고 있다(조국, "반인권적 국가범죄의 공소시효의 정지·배제와 소급효금지의 원칙", 『형사법연구』 제17호, 한국형사법학회, 2002. 6, 5면).

33) 박상식, "성폭력범죄의 공소시효 연장·배제에 대한 고찰", 『법학연구』 제18권 제1호, 경상대학교 법학연구소, 2010. 4, 278-279면. 이에 대하여 공소시효의 중단은 가능하지만, 배제는 허용되어서는 안 된다는 입장으로 박용철, "미성년자인 성범죄 피해자를 위한 공소시효의 중단 및 연장에 관한 제 문제-미국법을 중심으로-", 『피해자학연구』 제14권 제2호, 한국피해자학회, 2006. 10.

만, 개정법에서 규정하고 있는 특정 (성폭력) 범죄에 대한 공소시효의 배제는 다음과 같은 점에서 타당하지 않다고 본다.

첫째, 개정법은 13세 미만의 여자 및 신체적인 또는 정신적인 장애가 있는 여자에 대한 강간죄와 준강간죄에 국한하여 공소시효의 배제를 규정하고 있는데, 이는 이러한 범죄보다 불법성이 더 중한 범죄와의 관계에서 형평성에 어긋날 수가 있다. 사회적 약자에 해당하는 아동이나 장애인의 성적 자기결정권이 매우 중요한 것에 대하여 의문을 제기할 수는 없겠지만, 이들의 성적 자기결정권이 인간의 생명권보다 더 중요한 것이라고는 평가할 수 없다. 만약 살인죄에 대하여도 공소시효가 배제된다는 전제조건이 충족된다면 모를까, 살인죄에 대하여 25년의 공소시효를 규정하고 있는 현행법의 태도에서는 살인죄의 보호법익보다 상대적으로 경미한 아동 및 장애인 대상 강간죄의 공소시효를 배제하는 것은 비례의 원칙에 부합하지 않는다.

둘째, 기존에 성폭력범죄와 관련하여 공소시효의 배제논의는 주로 13세 미만의 아동을 대상으로 하는 범죄에 국한되어 있었다. 하지만 개정법에서는 13세 미만의 여자를 대상으로 하는 범죄뿐만 아니라 급작스럽게도 장애인 대상 성범죄의 경우에도 공소시효를 배제하는 '끼워넣기식 입법'이라는 특단의 조치를 취하고 있다. 만약 "도가니"라는 영화의 상영이 없었고, 영화의 배경이 된 광주 인화학교의 관련자들이 공소시효가 지나 처벌을 받을 수 없다는 언론의 보도가 없었고, 이에 대한 국민들의 분노가 없었다면 이러한 입법은 결코 국회를 통과하지 못했을 것이다. 따라서 '장애인 대상 성범죄'에 대한 공소시효의 배제는 오랜 기간 동안 숙고해서 '이성적인' 판단에 따라 결정된 것이 아니라 여론의 눈치를 본 입법부가 너무나도 급작스럽게 '감정적인' 오판을 한 것으로 평가할 수 있다.

Ⅲ. 장애인 대상 성폭력범죄의 형사절차상 문제점과 개선 방안

1. 장애인의 진술과 관련된 문제

1) 장애인 진술의 특성 고려

성폭력 사건은 그 특성상 피해자의 진술이 유일한 증거인 경우가 많다. 특히 장애인 대상 성폭력의 경우 피해자의 진술 이외에 피해사실을 밝힐 수 있는 증거가 존재하지 않는 경우가 훨씬 많다. 하지만 범행 자체의 비논리성, 성폭력 상황에 처한 피해장애인의 입장과는 동떨어진 판사의 경험칙, 비장애인과 다른 장애인의 인지능력 등으로 인하여 장애인의 진술이 믿을 만하다고 여겨지기는 매우 어렵다.[34] 정신장애인의 경우 사물변별능력이나 의사결정능력이 미약하여 증언의 반복가능성이 많고, 피해자임에도 자신이 피해자라는 생각을 하지 못하는 경우가 많아 실제 형사처벌로 연결되는 비율이 상당히 낮다고 할 수 있다. 이러한 특수한 상황으로 인하여 장애인 대상 성폭력사건에 있어서는 일반인을 대상으로 한 사건과는 다른 판단기준 등이 요구되었어야 하지만, 실무는 그와 같이 운영되지 않고 있었다. 예를 들면 기존의 법원은 범죄사실을 재구성하면서 정신장애인 피해자에게도 논리적 완결성을 요구하였다. 즉, 법원은 범행의 개연성, 경험칙에 부합, 피해자 행동이 합리적일 것 등을 요구하여, 피해자 진술의 신빙성을 판단함에 있어서 비장애인과 큰 차이가 없는 기준을 사용하였던 것이다. 이와 같이 피해장애인의 개별적인 진술이 모두 개연성 있게 연결되어야 한다는 논리에 의하면, 지적 능력이 미약하고 인과관계 개념이 명확하지 않은 장애인이 논리적 완결성을 추구하는 법정 요구를 충족시키지는 것은 거의 불가능에 가까운 것이다.[35] 하지만 법원은 이러한 사안

---

34) 김정혜, 앞의 논문, 42면.
35) 재판에서 불리한 위치에 있는 피고인 측은 장애인의 진술에 대해 의심하고 기억이 부정확

에서 대체로 진술의 일관성이 부정된다는 이유로 무죄판결을 하여 왔다. 또한 장애인의 일상생활 능력, 학력 등을 근거로 가해자의 성관계 요구에 동의한 것으로 보거나, 과거 성경험이나 성관계에 대한 지식을 성적 방어능력이 있는 것으로 판단하는 경향도 있었다. 이와 같이 성폭력 사건과 피해의 특성, 가해자와 피해자 간의 관계를 제대로 고려하지 않은 채 피해자의 진술이 엄격한 일관성이 없다는 이유로 범죄 사실을 인정하지 않는 것은 성폭력 사건의 해결에 걸림돌이 되고 있는 것이다.

생각건대 형사재판에서 '일반적인' 피해자의 진술은 논리적이고 주변 정황과 일치하며 경험칙에 부합할수록 그 신빙성을 인정받기 쉽다. 하지만 형사재판에서 '장애를 가지고 있는' 피해자의 진술은 신빙성의 판단을 일반인과 동일시하여서는 아니 된다. 장애인의 인지발달 수준과 언어능력을 고려하면 진술의 비일관성, 비논리적, 비현실성, 자기중심성 등은 어떻게 보면 당연한 것일지도 모른다. 그러므로 형사사법기관의 입장에서는 동일한 사실관계에서 상반된 결론이 나오는 문제를 방지하기 위해서 장애인의 심리나 정서에 대하여 충분한 이해를 갖추어야만 한다. 또한 수사기관이나 법원은 피해자의 지적 수준을 감안하여 비장애인과 다른 차원에서 진술의 일관성과 신빙성을 판단하여야 하고, 단지 일관적이고 논리적이지 못하다는 이유만으로 피해자의 진술을 배척하지 말아야 한다. 그리하여 장애특성으로 인하여 혼동이 일어날 수 있는 부분에서 진술의 불일치가 있다고 하더라도 범행의 방법에 대한 진술의 구체성의 정도, 주변 정황과 피해자의 진술이 부합하는지 여부 등을 기준으로 진술 전체의 일관성을 판단하여 신빙성 여부를 판단하여야 할 것이다.

2) 영상녹화의 적극적인 활용

장애인의 경우 수사단계에서 중요한 진술을 한 경우에도 공판정에 출석하지 못하거나 출석을 하더라도 시간의 경과 등으로 인하여 기존의 진술을 번복

할 수 있음을 내세워 진술의 신빙성에 대해 계속해서 의혹을 제기하기 마련이다.

하는 경우가 있을 수 있다. 이러한 점을 보완하기 위하여 「성폭력특례법」 제26조 제3항에서 성폭력범죄의 피해자가 16세 미만이거나 신체적인 또는 정신적인 장애로 사물을 변별하거나 의사를 결정할 능력이 미약한 경우에는 피해자의 진술 내용과 조사 과정을 비디오녹화기 등 영상물 녹화장치로 촬영·보존하여야 한다[36]고 함으로써, 성폭력피해자가 장애인인 때에는 진술녹화를 의무적으로 실시하도록 규정하고 있다. 진술녹화는 사건 발생 초기에 피해자의 진술을 녹화함으로써 반복된 조사로 인한 부담을 감소시키는 동시에 비교적 기억이 명료한 때 녹화하므로 사실관계를 명확하게 보존하는 역할을 한다.[37] 이에 따라 촬영한 영상물에 수록된 피해자의 진술은 공판준비기일 또는 공판기일에 피해자나 조사 과정에 동석하였던 신뢰관계에 있는 사람의 진술에 의하여 그 성립의 진정함이 인정된 경우에 증거로 할 수 있다(「성폭력특례법」 제26조 제4항). 또한 피해자나 그 법정대리인은 피해자가 공판기일에 출석하여 증언하는 것에 현저히 곤란한 사정이 있을 때에는 그 사유를 소명하여 해당 성폭력범죄를 수사하는 검사에게 「형사소송법」 제184조(증거보전의 청구와 그 절차) 제1항에 따른 증거보전의 청구를 할 것을 요청할 수 있는데, 이 경우 피해자가 「성폭력특례법」 제26조 제3항의 요건에 해당하면 공판기일에 출석하여 증언하는 것에 현저히 곤란한 사정이 있는 것으로 본다(「성폭력특례법」 제31조 제1항).[38]

하지만 실무에서는 피의자신문조서를 기본으로 하고 피해자 진술을 받아 조서를 작성하는 전 과정을 녹화하는 식으로 운영되고 있다. 이는 영상녹화만 할 경우 피해자의 진술내용을 확인하기 위하여 영상녹화물을 재생하여야 하

---

36) 다만, 피해자 또는 법정대리인이 이를 원하지 아니하는 의사를 표시한 경우에는 촬영을 하여서는 아니 된다.

37) 이혜숙, "성폭력 피해아동의 법정증언 능력에 대한 연구", 『한국교육논단』 제4권, 한국교육포럼, 2005. 12, 156면.

38) 다만 「형사소송법」 제184조 제1항의 증거보전을 행하면 피의자의 참여권이 보장되어야 하는데, 이러한 점은 피해장애인을 피의자와 대면시키지 않는다는 본래 법취지에 부합하지 않는다(윤상민, "성폭력 피해아동에 대한 형사절차상 보호방안", 『형사정책연구』 제15권 제4호, 한국형사정책연구원, 2004. 12, 50면). 이를 위해 법원은 장애인 대상 성폭력범죄의 피해자를 증인으로 신문하는 경우 검사와 피고인 또는 변호인의 의견을 들어 비디오 등 중계장치에 의한 중계를 통하여 신문할 수 있도록 해야 할 것이다.

는 번거로움 때문인 것으로 보인다. 그러나 피의자신문조서를 병행하는 방식은 장애특성에서 비롯된 진술, 신체언어 등을 제대로 파악하기 어렵기 때문에 이를 심층적으로 분석할 수 있는 영상녹화물을 보다 적극적으로 활용하는 방안을 모색해야 할 것이다.

한편 수사절차상 실체적 진실발견이라는 미명하에 반복되는 진술의 강요, 사건과 관련이 없는 내용의 질문, 가해자와의 대질신문, 비인격적 대우, 불친절한 태도로부터 수모와 고통을 당하게 되어 형사사법기관에 대한 불신을 가지게 되는 등의 제2차 피해를 입게 된다.[39] 특히 성폭력 사건에서는 피해자가 인적 증거방법으로서의 지위도 함께 가지는 특성상, 범죄현장에서의 기억을 되살리는 당시의 상황에 대한 질문, 대질신문, 범인식별, 증거확인 등으로 말미암아 제2차 피해를 더욱 가중시키고 있는 것이다.[40] 이러한 미비점의 보완책으로 비디오진술녹화와 증거보전청구 요청을 함께 잘 활용하면 피해장애인의 2차적 피해를 막고 가해자의 혐의를 효과적으로 입증하는 데 도움이 될 것이다.[41]

2. 형사절차의 보조인선임과 관련된 문제

1) 피해자를 위한 변호인 선임에 관한 특례

아동·청소년 대상 성범죄의 피해자 등에게 변호인을 선임할 수 있도록 하고, 변호인이 없는 경우에는 검사가 국선변호인을 지정하여 피해 아동·청소년의 권익을 보호할 수 있도록 하는 등의 내용으로 「청소년성보호법」이 개정(법률 제11047호, 2011. 9. 15. 공포, 2012. 3. 16. 시행)되었다. 즉, 「청소년성보

---

39) 류병관, "형사절차상 성폭력 피해자의 2차 피해자화 방지 대책", 『법과 정책연구』 제6집 제1호, 한국법정책학회, 2006. 6, 8-9면.
40) 신주호, "경찰수사절차상 성폭력피해자의 인권보호를 위한 개선방안", 『법학연구』 제21권 제2호, 충남대학교 법학연구소, 2010. 12, 18면.
41) 박미숙, "아동성폭력 피해자보호의 문제점과 대책", 『저스티스』 제115호, 한국법학원, 2010. 2, 26면.

호법」 제18조의6(피해아동·청소년 등에 대한 변호인선임의 특례)에서 아동·청소년대상 성범죄의 피해자 및 그 법정대리인은 형사절차상 입을 수 있는 피해를 방어하고 법률적 조력을 보장하기 위하여 변호인을 선임할 수 있고, 검사는 피해아동·청소년에게 변호인이 없는 경우 국선변호인을 지정하여 형사절차에서 피해아동·청소년의 권익을 보호할 수 있다고 규정한 것이다.

이와 마찬가지로 성폭력범죄의 피해자가 자기주장과 방어능력이 취약한 장애인인 경우에도 형사절차상 입을 수 있는 피해를 방어하고 법률적 조력을 받을 수 있도록 변호인 선임에 관한 특례 규정[42]을 두어 성폭력범죄의 피해자인 장애인의 인권과 권익을 한층 두텁게 보호할 필요성이 있다.[43] 또한 피해자가 변호인을 필요로 하는 장애인 대상 성폭력범죄의 경우에 자력이 없는 피해자에 대하어는 국가의 부담으로 하는 것이 피해자의 변호인제도의 취지에 부합할 것이다.[44] 이처럼 법률전문가인 변호인의 조력을 받도록 하는 것은 수사과정에서의 제2차 피해자화를 방지할 수 있는 효과적인 방안이 될 것이다.[45]

2) 절차보조인의 선임

현행 「성폭력특례법」 제29조에 의하면 법원은 제3조부터 제8조까지, 제10

---

42) 이와 관련하여 정부가 2011. 10. 28. 발의한 「성폭력범죄의 처벌 등에 관한 특례법」 일부개정법률안(의안번호: 1813679)에 의하면, 성폭력범죄의 피해자가 신체적인 또는 정신적인 장애로 사물을 변별하거나 의사를 결정할 능력이 미약한 경우에 피해자 및 그 법정대리인의 변호인 선임 등에 관하여는 「청소년성보호법」 제18조의6을 준용하는 내용의 「성폭력특례법」 제24조의2를 신설하여, 장애인 등에 대한 변호인 선임의 특례조항을 제안하고 있다.

43) 원혜욱, "성폭력 피해아동을 위한 법률조력인 제도 도입방안", 성폭력 피해아동 법률조력인 제도 입법공청회, 법무부 여성아동정책팀, 2011. 5. 4, 29면; 정혜욱, "아동에 대한 성폭력 범죄와 범죄 피해자", 2011년도 한국피해자학회 추계학술대회 발표문, 2011. 10. 22, 19면. 독일 「형사소송법」 제406조의f에 의하면 '피해자는 형사절차에 있어서 변호인의 조력을 받거나 변호인으로 하여금 대리하게 할 수 있다'고 하여, 피해자에 대하여도 변호인의 조력을 받을 권리를 명문으로 인정하고 있다.

44) 김성돈, "피해자변호인제도의 도입방안", 『피해자학연구』 제10권 제2호, 한국피해자학회, 2002. 12, 141면.

45) 박미숙, 앞의 논문(각주 41), 34면.

조 및 제14조(제9조의 미수범은 제외한다)의 범죄의 피해자를 증인으로 신문하는 경우에 검사, 피해자 또는 법정대리인이 신청할 때에는 재판에 지장을 줄 우려가 있는 등 부득이한 경우가 아니면 피해자와 신뢰관계에 있는 사람을 동석하게 하여야 하며, 수사기관이 전단의 피해자를 조사하는 경우에도 마찬가지라고 하여, 장애인 대상 성범죄사건에 있어서 신뢰관계에 있는 사람의 동석규정을 두고 있다.46) 실무에서는 이를 통하여 피해장애인의 기억력과 진술능력을 높여서 진술의 신빙성을 보다 강화하는 수단으로 활용하고 있다.

하지만 한 걸음 더 나아가 피해자가 장애인인 경우에는 원활한 의사소통 및 피해자의 심리적인 안정 등을 위해서 신뢰관계인의 동석뿐만 아니라 절차보조인의 역할이 매우 중요하다고 할 수 있다. 수사기관은 일반적으로 장애유형별 특성에 대한 전문지식이 부족하여 장애인과의 적합한 의사소통기술이 어렵다. 특히 장애유형이 매우 다양하다는 점, 장애유형 내에서도 장애등급에 따른 차이가 다양하다는 점, 장애등급이 같은 경우에도 개인적 특성이나 주위환경 등에 따라 차이가 다양하다는 점 등은 수사절차 진행의 방해요인으로 작용하고 있다. 그러므로 장애인에 대한 이해를 제대로 갖춘 절차보조인이 사건의 발생 시부터 재판과정에 이르기까지 전반적으로 관여하는 것이 바람직하다.

Ⅳ. 글을 마치며

정신장애인은 일반적으로 정서적으로나 지적 능력으로나 성에 대한 지식이 부족하고, 언어적 표현능력이 부족하여 그들의 경험적인 배경에서 성폭력을 인지할 수 있는 상태에 있지 않다. 또한 이들은 성폭력을 어떻게 방어할 수 있는지에 대하여도 거의 인지하지 못한다. 이러한 사실을 가해자들은 너무 잘

---

46) 이 경우 신뢰관계 있는 자의 동석이 오히려 피해장애인에 대하여 불편을 초래할 가능성도 있다. 그러므로 피해장애인의 의사에 반하는 신뢰관계 있는 자의 동석은 허용해서는 안 될 것이다.

알고 있으며, 이를 이용하여 완전범죄를 시도하고 있다. 그래서 피해사실이 쉽게 드러나지 않는 가운데, 피해가 지속적으로 반복될 위험성이 매우 크다고 할 수 있다. 장애인의 경우 범행유발책임이나 기여책임보다는 성인 또는 비장애인의 부당한 요구를 거부하기 어려운 취약한 위치에 있다는 점에서 장애인 대상 성폭력범죄에 대한 대책은 시급한 과제로 보여 진다. 하지만 최근 대한민국의 정치권은 성폭력범죄에 대한 언론보도와 그에 따른 감정적인 여론의 목소리에 너무나도 민감하게 반응하는 것으로 보인다. 장애인 대상 성폭력범죄에 대한 2011. 10. 28.자 개정입법도 이와 같은 맥락에서 장시간에 걸쳐 심도 있게 고민하고 논의한 이성적 결과의 산물이 아니라 초단기간에 걸쳐 너무나도 쉽게 대안을 제시해 버린 감정적 결과의 산물이라고 평가할 수 있다. 만약 광주 인화학교 사태를 배경으로 한 영화가 상영되지 않았고, 그것이 흥행하지 않았다면 「성폭력특례법」의 개정작업이 그렇게 급속도로 진행되는 일은 결코 없었을 것이다. 개정의 내용도 공소시효의 배제, 형벌의 강화 등으로 일관되어 있어, 성폭력 피해자에 대한 관심보다는 가해자에 대한 처벌 위주의 정책이 우선시되고 있는 것이 작금의 상황이다. 즉, 실효성이 불투명한 강성 형사정책을 펴고 있는 사이 성폭력 피해자의 보호 등은 소홀히 취급되는 문제점이 발생하고 있는 것이다. 또한 이와 같이 입법부가 성폭력범죄에 대한 법정형을 상향조정한다고 하여 그 취지가 실제 법원의 선고형에 그대로 반영된다고 보기는 어렵다.47) 생각건대 성폭력범죄에 대한 가장 적절한 대책은 형벌의 강화를 필두로 하는 강성형사정책이 아니라 교육을 통한 예방이라고 본다. 이러한 측면에서 법원이 성폭력범죄를 범한 사람에 대하여 유죄판결(선고유예는 제외한다)을 선고하는 경우에는 300시간의 범위에서 재범예방에 필요한 수강명령 또는 성폭력 치료프로그램의 이수명령을 병과할 수 있도록 한 2011.

---

47) 김태명, "성폭력범죄의 실태와 대책에 대한 비판적 고찰", 『형사정책연구』 제22권 제3호, 한국형사정책연구원, 2011. 9, 39면(2011. 8. 18. 대법원 양형위원회가 발간한 『2010 연간보고서』에 따르면, 2010년도 성범죄자 2,700여 명에게 선고된 1심 형량을 분석한 결과 13세 미만 아동 대상 성폭력범죄의 평균형량은 양형기준이 수정된 2010. 7. 15. 이후 3.02년에서 3.41년으로 약간 높아졌으나, 같은 기간 집행유예 선고율은 37.3%에서 54.6%로 오히려 올라갔다).

4. 7. 신설된 「성폭력특례법」 제16조의 '형벌과 수강명령 등의 병과' 조항은 매우 큰 의미가 있다. 형벌의 엄격성보다는 형벌의 신속성과 확실성이 범죄를 예방하는 데 있어서 더욱 효과적이라는 약 250여 년 전 베카리아의 주장을 다시 한번 상기해 보아야 할 것이다.

제9장 절도죄의 객체로서 재물의 '재산적 가치'에 대한 검토

– 대법원 2010.2.25. 선고 2009도11781 판결을 중심으로 –

Ⅰ. 대상판결의 주요 경과

1. 사실관계

경기도 부천시에 거주하고 있는 직장인인 피고인 이○○(40)는 2009년 1월 8일 10:00경 부천시 원미구 원미동 99 소재 원미1동사무소 내에 설치된 신문 가판대에서 피해자 주식회사 미디어월 등이 직원을 통해 신문가판대에 넣어 둔 무가지인 부천신문 25부인 약 35,000원 상당을 가지고 나갔다.[1] 무가지 회사의 직원은 그 이전에도 피고인이 몇 차례 신문을 대량으로 들고 가는 것에 이의를 제기했지만 피고인은 말을 듣지 않았던 데다가, 이날 25부를 몽땅 들고 가자 피고인을 절도죄로 고소하였다.

2. 제1심 판결[2]의 요지

피고인은 무료로 배포되는 신문을 가져온 것에 불과하므로 타인의 재물을 절취한 것으로 보기 어렵고 절취의 범의가 있었던 것도 아니라고 주장한다. 살펴보면, 비록 피해물품이 무료로 배포되는 신문이긴 하지만, 피해자가 광고 수익 등 상업적인 목적으로 이를 발행하였고, 구독자들에게 1부씩 골고루 그리고 적절히 배포될 수 있도록 직접적인 관리를 하고 있었다는 점에서 그 소

---

* 『형사판례연구』 제19권, 형사판례연구회, 2011. 6. 298면 이하.

1) 본 사건의 원심판결과 대법원판결에는 나타나 있지 않지만 제1심 법원의 판결에는 무가지 1부의 가격이 드러나 있다. 즉 '… 무가지인 부천신문 25부인 약 35,000원 상당…'이라고 하여 무가지 1부의 가격을 1,400원으로 책정하고 있다. 부천신문이 매주 월요일에 발간되는 주간지라는 점, 매주 50,000부를 발행한다는 점 등이 고려되어 책정된 것으로 보이는데, 동 가격의 책정주체가 피해자 측이라는 데에 문제가 있다. 즉 무료로 배부되는 신문이 1,400원이라는 모순이 생기는 것이다. 사법경찰관리집무규칙 서식 88 진술조서(간이절도)에 의하면 '도난품의 시가'를 피해자가 기재하도록 되어 있는데, 이때 무가지의 시가를 0원이 아닌 1,400원으로 기재한 것으로 보인다. 하지만 1,400원이라는 것은 피해자가 생각하는 주관적 가치일 뿐이지 객관적 가치일 수가 없다는 점에서 문제가 있다.

2) 인천지방법원 부천지원 2009. 8. 13. 선고 2009고정763 판결.

유권을 포기하였다고 보기 어려우므로, 결국 피고인은 타인의 재물을 취거해 갔다고 할 것이다.

나아가 피고인에게 절취의 범의 또는 불법영득의 의사가 있었는지 살펴보면, 피고인도 피해자가 위 신문을 발행하는 위와 같은 목적을 잘 알고 있었던 것으로 보이고, 나아가 이 사건 이전에도 여러 차례 여러 부의 신문을 가져간 적이 있어 피해자 회사의 직원인 강○으로부터 이를 제지받은 적이 있음에도 다시 취거해 간 데다가 그 규모도 무려 25부에 이른다는 점에 비추어 볼 때, 피고인의 위와 같은 행위는 무료신문을 발행, 배포하는 피해자의 의사에 반하는 행위로서 사회통념상 허용되는 범주를 넘는 것이고 피고인도 이를 잘 알고 있었다고 할 것이어서 결국 피고인에게 절취의 고의 또는 불법영득의 의사가 있었음을 인정할 수 있다.[3]

3. 항소이유의 요지

1) 사실오인

피고인은 무료로 배포되는 신문을 여러 장 가져온 것에 불과하므로 타인의 재물을 절취한 것이 아니고, 절취의 범의도 없었다.

2) 양형부당

원심이 피고인에게 선고한 형(벌금 50만 원)이 너무 무거워 부당하다.

---

3) 이에 따라 제1심 법원은 피고인에게 벌금 500,000원을 선고하였다.

4. 제2심 판결[4]의 요지

1) 사실오인 주장에 대한 판단

피해자가 광고 수익 등 상업적인 목적으로 상당한 비용을 들여 이 사건 신문을 발행한 점, 구독자들에게 1부씩 골고루 그리고 적절히 배포될 수 있도록 직접적인 관리를 하고 있었던 점, 무료 배포는 구독자가 이를 정보 취득 목적으로 최소한의 수량을 가져가는 것을 전제로 한 것인 점 등에 비추어 볼 때 피해자가 이 사건 신문에 대한 소유권을 포기하였다고 볼 수 없으므로, 결국 피고인은 타인의 재물을 취거해 갔다고 할 것이다.

또한 피고인도 피해자가 위 신문을 발행하는 위와 같은 목적을 잘 알고 있었고, 이 사건 이전에도 피해자 회사의 직원으로부터 신문을 여러 부 가져가는 것에 대하여 제지를 받은 사실이 있는 점, 피고인이 한꺼번에 가져간 신문이 25부에 이르는 점에 비추어 볼 때 피고인은 자신의 행위가 무료신문을 발행, 배포하는 피해자의 의사에 반하는 행위로서 사회통념상 허용되는 범주를 넘는 것임을 잘 알고 있었다고 할 것이므로, 피고인에게 절취의 고의를 인정할 수 있다.

그러므로 이 사건 공소사실을 유죄로 인정한 원심의 판단은 적법하고 거기에 피고인이 지적하는 바와 같은 사실오인의 위법이 있다고 볼 수 없다.

2) 양형부당 주장에 대한 판단

피고인에게 동종 전과가 없는 점, 무료로 배포되는 신문을 여러 장 가져간 것에 불과한 점은 인정되나, 피고인이 관리자 측의 수차례의 제지에도 불구하고 반복적으로 신문을 여러 장씩 가져간 것으로 보이는 점, 기타 이 사건 범행의 경위, 수단과 방법, 피해정도, 피고인의 직업, 연령, 성행, 범행 후의 정황 등 제반 양형요소를 종합적으로 검토해보면, 원심의 형이 너무 무거워서 부당

---

4) 인천지방법원 2009. 10. 14. 선고 2009노2815 판결.

하다고는 인정되지 아니하므로, 피고인의 위 주장은 이유 없다.

5. 대법원의 판단[5]

원심은 피해자가 광고 수익 등 상업적인 목적으로 상당한 비용을 들여 이 사건 신문을 발행한 점, 구독자들에게 1부씩 골고루 그리고 적절히 배포될 수 있도록 직접적인 관리를 하고 있었던 점, 무료 배포는 구독자가 이를 정보 취득 목적으로 최소한의 수량을 가져가는 것을 전제로 한 것인 점 등을 종합하여 피해자가 이 사건 신문에 대한 소유권을 포기하였다고 볼 수 없다는 이유로 타인의 재물에 해당한다고 판단하였는바, 기록에 비추어 살펴보면, 원심의 위와 같은 판단은 정당하고, 거기에 절도죄의 객체인 재물의 타인성에 관한 법리오해의 잘못이 있다고 할 수 없다.

Ⅱ. 문제의 제기

「형법」 제329조에 의하면 '타인의 재물을 절취한 자는 6년 이하의 징역 또는 1,000만 원 이하의 벌금에 처한다'고 하여 (단순)절도죄를 규정하고 있다. 동죄의 객체는 '타인의 재물'인데, '재물'이란 '재산상의 가치가 있는 물건'이라고 할 수 있다. 하지만 「형법」상에는 재물에 대한 구체적인 정의 규정이 없기 때문에 재물의 개념과 포섭범위 등에 대하여는 학설에 전적으로 위임되어 있는 실정이다. 그리하여 절도죄의 객체인 재물과 관련된 수많은 해석상의 논란들이 야기되고 있다. 예를 들면 부동산·금제품·사람의 신체·사체·정보·

---

5) 판결문은 법률 적용과 해석의 실제사례로서 다른 사건의 참고가 되고 판결이유가 되기 때문에 누구나 검색·조회할 수 있어야 한다. 하지만 현재 하급심 판결문은 대부분 온라인 검색이 불가능한 상황이고 대법원 판결문도 모두 검색할 수 있는 실정이 아니다. 본 사건에 대한 대법원 판결도 온라인으로 검색이 불가능하여 유료로 신청하여 확인할 수밖에 없었다. 하지만 사건번호를 모르거나 유사사건 조회를 하고자 한다면 또 다른 난관에 봉착하게 된다. 다른 나라의 판결문도 쉽게 검색이 가능한 상황에서 우리나라의 판결문을 어렵게 찾아야만 한다는 것은 개선되어야 한다고 본다.

아이템·전화사용·금제품·사이버머니·컴퓨터파일 등이 절도죄의 객체에 포함되는지에 관한 문제가 대표적인 것6)인데, 이러한 문제들에 대하여는 소위 적극설·소극설·절충설 등과 같은 견해의 대립이 있고, 각 학설마다 나름대로의 근거를 제시하고 있다. 그 밖에도 절도죄와 관련하여 기존에 많이 논의되고 있는 것들로는 불법영득의사의 요부 및 내용의 문제, 보호법익의 문제, 유체성설과 관리가능성설의 대립, 재물과 재산상의 이익과의 관계,7) 각종 절도죄 규정 간의 상호체계의 문제, 합동절도의 문제 등을 들 수 있다.

하지만 절도죄의 객체로서 재물의 '재산8)적 가치'에 국한된 심도 있는 논의는 찾아보기 힘든 실정이다. 따라서 재물의 재산적 가치(재산성)와 물건적 가치(물건성) 중 재산적 가치의 구체적인 내용에 해당하는 적극적 재산가치, 소극적 재산가치, 금전적 교환가치, 경제적 가치, 재산적 가치, 객관적 가치, 주관적 가치, 감정적 가치 등의 수많은 가치에 대한 내용 및 상호관계에 대한 연구의 필요성이 제기된다. 재물이 과연 객관적인 금전적 교환가치를 가질 필요가 있는가에 관한 문제에 대하여는 학설과 판례9)의 견해가 일치하여 소극설을 취하고 있는 반면에 이에 대한 반대의 견해는 찾아보기 힘들다. 즉, 재산범죄의 객체인 재물은 반드시 객관적인 금전적 교환가치를 가질 필요는 없고 소유자·점유자가 주관적인 가치를 가지고 있음으로써 족하다고 볼 것이므로

---

6) 각 시대별 재물개념에 관한 판례의 입장을 정리한 것으로, 하태영, "한국「형법」에 있어서 '재물개념'의 논쟁사 -디지털시대의 새로운 법제이론과「형법」제349조 재물간주 규정의 개정-",『비교형사법연구』제5권 제2호, 한국비교형사법학회, 2003. 12, 279면 이하 참조.
7) 어떠한 대상이 재물인지 재산상의 이익인지에 대한 명확한 판단기준이 없어서 재산범죄에 있어서 여러 죄명이 적용되고 있는 실정이다[탁희성, "재산죄의 객체로서 전자정보의 포섭 가능성 및 그 한계 -게임아이템과 사이버머니를 중심으로-",『형사정책연구』제16권 제2호 (통권 제62호), 한국형사정책연구원, 2005. 6, 143면]. 재물과 재산상의 이익과의 관계에 대하여 판례 및 다수설은 이를 엄격히 구분되는 개념으로 이해하고 있으나 모든 재물은 재산상의 이익의 일종에 해당한다고 보는 소수설이 더 타당하다고 본다.
8)「형법」상 재산의 개념에 대하여 보다 자세한 내용으로는 임정호, "「형법」상 재산 개념에 관한 연구",『형사정책연구』제20권 제1호(통권 제77호), 한국형사정책연구원, 2009. 3. 499면 이하 참조.
9) 대법원 2007. 8. 23. 선고 2007도2595 판결: 대법원 2004. 10. 28. 선고 2004도5183 판결; 대법원 1996. 9. 10. 선고 95도2747 판결; 대법원 1996. 5. 10. 선고 95도3057 판결; 대법원 1986. 9. 23. 선고 86도1205 판결; 대법원 1981. 3. 24. 선고 80도2902 판결; 대법원 1976. 1. 27. 선고 74도3442 판결 등.

그것이 제3자에 대한 관계에 있어서 객관적 가치가 경미하여 교환 가격을 갖지 않는다 하더라도 당사자 간에 있어서 경제적 가치가 상당한 것이라면 재물인 성질을 잃지 않는 것이고 주관적·경제적 가치의 유무를 판별함에 있어서는 그것이 타인에 의하여 이용되지 않는다고 하는 소극적 관계에 있어서 그 가치가 성립하더라도 관계없다고 한다.

이하에서는 판례가 일관되게 판시하고 있는 재산적 가치에 대한 개념의 올바른 해석론을 정립하기 위하여 재물과 재산적 가치의 관계를 중심으로 한 기존의 학설과 종래 판례의 입장을 비판적으로 검토한 다음(Ⅲ), 대상판결의 문제점에 대하여 살펴보는 순으로 논의를 진행하기로 한다(Ⅳ).

Ⅲ. 재물과 재산적 가치와의 관계

1. 재산적 가치와 관련된 용어의 정립

1) 재물과 물건의 구별

일반적으로 절도죄의 객체로서 재물을 논의할 경우, 財物의 가치란 재산으로서의 가치와 물건으로서의 가치를 말한다. 다시 말해 재물이란 '재산적 가치가 있는 물건'인 것이다.[10] 그러므로 재물의 개념에 포섭되기 위해서는 재산으로서의 가치와 물건으로서의 가치를 동시에 충족할 수 있어야만 하는 것이지, 이 중 어느 하나만의 가치만이 인정된다면 적어도 재물이 아닌 것으로 평가된다.[11] 왜냐하면 우리「형법」은 재물과 물건을 엄격하게 분리하여 규정하고 있기 때문이다.

형법전에서 재물이라는 용어를 사용하고 있는 범죄군으로는 도박죄(제246

---

10) 오영근, "절도죄의 몇 가지 문제점", 『석우차용석박사화갑기념논문집(상)』, 1994, 658면; 임웅, 『형법각론(제3정판)』, 법문사, 2011, 279면.
11) 재물의 개념에서 물건으로서의 가치인정 여부에 대한 문제는 본 논문에서 논외로 하기로 한다.

조), 절도죄(제329조), 야간주거침입절도죄(제330조), 특수절도죄(제331조), 강
도죄(제333조), 준강도죄(제335조), 인질강도죄(제336조), 해상강도죄(제340조),
사기죄(제347조), 컴퓨터등사용사기죄(제347조의2), 준사기죄(제348조), 편의
시설부정이용죄(제348조의2), 공갈죄(제350조), 횡령죄(제355조), 배임수증재
죄(제357조), 점유이탈물횡령죄(제360조), 재물손괴죄(제366조) 등 17개의 규
정이 있고, 물건이라는 용어를 사용하고 있는 범죄군으로는 시설제공이적죄
(제95조), 시설파괴이적죄(제96조), 물건제공이적죄(제97조), 공용서류등무효
죄(제141조), 공무상보관물무효죄(제142조), 사체등영득죄(제161조), 일반건조
물방화죄(제166조), 일반물건방화죄(제167조), 연소죄(제168조), 진화방해죄(제
169조), 실화죄(제170조), 폭발성물건파열죄(제172조), 과실폭발성물건파열죄
(제173조의2), 일반건조물일수죄(제179조), 방수방해죄(제180조), 과실일수죄
(제181조), 음용수사용방해죄(제192조), 수도음용수사용방해죄(제193조), 통화
유사물제조죄(제211조), 인지우표유사물제조죄(제222조), 음화반포죄(제243
조), 음화제조죄(제244조), 권리행사방해죄(제323조), 점유강취죄(제325조) 등
24개와 '위험한 물건'을 구성요건요소로 하고 있는 특수공무방해죄(제144조),
특수폭행죄(제261조), 특수체포감금죄(제278조), 특수협박죄(제284조), 특수주
거침입죄(제320조), 특수손괴죄(제369조) 등 6개의 규정이 있다.

이와 같이 「형법」이 비재산범죄에서는 물건이라는 용어를 사용하고 있고,
재산범죄에서는 재물이라는 용어를 사용하고 있는 것[12]은 비재산범죄에서는
물건의 재산적 가치인정 여부가 문제되지 않는 반면에, 재산범죄에서는 물건
의 재산적 가치인정 여부가 범죄의 성립여부 판단에 중요한 역할을 하기 때문
인 것으로 보여 진다.

2) 재산적 가치의 개념

그렇다면 재물에서 말하는 재산적 가치란 무엇인가? 먼저 재산적 가치와

---

12) 독일 「형법」에서는 절도죄의 객체를 Sache라고 규정하여, 물건이라는 표현을 사용하고 있
　　으나, 우리나라 「형법」에서는 물건 대신 재물이라고 하는 구별되는 용어를 사용하고 있다.

경제적 가치를 엄격하게 구별하여 사용하고 있는 견해13)가 있다. 이에 의하면 금전적 교환가치가 있는 것은 경제적 가치가 있는 것이고, 금전적 교환가치가 없는 것은 경제적 가치가 없는 것이라고 한다. 즉, 재산적 가치를 다시 경제적 가치가 있는 것과 경제적 가치가 없는 것으로 양분하여, 재산적 가치를 일종의 상위개념으로 상정하고 있다. 하지만 이와 같이 재산적 가치와 경제적 가치를 서로 구별하는 것은 타당하지 않다고 본다.14) '재산'이라는 개념과 '경제'라는 개념의 구별이 선행되어야 상·하위개념을 판단할 수 있는데, 형법적인 측면에서 이러한 구별의 실익이 없기 때문이다. 그러므로 재산적 가치와 경제적 가치는 동일한 의미로 평가하여도 무방하다고 본다.

이러한 재산적 가치는 다시 적극적 가치와 소극적 가치로 나누어 볼 수 있는데, 적극적 가치란 물건이 '본래의 용도'로 '일반' 당사자 사이에서 '상당한' 가격으로 거래될 수 있는 상태를 말한다. 예를 들어 백화점에서 쉽게 구입할 수 있는 지갑은 적극적인 재산가치가 있는 물건이므로 당연히 재물에 해당한다. 이에 비하여 소극적 가치란 물건이 '본래의 용도'로 '일반' 당사자 사이에서는 상당한 가격으로 거래될 수 없는 것이지만, '본래의 용도 이외'로 '특정' 당사자 사이에서는 '상당한' 가격으로 거래될 수 있는 상태를 말한다.15) 예를 들어 주주명부가 기재된 용지, 주권포기각서, 자동차출고의뢰서, 도시계획구조변경계획서, 찢어진 약속어음 등은 적극적인 재산가치는 없으나 소극적인 재산가치가 있는 물건이므로 재물에 해당한다. 재산적 가치와 경제적 가치를 구별하는 견해도 물건의 소극적 가치만 인정된다면 재물이라고 한다는 점에서 이를 구별하지 않는 입장과 결론에 있어서는 동일하다. 하지만 용어가 의미하는 내용을 보다 쉽게 전달하기 위해서는 내포하고 있는 의미가 드러날 수 있도록 개념설정을 하는 것이 효과적이라고 보기 때문에, 굳이 경제적 가치라는 독립되고 새로운 개념보다는 적극적 재산가치와 소극적 재산가치라고 칭하

---

13) 임웅, 앞의 책, 279면.
14) 같은 견해로 오영근, 『형법각론(제2판)』, 박영사, 2010, §16/13.
15) 이러한 점에서 소위 '금전적 교환가치'를 적극적 재산가치에 국한시켜서 논의하는 것은 바람직하지 못하다. 비록 소극적 재산가치가 있는 물건이라고 할지라도 경우에 따라서는 금전적 교환가치가 충분히 있을 수 있기 때문이다.

는 것이 타당하다고 본다. 그러므로 적극적 재산가치와 소극적 재산가치 중 어느 하나의 가치만이 인정된다면 재산적 가치가 있는 것으로 평가할 수 있다.

3) 소극적 가치와 주관적 가치의 구별

재물의 가치를 논의할 때 주관적 가치를 평가하는 입장이 있다. 즉, 재물의 적극적 재산가치가 없다고 하더라도 소유자 내지 점유자에게 주관적 가치가 인정된다면 재물로 평가할 수 있다는 것이다. 그런데 여기서 주의할 점은 이러한 입장에 의하면 주관적 가치와 소극적 가치를 동일선상에서 논의한다[16]는 것이다. 예를 들면 '적극적 재산가치가 없더라도 소유자·점유자에게 주관적 가치 내지 소극적 가치만을 가진 것도 재산적 가치가 있는 물건'이라고 한다. 하지만 재물이 가지는 주관적 가치와 소극적 가치는 서로 구별되는 개념이기 때문에 이를 동일선상에서 평가하는 것은 타당하지 않다. 소극적 가치, 즉 소극적 재산가치란 적어도 물건이 본래의 용도 이외로 '특정' 당사자 사이에서는 '상당한' 가격으로 거래될 수 있는 상태를 말하는데, 이는 타인에 의하여 이용되지 않는다는 측면을 고려한 것이다. 반면에 주관적 가치란 '일반' 또는 '특정' 당사자 사이에서는 '상당한' 가격으로 거래될 수 없는 상태이지만 소유자 또는 점유자의 개인적인 입장에서는 '상당한' 가치를 지니고 있는 상태라고 할 수 있다. 예를 들면 애인의 편지, 부모의 사진, 일기장 등이 그것이다. 다수설[17]에 의하면 이러한 물건들도 '주관적 내지 소극적 가치'를 지니기 때문에 재물에 해당한다고 평가하고 있으나, 동 물건들은 일반적으로 주관적

---

16) 김성돈, 『형법각론(제2판)』, 성균관대학교 출판부, 2009, 253-254면; 김성천·김형준, 『형법각론(제2판)』, 동현출판사, 2006, 399면; 김일수·서보학, 『형법각론(제7판)』, 박영사, 2007, 277면; 배종대, 『형법각론(제6전정판)』, 홍문사, 2006, §64/9; 손동권, 『형법각론(제2개정판)』, 율곡출판사, 2006, §20/9; 이영란, 『형법학(각론강의)』, 형설출판사, 2008, 253면; 이재상, 『형법각론(제7판)』, 박영사, 2010, §16/15; 이정원, 『형법각론』, 인터넷공개판, 2008, 315면; 임웅, 앞의 책, 279면; 정성근·박광민, 『형법각론(제3판)』, 삼지원, 2008, 265면; 정영일, 『형법각론(개정판)』, 박영사, 2008, 256면; 진계호·이존걸, 『형법각론(제6판)』, 대왕사, 2008, 297면; 최선호, "절도죄의 객체에 관한 소고", 『법학연구』 제32집, 한국법학회, 2008. 11, 384면.
17) 앞의 각주 16)의 문헌 참고.

가치는 있으나 소극적 가치가 부정되기 때문에 재물에 해당하지 않는다고 평가하는 것이 바람직하다. 여기서 한 가지 주의할 점은 앞에서 예시한 애인의 편지, 부모의 사진, 일기장 등의 경우라고 해서 모든 경우에 소극적 가치가 부정되는 것은 아니라는 것이다. 예를 들어 인기연예인커플 사이의 편지, 유력대선후보군에 속하는 부모의 사진, 자살한 유명여자연예인의 개인일기장 등과 같이 주관적 가치가 있음과 동시에 소극적 재산가치 내지 객관적 재산가치가 있을 수 있는 경우를 상정할 수 있기 때문이다. 이러한 물건들은 사회통념에 따라 객관적인 입장에서 (재산적) 가치를 인정할 수 있는 것인데, 비록 소유자가 실제로는 주관적 가치를 부정하고 있다고 하더라도 소유권을 포기한 것이라고 인정되지 않는 이상 재물성이 부정되지는 아니한다.[18]

이와 같이 재물의 주관적 가치와 소극적 가치는 엄연히 구별될 수 있는 가치이며, 적어도 재물이라고 하기 위해서는 소극적 가치 정도는 있어야 하지 단순히 주관적 가치만을 지닌다고 해서 재물로 평가해서는 곤란하다. 그 이유는 첫째, 주관적 가치의 평가대상 자체가 소유자 또는 점유자의 내심영역에 속하고 있기 때문에 이의 인정여부를 판단하기가 쉽지 않다. 애인의 편지라고 해서 모든 사람이 상당한 가치를 부여하는 것이 아니라는 점을 보아도 이는 자명하다. 특히 앞에서 설명한 적극적 재산가치와 소극적 재산가치의 경우는 그 평가방법이 객관적인 기준[19]에 의하고 있음에 비하여 주관적 가치는 말그대로 주관적인 기준에 의하여 결정되기 때문에 절도죄의 객체성을 판단하는 자료로 사용하기에는 무리가 있다.

둘째, 주관적 가치가 있는 물건, 즉 소유자 또는 점유자에게는 쓸모가 있는 물건은 곧바로 재물의 성질을 가지는 것이 아니라 재산적 가치의 평가를 거쳐 이를 통과할 경우에만 비로소 재물의 성질을 가진다고 할 것이다. 따라서 아

---

18) 주관적 가치의 유무는 객관적 입장에서 사회통념에 따라 결정되어야 한다는 견해(황인수, "재산죄에 있어서 재물개념에 대한 연구", 성균관대학교 법학석사학위논문, 2007. 2, 53면)가 있는데, 여기서 말하는 주관적 가치란 소극적 재산가치의 의미로 이해할 수 있다.
19) 이러한 의미에서 '재산적 가치는 객관적으로 평가해야 하기 때문에 단순히 주관적·소극적 가치만 있는 경우에는 재산적 가치도 없다고 해야 할 것'이라는 표현은 타당하지 않다. 얼마든지 소극적 가치도 객관적으로 평가할 수 있기 때문이다.

무리 주관적 가치가 있다고 하더라도 재산적 가치를 결여한 경우에는 절도죄의 객체성이 부정된다.

셋째, 재물성의 판단은 객관적인 기준을 사용해야지 주관적인 기준을 도입한다면 피고인에게 불리하게 작용할 수 있다. 물론 모든 경우에 있어서 주관적인 기준이 피고인에게 불리한 결과로 당연히 이어지는 것은 아니지만 피고인에게 불리한 결과로 이어질 수 있는 개연성도 부정할 수는 없다. 그러므로 양자의 가능성이 동시에 존재하고 있는 경우라면 in dubio pro reo의 원칙에 입각하여 주관적인 기준을 배제하는 것이 타당하다.

2. 재산적 가치에 관한 학설의 태도

재물의 재산적 가치와 관련하여 적극적 재산가치가 없이 소극적 재산가치만 있는 경우라고 할지라도 새물싱을 인정함에 아무런 문제가 없다고 보는 점에는 이견이 없다. 문제는 재산적 가치를 논함에 있어서 적극적·소극적 재산가치가 없이 단지 주관적 가치만을 지니고 있는 물건을 재물로 포섭할 수 있는가의 여부인데, 이에 대하여 주관적 가치만으로도 재물로 인정될 수 있다고 보는 입장[20])이 다수설에 해당한다. 이러한 견해에 의하면 적극적 재산가치 내지 소극적 재산가치가 없는 물건이라고 할지라도 주관적 가치가 인정된다면 재물성을 유지하기 때문에 애인의 편지, 부모의 사진, 일기장, 이미 학년이 지나가 버린 교과서, 첫사랑에게 선물 받은 심하게 고장 난 우산 등도 절도죄의 객체가 된다고 평가한다.[21])

하지만 재물성을 판단할 때 주관적 가치는 고려대상에서 제외시켜야 하는

---

20) 김성돈, 앞의 책, 253-254면; 김성천·김형준, 앞의 책, 399면; 김일수·서보학, 앞의 책, 277면; 배종대, 앞의 책, §64/9; 손동권, 앞의 책, §20/9; 이영란, 앞의 책, 253면; 이재상, 앞의 책, §16/15; 이정원, 앞의 책, 315면; 임웅, 앞의 책, 279면; 정성근·박광민, 앞의 책, 265면; 정영일, 앞의 책, 256면; 진계호·이존걸, 앞의 책, 297면; 최선호, 앞의 논문, 384면.

21) 이에 대하여 물건은 극히 예외적인 사유가 없는 한 아무리 사소하더라도 재산적 가치를 가진다고 할 수 있기 때문에 애인의 사진 등도 비록 그 가치가 매우 작지만 재산적 가치는 있다고 해야 한다는 견해(오영근, 앞의 책, §16/13)가 있다.

것이지 주관적 가치만을 고려하여 판단하는 것은 타당한 방법이 아니다. 아무리 주관적 가치가 인정된다고 할지라도 재산적 가치가 인정된다는 전제하에서만 재물성이 인정되는 것이지, 재산적 가치가 부정된다면 주관적 가치만으로는 도저히 재물성을 인정할 수가 없는 것이다.

다음으로 재산적 가치는 있으나 주관적 가치가 없는 경우가 문제될 수 있다. 예를 들어 폐품수집소나 쓰레기하치장 등에 방치되어 있는 물건은 재산적 가치가 있는 것이라도 그 소유자가 소유·점유를 욕구하지 않으면 「형법」이 보호하는 재물이 될 수 없다고 한다.[22] 생각건대 이러한 경우에는 절도죄의 성립이 부정된다는 결론에는 동의하지만, 그 이유는 '재물성'이 부정되기 때문이 아니라 재물의 '타인성'이 부정되기 때문이라고 해야 한다. 이러한 물건 중에는 소극적 재산가치가 있는 것이 있으나 소유자가 소유나 점유를 욕구하지 않는 것이기 때문이다. 즉 이러한 물건은 재물의 타인성과 관련된 문제로 다루어질 것이다. 그러므로 위의 사례에서 제시된 물건은 엄밀히 말해서 재산적 가치는 있으나 주관적 가치가 없는 경우가 아니다. '일반' 또는 '특정' 당사자 사이에서는 '상당한' 가격으로 거래될 수 없는 상태이지만 소유자 또는 점유자의 개인적인 입장에서는 '상당한' 가치를 지니고 있는 상태를 주관적 가치라고 한다면, 적어도 주관적 가치가 없다고 하기 위해서는 개인적인 입장에서도 '경미한' 가치를 지니고 있어야 하기 때문이다.[23] 경미한 가치를 지니고 있다는 것은 적어도 소유권을 포기하지 않은 상태라고 평가할 수 있기 때문에 폐품수집소나 쓰레기하치장 등에 방치되어 있는 물건은 그 대상이 아니다.

마지막으로 적극적 재산가치가 경미한 경우를 상정할 수 있는데,[24] 예를 들어 시장에서 멸치 하나를 집어 먹은 경우와 같이 그 대상의 적극적 재산가치가 극히 경미한 물건이라고 할지라도 재산적 가치 자체를 부정할 수는 없기

---

22) 김성돈, 앞의 책, 254면; 정성근·박광민, 앞의 책, 265면.

23) 개인적인 입장에서 아무리 물건에 대한 가치를 부여하지 않더라도 버리지 않고 점유하고 있는 이상 소유권을 포기한 것으로 볼 수는 없다. 이러한 점에서 '주관적 가치가 없다'는 말의 의미와 '소유권을 포기한다'는 말의 의미는 서로 구별될 수 있는 표현이다.

24) 이와 관련하여 소극적 재산가치가 경미한 경우에 대해서는 학설의 입장이나 판례의 태도를 파악하기가 어려운데, 본 사건의 대상판결은 소극적 재산가치가 경미한 경우에 있어서의 논의를 할 수 있다는 점에서 그 의의가 있다.

때문에 재물성이 인정된다. 하지만 이러한 경우까지 절도죄의 의율하는 것은 무리가 있다고 보여지는바, 「형법」 제20조의 '사회상규에 반하지 아니하는 행위'로서 위법성이 조각되어 불가벌의 영역으로 두는 것이 바람직하다고 본다.[25] 이와 관련하여 독일에서는 「형법」 제248조a[26](경미한 가치의 물건에 대한 절도 및 횡령)를 통하여 재산적 가치가 근소한 물건을 절취한 경우에 원칙적으로 친고죄로 규정해 놓고 있으며, 일본에서는 소위 1리사건(一厘事件)[27]을 계기로 가벌적 위법성론으로 해결하고 있다.

3. 재산적 가치에 관한 판례의 태도

1) 주주명부가 기재된 용지 사례[28]

"절도죄의 객체인 재물은 반드시 객관적인 금전적 교환가치를 가질 필요는 없고 소유자, 점유자가 주관적인 가치를 가지고 있음으로써 족하다고 할 것이고, 이 경우 주관적·경제적 가치의 유무를 판별함에 있어서는 그것이 타인에 의하여 이용되지 않는다고 하는 소극적 관계에 있어서 그 가치가 성립하더라도 관계없다. 피고인이 절취한 주주명부가 기재된 용지 70장은 피해자 회사에 비치되어 있던 그 소유의 복사용지를 이용하여 전산출력된 사실, 설령 피고인이 가지고 나왔다는 위 서류들이 비록 원주주명부를 복사하여 놓은 복사본이었다 하더라도, 위 서류들은 피해자 회사의 주주명단을 기재하여 놓은 문서들로서 주주명단을 정리할 당시 위 서류들에 기재된 **인적사항 등이 외부에 유출되는 것을 방지하기 위하여** 피해자 회사에서는 회의실 밖에 위치해 있던 분쇄

---

25) 같은 견해로 임웅, 앞의 책, 280면. 이에 대하여 재물성 자체를 부인하여 처음부터 구성요건해당성을 배제하자는 견해(권오걸, 『형법각론』, 형설출판사, 2009, 353면)도 있다.

26) StGB §248a(Diebstahl und Unterschlagung geringwertiger Sachen): 경미한 가치의 물건(geringwertiger sachen)에 대한 절도 및 횡령은 형사소추기관이 형사소추에 대한 특별한 공익을 이유로 직무상 개입이 허용된다고 확정하는 경우가 아닌 한 고소가 있어야만 형사소추된다.

27) 日本大審院判決 明治 43年 10月 11日, 大審院刑事判決錄 第16輯 1620頁.

28) 대법원 2004. 10. 28. 선고 2004도5183 판결.

기를 이용하여 명단을 폐기해 온 사실을 인정할 수 있는바, 그렇다면 위 서류들은 피해자 회사에 있어서는 소유권의 대상으로 할 수 있는 주관적 가치뿐만 아니라 그 경제적 가치도 있다 할 것이어서, 절도죄의 객체가 되는 재물에 해당한다."(강조는 인용자)

판례에 의하면 재물은 반드시 객관적인 금전적 교환가치를 가질 필요는 없다고 한다. 이는 적극적 재산가치가 반드시 필요하지 않다는 의미로 해석된다. 다만 소유자 또는 점유자가 주관적인 가치를 가지고 있음으로써 족하다고 하는데, 이는 앞에서 살펴본 재물의 주관적 가치를 의미하는 것이 아니라 소극적 재산가치를 의미하는 것으로 파악해야 한다. 왜냐하면 판례에 의하면 '이 경우 주관적·경제적 가치의 유무를 판별함에 있어서는 그것이 타인에 의하여 이용되지 않는다고 하는 소극적 관계에 있어서 그 가치가 성립하더라도 관계없다'고 판시하고 있기 때문이다. 즉, 판례는 주관적 가치의 의미를 보다 넓게 해석하여 소극적 재산가치를 주관적 가치의 하위개념으로 파악하고 있는 것이다. 따라서 판례가 명시적으로 '주관적·소극적 가치'를 인정한다고 하여 그 의미를 주관적 가치와 소극적 재산가치 모두를 인정한다고 해석하는 것은 무리가 있다. (넓은 의미의) 주관적 가치 중 적어도 소극적 재산가치 정도는 인정이 되어야 재물을 인정할 수 있다는 취지이지 (좁은 의미의) 주관적 가치, 즉 본래의 용도로 '일반' 또는 본래의 용도 이외로 '특정' 당사자 사이에서는 '상당한' 가격으로 거래될 수 없는 상태이지만 소유자 또는 점유자의 개인적인 입장에서는 '상당한' 가치를 지니고 있는 상태만 인정된다고 하여 바로 재물성을 인정하는 것은 아니다.29) 그러므로 판례가 주관적 가치 내지 소극적 가치만 있어도 재물로 인정한다고 해석하는 다수설의 입장은 정확한 표현이 아니다. 판례는 다수설이 말하는 넓은 의미의 주관적 가치에 대한 판단을 한

---

29) 판례가 아직 (좁은 의미의) 주관적 가치에 대한 판단을 한 적이 없는 가장 근본적인 이유는 실제 사건이 소송으로 진행될 경우가 매우 희박하기 때문인 것으로 보인다. 예를 들어 애인의 편지 또는 부모의 사진만을 도난당한 자가 범인을 절도죄로 고소하기란 흔한 일이 아닐 것이며, 설사 고소가 되었더라도 초범의 경우에는 기소유예처리될 가능성이 매우 클 것이기 때문이다.

것이 아니라 넓은 의미의 주관적 가치 중 소극적 재산가치에 대한 판단만을
하고 있기 때문이다.

이러한 관점에서 판례가 '인적사항 등이 외부에 유출되는 것을 방지하기 위
하여'를 적시한 이유는 주주명부가 피해자의 회사 내부에 존재하여 본래의 용
도로 쓰일 경우에는 적극적으로 아무런 재산가치를 가지지 않지만, 만약 본래
의 용도 이외로 부정한 목적으로 외부에 유출될 경우에는 소극적 재산가치,
즉 회사에 피해를 줄 수 있기 때문에 악용될 여지가 있음을 나타내기 위해서
이다. 주주명부가 이러한 부정한 목적으로 사용될 것을 방지하기 위하여 피해
회사는 주주명부를 회의실 밖에 위치해 있던 분쇄기로 폐기하여 왔던 것이다.

2) 주권포기각서 사례[30]

"주권포기각서는 주권을 포기한다는 의사표시가 담긴 처분문서로서 그 경
제적 가치가 있어 재물성이 있다."

본 사건의 피고인은 '회사의 지배권을 장악할 부정한 목적'을 가지고 회사
의 주주들에게 거짓말을 하여 이에 속은 주주들로부터 주권포기각서를 편취
한 것이다. 주권포기각서가 그 본래의 용도로 사용된다면 회사의 주주들에게
아무런 피해가 가지 않는 서류이므로 '일반' 당사자 사이에서는 상당한 가격
으로 거래될 수 없을 만큼 '경미'한 가격이거나 '일반' 당사자 사이에서는 처
음부터 거래의 대상으로 생각조차 하지 않는 것이지만, 어떤 부정한 목적으로
이용하려는 자(본 사건의 피고인인 대표이사)가 이를 입수했을 경우에는 주주
들에게 불측의 손해를 가져올 수 있다. 다시 말해 주권포기각서의 소유권자는
비록 적극적으로 이를 이용하여 서류의 가치를 창출할 수는 없지만, 주권포기
각서를 본인이 점유하고 있음으로 인해 동 서류를 악용하여 어떤 부정한 목적
을 행사하려는 사람에게 건네지지 않는 상태에 둠으로써 불측의 손해를 막을

---

30) 대법원 1996. 9. 10. 선고 95도2747 판결.

수 있다. 결국 주권포기각서는 타인에 의하여 부정하게 이용되지 않는다고 하
는 소극적 재산가치가 있는 것이다.

3) 자동차출고의뢰서 사례[31]

"피고인이 절취한 백지의 자동차출고의뢰서 용지도 그것이 어떠한 권리도
표창하고 있지 않다 하더라도 경제적 가치가 없다고는 할 수 없어 이는 절도
죄의 객체가 되는 재물에 해당한다고 할 것이고… 위 출고의뢰서만으로 자동
차를 출고할 수 있는 것이 아니라고 하더라도 **경우에 따라 부정한 용도로 사
용될 수 있는**(기록에 의하면, 피고인이 원심 공동피고인 조광래와 공모하여
위 출고의뢰서 용지를 사용하여 공소외 현대자동차서비스회사 본사 판매부장
명의의 출고의뢰서를 위조하는 등 실제로 부정한 용도로 사용되었다) 위 출고
의뢰서를 유출한 행위에 불법영득의 의사가 없다고는 볼 수 없다고 할 것이
다." (강조는 인용자)

본 사건의 피고인은 판시사항에서 보는 바와 같이 백지의 자동차출고의뢰서
용지를 위조하여 부정한 용도로 사용하였다. 본 판결문이 앞의 주주명부 사례
와 주권포기각서 사례의 경우와 확연히 차이가 나는 점은 절취한 재물을 부정
한 목적으로 사용한 결과가 명백히 드러나 있다는 점이다. 이는 매우 중요한 의
미가 있는 것이다. 판례가 일관되게 적극적 재산가치가 없음에도 불구하고 소
극적 재산가치가 상당한 특정물건을 절도죄의 객체로서 인정하고 있는 결정적
인 이유가 자동차출고의뢰서 사례에 명시적으로 드러나 있는 것이기 때문이다.

4) 도시계획구조변경계획서 사례[32]

"피고인이 절취한 도시계획구조변경계획서가 폐지로서 소각할 것이라고 하

---

31) 대법원 1996. 5. 10. 선고 95도3057 판결.
32) 대법원 1981. 3. 24. 선고 80도2902 판결.

더라도 그 내용을 알아볼 수 있고 그 내용이 경제생활상 가치가 있는 이상 재물에 해당된다.”

본 사건의 도시계획구조변경계획서는 장차 소각되어 없어질 정도로 그 가치가 현저히 줄어들어 ‘일반’ 당사자 사이에서는 상당한 가격으로 거래될 수 없을 만큼 ‘경미’한 가격이거나 ‘일반’ 당사자 사이에서는 처음부터 거래의 대상으로 생각조차 하지 않는 것이지만, 본래의 용도 이외로 ‘특정’ 당사자 사이에서 ‘상당한’ 가격으로 거래될 수 있는 서류이다. 여기서 말하는 ‘특정’ 당사자란 도시계획구조변경계획서를 어떤 부정한 목적으로 이용하려는 일부의 자 등을 말한다. 도시계획구조변경계획서의 소유권자는 비록 적극적으로 이를 이용하여 서류의 가치를 창출할 수는 없지만, 도시계획구조변경계획서를 본인이 점유하고 있음으로 인해 동 서류를 악용하여 어떤 부정한 목적을 행사하려는 사람에게 건네지지 않는 상태에 둠으로써 불측의 손해를 막을 수 있다. 즉, 타인에 의하여 이용되지 않는다고 하는 소극적인 재산가치가 있는 것이다. 또한 동 판례에서 ‘그 내용을 알아볼 수 있고’라는 부분을 적시한 이유는 비록 도시계획구조변경계획서만으로는 적극적인 가치를 가지지 않더라도 경우에 따라 제3자가 소극적으로 도시계획구조변경계획서를 부정한 용도로 사용할 수 있다는 점을 보여 주기 위한 것으로 보인다. 왜냐하면 제3자와 일반인이 도시계획구조변경계획서의 ‘내용을 알아볼 수 있을 정도’가 되어야만 부정한 용도로 사용할 수 있기 때문이다.

5) 찢어진 약속어음 사례[33]

“발행자가 회수한 약속어음을 세 조각으로 찢어 버림으로써 폐지로 되어 쓸모없는 것처럼 보인다 하더라도 그것이 타인에 의하여 조합되어 하나의 새로운 어음으로 이용되지 않는 것에 대하여 소극적인 경제적 가치를 가지는 것

---

33) 대법원 1976. 1. 27. 선고 74도3442 판결.

이므로 피고인이 그 소지를 침해하여 이를 가져갔다면 절도죄가 성립한다고 해석함이 상당하다 할 것이다."

　동 사건의 피고인은 범죄의 목적으로 피해자의 주거에 침입하여 찢어서 폐지로 된 타인발행명의의 약속어음 파지면을 이용하여 이를 조합하여 그 행사의 목적으로 어음의 외형을 갖추어 새로운 약속어음을 작성하였다. 피고인이 절취한 세 조각으로 찢어 버려진 약속어음 그 자체만으로는 적극적 재산가치가 없어서 쓸모가 없다고 할 수 있다. 이는 판시사항 중 '폐지로 되어 쓸모없는 것'이라는 부분에서 엿볼 수 있다. 하지만 폐지로 되어 쓸모없는 것처럼 보인다 하더라도 '그것이 타인에 의하여 조합되어 하나의 새로운 어음으로 이용되지 않는 것에 대하여 소극적인 경제적 가치를 가지는 것'이 될 수 있으므로 소극적 재산가치는 인정될 수 있다. 따라서 세 조각으로 찢어 버려진 약속어음은 절도죄의 객체인 재물로 인정된다.[34] 참고로 본 사안의 피고인은 절도죄, 유가증권위조죄 및 주거침입죄의 경합범으로 처벌되었다.

　그 밖의 판례에서 등장하고 있는 재물의 유형으로서, 부동산매매계약서 사본[35], 이미 공개된 기술내용에 관한 것이고 외국회사에서 선전용으로 무료로 배부하여 주는 입도계산기 등,[36] 원료의 배합비율·제조공정·시제품의 품질확인이나 제조기술 향상을 위한 각종 실험결과 등을 기재한 자료,[37] 재건축사업으로 철거할 예정이고 그 입주자들이 모두 이사하여 아무도 거주하지 않는

---

34) 이에 대하여 소유권자가 자신이 소유권을 포기하여 쓰레기통 속에 버린 물건은 법적인 권리인 소유권은 물론, 비록 민법과는 구별되는 「형법」상 점유를 인정하는 입장을 받아들이는 경우에도, 발행인이 소유권을 포기한 물건에 대하여 사실상의 점유를 인정하여 절도죄를 인정한 것은 「형법」상 보호의 가치가 없는, 다시 말해서 점유를 포기한 물건에 대하여 재물성을 인정하여 절도죄의 성립을 인정한 것은, 사법상의 권리보호를 포기한 것에 대하여 「형법」상 범죄성립을 인정하는 결과가 되어 「형법」상 보충성의 원칙에도 반할 수 있을 것이라는 견해(이주일, "절도죄의 보호법익에 대한 재검토", 『외법논집』 제28집, 한국외국어대학교 법학연구소, 2007. 11, 361면)가 있다. 적절한 지적으로 보이며, 동 사안의 경우에는 재물의 '타인성'을 부정하여 절도죄의 성립을 부정하는 것이 타당한 결론이라고 본다.
35) 대법원 2007. 8. 23. 선고 2007도2595 판결.
36) 대법원 1986. 9. 23. 선고 86도1205 판결.
37) 대법원 2008. 2. 15. 선고 2005도6223 판결.

아파트,[38] 업무상 기술분야에 관한 문서사본,[39] 인감증명서,[40] 포도주 제조에는 사용할 수 없으나 식초 등은 만들 수 있는 부패된 포도 원액,[41] 주민등록증,[42] 송달된 심문기일소환장,[43] 발포제, 미국 특허사본 1부 및 수지성분에 관한 미국 특허사본 1부[44] 등이 있다.

재물의 재산적 가치와 관련하여 판례에 나타난 대부분의 사안들은 적극적 재산가치는 인정되지 않지만 소극적 재산가치가 인정되는 경우에 해당한다는 특징을 가지고 있다. 이러한 물건들은 만약 부정한 목적으로 사용할 의도로 접근하는 자들의 입장에서 보면 '전혀 쓸모없는' 것이 아니라 '매우 쓸모 있는 것'으로 변화된다. 대부분의 판례사안에서 이러한 물건들을 절취하여 입수한 자들은 同 물건을 또 다른 범죄나 부정한 목적을 위하여 악용하려고 하였거나 악용하였던 점이 이를 보여 준다.

Ⅳ. 대상판결의 검토

1. 무가지를 '물건'으로 평가할 경우: 절도죄의 성립 여부에 대한 판단

피고인은 피해자 주식회사 미디어윌 등이 직원을 통해 신문가판대에 넣어 둔 무가지인 부천신문 25부를 절취한 혐의로 기소되었다. 이에 대하여 법원은 피해물품이 '무료로 배포되는 신문'이라는 점은 인정하면서도 피해자가 소유권을 포기한 것으로 보기 어렵다는 이유로 재물의 '타인성'이 유지되기 때문에 절도죄의 성립을 긍정하고 있다. 이러한 결론을 도출한 것은 피고인 측에

---

38) 대법원 2007. 9. 20. 선고 2007도5207 판결.
39) 대법원 1986. 3. 24. 선고 80도2902 판결.
40) 대법원 1986. 9. 23. 선고 85도1775 판결.
41) 대법원 1979. 7. 24. 선고 78도2138 판결.
42) 대법원 1971. 10. 19. 선고 70도1399 판결.
43) 대법원 2000. 2. 25. 선고 99도5775 판결.
44) 대법원 1986. 9. 23. 선고 86도1205 판결.

서 재물의 타인성을 다투었기 때문인 것으로 보여지는데,[45] 만약 재물의 '타인성'이 아니라 '재물성' 그 자체를 다투었을 경우에는 어떻게 될 것인가?

본 사건에서 절도죄의 객체로 다루어지는 대상은 '무가지'이다. 無價紙란 무료로 나누어 주는 신문을 말하는데, 주로 실제적인 정보의 비중은 20~30% 정도에 불과하고 광고가 주류를 이루고 있다. 왜냐하면 무가지는 무료로 배부되는 것인 만큼 광고비로 그 발간비용을 대신하고 있기 때문이다. 이러한 무가지가 재산상의 가치를 가지고 있는 물건, 즉 재물에 해당하는지 여부를 판단하여야 하는데, 먼저 적극적 재산가치는 인정되지 않는다. 적극적 재산가치란 물건이 본래의 용도로 '일반' 당사자 사이에서 '상당한' 가격으로 거래될 수 있는 상태를 말하는데, 무가지는 일반 당사자 사이에서 상당한 가격으로 거래되지 않는 상태, 즉 거래 자체가 이루어지고 있는 것이 아니기 때문이다. 무가지란 말 그대로 무료로 배부되는 신문이라는 사실을 일반인들은 쉽게 인식하고 있기 때문에 무가지 본래의 용도로 구입하는 경우란 일반적인 것이 아니다.

다음으로 소극적 재산가치를 판단하여야 하는데, 소극적 재산가치란 물건이 본래의 용도로 '일반' 당사자 사이에서는 상당한 가격으로 거래될 수 없는 것이지만, 본래의 용도 이외로 '특정' 당사자 사이에서는 '상당한' 가격으로 거래될 수 있는 상태를 말한다. 이를 무가지에 대입해보면, 무가지가 본래의 정상적인 목적으로 배부되지 않고 범죄로 악용되거나 다른 용도로 이용되는 경우는 앞에서 살펴본 주주명부가 기재된 용지, 주권포기각서, 자동차출고의뢰서, 도시계획구조변경계획서, 찢어진 약속어음 등의 사례와는 다르게 평가된다. 왜냐하면 본래의 용도 이외로 '특정' 당사자 사이에서 '상당한' 가격으로 거래될 수 있는 상태라기보다는 극히 '경미한' 가격으로 거래될 수 있는 여지에 머무르기 때문이다. 무가지를 본래의 용도 이외로 거래할 수 있는 경우란 기껏해야 파지로 처분하는 경우인데, 파지는 위치·물량·계속성 등으로 약간의 차이는 있지만 실거래에서 1kg에 약 50~120원 정도의 가격으로 거래

---

45) 이에 따라 법원도 무가지인 부천신문이 재물에 해당하는지의 여부에 대한 별도의 판단은 하지 않고 있으며, 당연히 재물성을 인정하고 있다.

되고 있다. 이 정도의 재산가치는 '경미한' 가격과 '상당한' 가격 사이의 한계선상에 놓이게 되어 소극적 재산가치의 판단을 어렵게 한다. 만약 본 사건의 피고인이 무가지 25부가 아니라 단 2부를 가지고 간 경우라면 이를 경미한 가격으로 볼지 아니면 상당한 가격으로 볼지의 문제 또한 마찬가지이다. 이러한 난점은 절도죄의 객체를 물건이 아닌 재물로 규정한 것이 그 원인이라고 할 수 있다.

생각건대 본 사안의 경우 입법론적으로 독일과 같이 절도죄의 객체를 '물건'으로 개정하여 피고인을 처벌하는 것은 가능할지 몰라도 적어도 우리나라 「형법」의 해석론으로는 절도죄로 의율하기가 어렵다고 본다. 입법자의 의도는 재산상의 가치가 없는 물건은 절도죄의 규율대상에서 제외하고자 한 것인데, 본 사안은 재산상의 가치라는 규범적 요소를 해석함에 있어 한계사례로서 평가될 수 있다. 판례는 재산상의 가치의 개념을 상당히 폭넓게 해석하기 때문에 재산상의 가치가 없는 물건을 이유로 절도죄의 성립을 부정한 경우를 찾아보기 힘들다. 이러한 태도는 재물과 물건의 구별을 희석시키는 것이고, '모든 물건의 재물화'라고도 평가할 수 있다. 또한 결과론적으로 분명 피고인에게 불리하게 작용한다. 재물의 적극적 재산가치가 경미한 경우의 해결방안에 대해서는 위법성이 조각되는 경우가 다수의 견해이며, 심지어 재물성을 부정하자는 견해46)도 등장하고 있다. 이러한 견지에서 재물의 소극적 재산가치가 경미한 경우에 대한 해결방안을 모색해야 한다. 현존하는 모든 물건 중에서 소극적 재산가치가 전혀 없는 것으로 평가할 수 있는 것은 없다. 여기서 극히 경미한 정도의 소극적 재산가치에 불과한 것은 절도죄의 규정취지를 규범적으로 해석하여 재산상의 가치를 부정하는 것이야말로 물건과 재물을 분리하여 규정한 현행법에 부합하는 태도이다.

다만 본 사안의 경우 업무방해죄의 성립여부는 검토의 여지가 있다고 본다. 우리 「형법」 제314조는 업무방해죄를 규정하고 있는데, 이의 행위태양은 허위의 사실 유포, 위계, 위력 등이 있다. 본죄의 보호법익은 '사람의 업무'인데,

---

46) 권오걸, 앞의 책, 353면.

(주)미디어월이 광고 수익 등 상업적인 목적으로 무가지를 발행하는 업무 및 구독자들에게 1부씩 골고루 그리고 적절히 배포될 수 있도록 실질적인 관리를 하는 업무 등은 업무방해죄의 보호대상이 될 수 있다. 즉 피고인은 무가지 관리자의 의사를 제압할 만한 유형·무형의 힘(위력)을 사용하는 방법으로 타인의 '물건'을 취거해 간 것이다. 결론적으로 현행법의 해석으로는 본 사건의 피고인을 절도죄가 아니라 업무방해죄로 의율하는 것이 바람직하다고 본다.

2. 무가지를 '재물'로 평가할 경우: 절도죄 성립 인정 이후의 문제점

1) 소유권 포기를 인정할 수 있는 기준 제시의 결여

대법원에 의하면 무가지의 배부는 조건부의 소유권 포기의사가 있는 것인데, 어떠한 경우가 여기서 말하는 조건에 해당하는지의 구체적인 판단기준은 제시되어 있지 않다. 다시 말해 구독자가 들고 갈 수 있는 최대한의 부수에 대한 기준이 제시되어 있지 않고 또한 무가지를 들고 가서 이용하는 방법에 대한 기준의 제시가 없다. 전자의 경우 '무려' 25부가 아닌 몇 부 정도에 해당하면 적절히 배부되는지 알 수가 없고, 후자의 경우 무가지를 정보이용의 목적이 아닌 다른 목적으로 사용하기 위하여 들고 간 행위에 대한 판단을 어렵게 한다.

2) 상습성 인정여부에 대한 평가 결여

본 사건에서 피고인은 심판대상인 2009년 1월 8일의 행위 이전에도 동일한 범행을 한 것으로 나타나고 있다. 즉, 판시사항에 의하면 '몇 차례', '여러 차례', '수차례'에 걸쳐서 '대량으로', '여러 부', '여러 장'의 무가지를 들고 간 것이다. 하지만 본 판결문에는 '별지 범죄일람표' 등이 작성되어 있지 않아 당해 사건의 심판대상이 된 행위 이전의 불법행위에 대한 평가는 하지 않고 있다. 또한 법령의 적용을 보면 '범죄사실에 대한 해당법조'는 명백히 「형법」 제329조(벌금형 선택)라고 판시하고 있어,[47] 단순절도죄만을 인정하고 있지 상습절도죄에 대한 검토는 없다.

생각건대 불법행위의 실체적 진실을 밝히기 위해서는 심판대상에 해당하는 행위 이전의 불법행위에 대해서도 구체적인 평가를 병행하여야 한다고 본다. 특히 '상습성'의 발현이 보이는 사례의 경우에는 이에 대한 충분한 심사가 필요할 것이다. 아마도 본 사건에서는 이러한 상습성의 발현이 단순절도죄의 양형평가에서 고려된 것으로 보이는데, 다른 측면에서 보면 만약 초범일 경우에 어떻게 처리될지 궁금증을 자아낸다.

3) 취거 이후의 정황 평가 결여

본 사건에서 피고인이 무가지 25부를 들고 간 행위보다는 들고 간 무가지를 이후에 어떻게 하였는가라는 것이 중요한 쟁점으로 부각될 수 있다. 무가지를 들고 가는 행위(제1행위)와 들고 간 이후의 사용행위(제2행위)는 수단과 목적의 관계에 있기 때문에 견련성에 인정되어 전체적으로 하나의 행위로 평가될 수 있기 때문이다. 만약 어느 회사의 직원이 당해 회사의 다른 직원들과 같이 무가지를 보기 위하여 25부를 가져간 경우라면, 적절히 배포될 수 있도록 관리한 피해자의 의사에 부합하는 행위를 한 것이기 때문에 별다른 문제가 발생하지 아니한다. 따라서 법원의 입장에서는 이에 대한 사정을 별도로 심사했어야 하는데, 판결문만으로는 이를 확인할 방법이 없다. 본 사안의 경우 불법의 핵심은 제1행위보다는 제2행위라고 판단되므로 제2행위에 대한 판시의 결여가 아쉽게 다가온다.

---

47) 이 외에도 판결문에서는 노역장유치(「형법」 제70조, 「형법」 제69조 제2항)와 가납명령(「형사소송법」 제334조 제1항) 등을 명시하고 있다.

제10장 자기 명의 신용카드의 '발급'과 관련된 죄책에 대한 검토

Ⅰ. 문제의 제기

일반적으로 신용카드범죄의 범주로는 신용카드의 취득과 관련된 범죄, 신용카드의 사용과 관련된 범죄, 신용카드의 처분과 관련된 범죄, 신용카드가맹점과 관련된 범죄 등으로 크게 나누어진다. 또한 자기 명의 신용카드와 관련된 범죄, 타인 명의 신용카드와 관련된 범죄 등으로도 구분된다. 이와 관련하여 종래의 신용카드범죄 관련 논의들은 대체적으로 위의 범죄 유형을 중심으로 검토하는 것이 주된 경향이었다. 즉, 자기명의 신용카드범죄 또는 타인명의 신용카드범죄로 크게 구분하여 이 범위에 속하는 개별유형으로 취득, 사용, 처분 등을 그 순서대로 하여 논의를 전개하거나 취득과 관련된 범죄, 사용과 관련된 범죄, 처분과 관련된 범죄로 크게 구분하여 이 범위에 속하는 개별유형으로 자기명의 신용카드범죄 또는 타인명의 신용카드범죄 등을 그 순서대로 하여 논의를 전개한 것이다. 또한 여신전문금융업법 제70조의 해석과 관련하여 「형법」상의 죄수문제도 중요한 쟁점이 되고 있으며, 컴퓨터 등 사용사기죄의 성립과 관련한 해석과 판례의 태도 분석도 상당한 비중을 차지하고 있다.

위와 같은 일련의 신용카드범죄와 관련된 기존의 논의방식을 검토해 본 결과, 한 가지 중요한 쟁점을 상대적으로 소홀히 다루고 있지 않은가 하는 의문이 생겼다. 그것은 바로 자기 명의 신용카드의 '발급'과 관련된 해석론이다. 물론 동 주제를 다루고 있는 기존의 문헌이 없는 것은 아니지만, 자기 명의든 타인 명의든 상관없이 신용카드범죄의 한 세부 유형으로 간략히 다루거나 자기 명의 신용카드범죄의 한 세부유형으로 다루거나 아니면 자기 명의 신용카드의 '발급 및 사용'과 관련하여 함께 다루는 것이 주류를 이룬다. 즉 자기 명의 신용카드의 발급행위 그 자체만을 독립적인 주제로 다루고 있는 것은 찾아보기 힘들다. 또한 신용카드범죄와 관련하여 대표적인 특별법이라고 할 수 있는 여신전문금융업법은 주로 타인 명의 신용카드의 부정취득·부정사용·부정처분 등의 행위에 대하여 규율하고 있기 때문에 자기 명의 신용카드와 관련된

죄책, 특히 '발급'과 관련된 죄책은 전적으로 학설에 위임되어 있는 실정이다.1)

하지만 자기명의 신용카드와 관련된 형사법적 문제의 출발점은 신용카드를 발급받는 행위로부터 시작된다는 점을 감안한다면 이에 대한 해석론의 정립은 이후의 문제를 해결하는 데에 있어서 선결과제가 되어야 할 것이다. 따라서 본 논문은 이러한 점에 착안하여 자기 명의 신용카드의 발급행위에 관한 형사법적 고찰을 중심으로 다룬다.2) 먼저 자기 명의 신용카드의 발급행위와 관련하여 사기죄를 인정할 수 있는지 여부에 대한 학설과 판례의 입장을 살펴봄으로써 기존의 논의를 개략적으로 살펴본 후(Ⅱ), 자기 명의 신용카드 발급행위에서 논점이 되는 지불의사·지불능력·가장 내지 기망·발급과 사용 등의 개념 및 관계를 명확히 한 다음, 지불능력에 대한 기망이 과연 이루어질 수 있는지를 살펴보고(Ⅲ), 이상의 논의들을 정리해 본다(Ⅳ).

Ⅱ. 자기 명의 신용카드 발급행위와 관련된 기존의 논의

1. 학설의 대립

1) 사기죄 긍정설

신용카드는 재산적 가치가 있는 것으로서 신용카드발행인의 소유에 속하는 재물이므로 대금결제의 능력과 의사가 없음에도 불구하고 그것이 있는 것처럼 신용카드회사를 기망하여 신용카드를 발급받은 경우에는 신용카드 자체에

---

* 『법과 정책연구』 제10집 제3호, 한국법정책학회, 2010. 12. 951면 이하.

1) 여신전문금융업법에서 자기 명의 신용카드와 관련된 범죄를 규정하고 있는 대표적인 것이 신용카드의 위조·변조 및 그에 의한 취득에 관한 규정이라고 할 수 있는데, 이러한 경우에 있어서 카드의 명의인이 누구인가를 구별하고 있지 않기 때문에 자기 명의 신용카드범죄도 동법이 규율하고 있다고 할 수 있다.

2) 자기 명의 신용카드 '발급' 행위 이후의 문제인 '사용' 행위와 관련된 문제에 대해서는 지면 관계상 다음의 기회에 논하기로 한다.

대한 사기죄가 성립한다는 견해3)이다. 이 견해의 주요 논거로는, ① 신용카드
는「형법」상 재물4)이라는 점, ② 카드의 명의인은 자신의 재산상태에 대해 명
시적 혹은 묵시적으로 기망행위를 했다는 점, ③ 카드회사는 이에 대해 착오
를 일으킴으로써 카드의 발급이라는 재산상의 처분행위를 하였다는 점, ④ 이
로 인하여 카드회사에게 재산상 손해발생의 위험5)이 발생했다는 점 등을 들

---

3) 강동범, "자기신용카드의 부정사용행위에 대한 형사책임",『형사판례연구』제5권, 형사판
례연구회, 1997, 365면; 김성돈,『형법각론』(제2판), 성균관대학교 출판부, 2009, 346면;
김영환, "현금자동지급기의 부정사용에 관한 형법적인 문제점",『형사판례연구』제6권, 형
사판례연구회, 1998, 260면; 김일수·서보학,『형법각론』(제7판), 박영사, 2007, 447면; 노
용우, "신용카드범죄의 법적 문제점",『법률행정논총』제18집, 전남대학교 법률행정연구소,
1998. 12, 123면; 손동권,『형법각론』(제2개정판), 율곡출판사, 2006, §22/66; 오영근, "신
용카드 관련 재산범죄에 대한 판례이론의 비판적 검토",『법학논총』제26집 제3호, 한양대
학교 법학연구소, 2009. 9, 118면; 이종갑, "자기 신용카드의 부정사용행위에 대한 형사책
임",『법학연구』제8권, 경상대학교 법학연구소, 1999. 2, 87면; 이진한, "신용카드의 부정
사용과 관련된 범죄 및 그 대책",『검찰』제108호, 대검찰청, 1997. 12, 235면; 임웅,『형
법각론』, 법문사, 2002, 348면(다만 사기죄는 재산상의 구체적인 위험이 발생한 경우에 기
수에 도달하므로 발급받은 카드를 사용한 시점에 사기죄의 기수가 성립한다고 보고, 카드
회사에 카드발급을 신청함으로써 사기죄의 실행의 착수가 있다고 함이 타당하다); 장영민,
"자기명의의 신용카드 남용행위의 죄책(상)", 고시연구, 1997. 5, 66면; 정진연, "신용카드
범죄에 대한 재조명",『법학논총』제17집, 숭실대학교 법학연구소, 2007. 2, 175면; 진계
호·이존걸,『형법각론』(제6판), 대왕사, 2008, 416면; 천진호, "타인명의예금 인출행위의
형사책임-대상판결: 대법원 2004. 4. 16. 선고 2004도353 판결-",『저스티스』통권 제82
호, 한국법학원, 2004. 12, 213면; 황태정, "현금지급기 부정사용에 관한 판례이론의 비판
적 고찰",『형사정책연구』제17권 제4호(통권 제68호), 한국형사정책연구원, 2006. 겨울,
243면. 한편 신용카드회사가 신용카드를 남발하고 있는 상황에서는 엄격한 요건하에서만
사기죄의 성립을 인정해야 한다는 견해로 허일태, "결제능력 없이 신용카드로 현금자동지
급기에서 현금을 인출한 행위가 사기죄에 해당하는가?",『저스티스』제29권 제2호, 한국법
학원, 1996. 9, 120-121면.
4) 자기(명의) 신용카드의 부정발급의 경우는 카드발급신청자가 카드회사를 기망하여 특수한
기능가치와 결합된 신용카드라는 재물을 교부받은 것으로 평가한다(이정원, "자기신용카드
부정사용에 대한 형사책임-대법원 2005. 8. 19. 선고 2004도6859 판결-",『비교형사법연구』
제7권 제2호, 한국비교형사법학회, 2005, 191-192면).
5) 사기죄는 피해자의 재산상 손해의 발생을 요건으로 한다고 하며(판례는 이에 대하여 소극
적인 태도를 보이고 있다), 재산상의 손해는 현실적인 손해가 아니라 손해의 위험이 발생
한 것으로 족하다는 견해(장영민, 앞의 논문, 66면, 각주7)가 있다. 이에 대하여 재산상 손
해발생의 위험이라는 개념을 통해 손해의 개념을 무제한 확대하면 침해범인 사기죄가 위태
범화 될 우려가 있다는 점에서, 사기미수죄만이 가능하다고 해석하는 견해도 있다(안경옥,
"타인 명의를 모용·발급받은 신용카드를 이용한 현금인출행위와 컴퓨터 등 사용사기죄",
『형사판례연구』제11권, 형사판례연구회, 2003, 152면). 하지만 사기죄의 성립에 재산상
손해의 발생을 요건으로 하지 않는다는 입장을 취한다면 본 논거는 필요하지 않다.

제10장 자기 명의 신용카드의 '발급'과 관련된 죄책에 대한 검토 295

고 있다.

2) 사기죄 부정설

사기죄 부정설은 자기 명의 신용카드의 발급과 관련하여서 어떠한 재산범죄
도 성립하지 않는다6)는 입장을 취하고 있는데, 동 학설의 논거는 다음과 같다.
첫째, 카드 자체의 재물성을 인정하여 그 한에서 사기죄를 인정할 수 있다
는 견해도 있지만, 그 가치의 경미성을 감안하면 이 정도는 비범죄화되어야
할 대상에 속할 것이다. 만일 부정사용행위의 가벌성을 입법의 흠결 등의 이
유로 부정할 경우에는 부정발급의 가벌성만을 독립적으로 논해야 할 이유는
더욱 없다. 부정사용과 연결시키지 않고 부정발급만을 떼어서 그 가벌성을 논
하는 것은 실익이 없다.7)
둘째, 카드회사가 신청자의 대금결제의사와 능력에 대한 철저한 심사 없이
카드를 남발하는 상황에서는 기망행위 자체를 인정할 수 없다.8) 신용카드회
사는 수개월의 연체만 있으면 카드회원을 수사기관에 사기죄 등으로 고소하
는 것이 오늘날의 실정인데,9) 이는 결국 신용카드회사가 신용이 없는 무자력
자에게도 신용카드를 남발하여 놓고 그 뒤치다꺼리는 국가에 맡기고 있는 셈
이다. 이러한 경우 신용카드를 발급하는 회사에 궁극적으로 책임이 있는 것이
기 때문에 사기죄로 논하는 것은 「형법」의 보충성의 원칙에 위배된다. 신용카
드 발급과정에서의 신용조사의 책임은 카드회사에 있으며 이미 발급되었다면

---

6) 이 경우 카드발급신청서의 작성과 행사는 무형위조에 해당하므로 문서에 관한 죄는 성립하
　　지 않는다.
7) 배종대, 『형법각론』(재6전정판), 홍문사, 2006, §71/28.
8) 권오걸, 『형법각론』, 형설출판사, 2009, 573면(카드발급 그 자체에 대하여 기망행위로 간
　　주하는 것은 단순한 위험의 가능성만으로 형벌을 부과하는 것이다).
9) 이러한 신용카드회사의 고소에 대하여 사기죄를 인정한 사안으로 대법원 2005. 8. 19. 선
　　고 2004도6859 판결; 대법원 2005. 8. 19. 선고 2004도3991 판결; 대법원 2005. 9. 28.
　　선고 2004도5301 판결; 대법원 2005. 9. 30. 선고 2005도398 판결; 대법원 2005. 9. 30.
　　선고 2004도3490 판결; 대법원 2005. 10. 13. 선고 2004도3354 판결; 대법원 2005. 11.
　　24. 선고 2003도5603 판결; 대법원 2006. 3. 24. 선고 2006도282 판결 등이 있고, 사기죄
　　를 부정한 사안으로 대법원 2004. 7. 22. 선고 2004도3146 판결 등이 있다.

사용과 관련된 범죄만을 규율하여야 할 것이다.[10]

셋째, 대금결제능력이 부족하거나 없는 것을 알고 발급해 주었거나 회원이 몇 개월간 연체된 사실을 알고 있는 카드회사가 거래정지를 하지 아니하고 거래승인을 계속하였다면 기망행위와 처분행위 사이에 인과관계가 없어 사기미수가 된다. 나아가 우리나라의 카드회사와 같이 결손처분을 감수하고서라도 많이 발급해줄수록 전체적으로는 회사에 이익이 된다는 태도로 발급한다면 피해자 측의 잘못도 고려해 민사상 책임은 별론으로 하고 사기죄는 부정해야 한다.[11]

넷째, 재산상 이익의 취득을 인정할 수 없다.[12] 설령 신용카드 취득행위를 가벌적인 행위로 본다고 할지라도 행위자가 신용카드발급회사와의 회원계약을 통해서 포괄적인 신용공여를 받은 것만으로는(적어도 신용카드를 사용하기 전까지는) 재산상의 손해가 현실적으로 발생하는 것은 아니고 단지 재산상의 손해 발생의 "위험"이 초래될 뿐이라고 보아야 하는 것이다. 카드의 발급 자체가 다음 단계의 재산처분과 연계성을 갖는 것은 사실이지만 카드회사는 가맹점에 대금을 지급함으로써 비로소 손해에 이르기 때문에 카드의 악의적 취득 자체를 재산상 손해와 동일하게 볼 수 없으며, 아직까지 의도한 거래가 이루어지지 않은 상태에서 단순한 미래의 가능성만을 두고 카드회사에 재산 침해가 있다고 볼 수는 없다.

다섯째, 기망행위가 있고 그에 따른 처분행위가 있었더라도 피해자에게 재산상 손해가 발생함으로써 전체로서의 재산권이 침해되지 않는 이상 원칙적으로 사기죄는 성립되지 않는다.[13]

---

10) 남선모, "신용카드 부정사용의 문제점과 대책-사기죄 성립구조를 중심으로-", 『법학연구』 제35집, 한국법학회, 2009. 8, 319면. 同旨 정영일, 『형법각론』(개정판), 박영사, 2008, 320면(카드를 발급받기만 하고 사용하지는 않은 경우에는 현실적으로 죄를 묻기가 어렵다고 생각하며, 발급받을 때 사기의 고의를 갖고 있었던 경우에만 사기죄의 미수를 인정할 수 있다고 생각한다).
11) 임양운, "신용카드범죄의 실무상 문제", 『저스티스』 제29권 제3호, 한국법학원, 1996. 12, 193-194면.
12) 김대규, "신용카드취득시의 문제점과 항변", 『기업법연구』 제20권 제3호, 한국기업법학회, 2006, 471면; 류화진, "자기 신용카드 부정사용의 형사책임", 『법학연구』 제48권 제1호, 부산대학교 법학연구소, 2007. 8, 637-639면.

여섯째, 카드의 발급단계에서 적극적으로 허위의 사실을 고지하여 카드를 취득하는 것은 카드취득 자체에 따른 재산상 가벌적 손해의 요건을 충족하지 못한다.[14]

일곱째, 허위의 사실을 고지하여 신용카드를 취득하는 행위가 비록 신용카드발급회사의 재산을 침해하는 행위라고 할지라도 신용카드 그 자체는 단지 미미한 경제적 가치를 지닌 물질에 불과하므로 이 신용카드를 취득하는 행위는 "경미한 법익침해의 원칙"에 의하여 형사처벌이 필요한 불법 내지 범죄 유형성을 갖지 못한다고 보아야 한다.[15] 즉, 카드사용이 가능한 지위에 있다는 것만으로 침해범인 사기죄를 인정할 수는 없다.[16]

여덟째, 신용카드 체계의 외부로부터 그 체계의 기능을 위태롭게 하는 행위를 「형법」이 통제하는 것은 정당하나[17], 신용카드 체계의 내부에서 발생하는 일탈행위를 통제하려고 할 경우에는 체계의 기능에 대한 위험의 왜곡분배가 문제될 수 있다.[18]

---

13) 정완·황태정, 『신용카드범죄의 실태와 정책적 대응방안』, 한국형사정책연구원(연구총서 04-43), 2004. 12, 65면(다만 적극적 기망행위에 의해 신용카드를 발급받는 행위 자체가 가벌적 위법성론의 시각에서 볼 때 독자적인 불법유형으로의 의미가 없다고 하더라도 그러한 행위가 가져오는 법익침해의 위험성을 고려한다면 법치국가적 관점에서 이를 법이론적 불가벌의 영역에 방치하는 것은 타당하지 않다고 본다).

14) 오경식, 『신용카드범죄의 실태와 법적 문제점』, 한국형사정책연구원, 1995, 72면; 오경식, "한국과 독일의 신용카드범죄의 실태와 대책에 관한 비교연구", 『형사정책』 제8호, 한국형사정책학회, 1996, 139면.

15) 이상돈, "자기 신용카드의 부정발급", 고시계, 1998. 11, 12면; 이상돈, "신용카드체계의 위험분배와 형법정책: 자기신용카드의 부정발급과 사용의 범죄화정책에 대한 비판", 『형사정책연구』 제11권 제2호, 한국형사정책연구원, 2000. 여름, 119면. 하지만 신용카드 자체의 재산적 가치가 경미하기 때문에 사기죄가 성립하지 않는다는 주장은 그리 설득력 있어 보이지 아니한다.

16) 정성근·박광민, 『형법각론』(제3판), 삼지원, 2008, 380면.

17) 이상돈, "신용카드체계와 형법적 위험예방", 고시계, 2000. 8, 44면.

18) 김종덕, "신용카드 범죄에 관한 소고", 고시계, 2003. 12, 80면(이는 주로 신용카드회사를 보호·육성하는 당파적 기능을 수행하고 있다는 비판을 받고 있다. 마찬가지로 신용이 없는 사람이 신용카드를 발급받아 사용하는 행위를 사기죄 또는 절도죄로 처벌하는 해석이 쫓는 목표도 신용카드체계의 기능과 효율성을 유지하고 고양시키는 이른바 신용카드업의 보호·육성에 쏠려 있다는 면을 부정할 수 없다는 측면에서 그 범죄화에 의문을 제기하기도 한다).

2. 판례의 태도

자기 명의 신용카드를 '처음부터 부정하게 발급받은 사안(?)'[19]을 다룬 대표적인 것이 대법원 1996. 4. 9. 선고 95도2466 판결[20]이다. 동 사안에 의하면, 피고인이 1992. 12. 10.경에 상업은행 종로지점에서 신용카드를 사용하여 물건을 구입한 대금 및 위 은행으로부터 현금서비스를 받은 대출금을 정상적으로 결제할 의사나 능력이 없음에도 불구하고 마치 그 구입대금 및 대출금을 정상적으로 결제할 것처럼 가장하여 신용카드를 발급받은 다음, 1993. 1. 4. 삼성테크에서 위 신용카드를 사용하여 750,000원 상당의 전자제품을 구입한 것을 비롯하여 같은 해 9. 15.경까지 같은 방법으로 51회에 걸쳐 합계 14,828,048원 상당의 물품을 구입하였고, 1993. 1. 5. 상업은행 안양중앙지점에서 그곳에 설치된 현금자동인출기에 위 신용카드를 투입하고 현금서비스 버튼을 눌러 현금 30만 원을 꺼낸 것을 비롯하여 같은 해 9. 1.경까지 같은 방법으로 22회에 걸쳐 현금 합계 7,144,623원을 취득한 사실관계에 대하여 "신용카드의 거래는 신용카드회사로부터 카드를 발급받은 사람이 위 카드를 사용하여 카드 가맹점으로부터 물품을 구입하면 그 카드를 소지하여 사용하는 사람이 카드회사로부터 카드를 발급받은 정당한 소지인인 한 카드회사가 그 대금을 가맹점에 결제하고, 카드회사는 카드사용자에 대하여 물품구입대금을 대출해 준 금전채권을 가지는 것이고, 또 카드사용자가 현금자동지급기를 통해서 현금서비스를 받아 가면 현금대출관계가 성립되게 되는 것인바, 이와 같은 카드사용으로 인한 카드회사의 금전채권을 발생케 하는 카드사용 행위는 카드회사로부터 일정한 한도 내에서 신용공여가 이루어지고, 그 신용공여의 범위 내에서는 정당한 소지인에 의한 금전대출이 카드 발급 시에 미리 포괄적으로 허용되어 있

---

19) 동 사안은 자기명의 신용카드를 처음부터 정상적으로 발급받은 사안과 비교하여 '부정'하게 발급받은 사안으로 일반적으로 분류하고 있으나, 신용카드 발급 당시 부정한 의도는 있었는지 몰라도 부정한 의도와 발급 사이에 인과관계가 있는 것으로 파악하는 표현인 '부정하게 발급받은' 사안이라고 표현하는 것은 무리가 있다고 본다.
20) 동 판결은 현금자동지급기를 이용한 현금인출이 사기죄에 해당하지 않고 절도죄에 해당한다는 원심판결을 법리상의 오해의 위법이 있다는 이유로 파기하였다.

는 것인바, 현금자동지급기를 통한 현금대출도 결국 카드회사로부터 그 지급이 미리 허용된 것이고, 단순히 지급방법만이 사람이 아닌 기계에 의해서 이루어지는 것에 불과하다. 그렇다면 이 사건에서와 같이 피고인이 카드사용으로 인한 대금결제의 의사와 능력이 없으면서도 있는 것처럼 가장하여 카드회사를 기망하고, 카드회사는 이에 착오를 일으켜 일정한 한도 내에서 카드사용을 허용해 줌으로써 피고인은 기망당한 카드회사의 신용공여라는 하자 있는 의사표시에 편승하여 자동인출기를 통한 현금대출도 받고, 가맹점을 통한 물품대금도 대출받아 카드발급회사로 하여금 같은 액수 상당의 피해를 입게 함으로써, 카드사용으로 인한 일련의 편취행위가 포괄적으로 이루어지는 것이다. 따라서 카드사용으로 인한 카드회사의 손해는 그것이 자동인출기에 의한 인출행위이든, 가맹점을 통한 물품구입행위이든 불문하고 모두가 피해자인 카드회사의 기망당한 의사표시에 따른 카드발급에 터 잡아 이루어지는 사기의 포괄일죄이다"라고 판시하였다.[21]

대법원은 기망행위에 의하여 신용카드를 발급받은 자가 이후 현금인출이나 물품구입 등의 사용행위를 한 경우 이러한 일련의 행위가 포괄하여 하나의 사기죄를 구성한다고 한다. 하지만 이러한 표현만으로는 기망행위로 신용카드를 발급받은 자가 사용행위에 나아가지 않은 경우에 있어서 사기죄가 성립할 수 있는지 대한 명확한 해답을 도출하기에 무리가 있다.[22]

---

21) 동 판결은 카드발급을 정상적으로 받은 자가 카드를 일정기간 사용한 이후 지불능력을 상실하였음에도 불구하고 계속해서 카드를 사용한 경우의 문제는 간과하고 있다.

22) 이에 대하여 신용카드의 부정발급이 부정사용으로 연결되면 부정발급행위는 가벌적 부정사용행위의 불가벌적 사전행위로 포섭할 수 있기 때문에 이 경우에도 부정발급행위 자체를 독자적 가벌성 판단의 대상으로 할 필요는 없을 것으로 본다는 견해(배종대, 앞의 책, §71/28; 정완·황태정, 앞의 논문, 65면)가 있다. 하지만 부정사용을 전제로 하는 이러한 입장은 부정발급 후 부정사용 전 상태의 가벌성 논의에는 아무런 도움을 주지 아니한다. 왜냐하면 부정사용 전에는 부정발급의 사실 자체가 제대로 파악되지 않기 때문이다.

Ⅲ. 자기 명의 신용카드 발급행위의 비범죄화 방안 검토

1. 논의의 명확화를 위한 전제조건

신용카드를 사용하여 물건을 구입한 대금 또는 현금서비스를 통하여 은행으로부터 대출받은 대출금을 정상적으로 지불할 의사 또는 지불할 능력이 없음에도 불구하고 있는 것처럼 가장하여 신용카드를 발급받는 행위의 가벌성에 대해서는 의견이 분분하다. 하지만 이러한 행위의 가벌성을 논하기 전에 선결해야 할 과제가 있는데, 동 행위의 사실관계를 구체적으로 확정하는 것이다. 일반적으로 자기 명의 신용카드의 발급행위에서 발생하는 형사법적 문제를 다루는 데 있어서, ① 신용카드 사용대금을 지불할 의사'와' 능력이 없음에도 있는 것으로 '가장'하여 신용카드를 발급받은 경우,[23] ② 신용카드 사용대금의 지불능력 '또는' 지불의사가 없으면서도 그러한 능력과 의사가 있는 것처럼 신용카드회사를 적극적으로 '기망'하여 신용카드를 발급받는 경우,[24] ③ 신용카드 사용대금을 지불할 의사'나(와)'[25] 능력이 없음에도 신용카드를 발급받아 '사용'한 경우[26] 등이라는 사실관계를 전제로 하고 있다. 하지만 이러한 사실관계에 있어서 '지불의사'의 의미, '지불능력'[27]의 의미, '지불의사'와 '지불능력'의 관계, '가장'의 의미, '기망'의 의미, '발급'과 '사용'의 시간적인 흐름에 대한 평가 등이 중요한 쟁점사항임에도 불구하고 이에 대한 논의는 별로 없는 것 같다. 어떠한 사실관계에 대한 형사법적 판단을 하기 위해서는 법리적인 검토에 앞서 보다 정확한 사실관계를 확정하는 작업이 더 중요하다는

---

23) 정진연, 앞의 논문, 174면.
24) 정완·황태정, 앞의 논문, 59면.
25) 지불의사와 지불능력의 관계에 대하여 'and'의 개념 또는 'or'의 개념을 혼용해서 사용하는 것이 대부분이다.
26) 김종덕, 앞의 논문, 80면.
27) 실무에서는 지불능력을 판단하기 위하여 전국은행연합회, 국민건강보험관리공단, 국세청 등을 통하여 객관적인 자료를 수집하고 있다. 이에 대한 보다 자세한 내용으로는 원형문, "사기죄에서 변제능력과 변제의사에 관하여 다투는 사건에서 공소유지를 위하여 필요한 입증의 정도와 증거수집방법", 『검찰』 통권 제118호, 대검찰청, 2007, 123면 이하 참조.

점에서, 본 쟁점을 쉽게 간과해서는 아니 될 것이다.

1) 지불의사와 지불능력의 의미 및 관계

'지불의사'란 신용카드 사용대금을 정해진 기간 내에 지불하겠다는 내심의 태도, 즉 지불에 있어서의 주관적인 측면임에 반하여, '지불능력'이란 신용카드 사용대금을 정해진 기간 내에 지불할 수 있는 외적인 상황, 즉 지불에 있어서의 객관적인 측면이라고 할 수 있다. 양자의 개념이 이와 같이 구분된다는 것은 둘의 관계가 동일한 것이 아니라 일정한 관계개념으로 설정되어 있다는 점을 의미한다.

예를 들어 지불의사는 존재하지만 지불능력이 존재하지 않는 경우 또는 지불능력은 존재하지만 지불의사는 존재하지 않는 경우에 있어서 법적인 판단에서 차이점이 발생하는지를 검토해야 한다. 현실적으로 전자의 경우는 사기 피의자가 방어의 차원에서 주장하는 경우가 많을 것이고, 후자의 경우는 신용카드회사가 공격의 차원에서 주장하는 경우가 많을 것이다. 이와 같이 지불의사와 지불능력의 유무판단이 상이한 경우에 있어서는 객관적인 판단[28]이 가능한 지불능력을 우선시해야 한다고 본다. 내심의 영역에 머물러 있는 신용카드 사용대금을 지불하겠다는 의사는 외부에 드러나 있는 신용카드회원의 현재의 재산상태 또는 가까운 미래에 발생하게 될 재산상의 변동으로 인하여 추정될 수밖에 없는 성질의 것이기 때문이다. 또한 신용카드회사는 신용카드 발급 시 회원의 지급능력에만 관심이 있기 때문에 이에 대한 철저한 심사를 하는 반면에 지급의사에 대한 관심은 없다고 해도 과언이 아니다.

---

28) 지불능력의 유무는 신용카드발급 당시 신용카드발급신청인의 재산관계, 채무관계, 직업, 소득, 신용정보 등 객관적 자료를 통하여 종합적으로 판단할 수 있다. 예를 들어 신청인의 재산관계는 개인별 토지소유현황, 지방세 내지 재산세 부과 내역, 부동산등기부등본, 자동차세 부과 내역, 자동차 등록원부 등을 통하여 확인할 수 있고, 직업과 소득은 건강보험료 산출 근거자료, 사업자·상호·개업일·업태·사업장소재지 등의 세적자료, 소득세·법인세·부가가치세 등의 제세신고자료 등을 통하여 확인할 수 있고, 신용정보는 종합신용정보집중기관인 전국은행연합회, 한국신용정보 등을 통하여 카드개설, 대출, 채무보증, 불량거래, 기업여신 등의 정보를 각각 확인할 수 있다.

한편 지불'할' 의사 또는 능력은 과거나 현재의 상태가 아니라 미래의 상태를 의미한다. 신용카드 결제일이 약 1개월을 주기로 정해져 있는 점과 이 기간 동안 신용카드 거래를 정해진 한도 내에서는 자유롭게 할 수 있다는 점을 감안한다면 가까운 미래라고 표현하기보다는 아주 먼 미래라고 말하는 것이 더 자연스럽다. 신용카드발급자라면 누구나 카드대금을 장래에 지불하겠다는 표현을 하지 이를 부정하지는 않는다. 신용카드발급 시 신용카드회사가 직접 이러한 사실을 물어 보지도 않는다는 점은 카드발급신청자가 외부적으로 표현하는 행위에 대한 신뢰성이 결여되어 있다는 점을 반증하는 것이기도 하다. 그리하여 카드발급신청자의 진정한 신용(지급능력)을 판단하기 위하여 심사작업에 돌입하는 것이고, 이를 통과한 자만이 카드의 발급과 심사에 의하여 평가된 신용금액만을 한도로 설정할 수 있는 것이다. 즉 신용카드의 속성상 카드발급회사가 카드발급신청인에 대하여 엄격한 신용평가를 하고 신청인에게 제공할 신용의 범위를 결정히는데, 이때 신용카드사는 신청인에 대한 장래의 신용까지 평가하여 신용을 제공하는 것이기 때문에 현재는 비록 채무초과에 있는 사람이라도 장래의 신용을 담보로 신용카드를 발급받을 수 있는 것이다. 그러므로 자기 명의 신용카드 발급행위과정에서 검토하여야 할 것은 지불의사가 아니라 지불능력으로도 충분하다고 할 수 있다. 이는 실제 재판과정에서 피고인이 지불의사의 존재를 부인하는 경우가 없다는 점에서도 그러하다.

2) 가장 내지 기망의 의미

가장(假裝)이란 '거짓으로 꾸미다'라는 의미인데, 이는 사기죄에 있어서 기망과 동일한 의미라고 할 수 있다. 기망이란 허위의 의사표시에 의하여 사람을 착오에 빠지게 하는 것을 말한다. 여기서 중요한 것은 단순히 허위의 의사표시를 한 것 그 자체가 기망은 아니라는 점이다. 기망행위란 거래의 신의칙에 반하는 정도에 이르러야만 하고,[29] 또한 이러한 행위를 통해 상대방이 착

---

29) 오영근, 『형법각론』(제2판), 박영사, 2010, §19/19.

오에 빠질 수 있는 정도에도 이르러야만 한다. 그러므로 신용카드발급신청자의 일정한 행위가 기망행위로 인정되기 위해서는 신용카드회사가 착오에 빠질 수 있는 정도의 이르러야 하는데, 이에 대해서는 신용카드 발급과정을 통해서 더 자세하게 알아보도록 한다.

3) '발급'과 '사용'의 시간적인 흐름에 대한 평가

신용카드 사용대금을 지급할 의사와 능력이 없는 자가 카드를 발급받는 과정을 구체적으로 살펴보면, 먼저 자기의 인적사항이나 신용상태 등을 허위로 기재하여 가입신청을 하는 경우가 있는데,[30] 카드발급신청서의 작성과 행사는 무형위조에 해당하므로 문서에 관한 죄(「형법」 제231조 등)는 성립하지 아니한다. 이 과정에서 자기의 인적사항이나 신용상태 등을 허위로 기재하는 단계에서 한 걸음 더 나아가 자신의 직업을 확인하는 절차를 대비하여 위장취업을 하는 경우가 있다. 이러한 경우 업무방해죄가 성립하는 것과 동시에 카드발급회사에 대한 적극적인 기망행위를 한 것으로 보아 카드발급회사가 신청자의 취업상태에 대하여 어느 정도의 심사를 거쳤는가에 따라 사기죄의 성립도 가능하다.[31]

생각건대 위와 같이 카드회사에 카드발급을 신청하는 행위 그 자체는 사기죄의 예비단계에 불과하다고 봄이 타당하다. 신용카드의 발급절차와 관련하여 살펴보아야 할 것으로 '태풍피해복구보조금 사례'[32]와 '장애인보조금 사

---

30) 천종철, "신용카드범죄의 실태와 그 대처방안", 『사회과학연구』 제12권, 서원대학교 사회과학연구소, 1999. 2, 315면(예전에는 개인이 첨부서류를 위조하여 부정 발급받는 경우가 많았으나, 최근에는 카드 부정발급 전문대행업체를 통하여 조직적으로 부정 발급을 받는 사례도 급증하고 있다. 특히 실직자와 신용불량자들이 대량으로 양산되고 있는 현 상황에서 신용카드의 신규발급이 어려워지자 이들 유령 대행업체들을 통하여 신용카드를 부정 발급받는 사례가 그것이다. 이들 대행업체들은 주로 지역생활정보지를 통하여 "카드발급"이라는 광고를 게재한 뒤 이를 보고 찾아온 신용불량자나 카드발급 부적격자들에게 첨부서류 및 재직확인서 등을 허위로 작성해 주어 카드를 부정 발급받는 것으로 알려지고 있다).
31) 물론 불충분한 심사를 거쳤다면 사기죄가 인정되지 않는다.
32) 대법원 1999. 3. 12. 선고 98도3443 판결: 태풍으로 인하여 피해를 입은 어민들이 국가로부터 피해복구보조금을 지원받게 되는 일련의 절차는, 먼저 읍·면장이 일응 피해를 입은

례'33)가 있는데, 대법원은 '행정당국에 의한 실사를 거쳐 피해자로 확인된 경우에 한하여 보조금 지원신청을 할 수 있게 하는 보조금지원절차에 비추어 볼때, 피해어민의 피해신고는 국가가 피해복구보조금의 지원 여부 및 정도를 결정을 함에 있어 그 직권조사를 개시하기 위한 참고자료에 불과한 것일 뿐이고 그 지원 여부 등을 좌우할 수는 있는 것은 아니라 할 것이므로, 피고인과 같이 실제로 태풍에 의한 피해발생이 없었으면서도 마치 피해가 있는 것처럼 관할 면장에게 피해신고를 하였다는 것만 가지고는 보조금 편취범행의 실행에 착수한 것이라고 할 수 없다.' 또는 '보조금 지급 여부 및 그 금액은 전년도 정산보고서와 별도로 보조금 신청서를 제출받아 이를 심사하여 결정하는 것이므로 보조금을 지급받은 지회가 제1시에 제출하는 보조금 정산보고서는 제1시가 다음해에 보조금의 지원 여부 및 그 금액을 결정함에 있어 하나의 참고자료에 불과할 뿐, 그 지원 여부 및 금액을 좌우하는 직접적인 서류라고 할 수는 없고, 따라서 피고인이 공소사실과 같이 허위의 정산보고서를 제출한 것만으로는 다음 해의 보조금 편취의 실현에 이르는 현실적 위험성을 포함하는 행위를 개시한 것이라고 볼 수 없어 기망의 실행의 착수가 있다고 보기 어렵다'고 판시하고 있는데, 이러한 법리는 자기 명의 신용카드 발급 시에 이루어지는 절차에 매우 유사하다고 볼 수 있다. 즉 신용카드회사에 의한 엄격한 신용조

어민 등으로부터 피해신고를 받아 이를 근거로 현지확인을 거쳐 피해물량 및 피해액을 군수 등에게 보고하고, 이어 중앙재해대책본부는 시·도지사가 보고한 피해집계상황 등을 토대로 피해가 클 경우에는 중앙합동조사반에게, 피해가 경미할 경우에는 시·도의 자체 조사반에게 피해조사를 실시케 하여 조사·확인된 피해물량 및 피해액에 따라 피해복구 사업자(피해어민) 선정을 한 다음, 그 사업자가 군청에 피해복구보조금 지원신청서를 제출하여 보조금교부결정을 받게 되고, 그 후 실제로 사업자가 자비를 가지고 당해 복구사업을 시행·완료한 경우에 한하여 위 보조금을 지급받게 되는 과정으로 이루어져 있음을 알 수 있는바, 위와 같이 행정당국에 의한 실사를 거쳐 피해자로 확인된 경우에 한하여 보조금 지원신청을 할 수 있게 하는 위 보조금지원절차에 비추어 볼 때, 피해어민의 피해 신고는 국가가 피해복구보조금의 지원 여부 및 정도를 결정을 함에 있어 그 직권조사를 개시하기 위한 참고자료에 불과한 것일 뿐이고 그 지원 여부 등을 좌우할 수는 있는 것은 아니라 할 것이므로, 피고인과 같이 실제로 태풍에 의한 피해발생이 없었으면서도 마치 피해가 있는 것처럼 관할면장에게 피해신고를 하였다는 것만 가지고는 위 보조금 편취범행의 실행에 착수한 것이라고 할 수 없다.
33) 대법원 2003. 6. 13. 선고 2003도1279 판결.

사를 거쳐 정당한 신용카드 회원으로 판명된 경우에 한하여 신용카드 발급을 할 수 있게 하는 신용카드 발급절차에 비추어 볼 때, 신용카드 회원이 되고자 하는 자의 신청서 작성행위는 신용카드회사가 신용카드 발급 여부 및 그 한도를 결정을 함에 있어 그 직권조사를 개시하기 위한 참고자료에 불과한 것일 뿐이고 그 발급 여부 등을 좌우할 수는 있는 것은 아니라 할 것이므로, 신용카드 회원이 되고자 하는 자가 실제로 발급기준에 미치지 못하는 신용상태에 있으면서도 마치 그러한 상태가 있는 것처럼 신청서를 작성하였다는 것만 가지고는 신용카드 발급과 관련하여 편취범행의 실행에 착수한 것이라고 할 수 없다. 따라서 카드발급회사에 카드대금의 지불의사나 능력이 없이 카드발급신청서를 작성하여 제출하는 행위는 신용카드 자체에 대한 것은 물론 그 신용카드를 사용하여 물품을 구입하는 행위에 대한 것의 사기죄의 예비단계에 불과하여 불가벌(사기죄에서는 예비를 처벌하지 않고 있으므로)이 되어야 한다. 이 단계에서는 카드회사의 손해발생의 위험이 구체적이라고 보기는 어렵고, 단지 신용카드를 장래에 이용할 추상적 위험만이 존재하기 때문이다. 사기의 고의가 외부에 표출되었다고 하더라도 그의 입증이 곤란하기 때문에 가벌성이 있는 행위로 처벌하기에는 무리가 있다. 자기 명의로 신용카드를 발급받은 자가 이후에 그 카드를 가지고 물품대금의 지급을 위하여 사용하여야 비로소 이 단계에서의 사기의 고의가 역으로 추정되고 있는 실정을 보더라도 그러하다.

다음으로 신용카드발급신청자의 신청행위가 있게 되면 카드회사의 심사[34)를 거쳐 카드를 발급하는 행위가 이루어진다. 재산상 손해 발생의 위험이라는 개념을 통해 손해의 개념을 무제한 확대하여 침해범인 사기죄가 위태범화되는 결과를 막고자 한다면 행사하기 위해 신용카드를 발급받은 행위만으로는 (카드 자체에 대한 경미한 손해를 제외하고서) 카드회사의 손해발생의 위험이

---

34) 비씨카드 개인회원신용카드 약관 제8조(카드의 이용한도) ① 카드 이용한도는 신규가입 시 회원이 신청한 금액과 은행의 심사기준을 종합적으로 반영하여 산정한 후 별도로 통보하여 드립니다. ② 은행은 유효기간 내 및 갱신 발급 시 회원의 월평균 결제능력, 신용도와 이용실적 등을 종합적으로 고려하여 회원의 이용한도를 조정할 필요가 있다고 판단되는 경우 이용한도를 조정하여 서면, 단문메세지서비스(SMS), 전자우편(E-MAIL) 등으로 통지하여 드립니다(http://www.bccard.com. 2010. 10. 24. 검색).

구체적이라고 보기는 어렵다. 여기서는 단순히 신용카드를 장래에 이용할 추상적 위험이 존재할 뿐이라고 하겠다.35) 이러한 점에서 95도2466판결은 범죄의 일련의 과정을 세부적으로 나누어서 고찰하지 못한 점이 아쉽다. 즉 사기죄의 실행의 착수시기와 기수시기에 관한 판단을 하지 않고 포괄일죄로서 죄수판단을 하고 있는 것이다.36) 또한 연속범이라는 것은 물품구입과 현금서비스 수령이 같은 구성요건에 해당한다는 전제에서만 가능한데, 판례가 각각의 죄책을 사기죄와 절도죄로 보면서 연속범으로 파악하는 것은 모순이다.37) 하지만 대법원이 위의 일련의 행위를 사기죄의 포괄일죄로 처벌한 것에는 어느 정도 수긍이 간다. 자기 명의 신용카드의 발급과 이후의 사용과 관련된 일련의 행위에서 신용카드를 발급받은 단계에서 공소가 제기되는 사람은 아마 한 사람도 없을 것이기 때문이다. 수사기관에서 이 단계의 범죄 실현단계에서 그 범의를 발견한다는 것은 거의 불가능하기 때문이다. 즉, 우리나라의 판례 중에는 대금의 지급의사나 능력이 없이 자기 명의의 신용카드를 취득하는 행위 그 자체를 가지고서 처벌한 예는 아직까지 없다. 95도2466판결38)에서 보았듯이 그러한 내심의 의사로 취득한 자기 명의 신용카드를 이후에 사용하였을 경우에야 비로소 취득 당시의 사기의 범의를 추정하여 사기죄로 처벌하는 것이 고작이다.39)

---

35) 안경옥, "신용카드 부정취득·사용행위에 대한 형사법적 고찰", 『형사법연구』 제11호, 한국형사법학회, 1999, 253-254면.

36) 이에 대해 카드의 발급, 물품의 구입 등의 행위가 각각 사기죄의 구성요건에 해당하는 행위이나 이를 연속범으로 보아 포괄일죄라고 본 것이라면 판례를 이해할 수 있다는 견해가 있다(장영민, 앞의 논문, 72면).

37) 구성요건상의 동일성이 인정되지 않으므로 경합범이 된다는 견해로는 안경옥, "타인 명의를 모용·발급받은 신용카드를 이용한 현금인출행위와 컴퓨터 등 사용사기죄", 『형사판례연구』 제11권, 형사판례연구회, 2003, 150면; 유용봉, "자기신용카드의 부정사용에 대한 형사책임", 『형사판례의 연구Ⅰ』(지송 이재상교수화갑기념논문집), 박영사, 2003, 853면; 이재상, "1996년의 형사판례회고", 『형사판례연구』 제5권, 형사판례연구회, 1997, 524면; 정진연, 앞의 논문, 180면.

38) 최초로 신용카드 사기죄를 인정한 95도2466판결 이후 대법원이 자기 명의 신용카드 사기죄의 가벌성의 범위를 법률의 개정 없이 계속 확장하여 왔다는 비판에 대하여는 류석준, "소위 자기 신용카드 부정사용에 있어서 사기죄의 구성요건적 결과로서의 이익취득의 의미와 사기죄의 성부", 『비교형사법연구』 제8권 제2호, 한국비교형사법학회, 2006, 346-349면 참조.

2. 지불능력에 대한 기망의 판단방법: 신용카드회사의 철저한 심사 의무 검토

자기 명의 신용카드와 관련된 죄책을 논함에 있어서 그 핵심은 지불능력에 대한 기망이 과연 행위 당시에 가능했는가의 여부에 달려 있다. 이러한 행위 당시의 사정을 판단하기 위해서는 자기 명의 신용카드와 관련한 형사적인 책임이 문제로 대두된 현실적인 배경을 살펴보아야 하는데, 이는 신용카드회사의 시장점유율을 높이기 위한 출혈경쟁에서 비롯된 무리한 회원모집의 결과로 볼 수 있다. 카드회사의 신용카드 발급 업무의 허술함을 이용하여 이에 편승한 신용카드범죄도 증가하고 있다고도 하는데,[40] 허술함을 이용당하는 신용카드회사에게 더 큰 책임이 있으며, 이에 편승했다고 범죄행위로 인정하는 것은 문제가 있다고 본다. 신용카드를 발급받고자 하는 사람의 심리상태는 가능한 한 빨리 신용카드를 발급받고자 하는 심정과 동시에 보다 많은 한도액을 희망하는 것이 일반적이다. 그리하여 자신의 재산상태를 부풀리기도 하고, 채무를 숨기기도 하는 등 보다 높은 신용상태를 현출하려고 노력할 것이다. 이러한 심리상태는 자연스러운 것이기 때문에 신용카드회사는 신용카드발급신청자가 제출하는 서류 및 기타의 증빙자료를 있는 그대로 받아들이지 않고 신용카드를 발급하기 전에 철저하고도 엄격한 심사절차를 두고 있는 것이다.

허위청구의 위험을 카드가맹점의 책임영역으로 귀속시키는 것은 합리적인 위험분배의 관점에서 정당한 것으로 보이지만 최초 발급을 위한 신용조사의 책임은 카드회사에 있다.[41] 그러므로 신용카드회사는 카드발급 시 철저한 신용조사 및 자격심사를 해야 할 업무상의 주의의무가 있다. 만약 이러한 업

---

39) 同旨 권오걸, 앞의 책, 574면(카드의 발급 그 자체를 통하여 지불능력과 지불의사 그리고 기망의 고의를 입증하는 것은 대단히 어려운 작업이며, 판례도 단순히 카드의 발급신청과 수령을 문제 삼은 것이 아니라 발급받은 카드를 사용한 것을 기초로 하여 카드의 수령과 사용을 포괄일죄로 처벌한다는 것으로 보아야 한다).

40) 진재선, "신용카드 관련 범죄에 대한 검토", 『한림법학 FORUM』 제16권, 한림대학교 법학연구소, 2005. 11, 175면.

41) 남선모, 앞의 논문, 332면.

무상의 주의의무를 위반하여 신용카드를 발급해 준 경우에는 '허용된 위험'을 야기한 책임42)을 지는 차원에서 적어도 형사책임을 물어서는 안 된다고 본다.

상대방으로부터 신청을 받아 상대방이 일정한 자격요건 등을 갖춘 경우에 한하여 그에 대한 발급 여부를 결정하는 업무에 있어서는 신청서에 기재된 사유가 사실과 부합하지 않을 수 있음을 전제로 그 자격요건 등을 심사·판단하는 것이므로, 그 업무담당자가 사실을 충분히 확인하지 아니한 채 신청인이 제출한 허위의 신청사유나 허위의 소명자료를 가볍게 믿고 이를 수용하였다면, 이는 업무담당자의 불충분한 심사에 기인한 것으로서 신청인의 행위가 사기죄를 구성하지는 않는다고 보아야 한다.43) 하지만 신청인이 신용카드회사에 허위의 신청서를 제출하면서 이에 부합하는 허위의 소명자료를 첨부하여 제출한 경우 신용카드회사가 관계 법령 및 내부기준이 정한 바에 따라 발급 여부 및 한도의 정도에 관하여 나름대로 충분히 심사를 하였으나 소명자료가 허위임을 발견하지 못하여 신용카드를 발급하게 되었다면 이는 신용카드회사의 불충분한 심사가 그의 원인이 된 것이 아니라 신청인의 행위가 원인이 된 것이어서 사기죄가 성립할 수 있다.

하지만 신용카드 발급의 현실은 전자의 경우와 같이 불충분한 심사로 귀결되는 경우가 대부분이다. 현장방문 확인 대신에 서면심사가 주로 행해지며, 이러한 서면심사도 형식적인 수준에 그치고 있다.44) 이와 관련하여 살펴보아

---

42) 신용의 포괄적 제공은 신용카드업자의 자유로운 경영판단이다. 이 자유롭고 손실위험의 가능성 있는 경영판단은 이익의 증대와 손실의 최소화 사이의 최적점을 구하는 것으로 이익의 증대가 전적으로 회사의 몫이든 손실도 자기에게 귀속되는, 이익을 극대화하기 위한 손실위험은 신용카드회사의 자유로운 처분행위인 것이다(박상열, "자기명의 신용카드 부정사용의 처벌행위유형과 근거", 『광운비교법학』 제6호, 광운대학교 비교법연구소, 2005, 110면).

43) 업무방해죄에서 이러한 법리를 사용한 판결로써 대법원 2008. 6. 26. 선고 2008도2537 판결; 대법원 2007. 12. 27. 선고 2007도5030 판결 참조. 위계에 의한 공무집행방해죄에서 이러한 법리를 사용한 판결로써 대법원 2002. 9. 4. 선고 2002도2064 판결 참조.

44) 자기 명의 신용카드와 관련한 판결들의 사실관계는 주로 IMF 직후인 2000년대 초반 신용카드회사가 한창 신용카드를 남발하던 상황에서 발생한 것들이다. 예를 들면 2001년 월급 70만 원에 1,300만 원의 카드빚이 있는 상황에서 3차례에 걸쳐 1,500만 원의 현금서비스를 받았으나 변제하지 못해 사기죄로 고소된 사안(대법원 2004년 11월 판결; 동

야 할 신용카드 회사의 업무형태로 대출업무가 있는데, 신용카드 회사의 카드론 대출 시 신용조사를 엄격히 실시하고 있는 점을 비교해 볼 필요가 있다.45) 설사 신청인의 기망행위를 인정한다고 하더라도 신용카드회사의 철저한 심사의무가 제대로 이행되지 않은 상태에서 발급된 신용카드에 대해서는 기망행위와 이에 기인한 착오에 의한 처분행위 사이의 인과관계를 인정할 수도 없기 때문에 사기죄는 성립할 여지가 없다.

　따라서 자기 명의 신용카드의 부정발급에 대하여 신청자의 기망행위가 있고 카드발급회사의 착오와 처분행위가 있다는 점에는 의문이 없다46)고 하거나 부정발급 그 자체도 기망, 착오 그리고 피기망자의 처분행위의 요건을 충족한다고 하는 점에 대해서는 이견이 없다47)고 하여 동 문제를 재산상의 손해발생 여부의 관점에서 파악하는 견해에서 말하는 전제조건인 기망행위, 착오, 처분행위의 당연한 인정은 재고의 여지가 있다고 본다.

Ⅳ. 글을 마치며

　무릇 형사처벌이라는 국가가 행사할 수 있는 가장 강력한 권한을 사용하기 위해서는 그에 합당한 불법성과 처벌의 필요성이 반드시 전제되어야만 한다.

판결은 대법원 공보 등에 게재되지 않아 정확한 판시 내용은 알기 어려워서 진재선 앞의 논문, 160면에서 재인용), 2000년 11월부터 2002년 12월까지 카드로 79,303,700원을 사용하고 53,510,909원은 변제했으나 25,792,791원은 변제하지 못해 사기죄로 고소된 사안(대법원 2005. 8. 19. 선고 2004도6858 판결), 2002년 현금서비스 및 물품구입으로 2,300만 원을 사용하고 변제하지 못해 사기죄로 고소된 사안(춘천지방법원 2005. 9. 16. 선고 2005노159 판결) 등이 그것이다. 이상에서 보는 바와 같이 카드 신청인의 신용상태보다 훨씬 초과된 신용을 공여해 준 신용카드회사가 사후에 카드빚을 독촉하면서 사법기관의 힘을 빌리는 모습은 사법경제 및 사법정의의 관점에서 바람직한 현상이 아니다.

45) 카드론 대출 시에는 재산상태를 확인하기 위하여 직장에서 발급하는 원천징수확인증을 요구하는 것이 일반적이나 신용카드 발급 시에는 전화를 통한 직장의 재직 여부 심사에 그치는 것이 대표적이다.

46) 정성근·박광민, 앞의 책, 379면; 이정원, 앞의 논문, 198면.

47) 배종대, 앞의 책, §71/75.

그렇지 않은 경우에는 형사처벌은 지양되어야 하며, 그 이전 단계에서 해결하는 구체적인 방안을 모색하는 것이 바람직하다. 이러한 관점에서 신용카드회사의 무책임한 카드남발을 생각할 때 자기 명의 신용카드와 관련된 범죄행위로 현재 다루어지는 형태들의 근본적인 해결책은 신용카드발급기준을 강화하는 등「형법」이외의 통제수단을 효과적으로 활용하는 것이 바람직하다. 카드사는 엄격한 신용평가를 통해 신청인의 과거, 현재뿐만 아니라 장래의 신용까지 고려해 신용공여의 범위를 결정해야 한다. 신용카드회사는 포괄신용제공액수의 설정뿐만 아니라 신용카드 발급 후에도 포괄신용제공액수의 규모를 하향 조절할 수 있는 권한이 있다. 이와 동시에 재발급의 기준도 강화하여 유지시켜야 하며, 재발급의 갱신기간도 현행보다 대폭 축소하여 신용카드 회원의 경제상황을 조기에 제대로 반영하는 노력에 힘을 기울여야 하겠다. 이에 따라 카드회사가 철저한 심사를 하는 경우에도 카드발급신청자 또는 카드발급갱신예정자의 적극적인 어떠한 행위로 인하여 대금결제의 능력이 없이 카드를 발급 또는 갱신받는 경우에는 사기죄의 성립을 인정할 수 있어도, 현재와 같은 상황에서는 기망행위 또는 기망행위에 따른 착오에 기한 처분행위를 인정할 수 없기 때문에 사기죄가 성립하지 않는다고 해야 할 것이다.

제11장 간통죄 폐지의 정당성에 관한 고찰

I. 문제의 제기

「형법」상의 범죄 중 존폐여부에 관해서 가장 오랫동안 논의가 되고 있는 것이 바로 간통죄이다. 형법 제정 과정에서뿐만 아니라 개정과정에서도 비범죄화의 핵심 쟁점으로 등장해 온 간통죄는 그동안 총 4차례의 헌법재판소 심판대에 오른 경이적인 기록도 보유하고 있는데,[1] 헌법재판소 1990. 9. 10. 선고 89헌마82 결정[제1차 간통죄 결정; 6(합헌):3(위헌)으로 합헌],[2] 헌법재판소 1993. 3. 11. 선고 90헌가70 결정[제2차 간통죄 결정; 7(합헌):2(위헌)로 합헌],[3] 헌법재판소 2001. 10. 25. 선고 2000헌바60 결정[제3차 간통죄 결정; 8(합헌):1(위헌)로 합헌],[4] 헌법재판소 2008. 10. 30. 선고 2007헌가17 · 21, 2008헌가7 · 26, 2008헌바21 · 47(병합) 결정[제4차 간통죄 결정; 4(합헌):4(위헌)[5]:1(헌법불합

---

* 『경희법학』 제45권 제2호, 경희대학교 법학연구소, 2010. 6. 41면 이하.

1) 헌법재판소의 결정 이전에 대법원도 「형법」 제241조 소정의 간통죄가 신체의 자유를 규정한 헌법 제12조 제1항에 위반한다고 볼 수 없다고 판시한 바 있다(대법원 1989. 3. 14. 선고 88도1463 판결). 그러나 동 판결에서는 특별한 이유를 제시하고 있지 않다.

2) 당해소송사건은 대법원 88도1463(간통)으로 청구인은 간통죄로 공소제기되어 1988. 2. 10. 부산지방법원에서 징역 1년, 같은 해 6. 24. 같은 법원 항소심에서 징역 8월을 각 선고받고 대법원에 상고하여 재판을 받던 중, 「형법」 제241조가 헌법에 위반된다고 주장하고 같은 해 8. 30. 대법원에 위헌제청신청을 하였으나, 1989. 3. 14. 대법원에 의하여 그것이 기각되자, 헌법재판소법 제68조 제2항에 의하여 같은 달 27. 헌법소원심판을 청구하였다.

3) 당해소송사건은 부산지방법원 1990년 영장번호 5041호, 5042호(간통죄 피의사실에 관한 구속영장청구사건)로 1990. 6. 29. 부산지방법원 판사 김백영은 부산지방검찰청 검사가 간통죄로 고소된 피의자 이○숙, 같은 한○연을 구속하기 위한 구속영장청구에 대하여 재판을 함에 있어 간통죄를 규정한 「형법」 제241조 제1항이 헌법에 위반되는 여부가 재판의 전제가 된다하여 헌법재판소에 「형법」 제241조에 대한 위헌여부의 심판을 제청하였다. 제2차 간통죄 결정의 경우 제1차 간통죄 결정을 행한 재판관 중 1인의 재판관 변경만이 있었기 때문에 합헌의 결론이 예상된 것이었다. 즉, 재판이 있은 이후에 임명된 재판관 황도연은 재판관 조규광, 재판관 김문희의 보충의견에 가담하였다. 실제로 결정문의 내용도 제1차 간통죄 결정의 내용과 대동소이하며, 극히 간략한 것을 알 수 있다. 오히려 동 사건은 간통에 대한 판단보다도 구속영장청구 중에 위헌법률심판을 할 수 있는지 여부가 쟁점이 된 사안이다.

4) 당해소송사건은 서울지방법원 동부지원 2000고단1848(간통)로 청구인들은 간통죄로 서울지방법원 동부지원에 공소가 제기(2000고단1848)되어 그 소송 계속 중 간통죄를 처벌하는 「형법」 제241조가 헌법에 위반된다고 주장하며 위헌여부심판의 제청신청(2000초683)을 하였으나 위 법원이 2000. 7. 20. 위 제청신청을 기각함과 아울러 청구인들에게 유죄판결을 하자 같은 달 28. 이 사건 헌법소원심판을 청구하였다.

치)[6]로 합헌][7] 등이 그것이다. 또한 최근의 2008년도 제4차 간통죄 결정 이후에도 간통죄에 대한 위헌시비는 현재진행형으로 계속되고 있는데, 2건의 간통죄 사건[2009헌바17(「형법」 제241조 위헌소원),[8] 2009헌바205(「형법」 제241조 위헌소원)[9]]이 헌법재판소의 심리 중에 있기도 하다.

이러한 판례의 입장과는 달리 형사법학계의 입장은 간통죄를 폐지하자는 의견이 다수설[10]로 인정되고 있다. 특히 2010년 4월 법무부장관 자문기구인

---

5) 재판관 3인은 간통죄의 처벌 자체를 위헌이라고 하는 반면, 재판관 1인은 간통죄의 처벌 자체는 합헌이지만 법정형이 비례의 원칙에 반하기 때문에 위헌이라고 한다.

6) 이 사건 법률조항의 위헌성은 간통행위의 처벌을 규정한 것 자체에 있는 것이 아니라, 반사회성이 약하여 형벌에까지 이르지 않아도 될 행위까지 국가형벌권 행사의 대상행위로 형사벌의 처벌범위에 포함되도록 규정한 점에 있으며, 이와 같은 법적 비난가능성이 없거나 근소하여 민사적 제재 등 다른 수단으로도 그 제재가 충분하다고 평가될 수 있는 행위의 범위는 시대와 사회의 변화 및 국민의 법감정 등을 고려하여 입법자가 확정하는 것이 상당하므로 헌법불합치결정을 하되, 이 사건 법률조항의 적용을 중지하는 경우 처벌이 요청되는 간통행위의 처벌마저 불가능해짐에 따라 이 사건 법률조항을 그대로 존속시킬 때보다 더욱 헌법적 질서와 멀어지는 법적 상태가 초래될 우려가 있으므로 입법자가 합헌적 법률을 입법할 때까지 잠정적으로 적용하게 할 필요가 있다.

7) 당해소송사건은 1. 서울북부지방법원 2007고단1516 간통(2007헌가17), 2. 대구지방법원 경주지원 2007고단330 간통(2007헌가21), 3. 의정부지방법원 고양지원 2008고단54 간통(2008헌가7), 4. 청주지방법원 영동지원 2008고단116 간통(2008헌가26), 5. 수원지방법원 성남지원 2007고단2069 간통(2008헌바21), 6. 서울중앙지방법원 2008노316 간통(2008헌바47) 등이다.

8) 당해소송사건은 서울중앙지방법원 2007고단7366이며, 사전심사결과 2009. 2. 17. 심판에 회부되었다.

9) 당해소송사건은 수원지방법원 2009노33이며, 사전심사결과 2009. 9. 8. 심판에 회부되었다.

10) 간통죄의 폐지를 주장하는 학자로는 김성돈, 『형법각론』 제2판(성균관대학교출판부, 2009), 635면; 김성천, "국가형벌권 행사를 통한 건전한 성풍속의 보호", 『중앙법학』 제4집 제1호(2002. 3), 320면; 김영환, "법과 도덕의 관계-특히 한국 형법을 중심으로", 『법학논총』 제25집 제4호(2008. 12), 10면; 류화진, "성적 인식 변화에 따른 형사법의 전망", 『법학연구』 제47권 제2호(2007. 2), 16면; 박광민·정성근, 『형법각론』 제3판(삼지원, 2008), 736면; 배종대, 『형법각론』 제6전정판(홍문사, 2006), §127/5; 손동권, 『형법각론』 제2개정판(율곡출판사, 2006), §42/5; 신동운, "형법개정과 관련하여 본 간통죄 연구", 『형사정책연구』 제2권 제1호(1991), 392면; 오선주, "성도덕에 관한 죄-형법개정과 관련하여", 『성시탁 교수 화갑기념논문집』, 1992, 62면; 오영근, "형법개정과 성풍속에 관한 죄", 『법학논총』 제25집 제4호(2008. 12), 60면; 이재상, 『형법각론』 제5판(보정판)(박영사, 2006), §36/71; 이정원, 『형법각론』 공개 제1판(2008), 711면; 이훈동, "한국의 성문화와 형사법", 『외법논집』 제25집(2007. 2), 50-51면; 임웅, 『형법각론』(법문사, 2002), 670면; 진계호·이존걸, 『형법각론』 제6판(대왕사, 2008), 574면; 최영승, "간통죄의 비범죄화에 관한 연구-실증적 분석을 중심으로", 한양대학교 석사학위논문, 2000. 12, 32면; 허일태, "간통죄의 위헌성-헌재(2001. 10. 25. 2000헌바60 전원재판부)의 결정문을

형사법개정특별분과위원회가 수정된 존치론[11]과 수정된 폐지론[12]을 채택하지 않고, 다수 의견으로 간통죄의 '전면적인 폐지'를 선택하기도 하였다. 또한 헌법재판소는 외형적인 결론에서는 간통죄 존치를 긍정하고는 있지만, 합헌의견을 실질적으로 분석해보면 간통죄 존폐의 판단을 입법자의 의지의 영역[13] 내지는 시대의 변화에 따른 신중한 검토의 영역으로 남겨 두는[14] 사법

중심으로-", 『저스티스』제104호(2008. 6), 134면.
　　이에 반해 간통죄의 존치를 주장하는 학자로는 권오걸, 『형법각론』(형설출판사, 2009), 1132면; 김일수·서보학, 『형법각론』 제7판(박영사, 2007), 635면; 정영일, 『형법각론』 개정판(박영사, 2008), 636면.

11) 수정된 존치론은 간통죄를 존치하되 법정형을 2년 이하의 징역형으로만 한정하지 말고 벌금형 등을 법정형에 첨가하여 선택적으로 선고할 수 있도록 하자고 주장하지만 이는 문제를 정통적으로 해결하는 방안이 아니라고 판단하였다. 존치하면서 형을 약화시키는 것은 간통죄를 무력화할 가능성이 있는바, 그렇다면 차라리 폐지의 방안을 취하는 것이 타당하다는 것이다(형사법개정연구회, 『형법개정의 쟁점과 검토-죄수·형벌론 및 형법각칙-』, 한국형사정책연구원·법무부·한국형사법학회·한국형사정책학회 2009년 공동학술회의, 2009. 9. 11, 190면).

12) 수정된 폐지론은 간통죄를 폐지하면서 중혼죄를 신설하자는 주장인데, 혼인한 자가 다시 혼인하는 중혼은 가족제도를 근본적으로 파기하므로 처벌하더라도 중혼에 이르지 않은 일반적인 간통은 윤리의 문제와 민사적 처리로 남겨두자는 견해이다. 하지만 이는 법적으로 중혼이 불가능한 우리나라 법제를 감안할 때 실제적 의미를 지닌 절충론으로 인정받기 힘들다고 판단하였다(형사법개정연구회, 위의 보고서, 190면).

13) 제4차 간통죄 결정에서 민형기 재판관은 사법소극주의를 취하여 별개의 합헌의견(이렇듯 성문의 규범이 스스로 예정하거나 의도하지 아니한 사실상의 요인으로 인하여 발생하는 사회적인 문제나 법률적인 평가 등으로 규율의 당부에 관하여 의심이 있는 경우 이를 개선하는 것은 입법재량에 속하는 것으로서 이는 원칙적으로 현실정치의 영역에서 국민을 대표하고 의사를 형성하는 입법기관의 책무이고, 사법기관인 헌법재판소가 적극적으로 개입하여 합헌이나 위헌 여부의 헌법적인 판단을 하여야 할 몫은 아니라 할 것이다. 이 사건 법률조항 중 행위의 태양과 관련하여 헌법불합치의견이 상술하는 바와 같이 반사회적 성격이 미약한 부분의 사례에 이르기까지 이를 처벌하는 것은 사실상으로나 정책적으로 부당한 결과를 초래할 우려가 있으므로, 입법자로서는 여기에 지적되는 문제점에 대하여 우리의 인습과 사회적인 합의, 국민의 법의식 등을 실증적·종합적으로 고려하여 이를 입법적으로 개선할 수 있도록 정책적인 노력을 기울여야 할 것임을 지적해 두고자 한다)을 내렸으나, 송두환 재판관은 동일한 쟁점에 대하여 사법적극주의를 취하여 위헌의견을 내렸다. 만약 민형기 재판관도 송두환 재판관과 같은 사법적극주의를 취하였다면 간통죄는 이미 2008년에 폐지되었을지도 모른다.

14) 제3차 간통죄 결정에서 '입법자로서는 그동안 꾸준히 제기되고 있는 간통죄폐지론의 논거로 주장되고 있는바, 첫째 기본적으로 개인 간의 윤리적 문제에 속하는 간통죄는 세계적으로 폐지추세에 있으며, 둘째 개인의 사생활 영역에 속하는 내밀한 성적 문제에 법이 개입함은 부적절하고, 셋째 협박이나 위자료를 받기 위한 수단으로 악용되는 경우가 많으며, 넷째 수사나 재판과정에서 대부분 고소취소되어 국가 형벌로서의 처단기능이 약화되었을

소극주의를 채택하고 있음을 알 수 있다.

그러므로 이에 대한 판단은 결국 국회에서의 충분한 논의를 거쳐 형법개정을 통하여 해결할 수밖에 없다. 본 논문은 최근 진행되고 있는 형법개정작업에 즈음하여 「형법」 제241조의 입법적인 해결방안을 제시하고자 한다. 이를 위해 먼저 간통죄가 국내외에서 역사적으로 어떠한 변천과정을 거쳤는지를 알아보고(Ⅱ), 존폐론의 구체적인 논거 중 폐지론 측에서 설득력 있게 주장되고 있는 논거(Ⅲ)와 존치론 측에서 설득력 있게 주장되고 있는 논거(Ⅳ)를 각각 비교 검토한 후, 폐지론이 보다 타당하기 때문에 「형법」상의 간통죄는 종국적으로 삭제되어야 한다는 결론을 도출하고자 한다(Ⅳ).

Ⅱ. 간통죄의 역사적 변천과정

1. 우리나라의 경우

우리나라의 경우 우리 민족 최초의 법인 고조선의 8조법금(八條法禁)에 간통죄가 존재했을 것으로 보는 견해가 통설[15]이며, 역사기록에 의하더라도 최소한 중앙집권화로 고대국가체제를 이룩한 이후부터는 간통에 대하여 공형벌(公刑罰)로서 처벌하여 왔다고 한다.[16] 조선시대에는 유교를 통치이념으로 하는 대명률 刑典 편, 犯姦에 관한 규율에서 和姦을 범한 자에 대해 杖 80, 有夫女에 대해서는 杖 90, 조간(刁姦)에 대해서는 杖 180으로 다스렸다(凡和姦杖80

뿐만 아니라, 다섯째 형사정책적으로 보더라도 형벌의 억지효나 재사회화의 효과는 거의 없고, 여섯째 가정이나 여성보호를 위한 실효성도 의문이라는 점 등과 관련, 우리의 법의식의 흐름과의 면밀한 검토를 통하여 앞으로 간통죄의 폐지 여부에 대한 진지한 접근이 요구된다고 하겠다'고 판시한 바 있다.

15) 헌법재판소 2008. 10. 30. 선고 2007헌가17·21, 2008헌가7·26, 2008헌바21·47(병합) 결정; 이훈동, 앞의 논문, 49면 참조. 하지만 이에 대한 명확한 근거는 제시되고 있지 않다.

16) 정긍식, "우리나라 간통죄의 법제사적 고찰", 『형법개정과 관련하여 본 낙태죄 및 간통죄에 관한 연구』, 한국형사정책연구원, 1991. 10, 211면 참조.

有夫杖90ㄱ姦杖180).

근대에 이르러 1905. 4. 20. 대한제국 법률 제3호로 공포된 刑法大全에서는 유부녀가 간통한 경우 그와 상간자를 6월 이상 2년 이하의 유기징역에 처했다(동법 제265조). 일제시대인 1912. 4. 1. 시행된 제령(制令) 제11호 조선형사령으로 의용한 일본의 구 「형법」 제183조에서도 부인(및 그 상간자)의 간통에 대하여 2년 이하의 징역형으로 처벌하였다. 이때에는 간통한 유부녀만 처벌되고, 남자는 처벌에서 제외되었다. 이 당시에는 남성중심사회였기 때문에 남편의 권위와 가문혈통의 순수성을 위해서라는 명분이 강했기 때문이다.

해방 후 1945. 11. 2. 法律諸法令의 존속에 관한 미군정법령 제21호와 1948년의 제헌헌법 제100조의 과도기적 조치에 의해 현행 「형법」이 시행될 때까지 조선형사령에 의하여 의용된 일본 「형법」의 간통죄 규정(남녀불평등처벌주의)이 그 효력을 유지하였다.

1947년 조직된 법제편찬위원회의 형법분과위원회는 '간통죄는 남녀평등의 이념에 비추어 남녀를 동일조건으로 처벌하기로 하되 친고죄로 할 것'이라고 형법요강을 작성하였다. 하지만 1948. 9. 17. 법전편찬위원회에서 형법초안을 작성할 때에는 간통죄를 폐지하기로 하였다. 즉, 「형법」을 제정할 당시에는 의용형법인 일본 「형법」에 의해 부인의 간통만을 처벌하고 있었는데, 이는 봉건적이고 반민주적인 법규정이었기 때문에 논의 끝에 간통죄 자체를 폐지하였던 것이다.

이후 정부는 간통죄 존폐에 관해서 일단 초안에 간통죄를 규정하고 국회에서 심의하기로 하였다. 이 정부안에 대하여 국회 법사위원회는 1952. 8. 29. 간통죄를 삭제하는 수정안을 의결하고 정부초안 및 국회수정안이 국회에 상정되었고, 1953년 형법 제정 시에는 정부안대로 쌍벌주의를 채택하였다.[17] 즉 국회의 삭제수정안은 부결되고, 국회의 표결 시에 현재와 같이 남녀쌍벌주의[18]와 친고죄로 하는 정부안이 국회의원 재석원수(110명)의 과반수(56표)에

---

17) 이는 일제로부터 해방은 되었지만 당시 시행되고 있는 일본 형법에서는 남편의 간통은 처벌될 수 없어도 여성의 경우는 처벌되는 현실을 바로잡아 남녀 모두 평등하게 처벌될 수 있는 규정을 제정하겠다는 의욕이 앞서 있는 것으로 보인다(허일태, 앞의 논문, 122면).

서 한 표19)가 많은 57표의 찬성으로 통과되었다.20)

제정 형법이 시행되고 약 30여 년 후 대대적인 형법개정작업이 진행되었는데, 법무부 형법개정소위원회는 1989. 1. 8(찬성) 대 2(기권)의 표결로 간통죄 폐지를 결정하였다. 법무부는 그 의견을 받아들여 형법개정 요강에서 이를 폐지하기로 하였으나, 헌법재판소의 합헌결정(헌재 1990. 9. 10. 89헌마82 결정)이 있자 간통죄를 존치시키되 징역형만으로 되어 있는 처벌규정에 벌금형을 추가·보완키로 변경하였다.

그러나 1992. 4. 8. 입법예고된 형법개정법률안에서는 간통죄가 삭제되어 있었는데, 법무부는 그 이유로, 첫째 기본적으로 개인 간의 윤리적 문제에 속하는 간통죄는 세계적으로 폐지추세에 있고, 둘째 개인의 사생활 영역에 속하는 내밀한 성적 문제에 법이 개입함은 부적절하며, 셋째 협박이나 위자료를 받기 위한 수단으로 악용되는 경우가 많고, 넷째 수사나 재판과정에서 대부분 고소취소되어 국가 형벌로서의 처단기능이 약화되었으며, 다섯째 형사정책적으로 보더라도 형벌의 억지효나 재사회화의 효과는 거의 없고, 여섯째 가정이나 여성보호를 위한 실효성도 의문이라는 점 등을 들었다. 하지만 1992. 5. 27. 법무부는 전문 405조로 구성된 형법개정안을 최종확정하였는데, 이때 간통죄에 대하여 2년 이하의 징역형만으로 규정되어 있던 법정형을 1년 이하의 징역형으로 낮추고 500만 원 이하의 벌금형을 선택적으로 추가하였다. 이와 같이 간통죄가 다시 부활된 것은 위 입법예고 후 각계각층에서 간통죄의 폐지가 아직은 시기상조라는 의견이 대두하자 존치론과 폐지론의 조화점을 모색한 것으로 보인다. 하지만 1995. 12. 29. 법률 제5057호로 개정된 형법에서는 위 개정안이 입법화되지 못하고, 종래의 간통죄의 규정이 아무런 변화 없이 존치하

---

18) 간통죄의 처벌은 원래 유부녀를 대상으로 한 것이지 유부남을 대상으로 한 것은 아니었다. 간통한 유부녀만을 처벌하는 것은 남녀평등의 원칙에 어긋난다는 비판을 피하는 하나의 방편으로 근래에 와서 유부남의 처벌이 추가된 것일 뿐이다.

19) 이 한 표가 한국사회에서 60년 이상 간통죄 존치의 형벌관을 심어 주는 결정적 역할을 하였고, 또한 앞으로도 그럴 가능성이 없지 않다는 점에서 한 사람의 법률적 결단의 중요성을 새삼 엿볼 수 있다(허일태, 위의 논문, 124면).

20) 이에 대한 보다 자세한 내용으로는 신동운 편, 『형사법령제정자료집(1)』, 한국형사정책연구원, 1990. 10, 406-442면 참조

게 되었다.

2. 외국의 경우

인류가 집단생활을 하면서 혼음(混淫)생활을 하던 시대를 지나 특정한 남녀가 부부로서 결합하고 가족중심의 생활을 영위하기 시작한 때로부터 간통의 가벌성이 논의되기 시작하였을 것으로 추측된다. 외국의 경우 간통죄에 관해서 기독교 십계명의 '간음하지 말라', 佛十戒의 '不姦淫'과 같은 종교적 계시가 있고, 함무라비 법전에도 간통죄에 관한 규정[21])이 있었다. 로마에서 간통을 처음으로 공개적인 범죄로 취급한 것은 아둘테리움에 관한 아우구스투스의 유리아법이라고 한다. 로마시대의 여러 법률에 나타나는 간통행위의 처벌규정은 우리나라와 같이 家父長權과 夫의 지위의 보호에 중점을 둔 것이다.[22])

현대적 의미의 간통죄를 비교법적으로 고찰해 보면 남녀불평등처벌주의, 남녀평등처벌주의, 남녀평등불벌주의 등으로 분류할 수 있다. 먼저 남녀불평등처벌주의의 입법례는 개정 전 프랑스 형법이나 이탈리아의 구 형법과 같이 남편과 부인의 간통에 대하여 처벌을 달리하는 경우와 일본의 1947년 폐지되기 전의 구 형법이나 이를 의용한 우리나라 구 형법과 같이 부인의 간통만을 처벌한 예가 있다. 다음으로 남녀평등처벌주의의 입법례는 우리나라의 현행 형법과 미국의 몇몇 주[23])에서 유지하고 있다.[24])

마지막으로 남녀평등불벌주의의 입법례는 간통행위를 형사처벌의 대상으로 하지 않는 경우인데, 덴마크는 1930년, 스웨덴은 1937년, 일본은 1947년, 독일은 1969년, 프랑스는 1975년, 스페인은 1978년, 스위스는 1989년, 아르헨티

---

21) 간통이 고발되면 남편이 형벌을 선택하고 그 집행을 한다.
22) 신동운, 앞의 논문, 358면.
23) 그러나 미국의 경우 간통에 대한 형사처벌은 거의 이루어지지 않고 있다(차용석, 앞의 논문, 19면 참조).
24) 한편 중화인민공화국 「형법」 제259조에 의하면 '현역군인의 배우자임을 명확히 알면서도 그와 동거 또는 결혼한 경우, 3년 이하의 유기징역 또는 구역에 처한다'고 규정하여 특수한 경우에 간통과 유사한 경우를 처벌하고 있다.

나는 1995년, 오스트리아는 1996년에 각각 간통죄 규정을 폐지하였다. 또한 미국모범형법전에서는 간통죄의 폐지를 권고하고 있고, 1964년 제9회 국제형법회의에서도 간통을 벌하지 않기로 결의하였다. 이상에서 보는 바와 같이 오늘날은 간통죄를 형사처벌하지 않는 것이 대다수 국가들의 입장이지만, 우리나라만 유일하게 간통죄를 처벌하고 있는 국가임을 알 수 있다.

Ⅲ. 간통죄 폐지에 관한 적절한 논거 검토

1. 성적 자기결정권의 침해와 관련하여

1) 존치론의 주장

헌법재판소는 '개인의 인격권·행복추구권에는 개인의 자기운명결정권이 전제되는 것이고, 이 자기운명결정권에는 성행위 여부 및 그 상대방을 결정할 수 있는 성적 자기결정권이 포함되어 있으며 간통죄의 규정이 개인의 성적 자기결정권을 제한하는 것임은 틀림없다'고 전제하면서, '개인의 성적 자기결정권도 국가적·사회적·공공복리 등의 존중에 의한 내재적 한계가 있는 것이며, 따라서 절대적으로 보장되는 것은 아닐 뿐만 아니라 헌법 제37조 제2항이 명시하고 있듯이 질서유지(사회적 안녕질서), 공공복리(국민공동의 행복과 이익) 등 공동체 목적을 위하여 그 제한이 불가피한 경우에는 성적 자기결정권의 본질적 내용을 침해하지 않는 한도에서 법률로써 제한할 수 있다'25)고 하여 간통죄의 규정으로 성적 자기결정권을 제한하는 것은 기본권의 본질적인 내용을 침해하는 것이 아니므로 헌법에 합치되는 규정이라고 파악하고 있다.

---

25) 헌법재판소 2008. 10. 30. 선고 2007헌가17·21, 2008헌가7·26, 2008헌바21·47(병합) 결정.

2) 폐지론의 반론

(1) 소극적 의미의 성적 자기결정권

사람은 누구나 인격의 성숙에 따라 성생활의 가능성을 속성으로 지니고 있으며, 이를 기초로 성적 자기결정권을 가진다. 「형법」에서 성적 자기결정권(The Right of Sexual Autonomy; Recht auf die sexuelle Selbstbestimmung)을 논하는 대표적인 분야가 강간죄 등 개인적 성범죄의 영역인데, 이때 말하는 성적 자기결정권은 적극적으로 성행위를 할 자유를 보호하는 것이 아니라 불법한 성적 침해로부터의 원하지 않는 성행위를 하지 않을 의미의 소극적 자유만을 보호한다고 한다.[26]

이러한 소극적 의미의 성적 자기결정권은 강제적 성범죄의 영역에서는 그대로 적용될 수 있다. 왜냐하면 폭행·협박·강요 등에 의해 이루어지는 강제적 성범죄를 처벌하는 이유는 피해자가 가지고 있는 소극적 의미의 성적 자기결정권이 침해되기 때문이다. 하지만 이를 비강제적 성범죄의 경우에 그대로 적용하는 것은 타당하지 않다. 비강제적 성범죄의 경우에는 내·외부적인 유형력의 행사가 존재하지 않는 상태에서 성인 상호 간의 자유로운 의사에 기인하여 일련의 행위가 이루어진다. 이 경우에 있어서 당사자들은 소극적으로 성행위를 하지 않을 자유를 주장하는 것이 아니라 적극적으로 성행위를 할 자유를 주장한다. 이와 같이 소극적 의미의 성적 자기결정권은 어떠한 범죄의 보호법익으로써 기능을 하는 반면에, 적극적 의미의 성적 자기결정권은 어떠한 범죄의 보호법익이 아니라 정반대의 기능, 즉, 일정한 행위를 범죄로 규정하는 이유가 아니라 일정한 행위를 범죄로 규정하지 말아야 하는 이유가 되는 것이다.

---

26) 김성돈, 『형법각론』 제2판(성균관대학교 출판부, 2009), 153면.

(2) 적극적 의미의 성적 자기결정권

적극적 의미의 성적 자기결정권은 간통죄가 왜 범죄로 되지 말아야 하는가에 대한 근거를 제시해 준다. 적극적 의미의 성적 자기결정권이란 자신의 성적 관(觀)을 스스로 결정하고 이에 따라 성적 영역에서의 생활을 독자적으로 형성할 권리, 무엇보다도 '누구와 성관계를 가질 것인가'를 스스로 결정할 수 있는 권리이다. 다시 말해서 자기 스스로 내린 성적 결정에 따라 자기책임하에 상대방을 선택하고 성관계를 가질 권리를 의미하는 것이다. 성적 자기결정권의 행사는 경우에 따라 성행위의 동기에 관한 착오에 기인할 수 있으나, 자유는 곧 자기결정과 자기책임을 의미하고 자기책임은 스스로의 위험부담으로 이어진다는 점에서 성적 자기결정권은 자기결정에 의하여 자기 책임하에서 성관계를 가질 권리이다. 헌법재판소도 '성인이 어떤 종류의 성행위와 사랑을 하건, 그것은 원칙적으로 개인의 자유 영역에 속하고…'27)라고 판시함으로써, 적극적 의미의 성적 자기결정권을 원칙적으로 인정하고 있다. 이러한 의미에서 간통죄의 처벌규정이 개인의 적극적 의미의 성적 자기결정권을 제한하는 것임은 틀림없다. 왜냐하면 성행위를 하고자 하는 쌍방의 의사를 법률이 제한하기 때문이다.

문제는 그 제한이 정당한지의 여부이다. 소극적 의미의 성적 자기결정권과 달리 적극적 의미의 성적 자기결정권은 무한정 인정되는 것이 아니라 일정한 제한이 가능하다. 즉, 그것이 외부에 표출되어 명백히 사회에 해악을 끼칠 때에는 법률로써 이를 규제하는 것이 가능하다. 그러므로 간통행위가 외부에 표출되어 명백히 사회에 해악을 끼치는지 여부를 판단해야 하는데, 일반적으로 비범죄화하고자 하는 간통행위의 경우는 공연성을 띠는 것이 아니기 때문에 이러한 요건을 충족시키지 않게 되어 법률로써 제한이 불가능한 영역에 속한다고 할 수 있다. 따라서 간통행위에 대한 형사처벌의 개입은 적극적 의미의 성적 자기결정권을 침해하는 것이기 때문에 그 형벌권의 발동근거가 사라지

---

27) 헌법재판소 2009. 11. 26. 선고 2008헌바58 결정.

게 된다.

생각건대 개인의 성행위와 같은 사생활의 내밀영역에 속하는 부분에 대하여는 그 권리와 자유의 성질상 국가는 간섭과 규제를 가능하면 최대한으로 자제하여 개인의 자기결정권에 맡겨야 하며,[28] 국가형벌권의 행사는 중대한 법익에 대한 위험이 명백한 경우에 한하여 최후수단으로서 필요한 최소한의 범위에 그쳐야 한다. 성인(成人)이 쌍방의 동의 아래 어떤 종류의 성행위와 사랑을 하건, 그것은 개인의 자유 영역에 속하고, 다만 그것이 외부에 표출되어 사회의 건전한 성풍속을 해칠 때에만 비로소 법률의 규제를 필요로 한다. 성도덕에 맡겨 사회 스스로 자율적으로 질서를 잡아야 할 내밀한 성생활의 영역을 형사처벌의 대상으로 삼아 국가가 간섭하는 것은, 국가가 사생활의 비밀과 자유를 침해하는 것이고, 성적 자기결정권의 내용인 성행위 여부와 상대방 결정권을 지나치게 제한하는 것이다.[29] 간통행위의 처벌은 개인의 성적 자기결정권을 침해할 뿐만 아니라[30] 간통죄의 보호법익을 '성도덕'이라고 보더라도 개인의 자유권인 성적 자기결정권과 비교 형량함에 있어서 더 이상 추상적인 사회가치 내지 공익의 일방적인 우월성만을 내세울 수는 없다.[31]

또한 간통죄보다 선량한 풍속을 더 크게 해치고 비도덕적이며 혐오감이 더 크다고 할 수 있는 근친상간(近親相姦)·수간(獸姦)·혼음(混淫) 등에 대하여 우리 법률은 별도의 처벌규정을 두고 있지 않으면서도, 간통죄에 대해서만 형벌로 다스리는 것은 입법 체계상 균형이 맞지 않는다. 비록 도덕률에 반하더라도 본질적으로 개인의 사생활에 속하고 사회유해성이 없거나 법익에 대한 명백한 침해가 없는 경우에는 국가권력이 개입해서는 안 된다는 비범죄화 경향이 현대 형법의 추세이다. 불효를 형벌로써 다스려 효도를 강요할 때 그 효도는 이미 참된 의미의 효도가 아닌 것과 같이 형벌로써 강요되는 성도덕은

---

28) 헌법재판소 2009. 11. 26. 선고 2008헌바58 결정: "…다른 생활영역과는 달리 사생활, 특히 성적 사생활 영역에서 형법적 보호의 필요성과 형벌의 필요성을 판단함에 있어서는 보다 엄격한 기준을 적용해야 하는 것이다."
29) 同旨 배종대, 앞의 책, §127/5.
30) 김성천, 앞의 논문, 320면.
31) 이용식, "판례를 통해서 본 성(性)에 대한 법인식의 변화", 『형사법연구』 제21권 제4호 (2009. 겨울), 309면.

이미 참된 의미의 성도덕이 아닌 것이다. 간통행위는 윤리적 비난과 도덕적 회의의 대상이지 형사처벌의 문제는 아니다. 즉 국가가 개입하여 형벌로 다스려야 할 일인 범죄가 아닌 것이다. 성관계는 원래 사사롭고 내밀한 영역이므로 그 의무는 결코 물리적으로 강제될 수 없으며, 국가가 감시하고 형벌로 조련시킬 대상도 아닌 것이다.[32]

2. 혼인과 가족생활의 침해와 관련하여

1) 존치론의 주장

헌법재판소에 의하면 간통죄의 규정은 '혼인과 가족생활은 개인의 존엄과 양성의 평등을 기초로 성립되고 유지되어야 하며, 국가는 이를 보장한다'고 한 헌법 제36조 제1항의 규정에 반하는 법률이 아니라 오히려 위 헌법규정에 의하여 국가에게 부과된, 개인의 존엄과 양성의 평등을 기초로 한 혼인과 가족생활의 유지·보장 의무이행에 부합하는 법률이라고 한다.[33]

2) 폐지론의 반론

제36조는 자유권적 성격과 제도적인 보장책적인 성격을 지니고 있는데, 우선 전자는 개인의 혼인에의 결정과 가족의 형성은 극히 사적인 영역에 속하기 때문에 국가는 이에 간섭해서는 안 된다는 내용을 지니는 반면 후자는 제36조에 의해서 일부일처의 혼인 및 가족제도를 국가가 보장함을 선언할 뿐만 아니라 경제적으로 적극적으로 지원한다는 의미를 지닌다.[34] 따라서 혼인과 가족생활의 유지·보장 의무이행을 위반하였다고 하여 국가형벌권을 동원하는 것은 바람직하지 않다. 혼인과 가족생활의 유지·보장을 목적으로 하는 간통죄

---

32) 헌법재판소 2001. 10. 25. 선고 2000헌바60 결정 중 재판관 권성의 반대의견.
33) 헌법재판소 2008. 10. 30. 선고 2007헌가17 결정.
34) 김영환, 앞의 논문, 10면.

가 오히려 형사처벌을 통하여 부부 사이를 '완전히' 갈라놓는 결과를 초래하기 때문이다. 즉 간통의 고소와 이혼소송의 제기[35]에 이른 단계에서는 종전의 간통행위로 인하여 금이 가기 시작한 가족관계가 파탄이 나기 시작하고, 더 나아가 이혼이 성립되면 가정을 간통죄에 의한 처벌이라는 극단적인 조치를 취하면서 완전히 깨는 결과가 된다. 이는 간통행위를 한 행위자에 대한 최후의 복수의 수단으로만 작용할 뿐이다. 즉 간통죄의 입법취지와는 달리 혼인과 가족생활의 소멸을 앞당기는 것이다.

또한 간통죄의 존치로 인하여 보호하려고 하는 선량한 성풍속보다 가족의 행복추구권의 가치가 더 크다고 할 수 있다. 사회질서라는 '추상적인' 사회적 법익을 위하여 가족의 행복이라는 '구체적인' 개인적 법익을 완전히 박탈할 수는 없기 때문이다. 하지만 간통죄는 그 전제로서 이혼이 요구되기 때문에 가정은 완전히 붕괴된다. 즉 당사자뿐만 아니라 자녀, 부모 등 가족 모두에게 형벌에 버금가는 큰 고통을 가하는 것이다.

3. 보호법익의 모호성과 관련하여

일반적으로 간통죄의 보호법익으로 거론되는 것으로 부부간의 성적 성실의무 수호, 일부일처주의 혼인제도의 유지, 건전한 성풍속 내지 성도덕 유지, 간통으로 인하여 야기되는 사회적 해악의 사전예방 등이 있다. 하지만 과연 이와 같은 법익들을 실제로 간통죄 규정이 보호하는지는 의문인데, 그 이유는 다음과 같다.

---

35) 이혼을 전제로 하지 않은 간통죄 고소는 표면상 가정붕괴를 막을 수 있는 것으로 보이지만 법정싸움으로 인하여 징역까지 살고 온 당사자가 자기를 고소한 배우자와 결혼생활을 다시 할 수 있을지 의문이다(오선주, 앞의 논문, 59면). 현재는 간통죄로 실형을 선고받는 비율이 극히 적지만(2008년도 기준 1심 재판에 회부된 피고인 중 5% 미만이 간통으로 집행유예가 없는 징역형을 선고받았다), 전과자가 된 당사자가 이전의 가정생활을 유지하기란 쉬운 일이 아니다.

1) 부부간의 성적 성실의무 수호

간통은 혼인으로 인하여 배우자에게 지고 있는 성적 성실의무를 위반하는 것이 되어 혼인의 순결을 해치게 되는 것이라고 한다.

하지만 민법상 혼인계약에서 비롯되는 성적 성실의무(민법 제841조 제1항)를 위반하였다고 하여 「형법」상의 국가형벌권이 동원되는 것은 바람직하지 못하다.[36] 즉 성적 성실의무 위반은 민법상의 의무를 위반하는 계약위반 행위이다. 이러한 계약위반 행위에 대한 책임은 계약법의 일반원리에 따라 계약의 해소(재판상의 이혼사유), 부양의 종결, 손해배상(위자료 포함) 등에 의하여 해결해야하는 것이다.[37]

물론 부부간 성적 성실의무위반행위가 부도덕하다는 데에는 이견(異見)이 있을 수 없다. 그러나 그러한 위반행위에 대하여 민사법상 책임 이외에 형사적으로 처벌함으로써 부부간 성적 성실의무가 보호될 수 있는지는 의문이다. 왜냐하면 이러한 성실의무는 개인과 사회의 자율적인 윤리의식, 그리고 배우자의 애정과 신의에 의하여 준수되어야 하지, 형벌로 그 생성과 유지를 강요해 봐야 실효성이 없기 때문이다.

2) 일부일처주의 혼인제도의 유지

배우자 있는 자가 배우자 아닌 제3자와 성관계를 맺는 것은 일부일처주의(monogamy)의 혼인제도에 반한다고 한다.

하지만 일단 간통행위가 발생한 이후에는 간통죄 조항이 혼인생활 유지에 전혀 도움을 주지 못한다. 간통죄는 친고죄로 되어 있는데, 다른 친고죄와 달

---

36) 同旨 이재상, 앞의 책, §36/7.
37) 오늘날 비범죄화(非犯罪化), 비처벌화(非處罰化), 비수용화(非收容化)는 형사정책이 지향하고 있는 3대 정책이라 할 수 있는데 인간의 심성, 특히 애정에 바탕을 두고 있는 성문제와 혼인·이혼·재혼 등 가정문제는 가급적 당사자와 가족의 충분한 협의로 해결되어지도록 당사자에게 맡겨두는 것이 바람직하고 당사자 간에 분쟁이 생기는 경우에도 민사재판을 통하여 관여할 뿐 국가는 가급적 이에 개입하거나 간섭하지 않는 것이 바람직하다.

리 고소권의 행사는 혼인이 해소되거나 이혼소송을 제기한 후에라야 가능하기 때문에[38] 고소권의 발동으로 기존의 가정은 이미 파탄을 맞게 되고, 설사 나중에 고소가 취소된다고 하더라도 부부감정이 원상태로 회복되기를 기대하기는 어렵기 때문이다. 더구나 우리 사회에서 형벌을 받는다는 것은 사회적인 파멸을 초래하므로 간통죄로 처벌받은 사람이 고소를 한 배우자와 재결합할 가능성은 거의 없다. 또한 간통에 대한 형사처벌과정에서 부부갈등이 심화되면서 자녀들의 상처도 더욱 커질 수 있어 원만한 가정질서를 보호할 수도 없다.

오히려 실제로는 간통행위가 없었음에도, 배우자가 상대방 배우자의 간통을 의심 또는 확신하고 이에 대한 증거를 확보하기 위하여 치밀한 뒷조사와 증거수집행위를 시도하게 되는데, 이러한 과정에서 발생하는 상호 불신이 가정을 파탄으로 이끄는 경우도 빈번히 발생하게 된다.

가정의 보호를 위해서는 이혼을 전제로 하지 말아야 한다. 반면에 간통한 배우자를 형사처벌함으로써 가정을 유지한다는 것은 불가능에 가깝다. 그러므로 간통죄 규정이 가정을 보호하는 기능을 수행하기 어렵다. 오히려 일부일처주의를 보호하기 위해서는 간통죄의 존치보다는 중혼죄[39]의 신설로 해결하는 것이 보다 바람직하다.

---

38) 여러 가지 사유로 인하여 이혼이 지체되어 오랜 기간 별거하고 있을 수밖에 없는 부부가 간통죄처벌규정 때문에 이혼이 성사될 때까지 또는 다른 배우자가 사망할 때까지 금욕하여야 한다는 것도 극히 비현실적이라고 할 수 있다(임웅, "성범죄의 비범죄화론", 『성균관법학』 제2권 제1호(1988. 12), 61면).

39) 중혼죄는 이미 법률혼을 한 자가 다시 법률혼을 하는 죄로서, 간통죄를 처벌하지 않는 중 일부가 이를 규정하고 있다. 예를 들어 일본 「형법」 제184조, 오스트리아 「형법」 제192조(혼인 중임에도 새로 혼인하거나 혼인 중인 자와 혼인한 자는 3년 이하의 자유형에 처한다), 독일 「형법」 제171조, 스위스 「형법」 제215조(이미 혼인하거나 또는 이미 등록된 동거관계로 생활하고 있음에도 불구하고 혼인하거나 또는 동거관계를 등록한 자, 이미 혼인했거나 또는 등록된 동거관계로 생활하고 있는 자와 혼인하거나 또는 동거관계를 등록한 자는 3년 이하의 자유형 또는 벌금에 처한다), 중화인민공화국 「형법」 제258조(배우자가 있으면서 중혼한 경우 또는 타인에게 배우자가 있는 정을 명백히 알면서도 그와 결혼한 경우, 2년 이하의 유기징역 또는 구역에 처한다) 등이 그것이다.

3) 건전한 성풍속 내지 성도덕 유지

헌법재판소는 배우자 있는 자가 배우자 아닌 제3자와 성관계를 맺는 것은 선량한 성도덕에 반한다고 한다. 또한 간통 및 상간행위가 우리 사회가 요구하는 건전한 성도덕에 반함은 두말할 필요가 없다고도 한다. 간통죄의 보호법익을 건전한 성풍속이라고 주장하는 견해는 아마도 간통죄를 규정하고 있는 형법체계가 제22장(성풍속에 관한 죄)이라는 점에 염두에 두고 있는 것으로 보인다.[40]

하지만 성풍속을 보호법익이라고 하는 것은 성풍속의 개념이 상당히 포괄적·상대적·역사적·유동적이기 때문에 죄형법정주의에 반할 위험이 있다.[41] 이에 대하여 성풍속은 구성요건요가 아니므로 이를 보호법익으로 한다고 하여도 죄형법정주의에 반하는 것은 아니라는 견해도 있지만 보호법익은 법적용자에게 구성요건의 해석기준으로 작용하는데, 보호법익으로서 '건전한 성도덕의 보호'는 간통죄의 해석에 있어서 적합한 기준으로 작용하지는 못한 것으로 보인다. 건전한 성풍속이라는 모호한 기준으로 형벌권을 발동하는 것은 죄형법정주의의 실질적 의의를 퇴색시키기 때문이다.

성숙한 사람일지라도 남녀 간의 애정문제는 언제나 합리적이고 이성적으로만 전개되는 것은 아니다. 또한 대부분의 성인남녀는 실수를 할 수 있는 평범한 사람이지 성인군자도 아니다. 남녀 간의 애정문제를 언제 어디서나 도덕군자처럼 처리하는 사람이 현대 사회에서 대부분이라고 말할 수 없는 것이다.[42]

법익침해가 없이 단순히 부도덕하다는 이유만으로 형사처벌을 가하는 것은 정당화될 수 없다.[43] 건전한 성풍속이라는 개념은 추상적이고 대단히 모호하

---

40) 이에 대해 사회가 개인주의적 성향으로 가고 있는 분위기로 보아 간통죄의 보호법익을 사회적 법익인 성풍속 그 자체로 보기는 어렵다고 보는 견해(신동운, 앞의 논문, 376면)도 있다.
41) 차용석, "간통죄에 관한 고찰", 『고시계』, 1987. 3, 14면.
42) 허일태, 앞의 논문, 133-134면.
43) 건전한 성풍속이 형사처벌이라는 수단까지 동원해서 지켜야 할 정도로 중대한 일인가에 대해서는 의문이 있다(김성천·김형준, 『형법각론』 제2판(동현출판사, 2006), 858면).

여 구체화하기 힘들기 때문에 실질적인 범죄화의 근거로는 부적합하다. 아마
도 사람들이 확인할 수 있는 것은 공중의 건전한 성풍속이 무엇인가가 아니라
오히려 이러한 풍속적인 범죄는 공중의 성풍속을 침해할 것이라는 막연한 직
관적인 추측뿐이다.44)

4) 간통으로 인하여 야기되는 사회적 해악의 사전예방

간통행위는 국가사회의 기초인 가정의 화합을 파괴하고 배우자와 가족의
유기, 혼외자녀문제, 이혼 등 사회에 여러 가지 해악을 초래하게 되는 것이 엄
연한 현실이다.

하지만 이러한 사회적 해악의 발생은 간통행위 그 자체가 원인이라기보다
는 오히려 간통죄의 처벌로 인해 야기된다고 보는 것이 보다 더 정확한 분석
이다. 모든 간통행위가 배우자와 가족의 유기로 이어지는 것은 아니다. 실제
로 간통행위는 하면서도 가정만을 지키고자 하는 경우도 있다. 혼외자녀의 문
제와 이혼 등의 해악도 마찬가지이다. 간통의 '행위'로 혼외자녀가 발생하고
배우자와의 완전한 단절이 생기는 것이 아니라 간통의 '결과'로 동 문제들이
발생하는 것이다.

간통행위를 형사처벌함으로써 사회적 해악을 사전에 예방한다는 것은 일방
배우자가 간통행위를 하기 이전에, 만일 간통을 하면 형사적으로 처벌된다는
두려움 때문에 간통행위에 이르지 못하게 한다는 것뿐이다. 그러나 이러한 심
리적 사전억제수단에 실효성이 있는지 의문일 뿐 아니라, 혼인과 가정의 유지
는 당사자의 자유로운 의지와 애정에 맡겨야지, 형벌을 통하여 타율적으로 강
제될 수는 없는 것이므로, 간통죄가 일부일처제의 혼인제도와 가정질서를 보
호한다는 목적을 달성하는 데 적절하고 실효성 있는 수단이라고 할 수 없다.
간통으로 인한 가정의 해체는 간통행위 그 자체가 아닌 간통고소로 이루어지
기 때문이다.

---

44) 김영환, 앞의 논문, 19면.

4. '사회적 법익에 대한 죄'에 대한 처분의 자유와 관련하여

간통죄에 대한 친고죄 신설의 배경은 남편에 대한 아내의 남고소를 억제하기 위한 형식적인 방편으로 등장한 것인데, 이는 여타의 친고죄 규정의 도입 취지와 사뭇 다른 것이다. 또한 「형사소송법」과 판례는 간통죄 고소권자의 범위를 확장하고 있다. 구 「형사소송법」 제206조 제3항에 의하면 간통죄에 있어서는 피해자만이 고소권을 행사할 수 있었다. 하지만 현행 「형사소송법」은 이러한 규정을 삭제하였기 때문에 다른 일반적인 고소권자와 동일한 결과가 발생하였고 대법원도 1967년도 판결[45]을 시초로 이를 인정하고 있다.

간통죄는 「형법」 편제상 사회적 법익을 해하는 죄로 분류되어 있다. 사회적 법익에 관한 죄인 간통죄의 처벌을 위해서 개인에게 처분의 자유를 주는 것, 즉 친고죄로 규정하는 것이 타당한지는 의문이다.[46] 오히려 선량한 성풍속의 보호를 위해서는 간통죄를 비친고죄로 하는 것이 규범에 합치된다고 볼 수 있다.

간통죄는 친고죄로서 고소취소 여부에 따라 검사의 소추 여부 및 법원의 공소기각 여부가 결정되므로, 결국 간통행위자 및 상간자의 법적 운명은 간통행위자의 배우자의 손에 전적으로 달려 있게 된다. 이는 사회적 법익을 고소권자의 의사에 따라 처분할 수 있는 것을 의미하는데, 이러한 처분의 자유는 규범의 보호목적과 모순된다고 본다. 「형법」상의 친고죄 규정은 간통죄를 제외하면 모두 개인적 법익에 관한 죄에서 논의되고 있다는 점을 보아도 이러한 규정체계의 불합리한 점을 알 수 있다.

---

45) 대법원 1967. 8. 29. 선고 66도878 판결(간통죄에 있어서 배우자인 고소권자가 사망한 경우에 그 배우자의 친형에도 고소권을 인정하는 것이 타당하다). 이는 원심판결(광주고등법원 1967. 5. 8. 선고 67노56 판결)을 번복한 것인데, 배우자가 사망하면 혼인이 해소되는 것으로 보는 민법상의 법리와 모순되는 문제점이 있다.

46) 同旨 손동권, 앞의 책, §42/5.

5. 법집행의 실효성과 관련하여

1) 신체구속 가능성의 미미(微微)

우리 사회에서 간통행위는 매우 일반적이라고도 할 수 있지만, 간통죄는 암수가 많은 범죄 중 하나에 속한다. 결국 오늘날 간통죄는 간통행위자 중 극히 일부만 처벌받는 암장범죄화(暗藏犯罪化)되었기 때문에 다수의 잠재적 범죄자를 양산하고 그들의 기본권만을 제한할 뿐 그 실효성은 거의 없는 실정이다.

〈표 11-1〉 최근 7년간 간통죄의 검찰처리 현황

연도	계	기소				불기소					기소 중지[47)
		소계	구공판		구 약식	소계	기소 유예	혐의 없음	죄가 안 됨	공소권 없음	
			구속	불구속							
2002	10,329	1,675	905	770	−	8,654	40	1,229	−	6,095	1,288
2003	9,979	1,589	790	799	−	8,390	26	1,224	−	5,952	1,188
2004	8,917	1,459	607	852	−	6,408	7	1,293	3	5,105	1,048
2005	7,575	1,196	315	881	−	5,599	24	1,285	−	4,290	780
2006	7,204	1,180	121	1,059	−	5,248	15	1,368	−	3,865	595
2007	6,062	1,083	58	1,025	−	4,493	4	1,389	−	3,100	486
2008	4,609	893	8	885	−	3,417	2	1,169	−	2,246	299

출처: 대검찰청, 『범죄분석』, 2003~2009.

〈표 11-2〉 최근 7년간 '성풍속에 관한 죄'[48)의 법원처리 현황(제1심)

연도	합계	판					결							소년 부송 치	기타
		사 형	자유형			자격 형	재산 형	선고 유예	무죄	형의 면제	면소	관할 위반	공소 기각		
			무 기	유 기	집행 유예										
2003	1,683	−	−	350	637	−	54	15	18	−	−	−	514	4	90

47) '참고인중지'를 포함한다.
48) 사법연감에서는 간통죄에 대한 처리현황을 개별적으로 분류하고 있지는 않다.

2004	1,667	–	–	258	760	–	34	7	18	–	–	–	445	2	143
2005	1,342	–	–	157	555	–	86	6	17	–	–	–	388	–	132
2006	1,177	–	–	81	566	–	31	8	15	–	–	–	369	–	107
2007	1,190	–	–	51	603	–	36	11	28	–	–	–	352	–	109
2008	985	–	–	52	524	–	42	10	8	–	–	–	280	–	69
2009	1,253	–	–	44	668	–	61	18	21	–	–	–	318	–	123

출처: 법원행정처, 『사법연감』, 2003~2010.

<표 11-1>과 <표 11-2>에서 보는 바와 같이 검찰단계에서 공소권 없음의 비율과 법원단계에서 공소기각의 비율이 상당히 높은 것은 다른 범죄와 비교하여 볼 때 특이한 점인데, 이는 간통죄가 친고죄라는 특성에 기인한다. 즉 이혼에 따른 위자료를 확보하기 위한 민사재판에서의 유리한 고지를 점령하기 위한 하나의 수단으로 간통의 고소를 이용하고 있는 것이다.[49] 이는 사회적 법익보호를 목적으로 하는 범죄에 대해서 개인이 국가형벌권 발동의 여부를 좌우하는 모순되는 현상이라고 할 수 있다.

한편 간통수사에 대한 구속건수는 2002년을 기점으로 불구속건수와 비교하여 그 수치가 급격하게 감소하는 추세를 보이고 있다. 2008년의 경우에는 총 8건으로 전체 간통사건의 약 0.2%에 불과하다. 이는 「형사소송법」상의 불구속수사원칙에 상당히 부합되는 것이다.[50] 1995년 이전의 경우 간통사건의 구속률이 매년 92% 이상에 해당하던 적을 고려할 때 상당히 변화된 수치이다. 이러한 구속율의 급격한 변화는 1995년 이전의 간통죄 존폐론에서 주장되던 논거들 중 구속율과 관련된 주장들이 2010년 현재 경우에는 거의 명분을 상실했다고 할 수 있다. 대부분의 간통행위는 배우자에게 발각되지 않았고, 설사 발각되더라도 배우자가 고소하지 않았다고 보아야 한다. 더구나 간통죄로 구속기소되는 경우는 고소 사건의 약 1~2%에도 못 미치고, 고소 이후에도 수사

---

49) 同旨 오영근, 『형법각론』 제2판(박영사, 2010), §38/34.

50) 배우자의 고소가 있다는 것은 간통죄의 증거가 충분히 확보되었다는 것을 의미하므로, 증거인멸의 염려가 있다고 할 수 없고, 배우자에게 충분한 위자료를 제공할 수 있을 정도의 간통행위자가 주거부정이나 도망의 염려가 있다고 보기는 어렵기 때문에 불구속 수사를 받아야 하는 것이 「형사소송법」상의 불구속수사 원칙에 합당하다.

나 재판과정에서 고소가 취소되어 공소권 없음 또는 공소기각으로 종결되는 사건이 상당수에 이름으로써 형벌로서의 처단기능이 현저히 약화되었다.

<표 11-2>에 의하면 성풍속에 관한 죄 위반으로 실형을 선고받은 인원이 2008년의 경우 총 985명 중 52명, 2009년의 경우 총 1,253명 중 44명 등으로 약 5% 정도에 불과하다. 이러한 수치는 단순 간통사건만으로는 실형을 선고받을 확률이 극히 희박하다는 것을 의미한다. 간통죄의 성립과 더불어 배우자에 대한 폭행 내지 상해 등의 다른 범죄와 경합하는 경우에만 실형으로 처단되는 것이다. 과거와는 달리 간통에 대한 형사처벌을 받는다고 하여도 신체의 구속에는 거의 영향을 받지 않아 그 실효성이 반감되었음을 알 수 있다.

2) 간통개념의 협소성

간통죄는 단순한 성교행위만을 그 제재대상으로 삼고 있어, 이를 증명하기란 상당히 어렵다. 대부분 은밀한 공간에서 상호 합의하에 이루어지는 간통행위에서 두 사람 중 한 사람만의 자백51)만으로 유죄의 증거로 하는 것도 「형사소송법」의 원리에 반한다. 성교행위의 입증은 실제 수사과정에서 입증하기가 어렵기 때문에 다른 범죄와 달리 불기소처분의 내용 중 '혐의 없음'이 상당한 비율을 차지한다(<표 11-1> 참조).

또한 간통행위는 미수범을 처벌하지 않기 때문에, 직접적인 증거를 확보하기가 어렵다. 따라서 판례는 경험칙을 이용한 간접증거를 활용하고 있는 실정이다.52) 숙박업소의 객실에 상대 배우자의 허락 없이 들어갈 경우 주거침입죄가 성립한다. 물론 간통행위라는 범죄의 포착을 위하여 들어가는 것으로써 현행범체포의 목적이 있지만 실제 현행범이라는 요건을 입증하기는 매우 곤란

---

51) 또한 변호인의 도움을 받을 권리가 충분히 보장되어 있다면, 간통행위자들이 자백할 리 없으므로, 간통죄로 유죄를 선고받는 사람의 대부분은 결국 변호인의 도움을 받을 수 없는 사회적 약자들에 한정되게 된다(오영근, 앞의 논문, 59면).

52) 대법원 1997. 7. 25. 선고 97도974 판결: 남녀 간의 정사를 내용으로 하는 간통죄는 행위의 성질상 통상 당사자 간에 극비리에 또는 외부에서 알아보기 어려운 상태하에서 감행되는 것이어서 이에 대한 직접적인 물적 증거나 증인의 존재를 기대하기가 극히 어렵다 할 것이어서, 간통죄에 있어서는 범행의 전후 정황에 관한 제반 간접증거들을 종합하여 경험칙상 범행이 있었다는 것을 인정할 수 있을 때에는 이를 유죄로 인정하여야 한다.

한 반면에, 주거침입죄의 성립은 매우 쉽게 인정된다.

3) 입증되지 않은 일반예방효과

간통죄를 폐지할 경우 성도덕이 문란해지거나 간통으로 인한 이혼이 더욱 빈발해 질 것이라고 우려하는 견해도 있으나, 이미 간통죄를 폐지한 여러 나라에서 간통죄의 폐지 이전보다 성도덕이 문란하게 되었다는 통계는 없다. 또한 비교법적으로 보았을 때, 간통죄를 폐지한 후 간통행위가 늘어나 간통죄 규정을 다시 두게 된 나라도 없다. 이는 실제로 간통죄를 처벌하는 규정을 둔다고 하여도 그것이 국민에게 도덕을 형성하고 유지하는 역할을 하지는 않으며 일반예방적 효과도 거두지 못하고 있음을 방증하는 것이다.

현실적으로 많은 간통행위가 행하여지고 있음에도 불구하고 국민들의 간통죄 존치 의견은 대단히 높다. 이러한 점은 간통죄가 일반예방적 효과를 갖고 있지 못함에도 불구하고 간통죄처벌규정이 있으면 간통행위가 줄 것이라는 생각이나 간통죄가 폐지되면 남성 혹은 여성의 간통행위가 늘어날 것이라는 생각에 연유한다. 이는 우리나라에 있어서의 간통에 대한 국민들의 법의식은 간통죄가 갖는 사회적 의미를 제대로 파악하지 못하고 있음을 의미한다.[53]

Ⅳ. 간통죄 존치에 관한 적절한 논거 검토

1. 평등권의 침해와 관련하여

1) 폐지론의 주장

간통죄 폐지를 주장하는 입장에서는 크게 세 가지의 점에서 간통죄가 불평

---

53) 신동운, 앞의 논문, 388면.

등하게 적용된다고 한다. 첫째, 간통죄의 규정은 배우자의 부정행위에 대하여 참고 용서하는 선량한 피해자는 보호하지 못하고 복수심 많은 자만이 혜택을 본다. 둘째, 간통죄가 보다 많은 위자료를 받아내려는 수단으로 악용되고 있어서 같은 간통행위를 한 자라도 재력이 있는 자는 처벌을 받지 아니하고 재력이 없는 자만이 처벌을 받게 된다. 셋째, 간통죄는 형식적으로는 남녀의 구분 없이 처벌하는 규정이지만 현실적으로 이혼소송을 전제로 한 고소의 요건과 여성의 사회적 지위의 열악함으로 여성이 남성을 고소하여 간통죄로 처벌되도록 하기가 사실상 어렵다는 점에서 여성에게 불리한 규정이다.

2) 존치론의 반론

(1) 선량한 자 vs. 복수심이 많은 자

간통행위를 고소하는 사람이 반드시 복수심이 많은 자인 반면에, 간통행위를 고소하지 않는 사람이 반드시 선량한 자라고 단정적으로 말할 수는 없다. 고소의 여부를 기준으로 선과 악을 판단하는 것 자체가 불합리하기 때문이다. 예를 들어 남편이 아내 이외의 자와 간통행위를 하고 사랑에 빠져 오히려 이혼을 요구하는 경우를 상정할 수 있다. 이때 이혼을 쉽게 허락하여 남편이 상간자와 행복해지는 것을 원하지 않아 악의적으로 이혼만을 거부하여 자신의 배우자로 남겨두려고 하는 아내를 단지 고소를 하지 않았다는 이유로 선량한 자라고 할 수 있을까? 또는 반대로 남편의 간통행위를 고소하여 정신을 똑바로 차리게 하여 본래의 가정으로 돌아와 행복한 삶을 추구하려는 아내를 복수심이 많은 자라고 할 수 있을까? 이러한 사례에서 보는 바와 같이 고소의 여부를 기준으로 선량한 자와 복수심이 많은 자를 구별하는 것은 타당한 결론이라고 할 수 없다.

또한 간통죄의 고소는 개인의 명예와 사생활보호를 위하여 간통죄를 친고죄로 하는 데서 오는 부득이한 현상으로서 「형법」상 다른 친고죄에도 나타날 수 있는 문제이지 특별히 간통죄에만 해당되는 것은 아니다.

마지막으로 폐지론이 주장하는 논거의 부적절성은 '선량함'과 '복수심'의 개념의 모호성에서도 나타난다. 선량함으로 대변되는 '선(善)'과 복수심으로 대변되는 '악(惡)'은 인간의 이성으로 쉽게 판단할 수 있는 영역의 문제가 아니기 때문이다.

(2) 재력가 vs. 비(非)재력가

간통죄가 보다 많은 위자료를 받아내려는 수단으로 악용되고 있는 현실은 부정할 수 없다. 원칙적으로 민사법정에서 입증하여야 할 위자료 액수의 책정을 위하여 이혼신청인이 국가기관을 이용하여 증거를 간편하게 수집하는 한 방편으로 오용하고 있기 때문이다.

하지만 이러한 현상으로 인하여 재력이 있는 자와 재력이 없는 자가 처벌에 있어서 불합리한 차별을 받는다는 결론을 도출하기에는 다소 무리가 있다. 왜냐하면 '보다 많은 위자료를 받아내려는 수단으로 악용하는 행위'와 '재력이 있는 자와 재력이 없는 자가 받게 되는 처벌의 불합리성이라는 결과' 사이에는 상당인과관계가 없기 때문이다. 이 둘의 관계가 인과관계로 인정되기 위해서는 간통의 고소에 대해 재력이 있는 자는 금전으로 해결하여 제재를 회피하는 반면에 재력이 없는 자는 금전으로 해결하지 못하기 때문에 형사처벌을 받는다는 조건이 성립되어야 한다. 하지만 현재의 이혼소송에서는 재산분할 및 손해배상이 현실화되어 있기 때문에 재력이 있는 자도 막대한 금전적인 손실이라는 제재가 가해진다. 이러한 결과는 (대부분 집행유예로 처리되는) 형사처벌보다 오히려 더 가혹한 제재라고 할 수 있다. 그러므로 간통의 고소가 재력가에게 유리하고 비재력가에게 불리하다는 논거는 과거와 달리 현재에는 설득력이 많이 약화되었다고 볼 수 있다.

(3) 남자 vs. 여자

　폐지론에서는 현실적으로 이혼소송을 전제로 한 고소의 요건의 점과 여성의 사회적 지위의 열악함으로 여성이 남성을 고소하여 간통죄로 처벌되도록 하기가 사실상 어렵다는 점이라는 두 가지 측면에서 간통죄 규정이 여성에게 불리한 규정이라고 한다. 이는 이혼을 하게 되면 여성이 불리하다는 점을 전제로 하고 있는 논거이다.

　하지만 과거와는 달리 2010년 현재는 이러한 전제가 그대로 수용될 수 없다. 제4차 간통죄 결정의 심리과정에서 제시된 이해관계인의 의견요지 중 여성부장관54)은 ‘2001년 헌법재판소의 결정 시에도 입법자에게 간통죄의 폐지 여부를 검토하도록 요청한 바 있고, 이제 간통죄의 폐지를 긍정적으로 검토할 사회적 분위기가 성숙되었다’라고 표명한 것은 변화된 시대상을 반영한 것으로 볼 수 있다. 긍정적으로 검토할 사회적 분위기의 성숙이란 법과 제도의 보완을 통해 여성의 지위가 과거와 달리 많이 향상되었다는 것을 의미한다.

　과거 우리 사회에서 간통죄의 존재가 여성을 보호하는 역할을 수행하였던 것은 사실이나 오늘날의 법적·사회적·경제적 변화는 남녀차별적인 측면에서 바라본 간통죄의 존재이유를 상당 부분 감쇄시켰다. 우선 여성의 사회적·경제적 활동이 활발하여 짐에 따라 여성의 생활능력과 경제적 능력이 향상됨으로써, 여성이 경제적 약자라는 전제가 모든 부부에 적용되지는 않는다. 또한 1990년 민법의 개정에 따라 부부가 이혼을 하는 경우 각 당사자에게 재산분할청구권이 부여되는 한편, 자녀에 대한 친권도 남녀 간에 차별 없이 평등하게 보장되었다. 즉, 민법상 처의 재산분할청구권이 인정되고 주부의 가사노동도 재산형성에 대한 기여로 인정되어 이혼 후의 생활토대를 마련할 수 있는 제도가 마련되었고, 부부의 이혼 시에 위자료를 통한 손해배상청구권이 현실

---

54) 헌법재판소의 간통죄 심사과정에서 이해관계인이 의견을 제출하였는데, 이 중 여성부장관이 포함되어 있다는 것은 의아한 점이다. 왜 여성부장관이 간통죄 심사에 있어서 이해관계인인지가 잘 이해 가지 아니한다. 오히려 당시 보건복지가족부장관이 이해관계인이 아니었나 하는 생각이 든다.

화되었으며, 양육비의 청구 등으로 자녀의 양육이 가능하게 된 것이다.[55] 이상에서 보는 바와 같이 오늘날 간통죄의 존재가 여성 배우자를 보호하는 기능은 상당 부분 상실되었다고 할 것이다.

2. 법정형의 문제점과 관련하여

1) 유일한 징역형부과의 문제점

(1) 개정론[56]의 주장

간통 및 상간행위에는 행위의 태양에 따라 죄질이 현저하게 다른 수많은 경우가 존재한다. 예컨대 우연한 기회의 일회적·찰나적 일탈이 있을 수 있는 반면, 상당한 기간에 걸쳐 배우자에 대한 유기를 수반하는 지속적·반복적인 범행도 있을 수 있다. 또한 법적으로나 사실상으로나 혼인관계를 유지하는 가운데 간통을 저지른 자와 상대방의 혼인관계가 사실상 파탄에 이른 것으로 믿고 상간한 미혼인 행위자의 경우는 그 법적 책임성이 질적으로 다르다고 평가하여야 할 것이다. 이렇듯 구체적 사례 여하에 따라 책임의 편차가 매우 넓을 것이라는 것은 일반적으로 충분히 예측 가능한 것이다. 그럼에도 불구하고 간통 및 상간행위에 대하여 선택의 여지없이 반드시 징역형으로만 응징하도록 규정하고 있는 것은 형벌의 본질상 인정되는 응보적 성격을 지나치게 과장하여 행위자의 책임에 상응하는 형벌을 부과하기 어렵게 하는 것으로 균형감각을 잃은 것이다. 이와 같이 법정형을 징역형만으로 한정하고 있는 것은 실무상 수사 및 재판의 과정에서 구체적 사례 여하에 따른 적절한 법운용을 어렵

---

55) 물론 현재의 위자료 액수책정이 이상적인 것은 아니다. 악질적인 간통과 같이 불법성이 현저히 큰 경우에는 징벌적 손해배상까지 인정하는 것도 고려해 볼 만하다.

56) 이하에서 '개정론'이라 함은 간통죄에 대한 (완전) 폐지론과 (완전) 존치론의 의견 중 어느 일방을 취하는 것이 아니라 현행의 규정을 수정하여 존치하자는 의견, 즉 '수정 존치론'을 의미한다.

게 하고, 판결 선고 단계에서 법관의 양형재량권을 제한하고 있다.

결국, 이 사건 법률조항 중 법정형에 관한 부분은 구체적 사안의 개별성과
특수성을 고려할 수 있는 가능성을 배제 또는 제한하고 있으므로 책임과 형벌
사이의 비례원칙에 위배된다.

(2) 존치론의 반론

간통죄의 상당 부분은 법원이 재판과정에서 법의 해석이나 형의 양정 등을
통하여 문제를 해결할 수 있을 것이라고 본다. 어떠한 종류의 범죄에 대하여
행위태양 여하를 묻지 않고 단지 징역형만으로 처벌하는 것이 반드시 바람직
하다고 할 수는 없지만, 동죄의 절대적인 폐지사유에 해당하는 것은 아니다.
간통죄의 법정형은 2년 이하의 징역형으로써 죄질을 고려하여 집행유예까지
도 선고할 수 있다. 법정형이 1월 이상의 징역형에서 2년 이하의 징역형으로
되어 있는데, 실제 재판에서 집행유예 없는 징역형이 선고되는 것이 오히려
예외적인 현상이다. 간통죄의 법정형을 볼 때 실형을 선고하기보다는[57) 집행
유예를 선고하는 것이 다른 범죄와의 형평에 맞는다고도 할 수 있다. 폐지론
에 의하면 벌금형을 선택형으로 추가하여야 한다고 하나, 아래에서 보는 바와
같이 이러한 대안은 합리적이지 않다.

2) 선택형으로서 벌금형 부과의 문제점

(1) 개정론의 주장

「형법」상의 풍속을 해하는 죄에는 징역형과 벌금형을 선택하여 처벌하도록

---

57) 간통죄가 이혼하는 여성에게 유리하게 작용하려면 간통한 남편을 구속하고, 징역형의 실
　　형을 선고해야 하고, 그동안은 실무에서도 간통한 사람들에 대한 구속률과 실형선고율이
　　높았다. 그러나 간통죄의 형벌이 2년 이하의 징역이므로 이러한 실무의 관행은 불구속수
　　사와 재판의 원칙에 반하고, 간통죄의 법정형을 고려하면 실형선고율이 높은 것도 바람직
　　한 관행은 아니다(오영근, 앞의 논문, 56면 참조).

규정하였는데, 그 죄 중에서 유독 간통죄만이 자유형뿐이며 간통죄보다 형이 더 무거운 음행매개죄도 벌금형을 선택할 수 있게 되어 있다. 따라서 선택형으로서 벌금형을 추가하여야 한다.[58]

(2) 존치론의 반론

경미한 벌금형은 기존의 혼인관계의 해소에 따른 부양이나 손해배상의 책임을 피하고자 하는 간통행위자에 대하여는 위하력을 가지기 어렵다. 또한 과중한 벌금형과 같이 배우자 일방에게 부과되는 재산형은 다른 배우자에게도 재산상 손실을 함께 하는 결과를 초래한다. 이는 실질적으로 누구에게 형벌의 효과가 발생하는지 모호하다. 형벌로써 벌금을 부과하여 국가가 금전을 환수하기보다는 불법행위에 기한 손해배상을 산정할 때 손해배상액으로 고려하여 고소권자에게 금전이 환수되도록 하는 것이 바람직하다. 따라서 입법자가 간통죄에 대하여 「형법」상 다른 성풍속에 관한 죄와 달리 벌금형을 규정하지 아니한 것이 형벌체계상의 균형에 반하는 것이라고 할 수는 없다.

V. 글을 마치며

최근 형법개정작업이 한창 진행 중에 있는 것과 맞물려 간통죄에 대한 논의가 활발히 이루어지고 있다. 형법 제정 당시부터 논란이 있었던 조문이었기 때문에 존폐론 각각의 주장은 오랜 역사를 가지고 있다고도 할 수 있다. 하지만 약 60여 년 이라는 세월은 과거의 간통죄 존폐 논거들이 현재에는 그 명맥을 유지할 수 없거나 설득력이 있더라도 과거와 달리 미미해진 것들도 다수 존재한다. 간통죄와 관련해서는 시대와 상황의 변화에 따른 가치관의 변모,

---

58) 同旨 김일수·서보학, 앞의 책, 635면(간통죄는 가정과 혼인의 순결을 보호하는 헌법규범을 구체화한 규범… 단, 법정형의 완화 및 벌금형의 선택을 고려하지 않은 점은 유감이다).

남녀의 성에 기반하고 있는 제도들의 변화, (구속률 및 실형 선고율과 관련하여) 사법제도의 개선으로 인한 인권보장 사상의 발전 등으로 인하여 2010년에 걸맞은 새로운 논거를 모색해야 하며, 과거의 논거를 수정해야만 한다. 이러한 점에서 현재 설득력이 있는 논거 중 폐지론과 존치론의 주요한 것들을 살펴보았다.

먼저 폐지론의 설득력 있는 논거로는 적극적 의미의 성적 자기결정권의 보호, 혼인과 가족생활의 헌법적 보장, 보호법익의 모호성과 추상성, 사회적 법익에 대한 개인의 처분의 자유를 부여한 모순성, 법집행상의 실효성 등이 보다 타당한 것으로 보이며, 존치론 내지 수정론의 설득력 있는 논거, 즉 폐지론 측에서 주장하는 논거 중 설득력이 없어 보이는 논거로는 평등권의 침해, 유일한 징역형이라는 법정형의 과도화 문제 등이 있다고 본다.

이와 같이 간통죄폐지론에서 주장되는 논거 모두가 그 설득력이 인정되는 것은 아니다. 내표직으로 간통죄기 남성과 여성을 차별한다는 평등권의 문제는 각각의 성별 간 차별의 간극이 점차로 메워져 가면서 과거에 비해 설득력이 상당히 미약하다. 여성계에서도 간통죄 폐지를 주장하고 있는데,[59] 이러한 점에서 과거에는 이혼한 여성의 경제력을 보장해주는 제도적 장치가 미흡한 상태에서 간통을 민사상의 손해배상이나 이혼소송의 처리로만 해결할 때, 여성에게 불리하다는 주장이 설득력이 있었지만 2010년 현재에는 그리 타당하지 않다고 보인다. 과거에는 이혼 시 위자료가 너무 적었고, 재산분할청구권도 인정되지 않아 여성에게 불리하였지만 현재는 그렇지 않기 때문이다. 이와 같은 폐지론의 문제점도 지적되고 있지만 간통죄폐지론에서 주장되는 논거 대부분이 설득력이 떨어지는 것도 아니다. 오히려 충분히 공감이 가는 논거 또한 상당수 존재한다. 따라서 존폐론 각각에서 주장되는 핵심논거들을 상호 비교하여 입법적 결단을 내려야 하는데, 이 중 간통죄 폐지론의 논거가 보다 명백하다고 볼 수 있다.

그리고 이러한 입법적 결단은 헌법재판소가 할 일이 아니라 국회가 할 일이

---

59) 2008년 헌법재판소의 제4차 간통죄 판결의 심리과정에서 이해관계인의 입장에서 여성부는 간통죄 폐지 의견을 제시하였다.

다. 형사처벌조항의 위헌결정이 있으면 소급적으로 그 효력이 발생하므로 수많은 금전적인 보상의 문제가 발생하게 되어 국가재정에 막대한 손실을 가져오게 되기 때문이다. 헌법재판소도 이러한 점을 고려하고 있는 것으로 보이는데, 결정문(특히 보충의견과 반대의견)에서 보는 바와 같이 합헌 결정이 간통죄 규정의 존치를 입법론적으로 찬성하는 것은 아님을 나타내는 부분에서 확인할 수 있다. 현재 진행 중인 형법 개정 논의에서 이러한 입법론이 받아들여지기를 간절히 기원하는 바이다.

박찬걸

경희대학교 법과대학 졸업(법학사)
한양대학교 대학원 석사과정 졸업(법학석사)
한양대학교 대학원 박사과정 졸업(법학박사)
한양대학교·건양대학교·영동대학교 강사 역임
육군3사관학교 법학과 교수 역임
현) 대구가톨릭대학교 법정대학 경찰행정학과 교수
　　한국소년정책학회 재무이사
　　한양법학회 이사
　　한국형사법학회, 한국비교형사법학회, 한국형사정책학회, 한국피해자학회, 한국형사소송법학회,
　　형사판례연구회, 한국교정학회, 한국법정책학회 정회원
　　국가공무원시험 출제위원

『형법총론 쟁점연구Ⅰ』
「성매매죄의 합리화 방안에 관한 연구」
외 다수

형법각론 쟁점연구Ⅰ

초판인쇄 | 2012년 4월 30일
초판발행 | 2012년 4월 30일

지 은 이 | 박찬걸
펴 낸 이 | 채종준
펴 낸 곳 | 한국학술정보㈜
주　　소 | 경기도 파주시 문발동 파주출판문화정보산업단지 513-5
전　　화 | 031) 908-3181(대표)
팩　　스 | 031) 908-3189
홈페이지 | http://ebook.kstudy.com
E-mail | 출판사업부 publish@kstudy.com
등　　록 | 제일산-115호(2000. 6. 19)

ISBN　978-89-268-3287-5 93360 (Paper Book)
　　　　978-89-268-3288-2 98360 (e-Book)